马克思主义理论研究
和建设工程重点教材

广告学概论

（第二版）

《广告学概论》编写组
主　编　丁俊杰
副主编　陈培爱　金定海
主要成员（以姓氏笔画为序）
王　菲　王晓华　杨海军　何建平　初广志　张树庭
郑　欢　康　瑾　程　明

本版修订组
主持人　丁俊杰
修订组成员（以姓氏笔画为序）
王　菲　王晓华　杨海军　何建平　初广志　张树庭
陈培爱　金定海　郑　欢　郑苏晖　康　瑾　程　明

高等教育出版社·北京

二维码资源访问

使用微信扫描本书内的二维码，输入封底防伪二维码下的20位数字，进行微信绑定，即可免费访问相关资源。注意：微信绑定只可操作一次，为避免不必要的损失，请您刮开防伪码后立即进行绑定操作！

教学课件下载

本书有配套教学课件，供教师免费下载使用，请访问 xuanshu. hep. com. cn，经注册认证后，搜索书名进入具体图书页面，即可下载。

图书在版编目（CIP）数据

广告学概论 /《广告学概论》编写组编. -- 2版. -- 北京：高等教育出版社，2024. 5

马克思主义理论研究和建设工程重点教材

ISBN 978-7-04-061485-5

Ⅰ. ①广… Ⅱ. ①广… Ⅲ. ①广告学-高等学校-教材 Ⅳ. ①F713. 80

中国国家版本馆 CIP 数据核字(2023)第241543号

广告学概论
GUANGGAOXUE GAILUN

责任编辑 武 黎 洪世英　封面设计 王 鹏　版式设计 于 婕　责任绘图 裴一丹
责任校对 窦丽娜　责任印制 刘思涵

出版发行	高等教育出版社	网　址	http://www. hep. edu. cn
社　址	北京市西城区德外大街4号		http://www. hep. com. cn
邮政编码	100120	网上订购	http://www. hepmall. com. cn
印　刷	高教社（天津）印务有限公司		http://www. hepmall. com
开　本	787mm×1092mm 1/16		http://www. hepmall. cn
印　张	20.5	版　次	2018年4月第1版
字　数	390千字		2024年5月第2版
购书热线	010-58581118	印　次	2024年12月第5次印刷
咨询电话	400-810-0598	定　价	41. 80元

物 料 号 61485-00

目　录

绪　论

我们的周围充满广告的身影，广告已经成为现代生活中不可或缺的一部分，但你知道广告的来龙去脉吗？它如何影响我们的社会和经济，它是如何制作出来的，它是如何影响人们的购买行为的，它为品牌创造了什么价值？……要想准确地回答以上问题，就需要了解广告学的相关知识。通过学习广告学，我们可以知晓广告产生与发展的历史脉络，理解广告的作用与价值，了解广告的运作流程与效果机制。

第一节　广告学的学科体系

学习广告学，首先要全面了解广告学作为一门独立学科的基本属性，包括广告学的研究对象、研究方法、学科体系构成及与相关学科的关系，在此基础上，我们才能更好地理解学习广告学的意义和方法。

一、广告学的研究对象

广告学是对广告这种社会实践活动的内容、历史、规律等方面进行研究的一门学科。概括来说，广告学的研究对象可分为广告策略与效果、广告运营与管理、广告历史与文化三大领域。广告策略与效果主要包括广告策划、品牌定位、广告态度、认知与行为等。广告运营与管理主要包括广告业务、广告产业、广告法规与监管等。广告历史与文化主要包括中外广告史、广告文化与广告观念等。

二、广告学的研究方法

当代中国广告业的发展基础是社会主义市场经济体制。我们进行广告学研究必须以唯物辩证法和唯物史观为基石，以马克思主义政治经济学基本理论为指导，以习近平新时代中国特色社会主义思想为依据。恩格斯说过：“我们的理论是发展着的理论，而不是必须背得烂熟并机械地加以重复的教条。”① 因此，正如党的二十大报告所指出的，“继续推进实践基础上的理论创新，首先要把握好习近平新时代中国特色社会主义思想的世界观和方法论，坚持好、运用好贯穿其中的立场观

① 《马克思恩格斯文集》第十卷，人民出版社2009年版，第562页。

点方法。"① 我们必须从我国经济发展的实际出发，在社会经济生活的各种关联中探究广告活动产生和发展的动因，阐明广告活动与经济活动之间的内在联系，进而揭示广告的功能和演进规律。

广告学研究要坚持马克思主义方法论的基本原则，遵循人文社会科学研究的基本规范。广告学研究常用的方法简要概括为以下两类。

（一）实证研究方法

此类方法主要解决"是什么"的问题。使用实证研究方法的研究者一般不做主观判断，认为社会现象与自然现象一样，存在可以被人们认知的客观规律。实证研究方法分为定量研究与质性研究两种。定量研究通常依靠结构性的数据化资料，通过统计分析得出结论。例如，通过实验测量广告在一周内连续播放三次的情况下，有多少消费者会记住广告内容。如今，数字经济的发展、大数据等新型数字资源的产生，为定量研究提供了新的可能和空间。正如习近平在《不断做强做优做大我国数字经济》一文中所说："数字经济发展速度之快、辐射范围之广、影响程度之深前所未有。"② 质性研究则通常依靠非数据化的资料，研究者通过与资料的互动，发掘其中蕴含的意义。例如，邀请一组消费者畅谈他们在使用某种产品时的种种体会，然后研究者从他们讨论的内容中发掘有价值的消费者偏好信息。

（二）规范研究方法

此类方法主要解决"应该如何"的问题。使用规范研究方法的研究者常做价值判断，对研究对象持有一定的偏好与倾向，强调研究者自身的洞察与判断力，重视人的内在动机，通过观察、体验社会现象的特殊性来达到研究目的。广告产业的发展规划就属于此类研究。

除此之外，广告历史研究、广告与中华优秀传统文化研究、广告批判研究等特定的研究领域均有自己独特的研究方法。

三、广告学的学科体系构成及与相关学科的关系

广告学是一门应用型交叉学科。它一方面回应行业实践需求，解决实际问题；另一方面不断从相关学科汲取营养，丰富本学科理论体系。

（一）广告学的学科体系构成

广告学学科体系分为三个领域：广告理论研究、广告实务研究、广告历史与文化研究。

广告理论研究是指运用相关理论，研究广告现象背后的客观规律，并从中提

① 习近平：《高举中国特色社会主义伟大旗帜 为全面建设社会主义现代化国家而团结奋斗——在中国共产党第二十次全国代表大会上的报告》，人民出版社 2022 年版，第 18—19 页。

② 习近平：《习近平谈治国理政》第四卷，外文出版社 2022 年版，第 204 页。

炼出具有普遍意义的理论来指导广告实践。广告理论研究根据研究对象和范畴的不同，可以分为宏观问题研究和微观问题研究。宏观问题研究揭示广告发展的历史动因、本质特征和发展趋势，如广告与经济周期的关系、数字广告的内涵与外延等。微观问题研究揭示具体广告活动背后的客观规律或机制，常见的研究主题有消费者动机研究、广告效果评估、广告内容分析等。

广告实务研究是指对广告实际运作中涉及的环节和因素的研究，目的在于促进产业发展、提升广告效率。广告实务研究既有宏观层面的，如广告产业发展、广告监管与规制等，也有相对具体的，如广告策划与创意、社交广告、直播广告、品牌竞争、广告媒介发布等。

广告历史与文化研究的目的是梳理和总结广告活动的行业史、学术史、观念史等，阐述广告事业的社会责任、文化价值和核心理念，进行广告文化批评。

（二）广告学与相关学科的关系

广告学是一门交叉学科，在形成与发展过程中与许多学科产生联系。一方面，相关学科的持续发展为广告学不断注入新的理论营养。从广告学与相关学科的联系来看，心理学、传播学、营销学、社会学等学科为广告学提供了多元的研究视角，促进了广告学学科理论体系的不断完善，加快了学科独立的进程。例如，如何达到更好的广告传播效果，如何把握受众，如何选择与使用媒介，这些都可以从传播学角度进行探讨。再如，营销学中经典的产品生命周期理论、定位理论等在广告学中也有着广泛的应用。

另一方面，广告学的发展也为相关学科提供了新的研究对象，丰富了相关学科的研究层次与内涵，甚至催生出新的学科交叉领域。脑神经科学对广告认知规律的探索就是其中一例。

广告学在发展进程中一直保持着学科开放与融合的姿态，关注相关学科的最新前沿动态，不断引入新的理论与研究方法。近年来，关于计算广告的梳理、界定、研究，就充分体现了广告学总能不断及时吸纳相关学科的前沿理论，解答广告实务中新兴问题的总体特点，从这个意义上说，把广告学看作一门“整合性”学科并不为过。

四、学习广告学的意义与方法

（一）学习广告学的意义

1. 了解广告在经济建设与社会发展中的作用

学习广告学，可以让我们正确认识广告在国家经济建设与社会发展中的角色与作用，既不因行业局部的一些不良现象而一概否定广告的作用，也不因其发展成就而掩饰广告存在的问题，坚持管理与服务并举，从而促进广告业更好地发展。

2. 掌握广告运作的一般规律

学习广告学，可以让我们了解广告运作的主要内容和流程，掌握广告活动的一般规律，熟悉广告的行业结构与发展前沿。

3. 提高从业人员的素质、能力和水平

学习广告学，可以让广告从业人员树立正确的广告导向与价值观，创作正面、积极、健康的广告作品，同时也能提升职业道德水准，增强自我监督意识，自觉杜绝和抵制虚假、低俗广告。

（二）学习广告学的方法

学好广告学必须要掌握马克思主义的基本理论、立场、观点和方法，掌握中国特色社会主义理论，尤其是社会主义市场经济理论，同时扎实掌握广告学的基本理论、专业知识和研究方法。广告学是一门实践性、科学性、交叉性很强的学科，学好它需要把握以下五个原则：

1. 理论与实践相结合

广告学是以研究广告运行与发展为主要内容的一门社会科学学科，具有很强的实践性。广告专业的学生既是今后广告发展历程的亲历者，也是这一历程的创造者。学习广告学有两种重要的方法：第一，课堂教学法，通过综合运用课本及其他文献资料，扎实掌握广告学的基本理论、观点、思维模式、研究方法与话语体系；第二，实践教学法，通过深入行业实践，去观察、体验、思考，获得丰富直观的感受，同时检验课堂理论学习的效果，在实践中不断深化对专业理论的认识与理解。广告学作为一门应用型学科，是适应人类社会现代化需要的产物。中国式现代化的时代命题，要求我们在坚持和发展中国特色社会主义理论和实践的过程中，要“以中国为观照、以时代为观照，立足中国实际，解决中国问题”①，构建中国自主的现代广告学知识体系。

2. 世界与本土相结合

我们学习广告学需要深入思考中国的广告学与国外的广告学有哪些不同、有哪些共性的内容等问题。长期的理论与实践证明，中国的广告学是本土经验的总结与智慧的结晶，是中国广告学者对本土问题关注与思考的产物。我们在强调自身环境特殊性的同时，也不应忽视其中的普遍性因素。在学习中我们既要有对本土问题的分析，也要有世界性的观察视角；我们既要杜绝过分强调本土化的狭隘民族主义，又要警惕忽视国情差异的概而论之。

习近平在 2016 年 5 月 17 日召开的哲学社会科学工作座谈会上明确要求，“对

① 《习近平在中国人民大学考察时强调 坚持党的领导传承红色基因扎根中国大地 走出一条建设中国特色世界一流大学新路》，《人民日报》2022 年 4 月 26 日。

国外的理论、概念、话语、方法，要有分析、有鉴别，适用的就拿来用，不适用的就不要生搬硬套”①，我们必须积极吸收、借鉴国外广告学的有益成果，形成为国际广告界所能理解、能接受、会使用的中国广告概念、中国广告表达，在国内外广告活动发展与交流中彰显中国广告知识体系的鲜明特征。

3. 历史与前沿相结合

受技术变革、文化变迁、社会经济发展等诸多因素的影响，广告业发展至今，发生了很多变化，广告学的研究内容也在不断更新。因此，我们学习广告学要把握好继承与发展的关系，既要掌握传统的理论体系，也要关注新事物、新现象、新业态。对于过往的历史，我们要尊重史实，把握主流，客观评价；对于不断变化的前沿趋势，我们要坚定信心，冷静分析，不盲目跟风。

4. 具体变革与系统理解相结合

随着数字技术、移动互联网、人工智能等的发展，广告业发生了颠覆性的变化。认识变化，适应变化，必须坚持系统观念。世界上的万事万物都是一个系统，小到个体生命，大到浩瀚宇宙都是如此。党的二十大报告明确提出，认识世界、改造世界，必须坚持系统观念。当下，广告界有股潮流，即对传统广告简单否定，对新兴广告绝对肯定，这是典型的没有用系统观念认识问题的表现。按照系统观念，“变”与“不变”，不是简单肯定与否定的关系，而是既有守正与继承的问题，也涉及创新与发展的问题。我们必须用系统观念来认识广告业的“变”与“不变”。

5. 要有问题意识

任何一门学问，在学习、掌握的过程中都必须时时有问题意识，这不仅是工作成效的要求，也是学习知识的有效方法。坚持问题导向，也体现出马克思主义的鲜明特点。马克思指出：“问题就是时代的口号，是它表现自己精神状态的最实际的呼声。”② 毛泽东也曾指出：“什么叫问题？问题就是事物的矛盾。哪里有没有解决的矛盾，哪里就有问题。”③ 心中时时有问题，才能准确把握广告知识，科学认识广告专业，完整理解广告学科体系。

第二节　广告学的产生与发展

广告学是广告活动发展的产物，而广告活动与社会、经济、文化变迁密切相关。同时，作为一门交叉学科，广告学的发展也受到其他相关学科演进的影响。

---

① 习近平：《在哲学社会科学工作座谈会上的讲话》，人民出版社 2016 年版，第 18 页。
② 《马克思恩格斯全集》第四十卷，人民出版社 1982 年版，第 289—290 页。
③ 《毛泽东选集》第三卷，人民出版社 1991 年版，第 839 页。

在广告学诞生的一百余年时间里，我国和国外的广告研究、广告教育走过了不同的发展道路，正是这些探索造就了今天方兴未艾的广告学。

一、广告学的源起

人类社会的工业化进程促进了社会分工的不断细化，使得产品的生产与消费逐步脱离，商品经济因此得以产生和发展。广告在其中扮演了沟通产销的角色，是连接商品生产与销售的桥梁，是商品交换环节的重要组成部分，有助于提升商品流通速度与效率。商品经济发展所带来的广告发展与繁荣，为广告学的诞生奠定了现实基础。19 世纪末 20 世纪初期，中西方都有了广告学科的雏形。在西方，一些研究者开始出版广告学著作，一些大学开始设立广告课程或广告专业，如 1905 年纽约大学开设了广告课程。在中国，随着近代工商业和广告业的迅速发展，广告著作、广告研究机构、广告专业教育逐渐出现，广告学研究开始起步。

二、广告学在中国的发展

从西方的“广告”概念在中国出现，到广告学著作的诞生、广告课程的设立，再到广告研究对象的本土化，中间经历了曲折而漫长的过程。

鸦片战争之后，中国进入近代社会，封闭的国门被打开，西方的思想与科学跟着商品一起涌入。伴随着中国人“开眼看世界”，包括刚刚诞生的广告学在内的西方学科体系与理论也得到关注。1898 年，《申报》等报纸开始出现“广告”一词，著名学者梁启超在同一时期也开始使用这一称谓，此后在一些文章和著作中“广告”的使用逐渐增多。1918 年前后，报纸、杂志、书籍开始频繁使用“广告”取代以往的“告白”“报贴”，现代意义上的“广告”在中国当时“西学东渐”的背景下诞生了。

五四运动前后，中国广告学研究发轫，有关广告学研究的文章与著作陆续出现，如 1918 年甘永龙编译的《广告须知》，它是中国目前已知最早的广告学专著。具备丰富行业经历与多元学科背景是当时广告研究者的重要特征，如当时的知名广告人陆梅僧著有《广告》，著名报人蒋裕泉著有《实用广告学》，还有经济学家苏上达著有《广告学纲要》。在行业组织方面，1919 年“中国广告公会”成立，1927 年“上海特别市中华广告公会”成立并于 1933 年更名为“上海市广告业同业公会”。在广告教育方面，1918 年成立的北京大学新闻学研究会聘请徐宝璜、邵飘萍等人举办讲座，其中就有关于广告的内容。20 世纪 20 年代开始，圣约翰大学、燕京大学等高校纷纷开设广告类课程，1928 年大夏大学创办我国最早的广告系。广告专业期刊开始出现，如徐百益创办的《广告与推销》。从总体上看，这一阶段中国广告学的学术体系开始形成，并呈现出学科交叉与融合的特征，涉及心理、经济、营销、美术、伦理等多个领域，广告学研究正在经历由“术”向“学”的转变。

中华人民共和国成立后的三十年里，我国经济体制虽以计划经济为主，但广告活动并未消失，广告学研究仍在推进。20 世纪 50 年代初，随着全国院系大调整，之前存续的新闻专业被合并或撤销，美术院校的艺术设计专业在事实上部分承担了高校广告教育与研究的功能。一些研究者结合时代与政治背景对广告进行探讨，提出了“社会主义广告”的基本概念，如 1958 年尹舟的《谈报纸的广告》。此阶段中国的广告学研究较为分散，但在外贸广告、艺术设计等方面的研究为后续的学科发展奠定了基础，起到了承上启下的作用。

改革开放以来，中国广告学研究迎来新的发展阶段。1979 年上海广告公司的丁允朋在《文汇报》上发表的《为广告正名》一文打破了人们对广告的偏见。有关广告学研究的文章与著作开始出现，研究议题逐渐丰富，涉及广告业的各个方面。在广告教育方面，1983 年厦门大学设立广告学专业；1993 年北京广播学院（现名中国传媒大学）开始招收广告学硕士研究生，并于 2000 年开始招收博士研究生。这些节点性事件标志着我国广告学研究与教育不断走向深入。在行业组织方面，1981 年中国对外经济贸易广告协会成立（2005 年更名为中国商务广告协会）；1983 年中国广告协会成立，并于 1987 年设立学术委员会。

随着中国经济建设与改革开放的深入，更多与本国国情、行业发展结合紧密的研究议题进入广告学的研究视野，如“媒介产业化”“互联网+”等。中国广告业的发展成就为国内外学者提供了新的研究对象，中国广告学的研究成果也丰富了国际广告学的理论体系。此时期的中国广告学研究内容不断丰富，教育与培养体系不断完善，在学科的国际化与本土化方面都有所收获。

三、广告学在国外的发展

工业革命与资本主义市场经济的发展促进了西方广告业的繁荣，也为广告学研究提供了肥沃的土壤。西方广告学在回应广告业实际需求的同时，也与其他学科产生交叉，在研究内容与对象上日益多元化。时至今日，西方广告学已经形成较为完善的学科体系与理论结构，并根据环境变化与行业需求不断拓展学科边界和疆域。

第一次工业革命促进了社会分工的细化与发展。在英国，大机器生产开始取代工场手工业，社会商品数量大大增加，商品交换活动日益频繁。同时由于印刷技术的发展与城市化、工业化所激发的信息需求增多，近代意义上的商业报纸与杂志出现并得到发展，这就为广告的登场提供了基础与条件。

19 世纪后半期，第二次工业革命促进了生产力的飞速发展，商业性媒体发展迅速，广告实践活动日益频繁。媒体、消费市场等因素的成熟揭开了近代广告的大幕。1866 年，杰卡波·拉乌德与约翰·卡姆登·哈顿合著的《路牌广告史》在英国出版，这是目前已知的世界上最早的广告学著作。1875 年，英国人亨利·萨博逊出版了《早期广告史》。英国成为近代广告发展与研究的起源地。

20 世纪初，西方经济重心发生变化，美国后来居上。得益于美国经济的飞速增长，美国广告业的专业化色彩日益明显，广告代理制随之得以普及并日益规范，专业广告公司明显增多。广告的专业化发展势必影响到广告学的研究，这一阶段美国广告学研究在研究主体、学科融合、专业教育等方面均有进展。随着心理学、社会学、艺术学、传播学、营销学等学科的理论被引入广告学，广告学开始出现新的研究分支，呈现出体系化特征。1900 年，美国明尼苏达大学心理学家哈洛·盖尔出版了《广告心理学研究》，1903 年美国心理学家瓦尔特·迪尔·斯科特出版了《广告学原理》，广告教育在美国大学开始出现。从 1902 年始，美国宾夕法尼亚大学、加利福尼亚大学、密歇根大学等一些高校相继开设广告课程，高校成为广告学科发展的重要平台，高校学者成为这一时期广告研究的新生力量。此阶段西方广告学的学科体系开始形成，美国成为现代广告发展与研究的中心。

20 世纪 20—40 年代，西方资本主义国家经常陷入经济危机，社会消费停滞，经济增长乏力，企业生产有很大压力，广告在推销上的作用开始受到重视。强调媒体功效、发掘产品优势成为这一时期广告理论的重要特征，前者以约翰·肯尼迪的“广告是印在纸上的推销术”为代表，后者以罗瑟·瑞夫斯的“独特的销售主张”（USP）为代表。

第二次世界大战后，国际局势总体趋于缓和，西方经济保持平稳增长，这一时期社会产品日益丰富，市场竞争日趋激烈，产品的同质化与消费的多元化使得广告对销售的拉动作用降低，电视逐步成为主流媒体，而电视的普及为广告提供了更为丰富的表现空间。广告业尤其是广告主对广告创意的需求增大，广告学研究开始关注创意理论。大卫·麦肯齐·奥格威实践并倡导的“品牌形象”观念是这一时期的代表，他主张跳出产品本身，进行更为广阔的创作，并认为广告的功能在于强化消费者的认知而非单纯促进商家的销售。

20 世纪 70 年代以来，石油危机引发西方经济与社会的深刻变化，各种社会思潮涌动，以卫星电视为代表的新技术发展迅猛。新的环境变化带来了广告理论的创新。其中具有广泛影响的有艾·里斯与杰克·特劳特提出的“定位理论”，以及唐·E. 舒尔茨提出的“整合营销传播理论”（IMC）。

进入 21 世纪以来，数字技术、互联网、经济运行调整等因素深刻影响着广告发展的外部环境与行业基础。广告行业的媒介格局、服务模式、行业结构、工作流程等都在发生深刻变化，广告新业态与新现象不断涌现，丰富的广告实践活动推动着广告学研究的进一步发展。这一时期，广告理论研究进展显著，研究议题更加广泛，研究视角更加多维，儿童广告、政治广告、特殊群体消费行为、新媒介伦理与法制等成为新的研究议题。

在西方广告学的发展历程中，批判学派占有重要的位置。在对广告的批判上，以尤尔根·哈贝马斯为代表的法兰克福学派多关注广告对消费者的操纵，以让·鲍德里亚为代表的符号学派多关注广告加剧消费领域的资本主义剥削与控制，以安东尼奥·葛兰西为代表的政治经济学派多关注广告在统治阶级话语霸权上的表现，以雷蒙德·威廉斯为代表的文化研究学派多关注广告的文本意义与受众解读中所体现出的权力结构。总的来说，西方广告批判学派虽然来源繁杂、观点众多，但本质上都与马克思主义的商品拜物教理论相关。

纵观西方广告学的发展历程，它生动印证了马克思主义“理论来自实践”的精辟论断。广告理论研究的内容与重心不仅是对当时经济与社会的映射，也是对广告行业发展的积极回应。广告理论与研究的主要阵地从起源地英国到发展中心美国的转变轨迹，符合西方资本主义世界经济重心变更的轨迹，而欧洲作为广告批判研究重镇的地位，也与其深厚的批判精神积淀和历史传统存在密切关联。

第三节　社会主义市场经济与广告学

目前，我国正站在新的历史起点上，中国特色社会主义进入新时代，我国社会生产力水平明显提高，人民对美好生活的向往更加强烈。新时代的社会矛盾，必然推动经济发展由单纯的实体经济向实体经济与符号经济并重转型，而广告在其中扮演角色、发挥作用的重要性前所未有。人类历史的发展证明，市场经济是配置资源、促进生产力发展的有效方式。从经济规律的角度看，广告属于市场经济的重要组成部分，它连接供需，促进竞争，有助于实现市场对资源的优化配置，有助于提高社会生产效率，在社会主义市场经济中发挥着积极作用；从历史经验的角度看，伴随着中国经济建设与改革开放的伟大进程，我国的广告业已逐步发展为国民经济的有机组成部分。

一、社会主义市场经济与广告实践

我国广告业的发展与社会主义市场经济体制的建立和完善息息相关。党的十一届三中全会以后，我国广告业进入恢复和初步发展阶段。邓小平南方谈话以及社会主义市场经济体制目标的确立，促进了我国广告业的全面高速发展。党的十六大提出的科学发展观，则为广告业的持续稳定发展提供了理论指导。党的十八大以来，我国在经济建设上形成了新发展理念，建设现代化经济体系，以供给侧结构性改革为主线，推动经济发展质量变革、效率变革、动力变革，不断增强我国经济创新力和竞争力。党的二十大报告明确提出要构建高水平社会主义市场经济体制，这必然要求有高水平广告业与之相适应。这一系列重大部署是新时代我国广告业发展与变革的新动力。我国广告业建立在社会主义市场经济体制形成、发展的基础上，符合中国国情，也符合马克思主义的基本原理。

我国广告实践在社会主义市场经济中发挥着重要作用，主要体现在以下三个方面。

（一）提高商品流通的效率

马克思主义认为，“资本是按照时间顺序通过生产领域和流通领域两个阶段完成运动的。资本在生产领域停留的时间是它的生产时间，资本在流通领域停留的时间是它的流通时间。所以，资本完成它的循环的全部时间，等于生产时间和流通时间之和”，而“流通时间和生产时间是互相排斥的”。因此，“资本的流通时间，一般说来，会限制资本的生产时间，从而也会限制它的价值增殖过程”。① 这就说明了资本流通时间对于资本周转与增值有重要作用。资本流通时间包括商品的出售时间与购买时间，缩短商品流通时间，也就意味着缩短了资本周转时间，提高了资本利用效率。广告将商品信息快速、准确地传递给消费者，有助于加快商品的出售与购买进程，提高商品交易效率，帮助企业实现盈利目标的同时丰富与扩大消费者的选择空间。

需要注意的是，泛滥的广告信息反而会增加消费者的选择难度，减缓商品出售与购买的速度，从而延长商品流通时间，降低商品流通效率。

（二）缩短资本转化周期

马克思主义认为，“市场距离所造成的资本束缚在商品资本形式上的时间的延长，直接造成货币回流的延迟，因而也延迟了资本由货币资本到生产资本的转化”②，这就说明资本流通时间的变化必然引起资本周转时间的相应变化。资本周转时间越短，资本周转速度越快，资本利用效率就越高，相应的用于生产的资本就越多，生产效率就越高。在市场经济中，企业资金回收的速度越快，就越能调动比对手更多的资金用于扩大再生产，进而加强自身的竞争优势，促进产品丰富与市场经济发展。广告有助于企业更多、更快地销售商品，加快资金回笼，缩短资本流通时间，进而加快资本周转与利用。

需要注意的是，广告投入如果过大，反而会影响企业用于扩大再生产的资金数量。

---

① 《马克思恩格斯文集》第六卷，人民出版社 2009 年版，第 138、141、142 页。

② 《马克思恩格斯文集》第六卷，人民出版社 2009 年版，第 282 页。

（三）促进资本增值

马克思主义认为，“资本在流通时间内不是执行生产资本的职能，因此既不生产商品，也不生产剩余价值”①。流通是资本增值的必要条件，没有了商品买卖，就没有了资本向货币的转化，也就没有了生产资料与劳动力的补充，剩余价值的生产和实现就成为泡影。也只有在流通的市场比较中，才能确定商品的社会必要劳动时间，才能决定商品价值，最终实现剩余价值。商品流通周期缩短，资本周转时间相应就短，资本利用率就高，资本增值的可能性就大。纯粹性流通费用，也称非生产性流通费用，它不增加商品的价值与剩余价值，但可以从生产资本占有的剩余价值中扣除，它的补偿与获利是在商品价值中实现的。广告费是在商品买卖时间内支出的费用，属于纯粹流通费用的范畴，广告在宏观上有助于缩短商品流通时间，提高资本利用效率，在微观上可以提高企业与商品的品牌知名度，提升商品的价值空间，最终都有利于实现社会总资本与商品的价值增值。

需要注意的是，在社会主义市场经济建设中，广告虽然能够帮助企业获得较高的品牌知名度与溢价能力，但广告费用过高会增加企业成本，造成商品价格虚高，加重消费者的经济负担。

二、社会主义市场环境与广告观念变迁

马克思主义认为，观念属于人类意识的范畴，观念的形成与发展离不开物质环境，“它不是在每个时代中寻找某种范畴，而是始终站在现实历史的基础上，不是从观念出发来解释实践，而是从物质实践出发来解释各种观念形态”②。我国广告实践的发展与变化受到我国市场环境的影响，带有强烈的历史阶段性特点。我国广告观念的变迁反映了不同时期广告实践变化的特征。

1978 年党的十一届三中全会以来，经济建设与改革开放为广告的复苏提供了良好的外部环境。阻碍广告发展的各种因素开始消除，但舆论与公众对于开展广告活动仍存有疑虑，这就需要引导社会对广告树立正确的态度与认识。1979 年，丁允朋发表在《文汇报》的文章《为广告正名》就回应了这一时代需求。文章向人们介绍了广告在经济发展与对外贸易中的角色，呼吁人们摒弃意识形态上的偏见，充分发挥广告在国民经济建设与发展中的正面作用，确立广告在社会与经济发展中的正确地位与角色。名正才能言顺，只有广告“名正”了，广告业务与活动才能顺利展开，广告实践才能走向深入。这一时期，我国广告观念的关键词是“正名”。

---

① 《马克思恩格斯文集》第六卷，人民出版社 2009 年版，第 141 页。

② 《马克思恩格斯文集》第一卷，人民出版社 2009 年版，第 544 页。

1992年，邓小平南方谈话明确了建设中国特色社会主义市场经济的发展方向，中国改革开放进入新阶段，广告行业步入快速发展期。国内企业开始试水海外市场，外资企业纷纷来华，国内外市场交流日益频繁，广告在市场开拓与竞争中的作用也日益明显。传媒体制改革启动，媒体广告经营的市场化进程开启，媒体广告经营活力得以释放。广告行业竞争加剧，跨国广告公司纷纷在华设立分支机构，本土广告公司的生存压力增大，本土化与国际化成为此时期我国广告业界与学界的重要议题。不论是国内与国际两个市场的开拓、竞争，还是媒体广告服务的市场化，都昭示着此阶段我国广告观念的关键词为“市场”。

2001年中国加入世界贸易组织，标志着中国对外开放更加全面、深入，经济国际化程度不断提升。2008年北京奥运会的成功举办促进了中国国家形象、企业品牌的国际化传播。我国一些大型企业纷纷借势进一步拓展境外市场，这为我国本土广告公司业务国际化提供了契机。跨国广告公司继续深耕中国市场，将国际化理念、操作程序与中国市场的具体情况相结合。并购逐步成为中国广告行业竞争的重要形式，广告行业的资本化运营初露端倪。广告是此阶段中国经济国际化进程的一个缩影，它不仅成为国内企业开展国际业务的重要工具，同时也成为跨国企业开拓中国市场的重要手段。这一时期，我国广告观念的关键词是“国际化”。

2008年的全球金融危机导致世界经济增速放缓，进而影响到中国广告行业的发展速度。企业削减广告预算与投入，广告行业的生存压力增大。面对低迷的经济形势与市场需求，如何构建广告行业新的发展路径？广告服务机构的核心竞争力在哪里？这一系列问题使得我国广告行业在经历了之前的繁荣后，开始步入调整阶段，其主要任务是在危机与压力中调整广告行业结构与发展布局，摸索广告行业发展的新出路。2009年，全球移动数据流量超过语音流量，移动互联网的脚步越来越快，新技术深刻改变了社会结构、市场环境与人们的日常生活，也影响着经济发展的方式与行业生态环境。广告主的理念发生变革，他们开始重新审视传统广告的角色与作用。广告公司的服务内容与模式等正经历着变化，面临重新定位。“互联网+”“媒介融合”成为广告领域的热词，波及范围不仅包括媒体形式，还涉及理念、制度、产品逻辑等诸多层面。媒介产业化的路径选择呈现多元化特征，其中既有专注核心业务、变革收入结构的做法，也有努力探索新媒体时代产品功能、信息传播、广告创收的尝试。这一阶段的广告实践经历了深刻变革，广告的概念与边界至今仍在构建中，广告发展趋势仍有待观察。这一时期，我国广告观念的关键词是“数字化”。

现如今，数字媒介、智能传播正在建构一个巨量的新型信息场域，形成了新的广告生态，广告业的重塑与再造成为现实。新形态广告的出现，提升了广告业的生产力、服务力与传播力，在“数字化”阶段，广告业必须从发展新业态、改造旧业态上下功夫。正如习近平所说："要顺应数字产业化和产业数字化发展趋势，加快发展新型文化业态，改造提升传统文化业态，提高质量效益和核心竞争力。"①

三、中国广告价值观

2016年2月19日，习近平在党的新闻舆论工作座谈会上提出，广告宣传也要讲导向。② 这是对中国广告业与西方广告业本质区别的鲜明概括。党的十九大报告把"坚持社会主义核心价值体系"作为新时代坚持和发展中国特色社会主义的基本方略之一。由此，形成和践行中国广告价值观，成为中国广告健康发展的前提条件。中国广告价值观的内容要体现中国特色社会主义的鲜明特征，反映中国的国情。

从具体内容看，可以分为以下四个方面：

（一）服务与促进社会主义建设

经济建设方面。我国目前仍处于社会主义初级阶段，发展生产力是主要任务。在社会主义市场经济建设中，广告是商品流通的重要环节，有利于缩短商品流通的时间，进而提升资本增值的效率与速度，提高社会生产力。

精神文明建设方面。广告有助于传播社会主义核心价值观，净化社会环境。广告传播者要重视公益广告的投入与传播，积极宣传社会正能量，激发积极向上的精神，注意运用广告传播社会主义核心价值观，通过广告作品中健康、美好的价值理念去影响人们的观念与行为，从而提升全民素质。

提高全社会文明程度方面。党的二十大报告明确提出，要"实施公民道德建设工程，弘扬中华传统美德，加强家庭家教家风建设，加强和改进未成年人思想道德建设，推动明大德、守公德、严私德，提高人民道德水准和文明素养……在全社会弘扬劳动精神、奋斗精神、奉献精神、创造精神、勤俭节约精神，培育时代新风新貌"③。广告作为一种与消费者接触广泛的传播形态，在落实党的二十大精神、提高全社会文明程度的要求上有独特优势，同时，这些要求也会以广告传播的内容呈现在消费者面前。

（二）以消费者为本位

中国特色社会主义进入新时代，我国社会主要矛盾已经转化为人民日益增长的美好生活需要和不平衡不充分的发展之间的矛盾。这一切必然要求我国发展广告业也要围绕这一核心，树立以消费者为本位的思想意识，准确、清晰、完整地向消费者传递商品信息，丰富消费者的商品选择种类与服务内容，满足消费者对

---

① 习近平：《习近平谈治国理政》第四卷，外文出版社2022年版，第311页。

② 习近平：《习近平谈治国理政》第二卷，外文出版社2017年版，第332—333页。

③ 习近平：《高举中国特色社会主义伟大旗帜 为全面建设社会主义现代化国家而团结奋斗——在中国共产党第二十次全国代表大会上的报告》，人民出版社2022年版，第44—45页。

美好生活的需要。但发展广告业要注重社会效益，要警惕商业广告中利用人性弱点（如虚荣、享乐、攀比、恐惧等）谋取利润的行为。

（三）坚持法律与道德的双重要求

守法经营。社会主义市场经济是法治经济，遵守法律是开展广告活动的前提，广告从业者要加强法律意识，依法开展广告活动，要学法、懂法、守法。对于违法、违规、侵权或运用不正当竞争手段制作的广告，无论创意多么新颖，策略多么有效，都应当坚决予以抵制或取缔。

诚实守信。诚信是市场经济的基础，市场信用的缺失和不足会严重破坏市场秩序、提高市场交易成本、降低市场配置资源的效率。诚信是广告从业者应该恪守的职业道德，虚假的广告信息会扰乱市场环境、误导甚至欺骗消费者。弄虚作假、夸大其词的广告，不论语言多么优美，画面多么典雅，都应遭到唾弃。

（四）反对过度的商业利益取向

社会主义的政治制度与社会主义市场经济体制是我国发展广告业的前提。我国的广告业不同于资本主义市场经济中的广告业，要坚持经济效益与社会效益的统一。除了发挥广告在市场经济中的一般性作用之外，我国广告业的功能主要还在于服务社会主义建设，服务人民的物质与文化需求。这就要求广告不能完全以商业利益为导向，要有高度的社会责任感，要把人民与国家的利益放在第一位。

需要指出的是，中国广告价值观不是一成不变的，而是随着中国社会主义市场经济的发展和广告实践的发展不断变化的，这也体现了中国国情与中国广告实践的历史阶段性特征。

思考题

1. 什么是广告学？什么是广告理论？
2. 试述广告学与其他相关学科的关系。
3. 试述中国广告学发展与中国社会主义市场经济之间的关系。
4. 中国广告价值观的内容包含哪几方面？

▶ 本章即测即评

第一章　广告的内涵和特征

广告是人类信息交流的产物，其本质特征是信息传播，并随着商品经济的发展而逐步发展为以经济信息传播为主。广告作为一种特定的信息传播活动，其发布者、接收者及传播过程都有自身鲜明的特征，并以这些特征与公关、新闻等传播方式相区别。

随着信息传播技术的进步，如今的广告具有了更加丰富多样的表现形式，分清不同的广告类别是认识广告活动的本质与内在联系，开展行之有效的广告策划活动的基础。广告学是一门综合性交叉学科，在形成与发展过程中吸收了大量相关学科的知识，如传播学、营销学、社会学、心理学、艺术学等。在现代社会中，广告已突破经济的界限，渗透到政治、社会、文化等各个领域，成为人们物质生活和精神生活的重要组成部分，但它作为人类信息交流的产物，其本质依然未变。

第一节　广告的内涵

衡量和界定一个学科的性质，首先要明确它的内涵与定义。本节对广告内涵与定义的阐述，是在多年广告理论与实践的基础上提炼而成的。

一、广告的内涵与定义

（一）广告内涵回顾

人们最早对广告的认知，一般认为广告就是广而告之，以引起人们对某种事物的注意。“广告”一词，源于拉丁文 Advertere，其意为“注意、诱导、传播”。中古英语时代（约 1300—1475），它演变为 Advertise，其含义为“使某人注意到某件事”或“通知别人某件事，以引起他人的注意”。直到 17 世纪末，英国出现大规模的商业活动，广告一词随之广泛流行并被使用。此时的“广告”，已不单指一则广告，而指一系列的广告活动，静止的物的概念名词 Advertise 被赋予现代意义，转化成为 Advertising。

1948 年，美国营销协会定义委员会形成了一个有较大影响的广告定义：广告是由可确认的广告主，对其观念、商品或服务所作的以任何方式付款的非人员性的陈述与推广。美国广告主协会对广告的定义是：广告是付费的大众传播，其最终目的是传递情报，改变人们对广告商品的态度，诱发其行动而使广告主得到利益。《简明不列颠百科全书》对广告的定义是：广告是传播信息的一种方式，其目的在于推销商品、劳务，影响舆论，博得政治支持，推进一种事业，或引起刊登广告者所希望的其他反应。广告的信息通过各种宣传工具，传递给它所想要吸引的观众或听众。广告不同于其他传递信息形式，它必须由登广告者付给传播信息的媒介以一定的报酬。①

更多专家通过对广告实践的考察，对广告只从商业角度进行定位表示质疑，认为广告定义应该反映广告实践的本质，要能够解释清楚除商业广告之外的一些广告现象，如“征婚启事”“政府通告”“聚会通知”等一些与经济无关的公益广告。作为相对科学的广告定义，如果只能解析广告的商业属性，而不能涵盖广告的政治、文化、公益属性，那么这种广告定义表述的科学内涵也值得商榷。

随着对广告作用的认识逐步深入，人们对广告的理解不仅仅停留在对商品的传播上，而更多地从广义上认为广告是对某种特定信息的传播。从狭义上讲，广告是一种市场营销行为，用于劝说广告受众，以引发产品购买，即商业广告。从广义上讲，广告是一切为了沟通信息、促进认知的广告传播活动。无论是否作用于商业领域，是否将营利作为运营目标，只要是具备广告基本特征的活动，都是广告活动，如为获得政治或意识形态上的支持而发布的竞选广告和公益广告。每则广告由信息与传递信息的媒介构成。广告仅是全部行销（即营销、市场营销）策略中的一环，行销的其他方式还包括宣传、公关、推销、竞销等。

20 世纪 80 年代初的中国企业倾向于以直白、经济的方式宣传商品信息，广告只需要将厂商和产品情况介绍清楚即可，艺术加工只是对广告的简单装饰，较少考虑消费者的感受。那段时期，但凡较为成功的广告大多由厂商销售宣传部门直接主导，广告的特征是“简单艺术装饰+简单信息告知”。广告公司只是按客户意图制作广告或做媒体代理，欠缺广告策划与创意的专业意识和能力。20 世纪 80 年代中后期，以创意、策划为中心的现代广告理念开始成为广告公司的作业标准。

20 世纪 90 年代初，广告代理制的实施、媒介产业化（报业集团化、广电集团化）、产业融合集聚（媒介融合、广告公司融合、国家广告产业园）及广告实践中大量使用现代营销传播理论等现象，反映出广告产业主体通过创新整合产业发展的全要素（资本、技术、人力等），寻求广告资源的有效配置，以不断提升的效能满足企业的广告需求。

20 世纪 90 年代中期，互联网进入中国，仅仅用了十几年时间，互联网作为新的大众传播媒介介入传统大众传媒主营的媒体广告。2013 年，传统大众媒体广告开始出现断崖式下跌，互联网及移动互联网在大数据、人工智能、云计算等数字技术的赋能下，逐渐演变为超级广告平台，传统的广告产业组织面对广告主大规

① 《简明不列颠百科全书》第 3 卷，中国大百科全书出版社 1985 年版，第 524 页。

模转向数字营销传播，不得不进行数字化转型，通过产品、技术、组织和业务模式的创新，满足广告主数字化、智能化的广告需求。

以互联网为代表的数字技术给广告业带来颠覆性的变革。技术一直在广告的发展演变过程中发挥着关键作用，通过完善与拓展广告的定义，改变其实践，延伸该领域的理论边界；有时还通过形成新的子领域，推动广告学者和从业者适应每一项新的技术进步。互联网给广告实践和广告代理业务带来了根本性的变化，并催生了新的广告形态——互联网广告，又称数字广告。数字广告，包括基于网络的在线广告和移动广告两种基本形式，是整个互联网货币化的驱动力。数字技术对传统广告业的冲击，不仅仅是其衍生的新媒介颠覆了传统大众媒体信息市场的霸权地位，更根本的是其重塑了广告运作理念和流程，将处于"黑箱"操作的营销传播客观化和透明化，从"人找信息"变成"信息找人"，广告主"在正确的时间、正确的地点，以正确的频率，针对正确的消费者，以获得正确的响应"的效果诉求及"品效协同"的营销需求正在逐步实现。

随着互联网的普及，中国城市消费者在数字媒体上花费的时间已经超过在传统媒体上花费的时间，中国传统媒体消费者大规模迁徙到互联网虚拟空间，在线信息社会系统逐渐形成。1997 年中国第一条商业性互联网广告问世，2003 年底中国网民规模超过 7800 万，之前一直青睐于传统广告模式的企业开始把更多的广告预算投放到互联网媒体。广告主基于目标市场媒介接触和消费习惯的在线化、数字化、移动化、场景化及互联网广告的比较竞争优势，扩大了对互联网广告的需求。互联网媒体的广告价值已经获得市场的认可，其中重要的原因除了网络社会的形成之外，一直困扰广告主的广告效果问题因第三方数据咨询机构的介入正逐步得以解决。

回顾广告内涵及广告业发展的过程，可以看出，广告的本质是信息传播，广告与传播有着密切的关系，从本质上说广告就是一种信息传播的过程，广告学在其发展过程中是以整个传播学体系作为依据的，广告信息必须依靠各种传播手段才能传递给一定的受众。广告现代化的过程也是和传播技术现代化的过程并驾齐驱的，而广告效果的评定，在相当大程度上也取决于与信息传播学规律的吻合程度，所以从信息传播的整体上来认识广告的内涵是十分重要的。

（二）现代广告内涵

由上可知，广告的内涵有广义和狭义之分。如表 1-1 所示，广义的广告包括非经济广告和经济广告。非经济广告又称非商业广告，指不以营利为目的的广告，如政府行政部门、社会事业单位乃至个人公开传播的各种信息等，主要目的是告知。狭义的广告仅指经济广告，又称商业广告，是指以营利为目的的广告，通常是商品生产者、经营者和消费者之间沟通信息的重要手段，或是企业为了占领市场、推销产品、提供劳务而采取的重要传播形式，主要目的是扩大经济效益。非经济广告和经济广告表现出不同的特点。非经济广告的主要特点是广告的内容和对象较为广泛，是为了达到某种宣传目的。而经济广告是一种商业信息，通常是在商品营销过程中，借助传播媒体向社会大众传播信息，以期招徕客户，达成商业销售的目标。这是通过媒体传递信息来告知消费者前往购买产品，增加厂商的利润，扩展市场的手段。广告在其中扮演着生产者与消费者之间的媒介角色，对产品的促销、市场的开拓、企业的发展有重要意义。从行动目标角度而言，前者是为了激发大众情感，促使其采取行动或改变态度；后者则以激发购买行为和取得商业效果为目标。

表 1-1 广告的类别

类别		举例
广义的广告	经济广告（营利性广告）	企业的有关广告
	非经济广告（非营利性广告）	公益广告、政治宣传广告、社会广告等
狭义的广告	经济广告（营利性广告）	企业的有关广告

在广告内涵的演变过程中，虽然有商业广告、市场学广告、推销广告之不同角度的认知，但最终比较一致的观点还是把广告归到信息传播的范畴，认为广告的本质是一种以经济信息为主，以相关信息为辅的信息传播活动。其核心含义有两个，一个属于传播学范畴，指的是让广告主的信息到达受众群体的传播手段和技巧；另一个属于市场营销学范畴，指广告营销的作用，即让商品赢利。具体而言，现代广告的内涵主要表现在：

第一，广告是一种传播工具，商品的生产或经营机构（广告主）通过广告将商品的信息传送给目标消费者；

第二，做广告需要付出某种成本；

第三，广告进行的传播活动注重效果及反馈；

第四，广告是有目的、有计划的，是经过科学策划的；

第五，广告不仅对广告主有利，而且对目标对象也有好处，它可使用户和消费者从中获得利益。

（三）现代广告定义

广告的定义在不同的历史时期有不同的视角。不同的定义既有其合理性，也有其不足的一面。本书采用的广告定义尽量汲取较成熟的理念，凝聚共识，期望完整而科学地反映现代广告的本质属性。

对广告进行定义之前，还必须明晰几个关键问题：

首先，所有的广告都是通过某种媒介渠道，向受众传播特定的信息，这种信息是经过某种艺术处理的信息，因此，“传播信息”是所有广告共有的一个本质特征。

其次，广告不仅是传播商品信息、促进企业实现赢利的营销手段，而且是潜移默化地影响社会生活的一个重要的信息源。它具有告知、引导、教育、协调、娱乐等功能，渗透到社会生活的各个方面，从而获得经济效益和社会效益。与其他类型的传播活动相比，广告是一种集说服性、引领性、预见性与艺术性等特征于一体的公开、有偿的信息传播活动。

通过对广告性质特征的慎重研究与分析，并借鉴传播学和营销学等学科对广告内涵的研究成果，我们这样定义现代广告：

广告是一种由明确主体付出某种成本的，通过媒介将科学的、艺术的特定信息传达给目标受众，以改变或强化人们认知和行为为目的的，公开的、非面对面的信息传播活动。

这个定义是以传播学理论为基础，从广义广告的角度，立足于现代广告的视角进行概括的。互联网等数智技术创造了新的广告需求，也不断丰富着广告的内涵，如 Web 3.0 技术不仅带来了当前和未来广泛存在的新的广告形态（如程序化广告和智能广告），更重塑了 20 世纪初现代广告出现以来的各种定义，颠覆了广告一贯的作业理念和模式。有人认为该定义与传统广告定义相比，最显著的变化是“付费”和“大众媒体”元素被删除，消费者的角色范围得到扩大。但我们认为，广告的付费还是存在的，大众媒体与新媒体只是并存而已。新媒体的不断出现，促进了广告传播方式的不断演变。这种演变越来越小众化，越来越具有针对性，使企业广告费用的浪费逐渐减少，但各种形式的“付费”还是必要的。在这个定义中，我们首次把“付费”用“成本”来代替，这更符合互联网时代广告的本质。

不管互联网等数智技术对广告业造成何种冲击，从广告产生开始，从信息传播角度对广告作用的认知一直未变。我们对现代广告的这个定义，涵盖了对广告最科学和本质的认识，它反映出现代广告的三大主要特征：

第一，坚守广告的本质是一种以公开的、非面对面的方式传达特定信息的创意性的信息传播活动。广告必须有明确的广告主（或称广告客户），他是广告行为的主体，是广告行为的法律负责人。从广义广告的角度来看，信息内容包括商品、服务与观念，而且这种特定信息是付出了某种成本的特定信息。

第二，强调各种媒介（包括大众传媒与自媒体）的重要作用。现代广告是非个人的传播行为，一定要借助传统或数智化的媒介才能向非特定的目标受众有针对性地传达信息，以达到最佳的广告效果。

第三，说明广告是为了实现特定主体的目标而带有较强自我展现特征的说服性信息传播活动，是通过劝服人们的认知和行为，来实现特定的传播效果。

需要指出的是，由于当代传播技术的快速迭代，“广告 3.0”的新范式开始出现，这标志着广告价值观念转向注重客户体验和关系，而不完全是其经济效用。广告 3.0 时期，产品作为营销引擎唯一的中心地位终结了，企业不仅关注产品的定义和开发，还关注产品所带来的用户体验以及与之相关的机会。这导致有的广告不再关注产品的质量和价格，而是转为关注产品的使用体验及品牌与社交网络的共享关系。此外，互联网技术的独特之处在于，它将大量的“离线”行为转变为“在线”活动，显著提高了社交和沟通的便利性及效率。在网络经济时代，经济主体的生产、交换、分配、消费等经济活动以及金融机构和政府部门的经济行为都越来越依赖于互联网，因为它们必须依赖互联网获取大量信息，进行预测和决策，并直接通过互联网进行在线交易。互联网的信息革命创造了一个以万维网为基础的无所不在的网络，改变了用户和消费者信息相对闭塞和迟钝的状态，给他们带来更多信息选择和控制的主动权。未来广告的运作模式将会不断发生变化，广告的定义也可能发生演进，但广告传递信息的核心内涵将是稳定的。

二、广告的构成要素

一般来说，认识广告的构成要素有三种不同的视角。

（一）以广告活动的参与者为视角

广告构成要素主要有：广告主、广告经营者（广告代理商）、广告发布者（广告媒介）、广告目标受众等。其中广告主、广告经营者、广告发布者是广告活动的最关键要素。

（二）以一则具体的广告为视角

广告的构成要素主要有：广告主、信息、广告媒介、广告费用。

广告主即进行广告者，是指提出发布广告的企业、团体或个人。

信息是指广告的主要内容，包括商品信息、劳务信息、观念信息等。

广告媒介是指传播信息的中介物，具体形式有报纸、杂志、广播、电视、互联网、手机以及户外媒介等。广告活动是一种有计划的大众传播活动，其信息要通过一定的媒介技术手段才得以广泛传播。

广告费用是指从事广告活动所付出的成本。

（三）以大众传播理论为视角

广告的构成要素主要有：广告信源、广告信息、广告媒介、广告信宿等。

信息传播过程有八个基本要素，即信源（传者）、信宿（受众）、编码、译码、信息、传播渠道（媒介）、反馈、噪声。信源，又称编码者、信息发送者或信息传播者，是信息传播活动的起点，处于信息传播过程的第一环。由于广告传播原理与信息传播流程是一致的，因此我们借用信息传播流程的简化模式及要素来说明广告传播原理（图 1-1）。

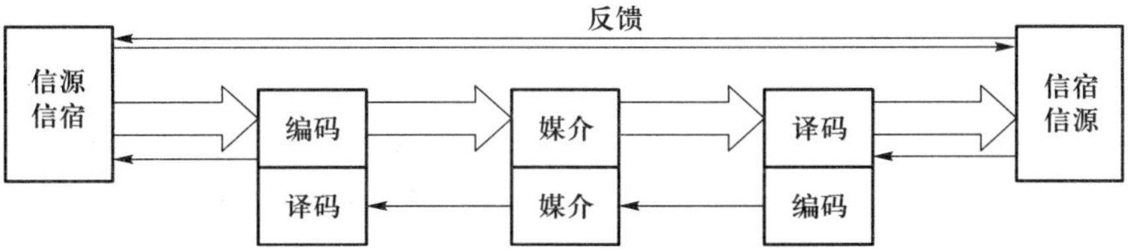

图 1-1　信息传播流程图

1. 广告信源

在广告传播活动中，广告信源就是广告信息的传播者，主要指广告的制作者和经营者，如广告客户（广告主）、广告代理公司、广告制作公司、广告设计公司等。

广告的信源识别是个特殊的范畴。一方面，广告主是广告活动的发起者，对广告活动起主导作用。广告主根据自身的需要及实力或市场营销环境来确定对广告的投资，是广告信息传播费用的实际支付者。另一方面，广告代理商、制作公司、设计公司等是广告文本信息的编码者，有较高的专业水平，其广告创意和广告文本的设计制作能够准确体现广告主的意图，这是广告信息传播取得成功的前提。广告经营者（广告代理商）特指专业从事经营活动的广告公司，是连接广告主和广告发布者（广告媒介）的桥梁，是广告活动的重要主体之一。

2. 广告信息

广告信息或称广告文本，是信源对某一观念或意图进行编码的结果，是对观念或意图的符号创造，是广告传播的核心。每条广告信息都包含符号的能指和所指，内容（说什么）和表现形式（怎么说）构成了内涵丰富的广告信息。

广告信息的载体是符号，所以对符号的编码和译码能力直接影响着广告信息传播的效果，影响着广告信宿对广告符号的理解和接受。在现实的广告信息传播过程中，受众在社会、文化、心理等方面的差异，往往造成广告符号无法被有效解码而影响广告传播的效果。

3. 广告媒介

广告媒介是广告信息的传输渠道或通道，是将经过编码的信息传达给受众的载体，是广告的发布者。广告传播中的媒介选择必须考虑费用、产品自身特点、媒介性质等多方面的因素，而其中媒介到达目标受众或目标市场的能力是媒介选择的前提。不同的广告主会根据各自特定的市场营销状况来选择适合自己的媒介组合。

在广告媒介日益多元化的现代社会，特别是新的通信科技和网络技术的发展，使得媒介整合的有效性和科学性成为广告媒介研究的一个重要内容。为此，应加强对新兴媒介的开发和研究，不断开拓媒介视野。

4. 广告信宿

广告信宿是指广告的目标受众，也就是广告信息所要到达的对象和目的地。在广告实践中一般认为，目标受众是实际决定传播活动能否成功的人，目标受众是广告信息传播活动取得成功的决定因素。只有当目标受众将广告信息解码成对他们有意义的信息时，传播才真正实现。

但同时，目标受众对广告信息的解码又具有不确定性。因为整个解码过程会受到诸如目标受众的信息背景、社会、文化、经济、心理等多种因素的影响和支配。

目标受众是传播过程的主动参与者而非被动接受者，虽然可以通过调查等方式确定广告传播的目标对象，但受众在接收到广告信息后是否采取相关行动，也是难以预测和控制的。

目标受众与消费者是两个既有联系又有区别的概念。目标受众是相对于广告传播而言的，消费者则是相对于市场活动、广告活动而言的。当目标受众在接收到广告信息后采取消费行为时，才成为消费者。

第二节 广告的特征

从上述广告的定义可以看出，广告作为一种特定的信息传播活动，其发布者、接收者及传播过程都有自身的鲜明特征，并以这些特征与公关、新闻等传播方式相区别。下面分别对广告主体、广告对象和广告传播的特征加以分析归纳。

一、广告主体的特征

广告主体是广告信息的发布者及广告行为的发起人。在现代广告活动中，广告的主体是广告主。根据 2021 年修订的《中华人民共和国广告法》中对于商业广告的相关表述，“广告主，是指为推销商品或者服务，自行或者委托他人设计、制作、发布广告的自然人、法人或者其他组织”。

从广告主的界定出发，结合广告主在广告活动中的地位及目的，可以看出广告主具有如下特征。

（一）可识别性

无论是企业还是个人，无论是政府机关还是社会团体，都可以进行广告活动。

而任何广告都必须明确广告信息的发送者是谁，即广告主在广告活动中具有明确的可识别性。

“广告会标明其出资人，这一点显而易见。出资人显然也希望被标明，否则他们为什么要花钱做广告?”① 因为广告主往往基于某种目的出资发起广告活动，或是为了谋取商业利益，或是为了服务社会利益，或是为了宣传政治利益，所以无论是推销有形商品的广告，抑或是推销无形服务的广告，还是倡导各种观念的广告，都可以从其内容中识别出具体的广告主。

广告主必须可识别。一方面，广告主易于识别，既能促使广告主承担广告内容真实性的责任，也能保证广告主获得广告活动所产生的效益；另一方面，广告主易于识别，既能帮助消费者认知广告，从而放心购买商品，也能保护消费者自身利益。

（二）营利性

广告是广告主进行的一项经济活动，因此具备鲜明的投入产出特点。广告主投入广告费用，其最终目的是获取利润，即广告主的广告活动具有强烈的营利性。著名广告大师威廉·伯恩巴克就表示：“广告界中的任何人如果说他的目的不是销售所广告的商品，他就是一个骗子。”②

营利性会随广告活动的目的差异而有所不同，既可以是通过广告促进销售而增加有形利润，正如广告大师大卫·奥格威的名言，“我们做广告是为了销售产品，否则就不是做广告”；也可以是通过广告打造品牌而带来无形利润。奥格威同样认为：“厂商若能致力运用广告为品牌建立最有利的形象，并塑造最清晰的个性，长此下去必能获取市场最大的占有率，进而产生最高的利润。”③ 总而言之，无论是有形利润还是无形利润，广告主在广告活动中总是以追求利益最大化为目的。即使是公益广告，也存在某种观念上的深层次、较含蓄的“营利性”。

（三）可控性

广告主是广告信息传播费用的实际支付者。作为出资者，广告活动的全部费用都由广告主支付，因此广告主对于广告活动具有很大程度的控制权。这是广告与公关和新闻相区别的一个主要特征。在和广告代理商签订广告合同确立合作关系之后，广告主既可以对广告诉求的重点、广告表现的方式提出意见，也可以对发布广告的媒介及发布时间进行干预。广告主的可控性影响着广告主与广告代理

---

① ［美］威廉·阿伦斯、戴维·谢弗、迈克尔·魏戈尔德：《广告学》，丁俊杰、钟静、康瑾译，程坪校，中国人民大学出版社 2014 年版，第 7 页。

② ［美］丹·海金司：《广告写作艺术》，刘毅志译，中国友谊出版公司 1991 年版，第 6 页。

③ ［美］奥格威：《广告大师奥格威——未公诸于世的选集》，庄淑芬译，生活·读书·新知三联书店 1996 年版，第 1、85 页。

商之间的关系，只有在合理运用广告主可控性和高效调动广告代理商专业性之间取得平衡，才能保证广告活动取得应有效果。

二、广告对象的特征

广告对象也就是广告信息的接收者或广告信宿，即广告的目标受众。“企业营销活动总是以人口中的某一特定细分人群为目标，这就是它的目标市场。同样，广告也是以特定的人群为目标，我们称之为目标受众。”① 从目标受众的界定出发，结合目标受众与目标市场的区别，可以看出广告对象的特征如下。

（一）多样性

目标市场和目标受众既相互联系又相互区别。“‘目标受众’这一术语将一次特定的广告沟通或促销活动所指向的那些人与其他人区别开来，而‘目标市场’则是指整体的市场营销组合所指向的那些人群。对某个特定的广告活动来说，目标受众可能就是目标市场的一个子集。”② 可见，目标受众较之目标市场更为集中。

尽管目标受众小于目标市场，但其自身也有丰富的层次。一方面，广告的目标受众包括多种类型，既可以是消费者，也可以是工商组织，还可以是分销商。其中，消费者还可以根据其消费状态细分为现实消费者和潜在消费者，也可以根据其决策特点细分为经济型、被动型、认知型和情绪型消费者，凡此种种不一而足。工商组织则可以细分为生产企业、社会组织等，分销商也可以细分为零售商、批发商等，它们都对广告的效果和产品的销售有着直接或间接的影响。因此，企业在进行广告传播时，应全面了解不同类型目标受众的特点。

另一方面，广告的目标受众扮演着多种角色，既可以作为普通消费者，也可以作为媒介受众，还可以作为社会成员。其中，媒介受众又可以细分为不同媒介的受众，社会成员也可以细分为不同群体的成员，他们也会对广告策略的制定和广告媒介的选择产生直接或间接的影响。因此，企业在进行广告传播时，同样要深刻把握不同角色目标受众的内涵。

（二）选择性

广告与其他信息传播活动的区别在于，“广告仅是一个信息，而发出信息最主要的要件，就是识别出这个信息要向谁发出”③。即广告对象需要经由特定的选择，对其进行有的放矢的广告传播。一方面，目标受众的选择要基于其特定的相

---

① ［美］威廉·阿伦斯、戴维·谢弗、迈克尔·魏戈尔德：《广告学》，丁俊杰、钟静、康瑾译，程坪校，中国人民大学出版社 2014 年版，第 83 页。

② ［澳］约翰·R. 罗西特、［美］拉里·珀西：《广告沟通与促销管理》（第二版），康蓉等译，中国人民大学出版社 2004 年版，第 76 页。

③ ［美］汤姆·狄龙等：《怎样创作广告》，刘毅志译，中国友谊出版公司 1991 年版，第 14 页。

似特征。目标受众或是在日常生活的价值观念、消费习惯等方面具有相似性，或是在广告信息的接受心理、反应行为等方面具有相似性。这些相似的人群成为广告信息传播针对的特定人群。另一方面，目标受众的选择还应基于其特定的传播身份。“广告传播者根据广告目标，在传播活动之前预设特定受众人群为诉求对象，并根据该人群的特征来进行适合的广告信息传播，在实际接触到广告信息的受众群中，产生实际的广告目标受众。”① 由此可见，在接触到广告信息的媒介受众中，并非全是广告的目标受众，而没有接触到广告信息的其他群体中，也有广告的目标受众。

（三）自主性

广告对象作为广告传播所针对的特定人群，虽然有其相同或相近的观念及行为特征，但是具体到目标受众中的每一个人，都是有血有肉、生动具体的生命个体。他们在广告活动中并非被动消极，而是积极主动的。一方面，广告对象的自主性体现在对广告信息的选择性接收上，面对媒体刊播的海量广告信息，广告对象注意到的只是符合其接触特点和心理需求的少数广告，广告对象会按照符合自己需要的方式来理解广告信息。这使得同一广告信息无法对所有目标受众产生一致作用，广告对象更容易记住符合自己需求、能为自己提供价值的广告信息，并影响随后的购买决策和行为。另一方面，广告对象的自主性也体现在广告信息的双向互动性上。传播技术的进步，受众主体地位的提升，不但使得传受双方地位日趋平等，“请消费者注意”转变为“请注意消费者”，而且使得传受双方角色可以互换，广告对象在广告信息搜索、传递、反馈乃至再生产方面都能与广告主体进行双向互动，体现出极大的自主性。

三、广告传播的特征

广告实际上做的是三件事：一是传播一种信息，二是提供一种服务，三是宣传一种信念。而传播学的具体研究对象则是包括广告在内的所有大众传播手段，传播学的许多理论适用于广告学的研究。可见，广告与传播关系密切，作为一种特殊的传播形态和传播方式，广告传播的特征更加明显，主要包含如下几方面。

（一）说服性

“大多数广告的目的就是说服——说服消费者使用某一种产品、服务或相信某一观念”②，即广告是一种说服性活动。首先，说服是为了应对广告环境变化的挑

① 张金海、余晓莉：《现代广告学教程》，高等教育出版社 2010 年版，第 153 页。

② ［美］威廉·阿伦斯、戴维·谢弗、迈克尔·魏戈尔德：《广告学》，丁俊杰、钟静、康瑾译，程坪校，中国人民大学出版社 2014 年版，第 5 页。

战。“广告是一种商品促销手段。广告影响消费者购买行为的主要方法是说服。说服具有一定的诱导性，希望消费者能够接受广告信息，并按广告主的愿望去行动。”① 如今，买方市场正式形成并不断巩固，商品同质化现象愈加严重，运用广告参与市场竞争的广告主日益增多，这些都使得广告环境更加复杂，也更需要借助广告对目标受众进行说服性沟通。其次，说服围绕广告目标受众展开。广告的目标受众是广告活动的说服对象，广告往往通过真实可信、针对性强的广告信息，引人注目、引发共鸣的诉求手法，来说服目标受众自愿接受广告信息，进而转变态度行为，最终接受广告主的产品、服务或观念。最后，说服贯穿整个广告活动的始终，无论是广告主题的确立，抑或是广告创意方向，还是广告艺术表现，乃至广告效果的评判，都离不开说服目的的指导。

（二）预见性

广告的传播策略是针对整体性广告活动的谋略和计划，并通过广告策划这一概念得到集中体现。广告策划是指广告人通过周密的市场调查和系统的分析，利用已经掌握的知识、信息和手段，合理而有效地开展广告活动的过程。广告策划具有两方面的特征：一是属于事前的行为，二是行为本身具有全局性。具体而言，广告策划包括市场调查的开展、广告计划的制订、广告作品的创意和表现、广告媒介的选择和组合、广告效果的测定等内容，是一个有系统的整体性广告活动。在市场调查方面，无论是调查方法的选取，还是数据资料的分析，都要遵循客观科学的步骤；在广告计划方面，无论是广告产品的研究，还是目标市场的定位，或者广告预算的制订等，都要基于周密细致的分析；在广告作品方面，无论是创意的发想，还是形式的表现，都要围绕科学的广告主题展开；在广告媒介方面，无论是媒介计划的制订，还是媒介购买的实施，都要经过全面深入的研究；在广告效果方面，无论是事前预测，还是事后测定，都要制定合理准确的标准。可以说，广告活动的每一环节都贯彻着科学预见的原则和精神，以此来保证广告活动取得理想效果。因此，广告传播体现了较强的预见性。

（三）艺术性

具有科学预见的广告策略为广告活动的奏效奠定了基础。在预见性广告策略的指导下，还需要出色的广告表现来实现广告信息的有效传播，进而保证广告活动的成效。广告表现简而言之即“怎么说”，“怎么说”与广告内容即“说什么”相对应。广告内容强调科学的分析，而广告表现更讲究艺术的创造，即在遵循科学预见性的同时发挥艺术创造力。一方面，实现传播目的离不开广告表现的艺术性。艺术派广告哲学的代表人物威廉·伯恩巴克曾旗帜鲜明地表示：“广告在基本

---

① 刘志明、倪宁：《广告传播学》，中国人民大学出版社 1991 年版，第 22—23 页。

上是说服……而说服的发生并不是科学而是艺术。”① 另一方面，吸引受众注意也离不开广告表现的艺术性。芝加哥广告学派的代表人物李奥·贝纳认为：“怎样找出关于商品能够使人们发生兴趣的魔力，以引起他们的兴趣，并能极为迅速地导引他们得出应该买那种东西的结论，实在是另外一种艺术。”② 总之，无论是语言的提炼、画面的构思，还是声音的运用、影像的拍摄，无不凝聚着艺术的智慧。那些令人过目不忘的广告作品和令人拍案称奇的广告创意，都闪烁着艺术的火花。

（四）多样性

媒介是广告传播的重要渠道，广告需要借助媒介来完成信息传播。作为广告信息传播的重要中介物，广告媒介呈现出既多样又多变的特征。从广告媒介的传播形态看，既有以报纸杂志为代表的印刷媒介，通过图文并茂的方式传播广告信息；也有以广播和电视为代表的电子媒介，通过视听方式丰富广告表现；还有以互联网为代表的数字媒介，通过高速便捷的传播方式加快信息传播。多样的广告媒介大大缩短了广告与受众间的时空距离，扩大了广告传播的影响范围。

（五）公开性

既然广告信息经由各种媒介进行传播，可见广告属于公开的传播活动。即广告不依靠个体和人员的面对面传播，而是借助某种传播媒介向特定的目标受众传达信息。这种“公开性”使广告与直接的人员推销活动或消费者之间的相互转告等传播方式相区别。广告是把商品信息传递到消费者那里，人员推销则是把商品本身带到消费者面前。通过公开传播，广告活动更加高效，不仅能使广告信息迅速传递给目标受众，有利于迅速获得关注并造成轰动效应，而且能使广告信息不失真并可重复传播，有利于累积品牌印象并提升广告主知名度，这种高效性是个体传播难以企及的。通过公开传播，广告活动更加透明，不仅能使广告主置身于目标受众乃至社会大众的公开监督之下，而且能使广告信息的真实性在很大程度上得到保证，这种公开性也是个体传播无法比拟的。

（六）有偿性

有偿性可以理解为由广告主付出费用或由消费者间接地付出某种成本。

广告信息传播的每一环节都需要付出一定的成本，即广告是有偿的传播活动。其中，广告主是广告的直接付费者，广告主出资发起广告活动，通过为其提供专业服务的广告代理商对广告信息进行加工提炼，并在广告信息的内容取舍、表现方式、发布时机等方面掌握决定权，从而与广告代理商形成一定经济利益上的合

---

① ［美］汤姆·狄龙等：《怎样创作广告》，刘毅志译，中国友谊出版公司 1991 年版，第64 页。
② ［美］丹·海金司：《广告写作艺术》，刘毅志译，中国友谊出版公司 1991 年版，第27 页。

作伙伴关系；同时广告主也需要付出成本向提供发布平台的广告媒介购买版面或时间，以实现广告信息的传播。此外，消费者则是广告的间接付出成本者。由于广告主希望广告投入能通过商品销售获得补偿，因此往往将广告费用计入产品成本并转嫁到商品价格上，于是消费者在进行实际消费时，也承担了计入产品成本的广告支出。

即使进入数字营销时代，广告也是需要付费传播的，如 RTB① 程序化广告实行竞价购买。程序化广告适用于任何规模的企业，广告主可以根据企业营销推广和广告传播的需求随时购买互联网广告资源，这样既缩短了投放时间，又能根据动态的反馈数据进行媒体优化，在降低投放成本的同时，提升广告投放效率。如果一个用户特征符合多个广告主需求，网站则根据广告主事前的竞价，将出价最高的广告显示在用户浏览的页面上。可见，数字营销时代的广告也需付出成本。

也可以说，广告是广告主和消费者共同出资的传播活动。广告主因其地位作用承担更多的责任，既要对自身负责，通过成功的广告活动促进商品销售，以此补偿广告支出；也要对消费者负责，通过合理的广告投入控制商品成本，减轻消费者的负担。

第三节　广告的分类

随着社会经济的发展，人们的消费活动日趋复杂，伴随着信息传播技术的进步，广告也具有了更加丰富多样的表现形式。面对形态各异的广告活动，想要认识广告活动的本质与内在联系，确定广告活动的边界与适用范围，更好地掌握广告活动的规律及操作方法，开展行之有效的广告策划活动，必须了解广告的分类。

一、广告分类的意义

分类是一种社会科学研究方法，是根据事物的同和异，把事物集合成类的过程，它是帮助我们认识事物的重要手段。作为广告学习者或从业者，首先遇到的就是概念问题。从概念的逻辑结构来看，在把握了广告的内涵，也就是广告的本质特征之后，需要进一步确定广告的外延即适用范围，认识不同的广告活动形式，明确广告与其他事物的关系。对广告进行分类，就需要根据一定的原则对广告的

---

① RTB 广告是网络广告的一种。RTB 是“Real Time Bidding”的缩写，意为“实时竞价”，即实时在每个广告展示曝光的基础上进行竞价。

外延进行聚合，并不断实践新的分类原则，从而对广告活动提出新的问题并解决这些问题。这不仅能够加深我们对广告的认识，而且对广告概念的发展具有积极的推动作用。

广告分类有利于指导广告活动。从实践来看，由于广告主千差万别、产品的特点各异、广告受众的特征不同，在规划广告活动的时候就必须根据具体情况采取恰当的策略和模式。对于广告而言，不同的角度、不同的分类原则可以产生多种分类方法。对广告类别的划分并没有绝对的界限，其目的主要是提供一个切入的角度，以便更有效地制定广告策略，正确地选择和使用广告媒介，从而更好地发挥广告的功效。明确广告分类的方法除了能够加强对广告概念的认识，更重要的是可以认清广告的不同表现方式，为广告策划、创意、实施和评估提供可靠的依据，使整个广告活动运作正常、科学、合理、规范。

二、广告分类的演变

广告活动是伴随人类社会的发展而不断走向多样化的历时性过程，广告的分类随着广告形态的发展而演变。从古代广告到现代广告，其外延在不断扩大。从广告概念的历史演变来看，承载广告信息的媒介不断发展、丰富，这正是推动广告分类多样化的主要因素。媒介技术的发展与广告分类的演变存在密切联系。事实上，传播学作为广告学的基础学科，历来都把媒介作为传播行为的分类原则之一。所谓人际传播、群体传播、组织传播和大众传播，都可以从媒介角度来切分。在这些传播行为的边界之内，可以找到实物的、印刷的、电子的、数字的传播形态和方式，相应地也就形成了广告分类的依据。

（一）人类社会早期的广告形态类别

人类社会最初的广告是社会广告，其后才是经济广告。在人类社会形成初期，广告活动是人类展示自己、联络对方的手段，带有很强的记忆、标记、宣传、组织和协调的痕迹，大多是一种自发的、无意识的传播行为，如图腾、仪式、铭文、碑文等都是带有广告意味的社会性传播形成。社会广告在原始社会主要以文化广告的形态出现，在奴隶社会以后表现为政治广告、军事广告和文化广告三种主要形态。与人类社会经济发展和商品演化相伴随，商业广告传播同样经历了从无到有、从萌芽到产生再到发展的过程，其最初形态也经历了由低级到高级、由具象到抽象的过程——从最初的实物陈列，到口头叫卖、标记、悬物，再到实物演示、原始音响、悬帜和招牌等。

社会广告实现的是社会管理的政治功能，商业广告则实现经济信息的传播功能。社会管理和政治信息的传播，演变到今天就是我们常见的公益广告和政治广告，商品经济广告则随着社会经济的发展和传播媒介的进步，演变为今天的各种类型的商业广告。早期的广告具有现场告知的特征，广告通常出现在人口较为密集的城市广场和商业街区，多以纪念碑的碑文符号、招牌、实物等形式出现，限于技术条件，广告媒介的固定性和传播范围的狭小性是这个时期广告活动的主要特征。为了突破固定空间和狭小的传播范围的局限，叫卖成为当时唯一的流动广告。由此看来，广告活动形态在人类社会早期就已经出现了分化的趋势。

（二）印刷时代的广告形态类别

我国的印刷术传入西方后，德国人谷登堡于1450年发明铅活字印刷，为印刷广告的发展提供了条件，人类广告活动出现了新的形态和类别，并由原来的口头、招牌、文字广告传播进入印刷广告的时代。最早的印刷广告是张贴在伦敦街头的推销宗教书籍的广告。到了文艺复兴后期，工商业发达的意大利亚得里亚海沿岸城市出现了最早的印刷报纸，上面刊登的内容主要是船期和货物信息，这种信息实际上就是一种商业广告。16世纪以后，西方经济发达国家陆续出现了定期印刷报纸，并在报纸上刊登广告；与此同时，杂志也开始出现，并且开辟广告专栏。这一时期的广告正如约翰·肯尼迪所言：“广告是印在纸上的推销术。”值得注意的是，限于当时经济发展水平和人们的识字率低等多重因素的影响，印刷品的受众群体并不庞大，印刷广告在当时并未成为广告的主流类别，因此，除了新产生的印刷广告以外，原有的广告类别继续发挥着自身的功能。

18世纪后期，在工业革命风暴的影响下，随着经济的发展和人们对信息需求的增加，报纸、杂志加速向大众化发展，报纸作为承载广告的大众传播媒介，使得广告真正有了大众传播的特征，并成为主要的广告媒介。报纸广告延续了早先的印刷广告的功能，同时又宣告了大众传播广告的出现。就分类而言，报纸与之后出现的广播电视一样，都具有大众传播的特征，我们可以把报纸广告归为一个大类，以区别于早期的实物、招牌、口耳相传的广告。

（三）电子传播时代的广告形态类别

从广告类别发展的线索并结合广告的定义来看，不断出现的新的媒介形态使广告的外延不断扩大，这正是广告分类多样化的主要因素，并且一直贯穿广告发展的历史过程。自从19世纪中叶电报出现之后，电话、留声机、摄影机，以及随之而来的广播、电视将人类社会推进到电子传播时代，自此信息的传播突破了时间和空间的限制，新的广告类别出现了。

我们来看看因技术进步带来的媒介变迁从而引起新的广告形态类别出现的种种事实：随着摄影术的发明，出现了摄影广告，以区别于过去的文字、绘画广告；电发光管发明后，出现了霓虹灯广告，以区别于过去的户外招牌广告；无线电广播技术的出现，使人们可以利用电波向大众传播信息，广播广告也应运而生，以区别于以往的各类印刷广告；电视的发明和普及，使得电视广告区别于过去诉诸单一感官的各类印刷广告与广播广告，它兼有视听效果并运用语言、声音、文字、图像、动作、表演等综合手段进行广告信息的传播，对社会大众产生了巨大的影响。

(四) 数字传播时代的广告形态类别

数字传播是指以信息最小单位——比特（Bit）为电子符号载体，以数据通信、互联网、多媒体等传播技术为核心，以电脑、电视、手机等为终端的具有多种功能的交互式信息传播活动。这些新的传播技术为信息传播领域带来了一场革命，使人们变被动接收为互动传播的愿望成为现实，同时，也为新型的广告传播提供了传播平台和工具，拓宽了广告传播理念，推动了数字媒介广告的出现和发展。数字媒介广告与传统印刷媒介广告、电子媒介广告最大的区别在于，受众具有主动性、参与性、交互性和操作性。目前，在数字媒介广告这一类别中，主要包括网络广告、数字电视广告、手机广告、数字广播广告等。

随着媒介技术的发展，互联网、电视、手机这三大媒介也在不断融合，所谓的新媒介广告形态及应用层出不穷，诸如富媒体广告、移动广告、数字广告等越来越多的名称令人眼花缭乱。事实上，命名对于广告分类是一个重要的标签，通过命名，我们可以将不同特征的广告进行区别，并迅速认识和掌握该类广告。由于当代广告形态日益复杂化，我们对广告类别的命名一般依据广告活动的一种或者几种主要特征，因此在广告分类时就要注意分类的重复性和主从性。比如，以手机为接收终端的广告活动，依据表现形式可以分为短信广告、手机视频广告、手机报广告、游戏广告等，依据信息传送方式又可以分为 WAP 站点广告、内置广告、推送式广告等，后面三种广告活动同时又涵盖了视频广告、游戏广告等形式。

可见，用不同的分类原则将划分出各不相同的广告类别，其中也必然会有交叉重叠。我们在确定分类原则时，必须研究分类的主从性问题，要分清主次，抓住反映广告活动本质的主要分类原则，排除掩盖次要的分类原则，以便使广告分类能够为广告研究和实践提供帮助。

三、广告分类的主要方法

关于广告的分类方法历来纷繁复杂。如按照广告的功能和涉及的领域可分为社会广告、文化广告和经济广告，按照广告的诉求方式可分为感性诉求广告和理性诉求广告，按照产品的生命周期又可分为导入期广告、成长期广告、维持期广告、衰退期广告等。面对不同的分类标准，我们必须从众多广告现象中找到重要的特征对其进行归纳，这样才能对广告类别形成整体的认识。

从广告运作的角度来说，作为一种信息传播活动，传播和营销是广告活动的两大支柱，广告活动的策划实施都是围绕着它们展开的。划分广告类别的一个重要意义，正是为了更有效地制定广告策略，正确地选择和使用广告媒介，从而更好地发挥广告的功效。依据传播与营销要素，参照制订广告计划必须要考虑的重要环节对广告进行划分，是一种更清晰也更具实践指导意义的分类方法。

（一）依据广告的目的

制订广告计划首先要明确广告目的，根据具体的、直接的目的来确定广告策略。按照广告的营销目的，可以将广告分为产品广告、品牌广告、企业广告、观念（公益）广告等类别。

产品广告，以促进产品的销售为目的，通过向目标受众介绍有关商品信息，突出商品的特性，以引起目标受众和潜在消费者的关注，力求产生直接和即时的广告效果，唤起消费者的购买欲望。

品牌广告，以树立产品的品牌形象、提高品牌的市场占有率为直接目的，突出传播品牌的个性，着力塑造品牌的良好形象。品牌广告不直接介绍产品，而是以品牌作为传播的重心，对铺设经销渠道、促进该品牌产品的销售起到很好的配合作用。

企业广告（又称企业形象广告），以树立企业形象、宣传企业理念、提高企业知名度为直接目的。虽然企业广告的最终目的是实现赢利，但它一般着眼于长远的营销目标和效果，侧重于传播企业的理念、宗旨或是企业的历史、发展状况、经营情况等信息，以改善和促进企业与公众的关系，提升企业的知名度和美誉度。它对产品的销售可能不会有立竿见影的效果，但随着企业声望的提高，企业在公众心目中留下了美好的印象，这对于加速企业的发展具有其他类别的广告不可比拟的优势，它是一种战略意义上的广告。具体来说，企业广告还可以进一步分为企业声誉广告、售后服务广告等。

观念（公益）广告，即企业对影响到自身生存与发展的，并且也与公众的根本利益息息相关的问题发表看法，以引起公众和舆论的关注，最终达到影响行政立法或制定有利于本行业发展的政策与法规的目的，或者是建立、改变某种消费观念和消费习惯。根据观念（公益）的类型，此类广告又可以划分为社会观念（公益）广告和消费观念（公益）广告。

（二）依据广告的对象

随着现代营销观念的演进，广告对象在广告活动中的地位日益重要。为配合企业的市场营销策略，广告信息的传播要针对不同的受众采用不同的策略。依据广告的对象，可以将广告划分为两大类型：一是消费者广告（B2C 广告），即直接指向最终消费者，由生产者或经营者向消费者推销其产品的广告。这类广告最常见于大众媒介。二是工商广告（B2B 广告），即针对从事再生产的工商企业的广告，包括工业企业广告、经销商广告、专业广告等。这类广告少见于一般的大众媒介，主要出现在工商业刊物和相关的行业期刊中。

（三）依据广告的传播媒介

在实践中，确定了广告目的、广告对象之后，选用何种媒介作为广告载体是制定广告媒介策略所要考虑的一个核心内容。使用不同的媒介，广告就具有不同的特点。按照传统的媒介划分方法，将传播性质、传播方式较接近的广告媒介归为一类，可划分出以下几类广告：

印刷媒介广告，也称为平面媒体广告，即刊登于报纸、杂志、招贴、海报、宣传单、包装等媒介上的广告。

电子媒介广告，是以电子媒介如广播、电视、电影等为传播载体的广告。

户外媒介广告，是利用路牌、交通工具、霓虹灯等户外媒介所做的广告，还有利用热气球、飞艇甚至云层等作为媒介的空中广告。

数字媒介广告，简单地说，就是以数据通信、互联网、多媒体等传播技术为核心，以电脑、电视、手机等为终端的具有多种功能的交互式广告类型，主要包括网络广告、数字电视广告、手机广告、数字广播广告等。数字媒介的出现，极大地改变了广告生态和传播形态以及广告运作模式，显示出不可估量的发展前景。

其他媒介广告，如直邮广告，指通过邮寄途径将传单、商品目录、订购单等形式的广告直接传递给特定的组织或个人。再如，销售现场广告（POP），就是在商场或展销会等场所，通过实物展示、演示等方式进行广告信息传播，有橱窗展示、商品陈列、模特表演、彩旗、条幅、展板等形式。还有利用新闻发布会、体育赛事、年历、各种文娱活动等形式开展的广告。

（四）依据广告的市场区域

根据广告目标和市场区域的不同，广告传播的范围也成为广告活动必须重视的内容，因为这直接关系到如何用最少的广告费用达到预期目的。按照广告信息的传播区域，可以将广告分为地区性广告、全国性广告和国际性广告等。

地区性广告，多是为配合企业的市场营销策略而在某一地区传播的广告，这类广告辐射面窄、市场范围小，可分为地方性广告和区域性广告。地方性广告多采用地方报纸、电台、电视台、路牌等地方性的媒介传播信息，促使受众使用或购买其产品，常见于生活消费品广告。这类广告一般以联合广告的形式，由企业和零售商店共同分摊广告费用。区域性广告是选择区域广告媒介，如在我国华南、华北、东北等一定区域或是在某个省份开展的广告活动。通常，选择这类广告的产品往往是因为产品区域性需求较强，如加湿器、防滑用具、游泳器材等。

全国性广告，即选择全国性大众媒介，面向全国受众发布的广告。这种广告的覆盖区域大，受众人数多，影响范围广，广告媒介费用高，较适用于地区差异小、通用性强、销量大的产品。因全国性广告的受众地域跨度大，广告应注意不同地区受众的接受特点。

国际性广告，又称为全球性广告，是广告主为实现国际营销目标，通过跨国传播媒介或者国外目标市场的传播媒介策划实施的广告活动。它在媒介选择和广告的制作技巧上较能针对目标市场的受众心理特点和需求，是争取国外消费者，使产品迅速进入国际市场和开拓国际市场必不可少的手段。

广告的分类，最终取决于广告主的需要或企业营销策略的需要，不同的目的和出发点会产生不同的分类标准。特别是对于企业而言，广告是其市场营销的有力配合手段和工具。随着广告实践的发展，广告的分类也将不断地发展变化，对广告分类的研究有利于我们更全面完整地认识广告，并对广告实践活动具有指导意义。

第四节 广告学的基础理论与相关学科

广告学是一门综合性交叉学科，在形成与发展过程中吸收了大量相关学科的知识。传播学、营销学、社会学、心理学、艺术学、统计学、新闻学、公共关系学等学科的持续创新，为广告学注入了新鲜的血液，促使现代广告学在独立的学科轨道上不断丰富与完善。因此，在学习广告学的核心理论之前，我们有必要了解一下这些学科与广告学的关系及其相关理论在广告学中的运用，以便更好地理解广告学的构成体系。本节选择与广告学联系最为紧密的传播学、营销学、社会学、心理学、艺术学进行简要介绍。

一、广告学与传播学

（一）广告学与传播学的关系

传播学形成于20世纪三四十年代的美国，是研究人类社会信息交流活动及其规律的科学，控制分析、内容分析、媒介分析、受众分析、效果分析是其研究体系中的核心内容。

广告学与传播学的关系是：一方面，广告活动在本质上就是一种信息传播活动，因而传播学的很多理论完全适用于广告学的研究。例如，广告为了达到更好的传播效果，应该如何把握受众，如何选择与使用媒介，都可以依据传播学的理论进行探讨，这种理论融合逐渐形成了广告传播学。另一方面，对广告活动规律的探索也不断强化着传播学的理论认识，例如广告活动中对消费者潜意识心理的运用深化了传播学视角下对说服技巧的理解。在我国的学科设置中，广告学和传播学都归属于新闻传播学，这也反映了二者的密切关联。

（二）传播学原理在广告中的运用

1. “5W 模式”

传播过程的“5W 模式”是美国著名学者哈罗德·拉斯韦尔于 1948 年在论文《传播在社会中的结构与功能》中提出的，这是传播学史上第一个传播过程模式。该模式指出构成传播过程的 5 种基本要素，即谁（Who），说了什么（Says What），通过什么渠道（in Which Channel），向谁说（to Whom），有什么效果（with What Effect）。由于包含了英文中 5 个以“W”开头的疑问代词，因而被称为“5W 模式”。

这个模式在传播学史上具有重要意义：它第一次将人们每天从事却又阐释不清的传播活动明确表述为由 5 个环节或要素构成的过程，为人们理解传播过程的结构和特性提供了具体的出发点。后来大众传播学研究的五大领域——控制分析、内容分析、媒介分析、受众分析和效果分析，就是依据“5W 模式”而形成的。

广告作为一种信息传播活动，同样遵循着“5W 模式”：广告主及其广告代理公司扮演着“谁”的角色，而“说了什么”则是广告活动的具体内容，“通过什么渠道”就是媒介所发挥的功能，“向谁说”在广告中就是指广告受众，“有什么效果”则最终由广告效果来体现。

2. 传播效果

传播效果这一概念具有双重含义。首先，它指带有说服动机的传播行为在受传者身上引起的心理、态度和行为的变化。其次，它指传播活动尤其是报刊、广播、电视等大众传播媒介的活动对受传者和社会所产生的一切影响和结果。前者可以称为传播的微观效果，后者可以称为传播的宏观效果。对于广告人来说，他们更关心的是广告传播的微观效果，这直接关系到广告活动的成败。

传播效果依其发生的逻辑顺序或表现阶段可以分为三个层面：外部信息作用于人们的知觉和记忆系统，引起人们知识量的增加和知识构成的变化，属于认知层面上的效果；作用于人们的观念或价值体系而引起情绪或感情的变化，属于态度层面上的效果；这些变化通过人们的言行表现出来，即成为行动层面上的效果。从认知到态度再到行动，是一个效果的累积、深化和扩大的过程。

广告信息作用于消费者而产生效果，同样包含着这样三个过程与层面。例如，你从电视上看到某种新产品的广告，首先就获得了新的信息，在认知层面发生了变化；如果广告创意打动了你，让你对这种产品产生了偏好，那么你的态度层面就跟着发生了变化；接下来恰巧有一天你在逛商场时看到了这种产品，你打算尝试一下而买了它，那么就产生了行动层面的效果。

3. 说服技巧

说服技巧指的是在说服性传播活动中，为有效达到预期目的而采用的策略、方法，广告活动中经常使用的说服技巧主要包括以下几种：

诉诸理性与诉诸感情。所谓诉诸理性，是指通过冷静地摆事实、讲道理，运用理性或逻辑的力量来达到说服的目的；诉诸感情则是指通过营造某种气氛或使用感情色彩强烈的言辞来感染对方，以谋求特定的效果。广告活动经常使用这两种诉求方式，要么用情感的力量打动消费者，要么用严谨的逻辑说服消费者，即可以晓之以理，动之以情。究竟采用哪种方式，要依据目标群体的特性和广告的核心策略来决定。

恐惧诉求。运用“敲警钟”（即恐惧诉求）的方法唤起受众的危机意识和紧张心理，促使他们的态度和行为向一定方向转变，也是一种常见的说服方法。从行为心理学的角度来看，“敲警钟”的恐惧诉求具有双重功效：一是它对事物利害关系的强调可最大限度地唤起受众的注意，促成他们对特定传播内容的接触；二是它所造成的紧迫感可促使受众迅速采取应对行动。广告在强调产品或服务的某些特点与功效的时候，也会采用恐惧诉求来说服消费者。它的创意逻辑是“如果你不使用我们的产品或者服务，就会产生某种你不希望出现的后果”。但是由于这种说服逻辑的本质是“恐吓”，如果掌握不好分寸，就会引发消费者的逆反心理，造成对品牌的损害。因而广告创意在是否使用恐惧诉求的问题上要慎重。

二、广告学与营销学

（一）广告学与营销学的关系

营销学是探讨企业营销活动的过程及其规律的科学。所谓企业营销活动，是指在特定的市场环境中，企业为满足消费者和用户的需要实施以产品、定价、地点、促销为主要内容的市场营销活动。营销学就是对这种实践经验的科学总结，它形成于 19 世纪末 20 世纪初资本主义经济迅速发展的时期，从诞生之日起就注定要对广告和广告学产生重要的影响。

广告作为传统的促销手段，是市场营销活动必不可少的组成环节。从本质上来说，广告活动就是一种信息传播营销行为。因此，以广告活动为研究对象的广告学和以营销活动为研究对象的营销学必然存在密切关联。

一方面，营销学理论的创新与发展不断深化着广告学对自身本质特色的认识，从策略到手段、从消费者分析到媒介渠道，广告学与营销学进行同步更新。另一方面，广告学的创新与发展也不断优化着营销学对如何实现营销过程协调一致的相关认知，尤其是在整合营销理论提出之后，广告学对媒介规律及消费者媒介接触行为的研究为整合营销理论的完善提供了理论支持。

总之，研究广告学，要从市场营销的角度审视和深入；研究市场营销学，必须考虑广告学原理的运用。否则，广告学将失去自身的研究目的，营销学也会沦为纸上谈兵。

（二）营销学原理在广告中的运用

1. 市场细分

市场细分的概念是美国营销学家温德尔·史密斯在1956年提出的。所谓市场细分，就是调查、分析不同消费者在需求、资源、地理位置、购买习惯等方面的差异，然后将基本特征相同的消费者归入一类，使整体市场变成若干“细分市场”的市场研究过程。早期的市场细分主要依据性别、年龄、职业、收入等人口统计学指标，随着市场情况日益复杂，消费者的心理特征、生活态度和生活方式等变量也逐渐成为市场细分的分类指标。

在实际的广告操作中，市场细分主要用于确定目标市场和广告对象，是广告定位的基础。即通过市场细分，企业锁定目标群体，广告通过沟通，使企业、产品、品牌在潜在消费者心中留下良好的印象，从而实现企业营销目标。

因而，广告定位必须基于市场细分，市场细分是广告策划的前提。

2. 产品生命周期

产品生命周期，是指产品的市场寿命（PLC），是产品进入市场，经历发展、衰退直至被市场淘汰的全部持续时间。典型的产品生命周期一般可以分成四个阶段，即介绍期（或引入期）、成长期、成熟期和衰退期。对于广告活动来说，产品生命周期的概念之所以重要，是因为：

第一，广告主可以根据产品所处的不同阶段调整、控制广告费的投入。在引入期，广告费的投入最大；进入成长期，广告费投入稍稍减少；进入成熟期后，广告费投入再度增加；直到衰退期，广告费投入逐步减少。

第二，根据产品生命周期的不同阶段，制订相应的广告目标。在产品引入期，广告目标是告知产品功能，打开知名度；进入成长期和成熟期，广告主要为产品的“差别化战略”和“多样化战略”服务；而在衰退期，广告的主要作用是减少损失，维护品牌形象，为新产品的上市打下基础。

3. 整合营销传播

1960年，杰罗姆·麦卡锡提出了市场营销4P组合的主张，即产品（Product）、价格（Price）、渠道（Place）、促销（Promotion）。1990年，美国学者罗伯特·劳特朋从顾客的角度出发，提出了与传统营销4P相对应的4C理论，即顾客（Consumer）、成本（Cost）、方便（Convenience）、沟通（Communication）。从4P到4C，营销与广告理念经历了从以产品为中心到以消费者为中心的嬗变。整合营销传播理论就是在以消费者为中心的基础上提出的。

20世纪90年代初，美国首先提出整合营销传播理论，90年代中期我国开始引进该理论。整合营销传播强调以消费者为中心，通过广告、公关、促销、包装等各种传播手段和方法的一体化运用，建立起品牌与消费者之间稳固、双向的联系，达到影响特定受众行为的目的。在传播信息工具的使用上，整合营销传播注重媒介组合的优化，力求使消费者在不同场合、以不同方式接触到同一主题的信息内容，最大限度地发挥传播的整体效应。

整合营销传播强化了广告作为营销组合中一个有机构成的事实，使广告传播进入了一个系统化的时代，这就要求广告活动不仅要自身协调一致，还要与整体的营销理念保持统一，使消费者接触到的信息集中、明确。在这个媒介样式层出不穷的时代，缺少整体性的营销战略和广告策划将无法达到预期效果。

4. 网络营销

互联网产生后，电子商务的发展刺激了网络营销的出现。但到底什么是网络营销，目前并没有一个公认的完善定义。简单来说，网络营销就是以国际互联网为核心手段，为实现一定的营销目的而进行的营销活动。与传统的营销方式相比，网络营销具有跨时空性、多媒体化、交互性、人性化、超前性、经济性等特点。需要强调的是，网络营销不是虚拟营销，而是真实营销；网络营销不是单纯的在线营销，而是线上与线下营销的结合。

网络广告就是通过互联网发布的广告，是网络营销常用的促销手段之一。与传统广告相比，它具有跨时空性、多媒体化、交互性、人性化、超前性、经济性等特点，而且在互联网环境中，网络广告可以与网络销售、网络支付实现无缝对接，使得电子商务的各环节更为紧密。网络广告的运用要注意配合网络营销策略的要求，要注意发挥网络广告的独特优势，要注意与线下促销手段进行优化组合。

三、广告学与社会学

（一）广告学与社会学的关系

社会学是从整体动态社会系统出发，通过人们的社会关系和社会行为研究社会结构、功能及其变化规律的一门综合性学科，其研究领域涉及各种群体单位，如家庭、团体、民族等；涉及各种社会制度，如政治、法律、宗教等；涉及各种社会变化及过程，如冲突、舆论、价值观的变动等；涉及各种现实问题，如婚姻、就业、人口等。

广告作为一种综合性的信息传播活动，不仅传递商品信息，还传递政治、经济、社会、文化等各种信息，因此，从广义来看，广告就是一种社会信息传播活动。作为研究广告活动规律的广告学，必然与社会学有着不解之缘。即使是狭义的商业广告活动，也必须以广大的社会为背景，以特定的社会制度、社会文化为依据，才能制作出符合社会现实的广告作品，因而社会学的基本原理与规律对广告理论研究与实践活动必然起到指导作用。

社会学是把社会作为一个整体来分析，认为任何脱离整体的个体都是不存在的。人是社会的基本构成要素，通过与他人的互动从事社会活动，人的个性心理特征的形成与发展，是由他所处的社会环境及人们之间的相互关系决定的。社会学研究的整体性原理，对广告活动具有指导意义。在消费者研究中，不能仅把消费者作为一个与社会环境毫无联系的个体来看待，否则许多消费心理与行为就不可理解，只有从消费者所处的社会群体、社会阶层、社会文化等多重角度出发来研究消费者才能把握广告活动的规律。

社会学推崇实证研究方法，强调社会调查的运用，这对广告调查具有十分重要的借鉴意义。

（二）社会学原理在广告中的运用

1. 参照群体

群体是指在追求共同的目标与兴趣过程中相互依赖的两个及两个以上的人。个体行为会受到各种群体的影响，这些对个体产生影响的群体即为参照群体。

参照群体分为直接参照群体和间接参照群体。直接参照群体是某人所属的或与其存在直接关系的群体，又可分为首要群体和次要群体。个人经常接触的家庭、亲朋、同事、邻居等为首要群体，而宗教组织、行业协会等不常接触的群体为次要群体。

间接参照群体分为期望归属群体和厌恶群体。期望归属群体，如知名演员、体坛名人、权威人士等，会对消费者个体产生较大的影响，这正是名人广告经久不衰的重要原因。与期望归属群体相反，个人讨厌、反对、拒绝认同的群体称为厌恶群体。一般来说，一个人总是不愿意与厌恶群体发生任何关联，在各方面都希望与之保持距离，当然对与此有关的品牌和商品也不会接受。广告传播也要注意这一现象，避免使目标受众产生反感和排斥心理。

参照群体能够展示新的行为模式与生活方式，在有关新事物、新产品的态度和看法方面会对消费者产生影响。参照群体还会对个人形成群体压力，促使人们的行为趋向一致化，这种群体压力在个人的消费选择上常发挥作用。因此，对消费者行为进行分析，要准确判断目标消费者的参照群体，还要从中发现不同社会阶层、不同领域的观念指导者，有针对性地与他们进行沟通和交流，使参照群体发挥更大的作用。

2. 家庭

家庭介于社会和个人之间，是最为基础也是最为重要的初级社会群体。在现代商业活动中，大量的商品以家庭为购买单位，因此，广告策划要对现有的家庭模式及其各种消费影响因素做深入的探讨研究。

一般来说，家庭有一个成长周期，从组成家庭到户主死亡，要经过单身、就业、新婚、婚姻存续、空巢、鳏寡等阶段。在每一个阶段，家庭的特点都是不同的，尤其是现代家庭结构发生了一些新的变化，例如丁克家庭的出现，使消费观念发生了新的变化。广告营销在把家庭确定为目标市场的时候，要仔细研究家庭所处的成长阶段及其新特点，做到定位精准。

3. 亚文化

文化是人类在社会发展过程中所创造的物质财富和精神财富的总和，是人类创造社会历史的水平、程度和状态。现代社会是一个多元化的社会：多元化的社会分工塑造多元文化；多元化的利益关系造就多元价值，由此就形成了丰富的亚文化。亚文化无处不在，每个社会成员都同时生活在多个亚文化的交互影响中，并在一生中依次经历多种亚文化。①

如果说文化因素对消费者行为有着广泛而深远的影响，那么亚文化的影响则更为明显：受宗教、民族、地域、性别、年龄等因素影响，社会存在着不同的具有某些文化特质的亚文化群体，这就为目标群体定位提供了更多的途径。广告诉求如果能契合目标受众的亚文化特质，引起目标群体的共鸣，就能够更好地传达信息、引发好感、刺激消费。反之，如果不了解目标受众的亚文化特质，甚至出现有违亚文化原则的表达，则很难得到目标受众的认可。在现代广告活动中，由于消费者群体中女性与青少年的占比较高，因此广告营销更愿意研究与女性亚文化、青少年亚文化相关的内容。

总体来说，广告如何准确地把握和表现某些亚文化特质，以此打动目标消费者，的确是值得探讨的命题。

四、广告学与心理学

（一）广告学与心理学的关系

心理学是研究人的一般心理现象和心理规律的科学，广告学的形成离不开心理学的奠基。

人的心理活动可以概括为心理过程和个性心理两大方面。心理过程又分为认识活动过程与意向活动过程。各种心理活动在每个人身上的表现各有不同，因此又形成不同的兴趣爱好、气质能力和性格，这就是个性心理特征。广告活动是一种视听活动，就是通过视觉和听觉刺激引起人们的心理感应，而消费者的心理活

① ［美］戴维·波普诺：《社会学》（第十版），李强等译，中国人民大学出版社1999年版，第78页。

动与广告活动的成功与否密切相关。要提高广告效果，实现广告目标，就要使广告符合消费者的心理活动规律。

20世纪50年代，在广告业发展的过程中，心理学家几乎被看成决定商品生存的主宰者。因为广告主认为，心理学可以帮助他们揭开消费者购买动机的秘密。于是各种心理学的理论都被用来分析消费者的需求与动机、注意与记忆、态度与决策，观察法、实验法、心理测评法等心理学的研究方法也被大量运用到广告研究中。

广告学与心理学的交叉渗透形成了一门新的学科——广告心理学。广告心理学就是研究在广告活动中，消费者在广告的作用下产生的心理现象及其变化规律的科学，是运用心理学的一般知识来解决广告活动中的心理问题的科学。广告心理学是广告学的组成部分，同时也是心理学在应用领域的一个分支，也可以说，广告心理学是应用心理学的一个分支。

广告学与心理学尽管互相渗透、互相影响，但它们作为不同领域与层次的学科，其区别也是十分明显的。就心理活动而言，心理学和广告学有不同的关注角度：心理学研究的是人普遍性的心理特点，而广告学只研究人在广告活动中的心理问题，因此广告心理学有不同于一般心理学的独特性。

（二）心理学原理在广告中的运用

1. 刺激反应原理

刺激反应原理是心理学中的一个基本理论，强调人的心理活动过程是一个由客观刺激引起反应的过程。这个过程包含外在客体刺激因素、内在主体个人因素、社会环境影响因素三个核心部分，三者共同构成一个相互联系、不可分割的有机体。事实上，任何广告活动的效果都是通过这三者的有机结合而实现的：广告信息通过文字、画面、音响等元素，刺激和影响在一定家庭、阶层、团体、文化状况等社会背景下生活的具有一定需求、兴趣、信念等心理特征的个人，引起认识、偏好、购买等一系列心理、态度、行为的反应。刺激反应原理不但是心理学中的基本原理，还是广告心理学的根本原理。

2. 异质性原理

异质性原理是指当一个人受到某种突如其来的刺激，正常的视觉或听觉瞬间失去平衡时，人的感性细胞就会发生物理性的变化，在感觉中留下特别深刻的印象。广告活动特别重视运用心理学中的注意规律来提高广告的宣传效果，并认为广告能否引起人们的注意是一个广告成功与否的关键。而异质性原理正是扩大广告注意值的基本原理。广告通过画面色彩、文字大小、音响强弱、发布位置等的变化，引起人们各种新鲜感觉、特异感觉，给人们留下深刻的印象，由此提高注意值，这就是异质性原理在广告中的应用。

3. 马斯洛需求层次理论

需求层次理论是由美国人本主义心理学家马斯洛（1908—1970）提出的。1943 年，他在《动机与人格》一书中提出了需求层次理论。该理论认为：人的需求由低到高分为生理需求、安全需求、社交需求、尊重需求和自我实现需求五个层次（图 1-2），这个多层次的组织系统由低级向高级逐渐形成和实现。在马斯洛看来，人类价值体系存在两类不同的需要：一类是沿生物谱系上升而逐渐变弱的本能或冲动，称为低级需要或生理需要；另一类是随生物进化而逐渐显现的潜能或需要，称为高级需要。

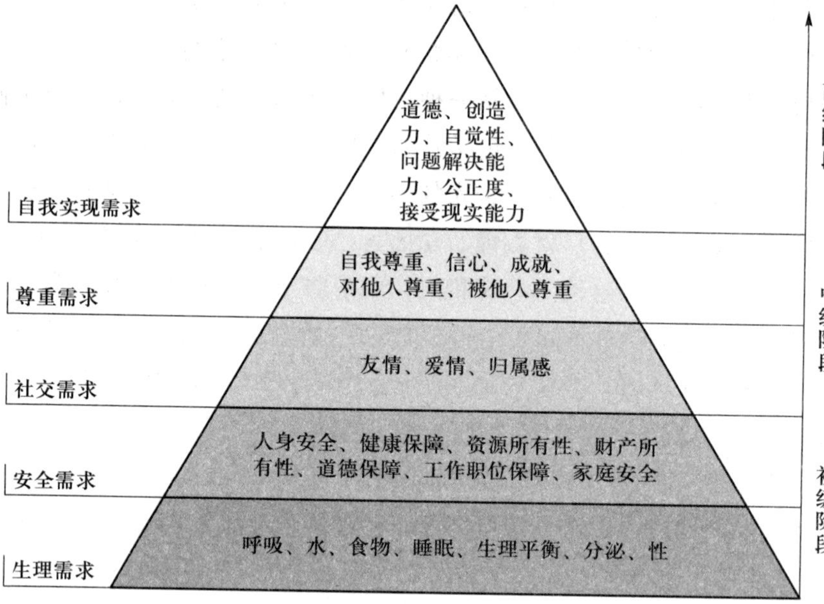

图 1-2 马斯洛需求层次理论

广告若要实现促销效果，从根本上说就是要满足消费者的需求。根据产品及服务的具体情况，广告针对人的某种需求作出承诺，如果消费者确实能产生通过使用该产品及服务即可满足特定需求的预期，那么广告就达到了它的传播目的。在现代社会，即使是马斯洛需求层次理论中的低级需求，也越来越具有社会性，消费者的需求也因此变得越来越错综复杂，只有清晰准确的广告定位和极具针对性的广告宣传才能实现其预期的效果。

4. 时尚理论

所谓时尚，根据社会心理学的观点，是指在社会生活中或大众内部产生的一种非常规的行为模式的流行现象。① 从众心理是时尚产生的心理基础。生活在社

① 陈月明、金涛：《文化广告学》，国际文化出版公司 2002 年版，第 232 页。

会中的个体，其思想、行为有时是不由自主的，往往会受到其他成员等外来因素的影响和制约，这种因素会成为无形的压力。广告中有关时尚文化的宣扬正是顺应了人们的这种心理。同时，广告与时尚还存在着互动效果：时尚所涵盖的一切都有可能转化成广告传播的题材，而广告以其强有力的传播力度极易引领流行时尚。

五、广告学与艺术学

（一）广告学与艺术学的关系

艺术学是一个庞大的学科体系，既包含一般艺术的本质、特征、审美、鉴赏等基本原理，也包含各个艺术门类的具体创作方法和基本技能。

广告与艺术的联系在于：广告是一种特殊的艺术作品，其创作涉及不同的艺术门类，但总体上归入实用艺术（包括建筑、园林、工艺美术与现代设计）中现代设计的范畴。在广告活动中，广告人如果不懂得艺术学的基本原理，就无法形成对广告作品的审美能力和鉴赏素质，也就无法对广告效果作出准确的评价。而对于专门从事广告艺术创作的人员来说，除了要具备基本的艺术学素养外，还要熟练掌握艺术创作的技法和手段，保持艺术创作的热情和想象力，只有这样，才能确保优质高效地完成广告创作工作。因此，学习广告学也要学习艺术学的基本原理。

（二）艺术学原理在广告中的运用

从艺术传播的角度来看，广告文字、画面、色彩、音响等都要运用艺术学原理，涉及文学、美术、雕塑、建筑、音乐、舞蹈、戏剧、影视等多种艺术门类，这里仅对广告文学、广告绘画、广告声音、广告摄影的艺术学原理作简要介绍。

1. 广告文学艺术

广告文学艺术主要体现在广告文案的写作上，它不同于一般性的文学写作。文案撰稿人首先要做到准确，即完整精练地传达广告策略所拟定的广告主题；其次要做到精彩，即游刃有余地表达出广告策略所规定的品牌调性，正所谓“先做对的，再做好的”。

这就对文案撰稿人的广告语言写作能力提出了极高的要求：不仅要掌握主题重点，还要能熟练运用各种文学手法使语言体现不同的风格，或含蓄隽永，或简单直白，或幽默夸张，或恐怖惊悚，或婉转优美，或豪迈庄重……要做到这些，广告文案撰稿人必须熟悉汉语的语法规则，学会使用比喻、排比、拟人、拟物、夸张、通感、对偶、回环、反复、叠字、顶真、拈连、设问、反问、引用、对比、反衬、借代、谐音等修辞方式，掌握古今中外各种文体的叙事手法，了解不同阶层、不同地域、不同职业、不同性别、不同年龄群体的用语习惯。总之，就是要做到博闻强识。

所以，广告文案写作所面临的文学挑战比一般性的文学写作要高，它要求广告文案在牢牢把握核心商业诉求的同时，呈现出变化万千的文学风格，锻造出一种文学上的表演艺术。

2. 广告绘画艺术

绘画是广告艺术的重要内容与方法，它运用线条、色彩、形象等艺术手段，采用写实、夸张、变形、对比、比喻、抽象等表现方法，带给广告受众直观、鲜活的视觉冲击，使广告创意得到很好的展示。在这一过程中，广告绘画实现了两个功能：一是作为艺术语言，广告绘画为受众提供美的享受；二是作为一种实用艺术，广告绘画起到告知信息、刺激欲望、促进购买的作用。因此，广告绘画兼具艺术性与实用性的双重特点。

作为广告设计人员，在创作中不能只追求绘画的艺术表达而不考虑广告信息的传达，那是纯绘画而不是广告；也不能只追求传播广告信息而不考虑画面的艺术美，那是告示而不是艺术，那样做不仅会降低广告绘画的艺术品质，也会削弱广告对消费者的影响力，破坏广告效果。

因此，广告绘画同样要求广告设计人员既深谙广告传播规律，又熟悉绘画艺术的技能与方法，二者结合，才能创作出商业性与艺术性兼具的广告作品。

3. 广告声音艺术

声音是影视广告中非常重要的艺术元素，它对画面起到补充的作用，增强了影视广告的艺术特色。有声语言是广告中用来塑造产品形象、传递广告信息的重要工具和手段。

影视广告中的声音体系又分为人声、音响、音乐三大类。人声体系如旁白、解说词、广告语等在影视广告中可以直接传达信息，这种声音艺术要通俗易懂，让人一听就喜欢，并与产品、画面相融合，传递并体现产品的特点。人声有电视广告配音和广播广告配音两种，这两者既有共同点又存在差异，要合理恰当地选择使用。音响是自然环境中真实存在的声音，它可以代替大量的文字表达，运用得当会产生事半功倍的效果，使广告创意充满活力。音乐是一种特殊的艺术形式，也是一种特殊的社会语言。由广告中的背景音乐、主题音乐，广告片的标版音乐和广告歌曲组成的音乐体系，能衬托画面气氛，配合情节渲染，烘托视觉形象。成功的影视广告，离不开好的声音设计，广告歌曲如果辨识度高，既能达到广告主题传播的目的，也能让广告生命力更持久。

影视广告中信息的特殊性决定了此类广告的创意模式，因此影视广告创作中的声音设计也就被限定在这一大框架之中，它对揭示广告主题、传达商品信息、结合画面说服受众、促进消费起着重要的作用。影视广告的信息接收是靠人的耳朵和眼睛去完成的，准确有效、和谐统一的画面和声音是造就广告片完整信息的关键。各种声音元素如果能合理地应用于影视广告的创作之中，就能使广告片的视听内容更加丰富，使影视广告的观赏性与艺术性完美结合。

随着现代高科技的发展，各种性质的声音艺术作品都可以转化为计算机数据，以数据的形式被记录和传输，这为影视广告中的声音创作艺术提供了新的创作空间。

4. 广告摄影艺术

广告摄影首先是摄影的一个门类，并与广告推销有着密切的关系。广告摄影属于实用艺术的范畴，其功利性在于更多地吸引人们的注意力，经济效果和社会效果是检验广告摄影效果的标准。广告摄影要求技术和技巧的运用尽善尽美，讲究凸显商品的个性和风格，以服从商品的需要为主，不然很难达到预定的目标。

目前在广告制作中，广告摄影已逐渐取代广告绘画，成为广告视觉艺术的首选表现形式。与广告绘画相比，广告摄影具有如下几个优点：

第一，细腻逼真。随着感光器材技术的进步，广告摄影在表现人物的神情体态时，可以做到细致入微、丝丝入扣；在表现自然环境和社会场景时，可以做到主次分明、情景逼真，其色彩、线条的细腻与生动使广告受众具有身临其境之感，这远非广告绘画所能比拟。

第二，确凿可信。广告摄影多以广告主所售卖的产品及服务为表现对象，通过摄影及后期制作呈现给消费者直观、可感的形象，让消费者产生代入感。因而广告摄影比广告绘画更容易取信于消费者，更易获得消费者的信任和认同。

第三，制作简便。与广告绘画相比，广告摄影拍摄省力，成品快速。而绘画广告，尤其是特殊大型墙体广告，往往费时又费工，因此对于时间要求紧迫的广告计划来说，广告摄影是保证作品按时完成的首选方式。

总体来说，广告摄影艺术是广告与摄影的结合，它也要求创作者能够将艺术表现与商业诉求完美地结合在一起，既实现广告传播目的，也提供美的享受。

思考题

1. 现代广告的核心定义是什么？请通过一个广告案例来分析现代广告的基本性质特征。
2. 请列举四种以上广告定义，分析其相同与不同之处。
3. 广告的传播特征与新闻的传播特征有何不同？
4. 根据不同的需要，广告有哪些主要的分类方法？请举例说明。

5. 谈谈广告学与营销学之间的关系。

▶ 本章即测即评

第二章　广告发展演变的历史

中外广告活动的产生、发展、演变经历了古代个体广告活动时期、近现代广告行业形成时期和当代广告产业发展时期等阶段。广告的发展形态同当时的社会环境、商业环境、广告环境密切相关，在不同时期呈现出不同的历史特色。媒介技术的发展和营销关系的变化推动广告的进步与变革，广告的进步对人类政治、经济、文化和社会生活产生了巨大影响。

第一节　推动广告发展的基本要素

广告产生于人们的生存、生产与社会实践活动，是人类传播、接收信息，认知世界，服务社会的重要工具。在广告发展史上，推动广告发展的要素有很多，诸如广告环境的变化、广告观念的更新、广告关系的重构等。其中两个最基本的要素是与生产力发展水平相适应的营销关系的变化和传播媒介的发展。

一、营销关系的变化与广告变革

人类早期的广告活动伴随着信息交流和产品交换活动而出现。这是营销关系的初期形态。在人类社会的不同发展阶段，营销关系的变化是推动广告历史发展的基本要素之一。

在原始社会，广告传播的信息多是与原始族群生存、生活相关的信息。这一时期的广告多是社会广告的雏形，广告传播主要在有血缘关系的族群中进行，没有超出原始群、氏族、胞族、部落联盟的社会组织范畴。由于当时生产力水平比较低下，产品的生产和商品的交换在生活中并不常见，所以，在原始社会漫长的历史发展阶段，严格意义的营销活动并没有出现，与交换活动相关联的广告活动在原始社会的大部分时期也不存在。到原始社会末期，私有制出现，氏族部落的剩余产品开始在族群生活的边缘地带进行交换。伴随着日益频繁的产品交换活动，原始的口头广告和陈列广告开始出现。人类早期的信息交流和产品交换活动，直接催生了人类自身的营销活动和广告活动。

在奴隶社会和封建社会，广告传播活动有两条基本路径：一是依靠政权统治工具自上而下纵向传播政治、军事、文化信息，二是依靠商人的经商活动横向传递经济和商业文化信息。前者并没有建立起传者和受者之间严格意义的营销关系，广告传播成为统治工具的重要延伸。而后者初步建立起商品生产、商品销售和商品购买者之间的营销关系。如我国春秋战国时期，就已出现了行商与坐贾的分化。《白虎通疏证》记载："商之为言商也。商其远近，度其有亡，通四方之物，故谓之商也。贾之为言固也。固其有用之物，以待民来，以求其利者也。行曰商，止曰贾。"① 这里所描述的就是坐贾守摊经营、行商则往来各地的营销活动。这一时期，广告活动开始活跃，丰富多彩的广告形式被创造出来，风格迥异的广告推销手段被运用在人们的日常生活中。伴随着行商和坐贾的出现，商品生产和商品销售成为常态，这种相对稳定的营销关系的建立为广告环境的变革和广告形态的创新预留了巨大空间。但奴隶社会和封建社会的商品生产和销售在不同的发展时期，也会受到各种因素的制约，汉唐以来实行的"市坊"制度，西方封建庄园制经济的发展，都使得商品生产和销售被限定在狭小的"市场"范围之内，商品生产者、销售者和广告者三位一体的现象是古代营销活动中的独特景观。在狭小的"市场"范围内，相对封闭的营销环境、特殊的"市场"管理制度和特定的交易买卖时间，都使广告的表现形态受到严格限制，广告的促销功能也遭到削弱。宋代开放市禁，出现早市、日市和夜市，商品生产和销售的形式日渐多样化，相对自由、松散的营销关系出现在市井生活中，这些都促进了广告形式的创新和广告活动的兴盛。

近代西方资产阶级革命和工业革命相继完成后，商品生产和销售环境得到根本改善。市场营销和广告活动逐渐走出狭小的区域范围，在全球市场发挥重要作用，以社会化生产和规模化销售为特征的新型营销关系开始确立，促进广告沿着科学化、规范化方向发展。

近代工业革命完成后，大机器生产带来的一个重要转变就是商品生产能力增强，商品种类极大丰富。各国交通条件的改善、资本主义的全球扩张及全球市场的形成，促使世界范围内卖方市场迅速向买方市场转换。随着买方市场形成，以受众为中心的新型营销关系逐渐确立，广告主的广告意识和广告欲望随之不断增强，成为广告进步的强大推动力。大众传播媒介的出现，使广告传播打破地域和空间的限制，从"卖报人"兼作广告业务发展到专业广告公司，广告代理制成为推动广告市场发展的一支重要力量，媒介的特性及其运行方式也决定着其必然和广告主、广告代理公司结成联盟。在新的营销理念下，受众不再是个体，而成为广告主与广告代理人关注的群体，成为广告服务的对象，受众的需要成为广告主、广告代理人、媒体生存的前提。在这种相互制约的关系中，古代社会的生产者、销售者、广告者三位一体的存在形式被迅速打破，广告市场新型的营销关系建立，利益冲突与利益共享成为广告竞争的主要形式，广告活动和营销活动呈现出互相

① （清）陈立撰：《白虎通疏证》卷七，吴则虞点校，中华书局 1994 年版，第346 页。

制约、互为补充、共同发展的社会趋势。在生产者、销售者、广告者三位一体的广告运行模式下，广告活动的成败取决于广告者的好恶及对狭小经营场所的掌控能力。而在广告市场多角关系互动的发展模式中，广告活动开始沿着科学化、规范化的方向发展。广告活动往往起始于较为详尽的市场调查，经历广告定位、广告创意、广告设计制作、媒介选择与组合、广告发布的过程，结束于广告效果的反馈。在这里，广告活动的计划性、可控性、目标性和有效性均得到有效控制，广告活动整体运作的结果是对营销活动最完美的诠释，科学化、规范化的运作，也使广告的内涵和外延都发生了深刻变化。

现代营销关系的变化主要表现在营销观念的创新和营销行为的变革方面。营销观念的创新主要表现为对营销关系的重新解读。在这里，营销不再被简单视为“推销术”或“销售”的方法和手段，而被认为是创造、传播和交换对顾客、客户、合作伙伴乃至整个社会有价值的产品和服务的一系列活动、机制和过程。营销行为的变革主要表现为人们不再满足于用4P理论和4C理论来指导消费者的市场行为，而是用整合营销传播、创意营销管理、社会化媒体营销、全媒体营销、智能营销等理论和方法来指导企业或单位的营销行为。这些变化也促使人们对广告活动的两个层面——营销和传播进行关联思考。

广告究竟是一种传播活动还是销售活动？大卫·奥格威认为广告就是销售，他曾经说过：“我们做广告是为了销售产品，否则就不是做广告。”① 也有很多学者认为广告只是促销的一个环节或手段，是一种信息传播活动。在不同观点指导下，人们对广告的概念作了不同的阐释。尽管人们对广告是营销还是传播有不同看法，但广告从诞生那天起，就有销售和信息传播的双重属性。也就是说，广告的目标是营销，广告的本质是一种信息传递活动，离开销售目标的信息传递就失去了广告的意义。认为广告本身就是销售的看法，忽视了广告信息传播的本质特征；而试图用广告代替销售则是对广告信息传递功能的无限夸大。近年来，我国学者综合以上观点，明确指出“广告是一种营销传播活动”，认为广告的目的是销售，广告的本质是信息传播。广告的基本功能和基本运行过程是围绕销售目标而进行的信息传播活动。营销和传播是广告不可或缺的两个层面。

现代社会，新的营销观念和新的营销行为也促使人们对广告的地位和作用做出新的评价和解读。广告作为一种生产、生活现象，一开始就来源于生活并服务于人们的生活。广告作为一种具有鲜明行业特征的活动形式，在社会结构的整体运行框架中起到润滑剂的作用，并在创造物质财富、传递文化知识、弘扬社会正气、引领时尚潮流、服务社会大众、促进文明发展等方面都发挥着重要作用。广

---

① ［美］大卫·奥格威：《一个广告人的自白》，林桦译，中信出版社2008年版，第6页。

告无论是以广告作品的形式出现，还是以整体活动的形式出现，无论是以传递信息为主导，还是以促进销售为目标，都是广告市场多角关系利益博弈与利益共享并相互作用的结果。过去，人们一直认为广告主为了使自己的利益最大化，往往唯利是图，不惜损害消费者的利益；广告代理和广告媒介往往也从自身利益考虑，当广告主的利益与消费者的利益发生冲突时，会毫不犹豫地站在广告主的立场上为广告主辩护。以上这些看法是对广告的误解。实际情况是，广告主只有在使消费者的利益首先得到满足的情况下才有可能使自己、广告代理和广告媒介的利益实现最大化。

现代广告是以策划为主体、以创意为核心的整体活动，是通过科学协调广告主、广告代理、广告媒介、受众之间的关系，综合运用各种元素传递有效信息，努力促使广告市场中多角关系利益共享，以期实现营销目标和文化传承目标高度统一的信息传播活动。现代广告的终极目标，就是要解决广告市场中多角关系利益冲突与利益共享背后的文化传播问题，实现广告为广告主服务、为受众服务、为社会发展和文明进步服务。

二、传播媒介的发展与广告进步

从古到今，无论何种形态的广告，都是由信息和传播信息的媒介这两个最基本的部分组成。与社会生产力发展水平相适应的传播媒介的发展，直接推动了广告的发展；广告的发展，往往以传播媒介变革为起点，媒介变革推动着广告不断进步，改变着广告的形式与内涵。

早期广告多是依托原始媒介的单一形态广告。这种单一形态的广告，往往是以具体的广告媒介为载体，以单一信息为传播内容，以具体的语言、画面或具象为存在形式，具有很强的依附性、指向性和方向性。因其多依附人们生活地域而出现，故现场的引导功能和方向坐标功能十分强大。

原始社会的广告雏形是原始人类借助简单的自然媒介或借代物传递信息的一种形式，特点是内容特定、形式单一、表现独特。

奴隶社会和封建社会广告的内容日益丰富多彩，广告表现的单一作品形态虽然并没有根本改变，但广告表现形式却开始多样化，广告制作的工艺和广告创意表现的能力因手工制作技艺的发展而明显增强。不同形制、类别的广告开始出现在人们的日常生活中。如商业广告有口头叫卖、陈列、展示、招牌、幌子、楹联、店堂装饰、吟唱、欢门、彩楼、年画等；军事广告则有纸鸢传书、烽火预警、击鼓为号等形态；文化广告则包括服饰文化广告、礼仪文化广告、民俗文化广告等形式；政治广告则有借助鼎、石刻、碑等载体来传达统治者威严或权力象征的广告形态，也有以诏、制、诰、令、判等形制为载体传达统治阶级政令、法规等内容的广告形式。如中国古代夏朝，夏禹在统治之初为了显示自己的威严和博得民众的好感，曾铸九鼎以示天下。史书记载："昔夏之方有德也，远方图物，贡金九牧，铸鼎象物，百物而为之备，使民知神、奸。"① 禹铸九鼎，矗立在荆山脚下，鼎上刻绘的是九州万国毒恶生物和鬼神精怪的图像，一方面让人们对毒恶生物进行预防，另一方面让人们对神灵产生敬畏。鼎在这里是国家和权力的象征。这些广告形态无论是从制作工艺上，还是从传达的信息量、传递方式上看，都反映了社会文明和广告传播技术的不断进步，也反映了古代劳动人民通过内容丰富、形式各异的广告来服务民众现实生活的智慧。

近代传媒技术有了长足发展，以报纸、杂志为代表的大众传播媒体的出现，使数千年来广告仅以单一形态出现的局面得到根本改观。在以新技术为支撑的大众传播媒体时代，单一形态的广告虽然还大量存在，但形式和内容都发生了深刻变化，无论是传统的招牌、幌子广告，还是新型的广告牌、招贴、月份牌、橱窗展示等广告形态，都已带有明显的时代特征；而报纸、杂志、图书、霓虹灯等形式各异的户外广告，则依靠近代印刷技术和声、光、电技术，通过文案构思、画面设计、意境营造和目标预设，能在全球范围内传播，从而对更多的受众产生影响，在更广泛的领域推动社会和文明的进步。

现代电子技术的发展，使以广播、电视和户外显示屏为载体的广播广告、电视广告、户外广告得到普及，广告创意的空间更加广阔，广告传达的理念更加多元，广告表现的视觉冲击力更强，传播速度更快，传播效果更好。在特定时间段和特定区域，广告强势传播的黄金时代来临。广播广告、电视广告、户外广告在城市化和社会转型中开始发挥巨大作用，在促进消费观念变革、推进市场化进程、传播社会文化、塑造企业形象和国家形象等方面有着不可替代的优势。这一时期，传统的广告表现形式仍是广告市场中的一道亮丽风景，销售终端的广告旗、充气拱门、招贴画、宣传册，饭店酒楼门前的红灯笼、象形幌，街道两旁的路灯广告、候车亭广告、广告塔以及墙体广告等，随着广告技术的进步以新的形式和新的表现形态丰富着人们的生活，推动社会物质文明和精神文明的和谐发展，并与电视、广播和户外广告相互配合，共同发挥广告的最大效应。

当代网络技术的广泛应用，促进互联网广告快速发展。各种形态的互联网广告开始在人们的现实生活和社会交往中发挥作用，展示着独特的魅力。网络论坛广告、搜索引擎广告、门户网站广告、博客广告、播客广告、电子邮件广告、短信（彩信）广告、即时通信广告（IM广告）、社交网络服务广告（SNS广告）、微博广告、微信广告等新媒体广告的出现，结束了广告信息单向传播的历史。多元互动、消费者信息分享和广告的病毒式传播、精准营销成为广告传播的常态，而

---

① 《左传·宣公三年》，刘利、纪凌云译注，中华书局2007年版，第148页。

网络视频广告、网络游戏广告、电子商务广告的广泛运用，突破了传统广告时长、时段的限制。广告故事化、广告情景化、广告主题化、广告生活化、广告场景化的表现力都得到最大程度的展现。近几年，基于大数据平台技术的信息流广告、网络行为广告、全媒体广告、程序化购买广告、计算广告的广泛使用，引发了广告业的革命性变革：广告的产业结构、盈利模式和广告业的发展方向都发生了颠覆性的变化；以文化产业发展为主导的广告核心竞争力在新媒体环境中得以充分显现；广告业的集团化、数字化、智能化进程加快。新媒体广告快速发展和扩张，在传播新的消费主张、传播新的价值观念、引导受众改变消费理念、倡导新的生活方式等方面发挥着越来越重要的作用。

第二节 中外广告发展的历史轨迹

中外广告发展演变的历史进程，大致经历了古代个体广告活动时期、近现代广告行业形成时期和当代广告产业发展时期，呈现出与人类社会文明发展历程高度吻合的、独特的历史发展轨迹。

一、古代个体广告活动时期

（一）原始社会的广告活动

原始社会是人类社会的第一个发展阶段。在相对低下的生产力水平条件下，人类必须相互协作才能生存。在劳动协作的过程中，人类产生了信息交流的需要，这种交流一开始是面对面的交流，后来借助简单的媒介物如烽火等传达信息，广告雏形在这种原始的信息交流活动中逐渐产生。随着原始人类活动区域的扩大，部落之间交往增多，所传递的信息内容逐渐丰富，传递的方式趋向多样化，不同形态的广告雏形出现在人类的日常生活中。

1. 原始广告信息

原始人类所传递的广告信息首先是和人类生存、生活密切相关的内容。如捕猎过程中为彼此呼应所发出的有节奏的叫喊声、部落与部落之间为互相识别而设立的标志、为确定据土范围而留下的印记等。在我国内蒙古西部北阴山山脉分支的二狼山地区乌拉特中旗、乌拉特后旗域内所发现的原始人生活时期的阴山岩画中，有弓和箭形状的岩刻。学者崔银河认为，这是原始人在打猎时设置的路标，是人类早期具有“告知”意义的信息传播活动。① 这一时期，反映原始

① 崔银河：《广告创意研究》，远方出版社 1999 年版，第 3 页。

人日常生活的图画文字、象形文字，保存原始人记忆内容的结绳以及被称为原始人“史书”的贝壳串等信息传播方式都为原始广告雏形的出现创造了物质基础。

2. 原始广告雏形

随着私有制的出现，人们开始积累财富，为了展示自己的富有，许多部落的人们喜欢佩戴骨制、木制、石制或自然金属制成的装饰品如耳环、手镯、指环、项链等，这些装饰品既是美的标志，又是富有的象征，已具有明显的“标识”和“告知”功能。原始广告早期的表现形式还有精彩的雕刻、绘画、音乐和舞蹈等。这些艺术表现形式刻绘在原始人居住的洞穴和活动的岩壁上，反映了原始人的生活与劳动情景，也向周围的人们传递着某种特定的思想信息，对原始人的生活产生了一定的影响，可视为原始广告的雏形。

3. 原始的图腾和军事广告雏形

图腾在原始社会发挥的作用是多方面的，其作用之一是作为氏族的名称和标记，用来传达一定的社会信息。如北美洲印第安人易洛魁部落联盟的塞讷卡部落有八个氏族，他们的图腾均是动物，有狼、龟、海狸、熊、鹿等，各氏族还以此命名，称为狼氏族、熊氏族等。我国《诗经·商颂·玄鸟》中也有“天命玄鸟，降而生商”的记载，反映出商族的图腾是“玄鸟”。在原始人的生活中，有的氏族把图腾形象画在脸、胸或背上，这样在对外作战时就不会错杀同氏族的人，这里的图腾具有了原始军事广告的雏形；当氏族组成胞族并联合成部落联盟时，图腾又成为其军旗上的图案，如古代罗马人军旗上的图案就有狼、鹰、马、野猪、人身牛头兽等；在原始社会向奴隶社会过渡、国家逐渐形成的过程中，一些国家的国徽、族徽、王冠的图形等，也多是从原始社会普遍存在的图腾崇拜发展而来。图腾具有明显的“告知”功能，且传递着丰富的文化信息，是原始广告雏形之一。

原始社会的广告活动，产生于原始人的生活实践，主要是为其生产与生活服务。原始广告雏形的表现形式多为群体的信息传播活动，当原始的信息交流活动具有一对众或众对众的形态和“广而告之”的特征时，原始广告也就应运而生了。这些活动都具有特定的指向性与标识性，且与原始人的生活及生产活动有关，因此也可以称之为原始人的社会生活广告。

（二）奴隶社会和封建社会的广告活动

奴隶社会初期，在黄河流域、尼罗河流域、两河流域、印度河流域、爱琴海地区先后出现了商品生产和商品交换，出现了城邦和国家，也出现了争夺奴隶、土地和水源的战争。封建社会不同地区、不同国度的人们思想领域的碰撞也日趋频繁，于是经济广告活动、政治广告活动、文化广告活动、军事广告活动频繁出现在人们的社会活动与交往中。

1. 经济广告活动

古希腊罗马时期，随着海上贸易的频繁和商业的繁荣，原始的商业叫卖广告应运而生。在雅典，贩卖奴隶、牲畜及商品的叫卖声不绝于耳，此起彼伏。除了雅典，地中海区域的迦太基人、腓尼基人的城市国家都有原始的口头叫卖与实物陈列等广告表现形式。最早的口头广告产生于商业贸易比较发达的地中海地区。地中海沿岸的迦太基人为了交换商品，把叫卖的语言编成歌曲、小调，并配以能发出音响的工具，组成叫卖音乐。古代罗马则专门设有受雇于政府和个人的职业叫卖人，专事广告叫卖。叫卖人从事的职业范围广泛，如传唤被告、通知法庭宣判结果，在选举时唱票，在拍卖会上唱标，在竞技场上播报演出者姓名、公布优胜者，主持葬礼的送葬仪式，替人做寻物广告或经济广告等。随着生产力的发展，在不同国家和地区，不同形式的广告开始在商业活动中发挥更大的作用。铭刻、标识、招牌、幌子、吟唱、声响、楹联、招贴画、书籍印刷广告等成为文明社会的主要广告形态。

拓展资料

中国古代商业广告欣赏

（1）悬帜广告。也称酒旗广告，在我国夏朝至隋唐时期较为流行，在宋、元、明、清时期得到进一步发展。悬帜广告是由早期幌子演化而来的，如酒馆在闹市中高悬一面带有“酒”字的旗帜。悬帜广告的出现说明当时有了适应这种广告的物质基础，如织布技术、缝制技术和商业经营意识等。

（2）悬物广告。悬物广告是实物广告的发展，汉代以后开始流行。它是在商铺门前悬挂与经营范围有关的物品，起着招牌广告的作用，如卖药品的悬挂葫芦、卖鞋的悬挂鞋子、卖土产的则悬挂动物皮毛等。

（3）铭刻广告。是中国汉朝以后及古希腊罗马时期日常生活中常见的一种广告形态。手工业的发达使商品种类日益繁多，市场上开始有了商品竞争。商人在自己的产品上刻上符号、名字或者与商品有关的故事、历史传说以加深顾客的印象，形成了具有品牌传播力的铭刻广告。如唐代市场管理制度规定，百货中的弓、矢、长刀等类，不仅要按照官府规定的规格制造，而且要镌刻工匠的姓名，这种制度不仅保证了交易产品的质量，也为一些名牌产品的出现创造了条件。

（4）灯笼广告。唐代商业贸易十分发达，出现了夜市，灯笼广告应运而生。唐代以后的酒楼、饭馆都以灯笼为广告招徕顾客，十分引人注目。两宋时期，店家很注重门前的装饰，出现“彩楼”和“欢门”门面装潢广告，此外还喜欢设红绿杈子和悬挂栀子灯。这里提到的栀子灯，源于五代时期后周皇帝郭威游幸汴京时店家的喜庆装饰，“如酒肆门首，排设杈子及栀子灯等，盖因五代时郭高祖游幸汴京，茶楼、酒肆俱如此装饰，故至今店家仿效成俗也”①。杈子原多设在府衙重地，是和阙亭配合使用的阻挡车马通行的木架子，后多在市井或市场内设立，以至于后来成为商家店铺门前的常设标志。

（5）招牌广告。招牌广告从悬帜广告发展而来。到了宋朝，商铺可开设在民间坊内，几乎家家商店都有自己的招牌名称，而且由于店铺众多，门面装修也成为广告竞争的主要手段，宋代的彩楼、欢门是这一时期广告的创新形式。明清时期的招牌不再以单调的姓氏或名字作为内容，而是赋予招牌文字以特定的内涵，如著名的全聚德烤鸭店，店名来自当时一家叫德聚全的干鲜果店。还有一些招牌广告反映商家的经营思想、经营特色以及经营道德，而且招牌的形式和制作也非常讲究。清代又出现了一种新式招牌——水牌，这是一种可擦洗反复使用的招牌广告形式，这一时期的广告表现形态更加丰富多彩。

（6）印刷广告。世界上最早的印刷广告实物是宋代出现的铜版雕刻印刷广告。这是一种商标和广告信息相结合的雕版印刷物。铜板宽 12.5 厘米，高 13 厘米，正面雕刻有“济南刘家功夫针铺”的标识字样，画面中央雕刻“玉兔抱杵捣药”的图案。“认门前白兔儿为记”八字分列图案两旁，图案下方还有特别的广告宣传文字。该广告被视为古代印刷广告中的典型代表。时至元代，印刷广告进一步发展，不仅出现了附在印刷书籍上的图书征稿广告，而且商家开始把印刷术应用于商品的包装纸上，注重对商品外观的设计或装饰，于是在宋代就已出现的商品装饰广告在这一时期非常流行。元代的印刷广告分为书坊广告和书籍广告。明清时期我国各地书商和印刷者为了扩大影响、开展竞争，开始利用书籍插图、首尾和封面做广告，丰富了印刷广告的形式。

（7）楹联广告。在明代，书画家唐伯虎曾为一家新开张的商号写下“生意如春草，财源似水泉”的对联，引得观赏对联和进店购物者络绎不绝。清代以后，各个行业都有自己的专用对联，对联广告成为一种较为流行的广告传播形式。

（8）声响广告。声响广告是古代社会较为成熟的广告形式。中国古代行商所使用的广告媒介主要分为吹、打、弹、拉四大类。各行各业的行商均有自己独特的声响工具。清代《韵鹤轩杂著》中曾对中国古代诸多伴随行商的声响广告形态进行描述：“百工杂技，荷担上街，每持器作声，各为记号。修脚者所摇折叠凳，曰‘对君坐’；剃头担所持响铁，曰‘唤头’；医家所摇铜铁圈，曰‘虎撑’；星家所敲小铜锣，曰‘报君知’；磨镜者所持铁片，曰‘惊闺’；锡匠所持铁器，曰‘闹街’；卖油者所鸣小锣，曰‘厨房晓’；卖熟食者所敲小木梆，曰‘击馋’；卖

---

① （宋）吴自牧撰：《梦粱录》，黄纯艳整理，大象出版社 2019 年版，第 363 页。

闺房杂货者所摇，曰‘唤娇娘’；卖耍货者所持，曰‘引孩儿’。”① 这些形象地反映了经商活动特色的广告工具，在中国古代广告信息传播中发挥了巨大作用，不仅成为民俗文化的组成部分，而且成为中华文明不断进步的重要标识。吟唱广告是我国古代唐、宋、元、明、清时期较为流行的声响广告形式之一。这一时期，文学艺术得到空前发展，出现了唐诗、宋词、元曲。吟唱广告把人的声音和音乐、吟唱艺术相结合，并且利用词曲的形式强化传播效果。如古籍记载宋代街头“卖花者以马头竹篮铺排，歌叫之声，清奇可听”②。吟唱艺术和广告表现相结合，使吟唱广告艺术的表现力得到提升。

2. 政治广告活动

奴隶社会初期，政治广告作为一种政治管理的手段和政权统治延伸的工具，开始在社会生活中发挥作用。公元前 79 年被火山灰掩埋的罗马庞贝古城，保留下大量原始广告形态。除了商品推销、文艺演出、寻人寻物等内容的广告，反映政治竞选的图画、招牌、文字广告也大量被保存下来。中国古代，尧曾“咨询”四岳，推举继承人。这里的“咨询”就是广泛告知天下，征询意见，具有原始广告的含义。其他的广告表现形式还有秦始皇在泰山顶上留下歌功颂德的“石刻”，商朝和周朝的“诰书”，战国时期的“令”，秦代的“制”，汉代出现的“策书”“诏书”，魏晋的“露布”，以及不同时期官府的“批”“判”和“碑志”等。

3. 文化广告活动

最早的路牌广告是地中海东岸的腓尼基人创造的。他们把代表方向的标牌刻画在贸易大道两旁的土岩上。公元前 6 世纪的罗马共和国时期，反映竞技表演预告、寻物、文艺演出、医讯、修鞋等内容的招牌、招贴、海报等类型的广告表现形式也比比皆是。世界上最早的文字广告现存于大英博物馆，写在莎草纸上，是从埃及尼罗河畔古城底比斯挖掘出来的。它是公元前 1550 年至公元前 1080 年的埃及遗物，距今已有 3000 多年的历史，文物中记录了埃及一名奴隶主悬赏缉拿逃奴的广告。自奴隶社会后期，随着社会的发展，文化广告的呈现形式多样，主要包括书籍广告、文艺演出广告、寻人寻物广告、印刷广告、年画和版画广告等。从雕版印刷的精湛工艺看，中国古代文化广告比较有代表性的实物广告就是前文提到的现存于中国国家博物馆的济南刘家针铺的广告铜版，这是一种商标和广告信息相结合的雕版印刷物。

4. 军事广告活动

古代社会的军事广告活动比较频繁，广告表现形态也比较丰富。古诗就曾记

① 谢国桢编著：《明清笔记谈丛》，中华书局 1960 年版，第 124 页。

② （宋）孟元老等：《东京梦华录·驾回仪卫》，中国商业出版社 1982 年版，第 51 页。

载军事广告的形态，如“平沙落日大荒西，陇上明星高复低；孤山几处看烽火，壮士连营候鼓鼙”① 之句，描述的就是“烽火”“鼓鼙”的广告传播功能。不同社会发展时期的军事活动广告同样为巩固统治阶级的政权服务。无论是两国交战前发布的征讨檄文，还是两国使者送达的战书，或是早期的军事广告形式，如烽火预警、击鼓誓师、纸鸢传书、檄文声讨、露布报捷等，都是统治者维护政权的工具或手段。

二、近现代广告行业形成时期

（一）近代社会的广告活动

伴随着新航路开辟和资本主义的兴起，世界逐渐从分隔孤立的状态联结为一个整体，世界范围内各地区、各民族的信息交流也日益频繁。服务于资产阶级革命、工业革命、海外殖民活动的各类广告开始超越国界、洲界进行传播。而直接为海外殖民活动及本国民族资本服务的近代报刊的出现，则为广告表现创造了具有鲜明行业特征的新载体。这一时期的广告活动出现了广告服务代理制的形式，广告市场的多角关系逐步形成，广告的社会分工进一步细化，广告活动逐步从媒体的业务中分离，广告经营开始成为一个独立的行业，广告的行业特征逐渐显现。

（二）现代社会的广告活动

以电子传播技术为基础的现代广告成为人们生活中不可分割的重要组成部分。现代广告以广播、电视、报纸、杂志、互联网为基本传播载体，外显为网络广告、广播电视广告、手机广告、楼宇广告、车船交通广告等诸多形态。广告服务的对象更加明晰，也更加复杂，广告活动的专业能力得到提高，广告的全面代理和全方位服务的能力也在不断经受考验。以创意为中心、以策划为基础，综合运用市场调研、媒体选择和受众分析等方法和手段为广告主服务的模式使广告的行业运作成为广告活动的主体。

（三）广告活动的行业特征

从广告自身发展的历程来看，广告是一种发展轨迹不断变化的运动过程。其起点就是广告个体活动、群体活动，其运动的方向是广告的行业活动，并最终向着产业化方向发展。原始的广告活动局限在狭小的范围，活动内容以争取更大的生存空间为主，活动方式则以面对面的信息交流或借助原始的、原生的媒介或借代物进行信息传递，以此有效传播生活及生存信息，并反映原始人的喜怒哀乐。奴隶社会的广告最初以商品陈列和口头叫卖为主要形式，它伴随着商品交换活动

① （宋）郭茂倩编：《乐府诗集》七十九卷，中华书局 1979 年版，第 1115 页。

的完成而结束。行商坐贾分化以后，广告活动以相对静态或动态的方式进行。坐贾守摊经营，招牌、幌子、店堂装饰等以经营场所为中心的广告形态普遍存在于古代人们的社会生活中；行商则走街串巷，叫卖、音响、吟唱等以商品流动销售为目的的广告活动得到强化，并在更宽阔的领域内进行，打破了狭隘的区域限制，在丰富了古代人们的社会生活的同时，广告自身的行业特征也逐渐显现。在这里，广告不仅以物态形式出现，反映出不同行业对广告技术运用、广告形式的选择，还映照着古代社会人们的审美观和价值观，在这种审美观和价值观引导下，广告不断强化和规范自身的行业特征。

（四）广告行业形成时期的广告模式

近现代社会的广告活动伴随着大众传播媒介的出现呈现出一种全新的态势，古代社会生产者、销售者、广告者三位一体的模式逐渐退出历史舞台，三者逐渐分离，各自成为广告市场中的活动主体，为广告活动创造了独立的空间。大机器生产促使市场产品极大丰富，也使产品同质化的趋势更为明显，带来的生产与销售压力成为广告活动日渐兴盛的直接推动力，广告活动开始自觉遵循行业规范。广告主、广告代理、广告媒介、广告受众成为广告活动过程中不可分割的链条，共同构成广告的活动场域。广告主的资金投入、广告代理的策划、广告媒介的运作、受众的批评与赞扬，促使广告活动的行业特征日渐强化，广告作为一个独立行业的社会地位开始确立。在这样一个过程中，广告活动的形式受到政府管理部门及广告法规的制约，广告活动服务的对象开始细分并逐渐明晰，广告活动的兴衰随国家或地区宏观经济发展的态势上下波动。广告在社会转型时期成为国家经济发展的晴雨表或温度计。

（五）广告行业形成时期的广告行为

在广告行业发展时期，广告市场多角关系中的广告主、广告代理、广告媒介都在自觉或不自觉地充当商业文化及社会文化传播者的角色，承担着更多的责任和义务。广告活动本身也逐渐由小工商业者的个体行为，转变为具有一定规模的行业行为，进而演化为政府宏观管理的社会行为。形式上，公益广告、公关广告、企业观念广告、绿色广告等日渐盛行；内容上，文化活动广告涉及音乐、戏剧、书籍、音像、出版、文化产业等相关领域，在树立企业形象、展示企业文化内涵、弘扬社会正气、倡导社会文明等方面发挥着越来越重要的作用。

（六）广告行业形成时期的广告实战理念

在广告行业形成时期，广告实战活动中经常提及“整合营销传播”的理念和“和谐广告”的主张。前者是指企业或品牌通过开展与协调战略传播活动，借助各种媒体或其他接触方式与员工、顾客等利益相关者或普通公众建立建设性的关系，从而建立和加强与他们之间互利关系的过程。后者主张扬弃“推销主义广告”，发扬广告商业行为的合理性，摒弃广告单一商业行为的缺陷，寻求广告商业行为和人文精神的交融。“和谐广告”主张：在尊重广告主利益回报基础上，通过和谐的、具有人文精神的广告沟通方式，实现对广告对象的以整体利益为核心的生存处境的终极关怀。这种人文广告理念的提出，成为广告行业形成时期广告实践活动的重要指南。从实际效果看，广告实践活动中的“广告冲突”逐渐为“广告融合”所取代，广告和谐已经成为跨国公司国际商业广告传播中的共同意识。

三、当代广告产业发展时期

在广告发展史上，当广告从群体活动、个体活动、行业活动发展到产业运作阶段的时候，广告产业的定位就变得非常重要。当代社会，明晰广告产业的性质，提升广告产业地位，促使广告活动沿着产业化方向发展，也是历史选择的必然结果。

（一）广告活动的理论认知

广告业最初依附于大众传媒业而发展，因此，在产业化发展的初期，从理论认知上，广告业被视为依附性的服务产业。而随着传媒技术的进步和广告传播手段的多样化，广告运作的专业性特征逐渐显现，人们开始重新审视广告业的性质，广告业被定义为“知识密集、技术密集、人才密集的高新技术产业”。在不同国家的产业重组过程中，广告业也曾被视为信息产品的主要生产行业而被纳入信息产业的范畴。伴随着全球文化产业的发展和兴起，广告业因其创造本性和创意产业的特质，最终被纳入文化产业的发展范畴。

（二）广告实践探讨

第二次世界大战结束后，国际化的贸易往来增多，企业的跨国经营和跨地区竞争日益加剧，广告成为广告主市场竞争的利器。当下，在大众传媒不断发展，网络化、数字化和移动化趋势日益明显的情形下，广告活动成为信息社会最鲜活的生产力，备受广告主青睐。伴随着企业集团全球扩张和跨区域、跨行业的并购活动，广告业自身的产业结构不断调整，产业内涵逐渐丰富。广告企业集团化和广告企业的并购也成为全球市场重构的新景观。

（三）广告活动的方向

广告产业被纳入文化产业的范畴，这既是在政治民主化、经济多元化和社会社区化的背景下，对其产业内涵和外延的重新解读，也是从道德、理念和制度等层面对广告产业运作和广告活动提出的新要求。由信息业、通信业和传媒业融合所产生的“大传媒业”是广告产业的支撑性构架和枢纽。关注传媒产业的变化，打造全媒体广告营销平台，成为广告产业化时期广告活动的一个主要方向。此外，对全球问题的关注，也是此阶段广告信息传播的一个重要切入点。随着经济全球化的深入发展，生态失衡、环境污染、人口爆炸、资源短缺等一系列全球性问题不断出现，跨国公司作为经济全球化的主体力量之一，对全球性问题的关注、对全球性问题的态度以及应对全球性问题所采取的措施都必然影响到公司的形象和切身利益。设立公共基金解决跨国发展所带来的全球性问题，通过全球广告传播诠释其对全球性问题的主张，成为跨国公司实施全球化战略的必修功课。

（四）广告业核心竞争优势

任何社会产业都有一定的边缘，广告业的产业边缘是由广告业的产业性质所决定的，文化产业的提出描绘了广告业的相关产业图景，凸显了广告业的核心竞争力，也明确了广告活动的拓展方向。从产业核心竞争力来说，文化产业的提出明确了广告公司的核心业务范围和拓展业务范围，创意能力和品牌打造能力成为广告公司区别于其他社会机构的优势所在，有助于整饬广告市场和建立行业规范。从广告业拓展方向来说，广告业在经历原始的资本积累以后，必将凭借其核心竞争优势拓展公司业务范围，文化产业的内涵和外延界定了广告业的相关或相邻产业，这为广告公司的横向扩张奠定了基础。

（五）广告市场多角关系的重构

广告的产业活动和产业运作，打破了广告市场中相对均衡的市场结构，使得广告市场中的广告公司与广告媒体的关系、广告公司与广告主的关系、广告公司与广告受众的关系等多元市场关系得以重新建构。广告媒介是实现广告价值的“终端”，广告公司创作的广告作品只有经过广告媒介发布才能实现自身的商业价值和文化价值。广告公司创作的报刊广告作品须经广告编辑审核、排版后才能发布，但以往广告媒介很少重视广告编辑这一职业群体的存在，导致广告版面的功能性混乱。把广告作品视为广告媒介内容的重要组成部分，强化广告编辑的职业功能，是广告产业发展中对广告公司与广告媒介关系的重要调整。过去，广告公司为广告主实施的是“订单”式服务，广告公司创作的广告策划案、广告作品等为广告主所占有，在广告主视野中，广告公司不过是其工业生产线上的一个“车间”。广告公司的这种“隐性劳动”的性质，使得广告公司丧失自主性。如今，广告的产业定位强调广告公司对广告作品创作的主体性，重构了广告市场的多角关系，为自主性广告创意活动的展开创造了条件。

（六）“绿色广告传播”

广告产业化运作时期，不再追求“忽如一夜春风来，千树万树梨花开”的即时强制性效果，而是强调“随风潜入夜，润物细无声”的潜移默化效果。广告和谐逐渐取代广告冲突，在利益均衡的前提下实现各方利益最大化。在全球广告传播背景下，各种社会力量相互制约，使得广告传播逐步走向规范化和标准化，以和谐为主题的“绿色广告传播”逐渐成为全球广告传播的潮流。中国加入世界贸易组织二十余年来，大量外国企业在华投资。以奇瑞、格力、联想、华为、茅台、小米、大疆、长城汽车为代表的中国企业迈出国门走向全球化，成为中国广告产业海外发展的新生力量。“绿色广告传播”无论是对中国企业还是对外资公司的全球广告传播，都具有产业化的规制意义。

（七）广告的数字化转型

全球数字经济的发展、数字媒体技术的广泛运用，对社会文化、大众的思维方式及心理认知造成深远的影响。特别是媒介技术的革新、媒介生态的重构，使得严重依赖媒介的现代广告存在方式不断变革和突破。现代广告的运作模式、概念及内涵等随着媒介数字化技术的运用，也在不断发生着转移和演变。广告的数字化转型加快，广告边界日益模糊，广告的内涵和外延不断延伸。

数字广告是在计算机技术和网络技术的基础上，将广告信息由计算机二进制编码存储和表现，通过数字信号传输，以实现精准推送、实时交互通信和反馈的广告形式。从广告的媒体属性看，一切在数字媒体上呈现的广告都属于数字广告。数字广告在发展过程中呈现出三个显著特征：一是广告内容生产的数字化，二是广告传播渠道的数字化，三是广告接收终端的数字化。数字广告传播范围和传播效率显著提升，可交互，可精准推送，可实时反馈，可追踪。伴随着互联网、物联网、人工智能（AI）、区块链、元宇宙等数字技术的发展，广告的发展突破了时间和空间的限制，也突破了以创意为核心、以策划为主体的传统广告的经营模式和经营理念。以平台交易为特征的互动广告、程序化购买广告、计算广告、智能广告等广告形式被大量运用，线上和线下广告活动广泛开展，广告的公关属性、营销特质、品效合一的理想得到较为充分的展现。广告的数字化转型正在对广告运作流程的重构和广告产业的迭代升级产生革命性的影响。

第三节 广告发展的规律和特点

人类广告发展史是一个渐进的过程。广告在传播技术进步、传播内容创新、传播形式变革、传播影响力不断增强的过程中，呈现出一定的规律性。这种渐进过程和人类的生产力发展水平相适应，和人类生存、生活需要相关联，同人类社会政治、经济、文化发展水平和发展阶段相呼应，与人类文明进步的程度相关联。

一、广告发展的历史动因

在不同的历史时期，广告发展的内在动因仍取决于当时的生产力发展水平和社会环境，外在动因则和不同时期的广告发展环境变化及广告自身变革相关。具体来说，广告发展的历史动因与下列因素有密切关联。

（一）广告起源于人类的生存和生产活动

远古时期人们在群居生活与劳动协作中产生了信息需求，在采集、渔猎和族群争斗中，创造性地使用具有广泛告知意义的肢体语言、符号或标记，促使原始广告雏形产生。生活和协作的信息需求，是原始广告雏形产生的直接动因，也是人类不同时期广告变革发展的内在动因。

（二）商品生产和交换是孕育广告的温床

商品生产和商品交换的出现，是奴隶社会以后广告产生和发展的主要内在动因。市场经济体制的确立，则是近现代广告产生和发展的主要推动力量。无论是自由经济、区域性的营销活动，还是国际化的贸易活动，市场经济的杠杆决定了生产资料、生活资料的流通及其配置和劳动所得的报酬。市场是孕育近现代广告的温床。

（三）生产技术的变革推动广告不断进步

生产技术的有效开发和充分利用，是大规模生产、大众传播、大众市场形成的必要条件。生产技术的每一次革命，传播手段的每一次创新，都推动社会生产大步向前迈进，在这一过程中，广告形态伴随着生产技术的进步而日益丰富，广告活动伴随着传播手段的创新而日益兴盛。生产技术的有效开发和利用，使广告成为连接生产、传播和大众的桥梁，并成为一种天然的刺激需求的动力。

（四）全国统一市场的形成推动广告发展

交通系统的完善，有利于全国统一市场的形成，有利于区域市场的竞争和国际贸易的开展。交通网络的发展，使中心制造地区与区域市场的联系更加方便、更加高效。广告在更宽泛的领域内发挥作用，广告市场伴随着大规模生产、大众传播、大众市场的形成而逐渐成熟和完善。在社会化生产大背景下，随着买方市场的形成与消费者纯收入的增加，广告成为刺激消费者进行消费的主要手段。随着社会的发展和生产力水平的提高，消费者用在保障基本生活的衣、食等必需品上的费用占总收入的比例越来越小，消费者手中的纯收入越来越多，在此前提下，商品生产者和企业会想更多的办法刺激消费者消费，其中广告便是方法之一。

（五）广告教育水平的提高促使广告传播空间不断优化

教育水平的提高、广告素养的提升和广告法规的不断完善，使广告的传播空间不断优化，使广告沿着健康、有序的方向发展。广告素养是指人们对广告及市场、营销、传播相关知识的认知、解读、评判和利用的能力，它是人类认识和改造环境的基本能力之一。广告素养包含两个层次，第一个层次是广告受众对广告的认知、解读、欣赏、维权能力，第二个层次是广告传者对广告的利用、传播、思辨能力。广告素养的提高不仅对唤醒大众的广告主体意识，提升广告传播力和影响力，而且对消除广告传播的不平等性和失衡性，维护大众的广告传播权利，具有非常重要的意义。受过良好教育的人群对提高生活品质的愿望较强，他们常常将广告视为一种获取信息的方式。

（六）广告的专业性服务推动广告的发展

伴随着广告业的发展，广告代理机构应运而生并成为创造需求、刺激生产与消费的途径。在帮助企业树立形象、建立信誉、推销产品的过程中，广告服务逐渐成为一种职业，越来越多的企业相信广告服务的作用。人力成本的增加和人员推销的减少，也是广告成为销售利器的重要原因。虽然目前人员推销还没有完全退出历史舞台，但广告已取代了很多过去人员推销所做的工作。发达的大众传播媒介，使广告可以向人们传达更详细的信息，满足人们的消费欲望和需求。

市场调查的发展和运用，调查方法的改进，数据挖掘技术和算法推荐技术的运用，以及越来越多的营销人员对市场调查的认可、接受，使广告的有效性比以往更强，广告主也更信服广告。

（七）国际品牌竞争对广告的依赖性加强

随着品牌的发展与商品差别的形成，广告已经成为品牌之间、商品类别之间、服务类型之间的主要竞争工具。第二次世界大战以后，许多公司组成了大规模生产、服务和零售集团。这些大公司需要广告这种能使自己的信息传达到广阔的、分散的市场中的高效率工具。广告为集团公司服务的能力由此增强，凸显出自身在国际品牌竞争中的优势。社会化大生产和国际市场逐步形成，尤其是批发商、零售商的出现，隔开了生产厂家和消费者，生产厂家只好依赖广告将他们与消费者联结起来。现代企业已经把广告作为一种不可或缺的营销工具。

二、广告发展的基本规律

在广告漫长的历史演变过程中，广告活动逐渐从附属于政治活动、经济活动和文化活动的衍生物蜕变为自觉服务于政治、经济、文化活动的营销传播利器，成为人们日常社会生活的重要组成部分，并在这种蜕变过程中呈现出以下规律。

（一）广告的兴衰与生产力发展水平相一致

马克思认为，物质生产为人类社会的产生、存在和发展提供最基本的条件，因此人类“第一个历史活动就是生产满足这些需要的资料，即生产物质生活本身”①。按照马克思的基本观点，生产力是人类社会生活和全部历史的

① 《马克思恩格斯文集》第一卷，人民出版社 2009 年版，第 531 页。

物质基础，也是广告历史发展的基础。广告是社会生产的感应器，是社会经济发展的晴雨表。当社会生产力处于高速发展时期，广告发展就进入繁荣时期；当社会生产力发展停滞不前，广告发展也就进入衰落期。广告不是孤立出现的，不同类型的广告总是同这一时期的社会政治、经济、文化发展水平密切相关，反映着这一时期人们的物质生活水平和精神生活的质量。原始社会的广告内容与人们生存、生活斗争的内容相一致。人类在改造自然和征服自然的过程中创造广告、使用广告，不仅推进了社会文明的进步，也使广告自身成为人类社会文明进步的成果之一。随着人类物质文化和生活水平得到提高，精神文化领域的需求日益增长，广告从内容到形式都有了较大飞跃。文化广告的诸多要素都较之原始社会更加完备，广告所关注的范围和领域不再局限于个体或狭小的群体，而是延伸到人类社会的各个角落；广告所涉及的内容也不再局限于狩猎活动中的呼应、战争中的烽火及反映人们喜怒哀乐的纹饰和岩画，而是渗透到人类精神文化生活的各个层面。大到帝王上朝、出巡，官员施政、审案，小到百姓的衣、食、住、行和礼仪风俗，都有广告在发挥作用。商业广告从它诞生那一天起就与人们日益增长的物质需求密切相关。商业广告诞生于人们的商品交换活动，其功能是促成交换，而实现交换则满足了人们物质生活的需要。在社会不断进步、经济不断发展的大背景下，人们的这种需要越强烈，广告的表现就越活跃，进而促使商业广告的表现技术越来越成熟，形式内容越来越丰富。

（二）传播技术的革新成为推动广告进步的重要力量

马克思和恩格斯指出，科学技术是生产力中的重要因素，并提出“科学技术是生产力”的著名论断，认为科学技术是改变生产关系的重要力量。广告产生于人类的生产和交换活动，伴随着科学技术的进步，其传播形式和内容日益丰富。从这个意义上讲，传播技术的革新也成为推动广告进步的重要力量。人类社会发展经历了农业革命、工业革命和信息革命三次技术浪潮，与此相适应，传播技术革新也大致经历了口语传播、文字与印刷传播和电子传播三个阶段，电子传播的革新又经历了广播、电视和网络三个时期。当代数字传播技术的变革，提供了更丰富的广告传播手段，提升了广告传播力和竞争力，提高了广告传播效果。从某种意义上讲，每一种媒介的出现和广泛应用，每一次传播技术的变革，都成为广告业自身变革和发展的标志性事件。

（三）社会需要决定广告传播的形式和内容

马克思在《德意志意识形态》和《1844年经济学哲学手稿》中揭示了人的需要在推动人与社会发展过程中所扮演的重要角色。他将人的本质归于社会性、历史性和实践性，而将人的需要视为人的本性，并把人的需要分为自然需要和社会需要两种，前者是人的一般本性，后者则是人类“历史地发生了变化的人的本性”①。在人类的生产和消费活动中，存在着千姿百态的社会需要，而这些社会需要决定着广告传播的形式和内容。按照传播内容来分，广告可以分为社会生活广告、政治广告、文化广告、经济广告、军事广告和公益广告。社会生活广告是用来传递社会生产、生活信息的广告形式，在人类社会初期，社会生活广告占据着重要的地位。当人类进入文明社会，阶级对立和阶级斗争成为当时社会的主要内容，因此用来传达军事、政治信息的军事广告、政治广告占据主要地位。现代社会，商品经济高速发展，用来传递商品信息的经济广告、文化广告和公益广告所占的比重越来越大。不同类型的广告从不同层面对人们的生活方式产生影响，对社会发展进程产生作用。

（四）广告导向引领广告健康发展方向

在广告发展演变的历史进程中，广告导向与广告的兴衰直接关联。在不同的历史时期，广告的市场导向、受众导向、文化导向和意识形态导向，都会对广告的发展水平和价值取向产生重大影响，广告的商业属性和公益属性也决定着广告导向引领广告健康发展的不同侧重点。广告的多元性导向在广告的历史发展进程中发挥着不同的功能效应，与广告发展所处的生产力发展水平相适应，与国家的政治、经济环境相匹配，成为推动广告可持续发展的重要力量。在现代市场环境中，广告导向的价值内涵得到进一步提升。国家市场监督管理总局在2022年颁布的《“十四五”广告产业发展规划》中明确指出要贯彻落实习近平“广告宣传也要讲导向”重要指示精神，把牢广告宣传的正确政治方向、舆论导向和价值取向，坚定维护意识形态安全，坚持更好满足人民群众美好生活需要的广告创作导向，促使广告导向的价值内涵更加丰满和完善，这对指导当代广告业高质量发展具有重要实践意义。

三、广告发展演进的特点

在人类社会信息传播的历史长河中，广告信息传播一直伴随着人类的生活、生产、营销和文化传播活动。总体来看，广告的发展演变，在时间上是一个渐进的过程，在内容上是一个日益丰富和不断完善的过程，在观念上则是一个不断更新和顺应时代发展的过程。从空间上看，广告信息传播从狭小的人群到较大的部落，从城邦到奴隶制王国，从封建帝国到资本主义世界，直至今日的跨地域、跨国度的全球性传播，广告传播的范围在不断扩大，传播的领域在不断扩展，广告的社会影响力越来越大。广告的存在形式、广告的组织形态、广告的社会活动方

① 《马克思恩格斯全集》第二十三卷，人民出版社1972年版，第669页注（63）。

式从不同侧面彰显了其作为社会文化传播载体的重要地位，广告传播构成了不同时期社会文化传播的新景观。

（一）广告信息传播活动的本质始终没有改变

广告是一种伴随人类数百万年的信息传播活动。尽管在不同时期，广告信息传播的途径、方式、对象会有所不同，广告传播活动的环境和技术手段也不断变化，其表现形态也日益丰富，但其作为一种有效的信息传播活动的本质始终没有改变。

（二）广告形态呈现与社会现实需求相关联

不同类型的广告发展有不同的生长环境，不同形态的广告则共同构成人类广告发展史上的独特景观。如中国古代社会政治广告的内容和形式与统治者的治国思想和管理思想相结合；广告传递的方式在各级政权机构之间有相对固定的模式，如诏书、策书、露布等都是按照特定的轨迹和范围来传递或发布信息；广告媒介物本身就具有象征或借代意义，如鼎、石刻、碑文本身就蕴含着权力、权威和昭示天下等意义。商业广告的成长发育也沿着一定的历史轨迹运行。原始商品交换活动中出现了最基本的口头广告和商品陈列广告。口头广告向着声响广告的方向发展，而陈列广告则沿着实物广告、悬物广告、幌子广告、招牌广告、现场展示广告、户外广告的路径多向发展。诗歌、楹联广告则分别同吟唱广告和招牌广告的成长密切相关。但无论商业广告表现形式如何变化，追本溯源，都和原始的口头吆喝和陈列广告形式有关。文化广告的出现与人们物质文化生活水平提高有着直接关联，也同普通大众的日常生活及丰富多彩的文化生活相关联，反映出普通民众的价值观和审美观。军事广告则与国家的外交、政权之间的对抗及具体战争和战役同步出现。

（三）广告服务能力的提升得益于广告资源的有效整合

广告的服务功能被不断强化，主要得益于广告资源的合理开发和运用。第一，传播技术被充分开发和利用。任何一种媒介都能够成为传播广告的媒介，无论是原始社会的自然物，还是手工媒介；无论是传统的印刷媒介，还是现代的电子媒介；无论是当代社会的社交媒体，还是以大数据支撑的全媒体平台，都可以成为广告信息传播的载体被广泛应用到广告传播活动中，并被及时转化为生产力。第二，广告服务理念变革。从推销、营销到创意管理，从整合营销传播到全媒体营销，不断提升的服务理念推动着广告活动朝着全方位、立体性、综合化的方向发展。第三，广告活动国际化。经济活动的全球化加速了广告活动的国际化进程，广告集团化经营成为常态，广告并购的范围扩大。广告跨区域、跨国度竞争和广告跨界、跨媒介合作成为国际广告活动的重要组成部分。

（四）广告规范化发展需要各项制度的保障

广告活动日益繁荣，各国政府先后制定和完善本国有关广告的法律制度，广告行业也从内部加强自律，受众的广告素养也在不断提升。由国家相关广告法律法规、广告行业自律规范、广告受众舆论共同建构的立体化、体系化的广告管理制度，为广告业的健康发展提供了保障。在广告规范化发展过程中，政府综合运用市场、行政、法律、信用、社会参与等多种手段，加强广告市场秩序综合治理，推动广告产业高质量发展。

（五）广告理论创新引领广告实践方向

广告从最初的“传播手段”“推销术”发展成为今天的一种社会活动形式，同广告理论的创新不无关联。心理学、营销学、传播学的理论和方法被逐步引入广告实践活动，广告运作的科学性、有效性和社会影响力得到提升。社会学、文学、艺术学、管理学的知识被应用于广告实践创新活动，使广告的内涵与外延不断完善，广告理论知识体系逐渐建立。广告与公关、广告与新闻、广告与宣传等相关话题讨论，使广告的专业化特征凸显；广告与社会发展、广告与文化传承、广告与文明进步等相关研究，则使广告的时代意识、社会责任意识、使命意识得到强化。广告理论研究和实践创新，引领广告活动沿着专业化、科学化、规范化的方向不断进步。

思考题

1. 简述推动广告历史发展的基本要素。
2. 简述近现代广告行业形成时期的广告表现形式。
3. 简述当代广告产业发展时期广告的主要内容。
4. 你认为推动广告历史发展的动因有哪些？
5. 试论述广告发展的规律和广告发展演进的特点。

▶ 本章即测即评

第三章 广告的功能与价值

对广告功能与价值的考察，可从两个层面展开：一是广告的功能性层面，二是广告的价值性层面。广告在实现其功能的同时，必然以其特殊的形式作用于整个社会，产生一定的经济价值和文化价值。广告的这种由工具性功能所衍生的社会功能称为广告价值，它是广告功能的一种价值延展。

第一节 广告功能概述

广告的功能是指广告活动为达成广告目标所表现出来的作用和效率，它蕴含于广告为实现目标和适应环境而必须承担的职责当中，这意味着广告的目标和其所处环境对广告功能起着决定性作用。广告的基本功能分为传播功能和营销功能。

一、广告的传播功能

传播一词源于拉丁语 Communis，本义为“共同的”。顾名思义，作为一种人类活动，传播是信息传送者与接受者之间思想“达到共同”的过程。

广告是由信息的基本传播过程发展而来的，是一种传播活动——拥有特殊的传播形态和传播方式。20 世纪四五十年代传播学开始兴起，而广告作为传播学的重要实证研究领域，也被纳入其研究范畴。20 世纪 70 年代，西方国家的一些广告学者建立起对广告传播的初步认识。80 年代初期传播学传入中国后，国内学者也开始尝试以“广告传播”这一崭新的命题来著书立说，逐步建立起广告传播理论体系。

广告传播是一个动态的传播过程。从动态的角度来看，任何一种刺激都会引起反应，这就是心理学所说的刺激反应模式。我们把这个模式应用于人类的广告传播活动，将广告传播视为一种刺激形式，那么必然会有相应的反应（反馈）产生，由此形成一个传播系统。当然，刺激反应模式在一定程度上体现了“枪弹论”的观点，即受众如同靶子，像靶子接受子弹一样无条件地接受传播内容。但事实上，受众在传播过程中并不像“枪弹论”所认为的那样无能为力。研究证明，多数人有能力筛选、过滤那些不需要的或无用的信息。此外，传播过程也并非不受干扰，传播过程中的每个环节都可能出现“噪声”。美国拉特格斯大学的芭芭拉·斯特恩将广告视为一种有组织的表达文本，她提出一个较为复杂的传播模型，这一模型源自传统的口头传播模型，但比口头表达更适合广告这个综合商业表达形式。简单来说，信源就是出资人，信息即广告，而受众就是消费者或潜在消费者。

以下是广告传播过程中的斯特恩模型（Stern Model）（图 3-1）：①

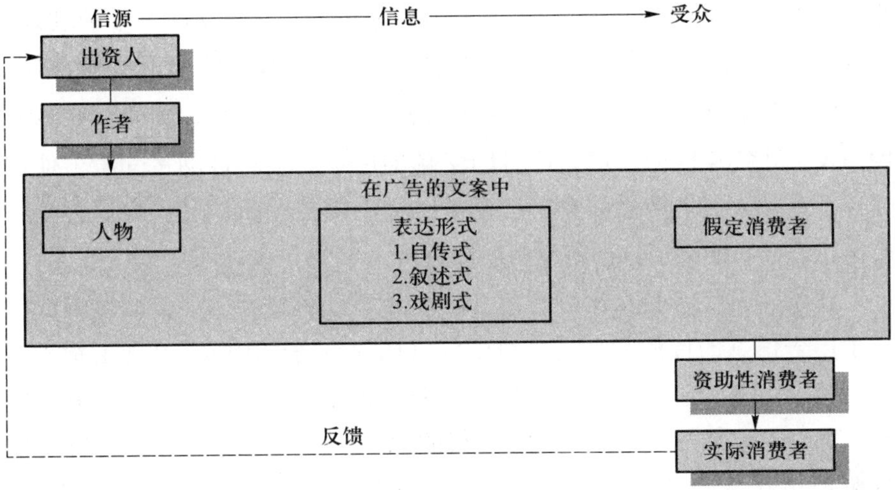

图 3-1　广告传播过程中的斯特恩模型

斯特恩模型认为，在广告活动中，信源、信息与受众均具有多个层面，有些层面存在于现实当中，有些则存在于广告信息自身文本的虚拟世界当中。

广告的信息表达一般采用三种形式：自传式、叙述式、戏剧式。自传式采用第一人称“我”来表达代言人的观点；叙述式采用第三人称，并以掌握信息和可信的姿态向受众发布产品；戏剧式则表现生活中发生的一系列情节，将信息与故事情节相关联，由此让受众体验信息而非单纯地倾听或观看信息。广告传播首先要考虑的是哪些情感、态度及动机因素在驱动着目标受众中的一部分特定人群，然后运用自己的传播符号创作出相应的人物、信息和形象，再将这些文字或图像符号进行组合编排，并安排在最适宜发布信息的媒介上。

广告的受众同样具有多样性，分为假定消费者、资助性消费者和实际消费者。每一条广告都假定有一些消费者，这些假定消费者并不真实，只是广告情节的组成部分。在广告尚未真正获得机会去说服某位真实的消费者之前，首先要说服出资方的决策者，他们具有认可广告活动并为此提供资金的权力，因此最先的受众实际上便是出资方的决策人，他们是资助性消费者，是决定广告是否可以发布的把关人员。出资人的信息最终针对的就是实际消费者，后者是现实生活中的广告受众。

---

① ［美］威廉·阿伦斯、迈克尔·维戈尔德、克里斯蒂安·阿伦斯：《当代广告学》（第 11 版），丁俊杰、程坪等译，人民邮电出版社 2010 年版，第 11 页。

广告主的信息每天都与成百上千条其他商业或非商业信息争夺受众有限的注意力（这些其他信息称为“噪声”），这使得广告传播更趋复杂。只有等受众做出反应，信源才能明确知道信息是否被对方接收，是如何接收的。只有通过反馈才能完成这一循环，证明信息确实被对方接收到了。广告的反馈有多种表现形式：兑换优惠券、电话查询、光顾商店、询问详情、增加购买或对调查做出反应等。过去受众的反馈很少能采用与原始信息相同的渠道，而现在，随着互联网尤其是数字传播技术和新媒体的发展，广告的受众不再是信息的被动接受者，他们有能力掌握自己想要接受的传播活动，选择自己所需要的产品信息，他们甚至可以利用初始信息发送人的渠道立即将反馈发回信源。

进入新媒体时代，受众所拥有的互动和分享权利使其从广告信息的被动接收者变成了广告信息的传播者，受众对广告信息的传播也影响了其他消费者的需求和购买决策。可见，随着受众充分地参与到广告的传播活动中，消费者与广告传播者的传播关系从垂直走向了水平，单向的传播模式变成了网状的交互传播模式。消费者相互之间告知、分享信息的方式也构成了广告信息传播的一种新形式。

广告的创作和传播是一个复杂的、多种因素相互作用的过程，这个过程涉及以下几个方面：第一，广告主需要传达的信息内容；第二，广告主预期目标受众希望看到或听到什么样的信息；第三，广告主对目标受众将会如何解读广告中所用的词汇和形象进行估计；第四，考虑媒体的传播方式和规范。因此，广告信息几乎不可能是个人创作，它是集体的成果。而在信息生产和信息接收两个阶段之间，则是消费者解读信息、理解广告的过程。

正如前文所述，广告的本质是一种信息传播，广告拥有特殊的传播形态和传播方式，广告具有传播的功能。

二、广告的营销功能

广告有助于企业实现自己的营销目标。广告的营销功能，如同广告的传播功能，同样也是广告的基本功能。

广告作为营销工具的功能与效用具体体现在：表明产品的身份，使该产品与其他产品区别开来；传播有关产品及其特点与销售地点的信息；引导消费者试用新产品并建议重复使用；刺激产品流通；增加产品的使用量；建立价值、品牌偏好和品牌忠诚度；降低整体销售成本；等等。

广告主是通过商业性信息的告知来促进商品和服务销售的。商品或服务信息的告知，是广告最基本的功能与效用。广告在告知性功能的基础上，又加入了说服和引导的因素。这种说服和引导既包括产品功能的说服和引导，也包括品牌和形象的说服和引导，其终极目标是商品的销售。由于广告传播说服和引导因素的加入，广告更具有了刺激消费、引导消费以增加产品的使用量和流通量的营销功能。随着市场买卖双方地位的变化，特别是消费者地位的提升以及新媒体的崛起，广告逐渐彰显并强化其沟通功能。①

（一）告知功能

广告存在的时间虽然可以上溯到很久远的年代，但是广告得以突破地域限制，在一个更大的范围发挥影响力，则是在18世纪广告通过付费出现在新闻媒体上，并得以广泛传播之后。美国早在独立战争之前就有了报纸广告，1704年，《波士顿新闻信》在创刊号上就登出了广告。直到19世纪末，西方社会对广告公认的一般定义仍是“广告是有关商品或服务的新闻”，广告被看作一种起告知作用的、与新闻报道相类似的传播手段。而贯穿整个19世纪，广告都未能突破发布新闻性信息的惯例。

人们之所以没有购买产品，一个重要原因在于人们不知道有关产品和生产商的信息，因此广告所要做的就是告知人们有关产品和生产商的信息，这也就是英国经济学家阿尔弗雷德·马歇尔所赞许的“信息性广告”。在20世纪以前产品还不太丰富、资讯传递手段较为贫乏的情况下，这种广告对促进产品的销售会产生一定效果，但进入20世纪以后，产品极大丰富，信息传播技术也更加发达，单纯的告知已经很难对销售有所帮助，广告功能的重心遂逐渐发生转移。

（二）说服功能

20世纪初至20年代，针对当时将广告定位为新闻的说法，约翰·肯尼迪针锋相对地指出，“新闻是一种陈述的技巧，而广告只是一种非常简单的东西”②，即纸上推销术。广告应该像推销员那样想办法说服消费者。因此，广告不能仅仅为消费者提供消费信息，而是必须有针对性地向消费者强调信息，并努力使消费者相信产品与他们之间存在某种密切的利益联系，从而影响消费者的选择。

约翰·肯尼迪、阿尔伯特·拉斯克尔和克劳德·霍普金斯这三位优秀的广告人，活跃在20世纪初至20年代的美国广告界，对美国广告的发展产生了相当大的影响，他们的核心理念便是广告是一种“纸上推销术”。拉斯克尔和霍普金斯都在其著述中表达了广告的目标就是达成销售，就是“即时卖出商品”

---

① ［美］威廉·阿伦斯：《当代广告学》（第8版），丁俊杰、程坪等译，人民邮电出版社2005年版，第23页。

② ［美］阿尔伯特·拉斯克尔：《拉斯克尔的广告历程》，焦向军、韩骏译，新华出版社1998年版，第20页。

的观点，而其实现途径则在于给消费者提供一个说明产品值得购买的具体原因或理由。他们的这种广告主张被称为“原因追究法”，所秉承的广告功能观念则为说服或劝服。广告不再局限于新闻报道式的告知，而是通过说服来影响消费者的选择和购买。

广告的说服功能观念产生于产品丰富且竞争激烈的环境下。产品的丰富使消费者不再像过去那样只注重产品本身，而更注重产品的优点和购买产品所带来的实际利益。广告功能从简单的告知进展至说服，是对广告所具有的在影响人们观念、心理及行为方面的潜力的重大发现。围绕着广告是否人为地引诱和操纵人们的行为和欲望、广告对经济是否有益以及广告是否造成资源浪费等问题，广告得到的评价是毁誉参半的。

（三）引导功能

随着经济的快速发展，市场上买卖双方的地位对比也急速变化，说服功能并不能有效解决很多问题。

第二次世界大战以后，西方世界的经济发展进入高速扩张期，市场上涌现出大量的新产品。与此同时，电视得到普及，消费者接收的信息量与日俱增。此外，20 世纪 60 年代以来，消费者自发组织的积极争取消费者自身权益的运动更是屡见不鲜。在此背景下，营销观念开始从原来的销售本位向消费者本位转变，主张以市场为中心，以顾客为导向，通过满足消费者需求来获取利润。

由于产品同质化加重，广告逐渐从产品信息的传达转向强调消费者的心理感受和文化认同。广告更多地在传达一种感觉、一种气质、一种性格、一种观念。女装广告极力表现女性的独立，食品广告极力抒写家庭欢乐气氛和爱的感觉，可口可乐说“喝可口可乐，事事如意”“岁月在变，团聚的美妙不变”，百事可乐说“生活有了全新方式，它就是保你精力充沛的百事，它会赠予许多宝贵财富，给那些乐观生活的人”“打开百事，把乐带回家”。这样的广告在信奉广告就是商品新闻和广告就是推销术的时代是让人无法理解的，但这样的广告确实能起到促进销售的作用，甚至非常有效，因为它们发掘并利用了广告的引导功能。

广告要对消费者产生有效的引导，首先，必须彻底主张消费者导向；其次，它不像过去那样仅专注于产品的物理属性，而是利用消费者的潜意识来开发产品的附加值，满足消费者的心理需求，从而对消费者的选择产生影响。至此，广告的功能由说服发展到引导。

（四）沟通功能

随着市场环境的发展，有关消费者的各种理论研究都揭示出消费者行为的复杂性，消费者价值观念日益多元化，消费需求及口味也越来越难以把握。因而 20

世纪 90 年代的市场营销理论主张，广告主不仅要实现销售，还要了解顾客，了解顾客是否会重复购买。沟通策略逐渐被运用于营销传播领域，例如 20 世纪 90 年代在西方兴起的整合营销传播理论，就主张运用一切传播形式及手段实现沟通目标，与消费者建立一对一的沟通关系。

广告功能从“引导”演进到“沟通”，并不全然是因为“沟通”听起来更容易接受，而是一种广告营销功能观念的根本改变：“沟通”首先意味着买方与卖方之间是一种平等的关系，而不是像说服或引导那样具有强迫性；其次意味着买方与卖方之间存在着一种资源交换与分享共同价值的关系。这种广告观念的产生是整个营销传播环境使然，与营销传播理论的发展密不可分，也与传播技术特别是网络技术的支持分不开。

至此，我们可以这样勾勒广告为实现目标而顺应环境变迁所做的一系列功能演变：从告知到说服，到引导，再到沟通。这构成了广告营销功能发展的历史脉络，也回答了广告营销功能与作用的实现问题。这四种功能观念在手段采用上是大不相同的。

告知功能：传递商品信息（手段），促进销售（目标）。

说服功能：选择性传递商品信息，并解释其与消费者之间的联系（手段），促进销售（目标）。

引导功能：对消费者施以人文引导（手段），以建立品牌，促进销售（目标）。

沟通功能：通过深度沟通（手段）来建立品牌忠诚，促进符合利润最大化原则的差异化行销，促进销售（目标）。

三、广告与整合营销传播

在新的营销环境和传播环境下，单纯依赖广告获得营销成功的机会大大减少了。整合营销传播要求组合运用不同营销推广要素，针对共同的营销目标，传递一致的品牌形象，并在信息传递过程中与消费者建立长期密切的关系，以达到产品销售和品牌资产增值的目的。在整合营销传播背景下，广告不仅不会消亡，反而会成为整合营销传播的主导因素和工具。

随着新媒体的出现以及竞争的加剧，广告主一直努力运用整合营销传播策略和方法来获得更多的回报。

（一）整合营销传播的策略

1. 以消费者为中心

在整合营销传播中，消费者处于中心地位。传播者必须了解消费者已有的信息或经验领域，使传播出去的信息更易被消费者理解。以消费者为核心的整合营销传播是一种双向沟通，而不是传统营销传播的单向沟通。为了达成信息交换的目的，企业必须首先了解消费者所拥有的信息形态及内容，然后通过某种渠道或方式，让消费者反馈企业所需要的信息种类，最后企业对消费者的需要做出及时回应。

2. 以大数据为基础

“大数据”一词最早是指存在价值关联的海量数据。大数据时代，数据与技术成为广告传播最高效的生产力资源。大数据之所以产生，得益于今天无处不在的传感器和微处理器。人类正在迈入数据计算的时代，所有的机械或电子设备和使用它的人，通过互联网互相交流，形成一个庞大的数据源。当这些数据和其他数据源相结合的时候，就会更加庞大。随着大数据的发展，尤其是数据挖掘技术的发展和数字可视化技术的出现，一个从数据整合、分析、挖掘到展示的完整闭环形成了。它的起点是多个独立的关系型数据库，经过数据整合之后形成统一的、多源的数据仓库，再根据用户或消费者的需要，重新取出若干数据子集，或构造多维立方体进行联机分析，或进行数据挖掘，发现潜藏的规律和趋势。

大数据能够提高广告传播的精准度和匹配度。消费者每天在不同场景中产生的数据是非常庞大的，其中包含视频、图片、地理位置、网络日志等结构化数据、半结构化数据和非结构化数据。广告主借助大数据技术可以完成对数据的整合和深度挖掘，筛选出有价值的数据并进行数据分析，从而提炼出有价值的信息。

3. 以建立消费者和品牌之间的关系为目的

整合营销传播的核心是培养真正的消费者价值，与那些最有价值的消费者保持长久的、紧密的关系。这就意味着，从消费者第一次接触品牌开始，企业必须整合运用各种传播手段，使消费者与品牌的关系越来越密切。

在整合营销传播背景下，广告的生存形式和运作模式发生改变，广告产业形态必将发生重大调整，即由提供单一广告代理业务的广告产业走向提供公关、促销、营销咨询、媒介购买等多元化服务的“大广告产业”。在大广告产业体系中，广告引领着各种相关业务，并处于整合营销传播的核心地位。广告公司需要同时承担广告、促销、公关、直效营销等众多业务，这对广告公司的人力、物力、财力和组织管理等诸多方面提出了更高的要求。

（二）整合营销传播对广告专业化能力的要求

1. 专业数据库开发能力

专业数据库主要包括客户数据库和媒介数据库。客户数据库是整合营销传播的基础，营销战略和各种营销传播策略的制定都离不开客户数据库的支撑。客户数据库主要包括行业、产品、企业、品牌、市场、竞争对手、消费者等相关数据。媒介数据库主要包括各种媒介的基本情况、受众市场、节目内容、广告和公关等方面的数据。广告公司如果拥有专业化的客户数据库和媒介数据库，便能够将自己的业务向上和向下延伸，从而获得更多利润。

2. 专业广告运作能力

在整合营销传播系统中，广告是不可或缺的传播工具，也是整合营销传播的核心业务。广告公司的发展不能丢掉“根据地”，专业广告运作能力仍是广告公司的核心竞争力，不能因为进入整合营销传播时代而将策划和创意等广告运作的核心能力遗弃。

3. 整合能力

整合能力是一种集洞察力、决策力和协调力于一身的综合能力。对市场的判断、营销战略的制定、多种营销传播工具的组合运用、公司人员的调配、组织内外沟通和协调等方面，都体现出整合能力。整合能力不同于组合能力，前者是通过不同营销传播工具协调运作，产生 $1+1>2$ 的效果；后者只是对营销传播工具的机械组合，产生 $1+1\leqslant2$ 的效果。可见，整合能力是广告高度专业化的重要竞争力。

在整合营销传播背景下，广告不仅不会消融在整合营销传播中，反而会通过提升自身专业化能力，进行整合运作，提高营销传播的效果。广告在未来的发展中必须与时俱进，方能成功进行整合营销传播。

第二节　广告的经济价值

广告是一种信息传播活动，它经由传播和营销对社会产生的影响与作用，首先发生在经济层面，从而产生了广告的经济价值。广告的经济价值，可以从广告与产品、企业、广告产业、媒介经济、宏观经济等几个层面的关系中体现出来。

一、广告与产品

社会再生产的总过程包括产品的生产、分配、交换和消费四个紧密联系的环节。产品的“生产、流通、交换和消费”流转模式的正常运行，有赖于广告经济价值的发挥。

广告的经济价值首先表现在产品流通领域。广告传递市场营销信息，在流通中担负着“信息流”的重任，“润滑”着物流与商流，“驱动”着交换与消费的完成。在沟通产销、促进流通的基础之上，广告在生产和消费领域的作用表现为有利于竞争、促进生产和刺激社会整体消费需求，使得社会生产活动良性运行并不断地为社会创造出更多的财富，推动整个社会经济增长。具体说来，广告的经济价值包括以下几点：第一，广告具有沟通产销、刺激需求的功能。第二，广告能够加速流通，扩大销售。第三，广告对商业周期产生影响，当商业周期处于上升期时，广告可以发挥推动力的作用；而当商业周期处于下降期时，广告则可以借鼓励消费而发挥稳定力的作用。

基于产品而塑造的产品形象有利于产品的推广与传播，而广告可以塑造产品的形象。广告传播的形象可以表现产品的品质，使产品更符合消费者的心理需求，进而增加产品的附加值。广告提升产品附加值主要有以下几种途径：

（一）提高企业形象

有质优价廉的产品不等于就有好的效益，只有被消费者认可、接受的产品才能发挥真正的效益。企业是在社会大环境中生存的，因此企业必须与社会方方面面保持良好的沟通，提高企业和品牌在公众中的形象。企业广告对于提高企业形象可以发挥积极的作用。

企业广告中的形象广告和公益广告是提升企业形象的两种最有效形式。形象广告注重宣传企业理念和企业定位，如海尔“真诚到永远”，美的“原来生活可以更美的”，韵达快递“运达承诺，微笑韵达”等；公益广告则通过宣传和赞助社会公益事业获得良好形象，如 2021 年 9 月在世界互联网大会上，新浪微博提出了微博公益广告计划，表示在未来两年微博将每年投入更多的广告资源用于公益传播。这些企业广告不仅加强了企业与顾客等各种利益相关者的联系，为企业生存发展创造了一个良好的社会生态环境，也对增强品牌的亲和度、提升产品附加值起到积极的作用。

（二）建立品牌情感价值

美国市场营销学家菲利普·科特勒把人们的消费行为大致分为量的消费阶段、质的消费阶段、感性消费阶段、体验消费阶段四个阶段。第一阶段因商品短缺，人们追求量的满足；第二阶段，商品数量极大丰富，人们开始追求同类商品中高质量的商品；第三阶段，随着技术的不断成熟，产品趋于同质化，消费者的消费意识日益成熟，他们追求的是与自己内心深处的情感和情绪相一致的“感性消费”；第四阶段，随着类人技术的不断发展，消费者感受到类人技术在其消费流程中营造的个性化、情景化的消费场景，从而追求让自己更满意的体验消费。

其中感性消费要求广告借助艺术的手法展示人类对真、善、美的情感追求，以温馨、关怀的诉求达到与公众情感的沟通。广告对消费者产生的积极情感反应会引发消费者对广告中特定商品或服务的积极态度，从而影响消费者的行为，实现广告的预期效果。以南方黑芝麻糊的广告为例，芝麻糊作为一种普通食品，与同类产品的功能差别很小，但它的广告从情感入手，用怀旧的手法为一个平淡无奇的商品营造出温馨的氛围：大婶递过香浓的芝麻糊，男孩子大口大口地飞快吃光，意犹未尽小心地舔着碗底，大婶怜爱地多舀了一勺给他，替他抹去嘴角的芝麻糊。其广告语“一股浓香，一缕温情”深深地印在了许多消费者的心里，把南方黑芝麻糊与其他同类产品有效地区分开来，给产品增加了情感价值和其他更多的无形价值。

（三）发展品牌个性

广告大师大卫·奥格威指出，每一个广告都应有助于塑造消费者头脑中的品牌形象。而这种品牌形象或个性，部分地决定了其品牌能从消费者那里得到一定的价格补偿，也就是产品的附加值。随着技术的不断成熟，产品越来越趋于同质化，不同品牌的商品很难在质量、性能等方面分出高低，品牌间的唯一区别通常是与品牌个性相联系的。在某种程度上，消费者会根据自我形象和品牌个性之间的一致性来选择品牌，这种选择能满足消费者心理上对自身价值的肯定。消费者的需求有时与产品本身的功能没有太多联系，而是与品牌所体现的特定心理需求相联系。比如对服装的需求本来是一种生活需求，但消费者往往把各种服装品牌与特定的个性相联系，愿意支付更多的钱来购买和使用特定的品牌，从而界定自己的群体归属。

二、广告与企业

广告首先是一种营销传播，在企业营销的范围内发挥作用，但不是只具备推动产品销售、获取利润的经济功能，还发挥告知、引导、说服和沟通的功能。企业通过广告来降低和利益相关者（顾客、潜在顾客、股东、雇员以及其他重要的参与者）的信息不对称程度，获取相关的经济和社会的竞争优势。因此，分析广告在企业中的重要地位与作用，应当把广告作为营销传播子系统放在企业整体运营系统中加以观照。

广告在企业营销方面的功能主要有如下三点：

（一）广告是常用的促销工具

广告通过向目标消费者传递产品信息，可以刺激欲望，引导需求，提高中间商分销的积极性，推动产品从制造厂商通过分销渠道向消费终端流动。这是对广告传播功能的最基本也是最原始的认识。众多新产品、新品牌上市都是运用广告这一形式迅速在消费者心目中建立知名度。

作为商业广告的一种，比较广告也是企业开展营销竞争的有力武器。比较广告也称对比广告、竞争广告，是指广告主将自己的产品或者服务与处于竞争态势的其他产品或者服务进行比较的广告。一般来讲，无论何种形式的广告，只要涉及竞争对手或提及其产品或服务，即构成比较广告。例如，2013 年春节前后的中国凉茶广告大战在“加多宝”和“王老吉”两个品牌之间开展，它们都利用广告直接、快速地向市场宣示自己的“正宗”身份。

（二）广告是形成品牌影响力的重要途径

在产品同质化日趋严重的市场状况下，企业竞争实际上发生在附加产品层面。所谓附加产品层面，是指在产品的基本服务或利益、基本形式，以及消费者在购买时通常希望和默认的一组属性和条件之外增加的服务和利益。广告是企业推动产品形成差异化、形成独特的品牌个性、提高产品附加价值、彰显品牌影响力的重要传播工具。

消费者根据产品提供的潜在效用和满意度来评价产品效用，满意度具有主观性和社会性。换句话说，效用是从产品和人的关系中产生而不是产品本身内在的因素。例如，广告让一位女士感到使用化妆品后更漂亮，她因为广告而获得更高的满意度，广告因此为产品增添了附加值。在众多精神象征类产品、奢侈品的营销战略中，广告都充当着为商品和品牌提供社会地位、社会意义的独特角色。

在产品质量相近的品牌之间，获得消费者在感情上的偏好则是占领市场的不二法门。广告依托不断重复的情感刺激建立品牌与目标消费者之间的连接，建立起消费者对广告品牌的偏好，最终促成消费者在市场终端选择该品牌。例如 IBM 公司给人的印象是拥有尖端的技术、优良的服务和严谨的工作作风，素有“蓝色巨人”之称，这是和企业长期的广告传播密不可分的。

（三）广告是树立良好组织形象、获得社会公众支持的重要工具

近年来，公众要求企业承担社会责任的呼声很高，企业形象广告、赞助型公益广告等常常能够帮助企业传递企业精神、主动承担社会责任，产品广告、企业形象（Corporate Identity，CI）设计战略有时也附带此类信息。由此，企业可以获得两方面的收益，即建立组织的良好声誉和获得利益相关者的优先支持。享有良好声誉的企业在增强消费者选择产品的信心，获得人力资源、政府政策资源等方面具有竞争优势。

在社会营销观念日益普及的情况下，广告在传播企业履行社会责任方面的功能将越来越得到企业的重视。近年来，随着生态文明观念的普及，企业在树立环境友好、低碳生产、资源回收等方面形象的环境亲善广告呼应了公众对良好生存环境的诉求，对企业绩效的提高也具有显著推动作用。企业在营销活动中只有置身于社会经济大环境中来考察自身利益，才能与消费者进行良好的沟通。例如，2022 年 8 月，京东宣布启动“以旧换新 1 元绿色行动”。用户在京东每完成一部电器产品以旧换新订单，京东都将捐赠 1 元钱用于公益植树，和消费者共建绿色未来。京东的这项活动就是充分利用广告参与活动，并和公众

互动，从而获取公众的注意。广告在以企业行为带动社会行为、以商业性推动公益性的多赢营销机制中充当了先锋队和发动机的角色。

三、广告与广告产业

广告产业的真正形成是其"广而告之"功能的实现以及广告代理公司的经营创新。产品剩余、社会分工、科学技术、企业创新等是推动广告产业发展的关键因素。

1869 年，弗兰西斯·艾耶在美国费城开办了艾耶父子广告公司，一改当时的广告代理公司单纯代理报纸广告销售的单一经营模式，增加了代理广告客户进行文案撰写、广告设计、广告效果调查等多方面的广告业务，实现了对媒体广告销售与广告主广告活动双重代理的经营创新，成为第一家现代意义上的广告代理公司，标志着广告产业的形成。从此，广告代理完全从广告主、广告媒体的附属和衍生中独立出来，成为一种新的行业和职业，广告产业进入规范化的发展阶段。与西方发达国家不同，中国的广告产业直到 20 世纪 80 年代，伴随着以经济建设为中心的基本路线的确立和媒体广告经营的恢复，才真正形成规模并逐步走向成熟。

世界各国由于不同的历史发展轨迹以及社会、政治、经济、文化背景的差异，而选择了不同类型的广告产业发展路径，也由此形成了世界广告产业格局的缤纷景观，但总体来讲主要有三种广告产业发展模式：基于自由市场竞争环境的独立广告产业发展模式，基于国家政策与行业标准双重维护下的共生型广告产业发展模式，自由开放背景下外资全面控局的广告产业发展模式。不同国家、不同国情，广告产业发展模式也不同。

（一）以美国为代表的欧美国家的广告产业

欧美作为市场经济率先发展的地区，选择了基于自由市场竞争环境的独立产业发展模式，其特征是：高度市场化背景下的自由竞争和独立于媒体与企业之外的产业发展。① 这种模式的典型代表是广告产业最为发达的美国，其主要特点如下：

1. 界限分明、分工合理的广告代理制

美国的广告业长期以提供专业化广告服务的广告代理公司为核心，逐渐形成广告主、广告代理公司、广告媒体、广告行业组织之间界限分明、分工合理的广告代理制，从而保障广告服务的高效率和专业化，也为广告业的核心机构——广告代理公司的发展创造了宽松、优裕的环境。在这种制度安排下，广告主把广告

---

① 张金海等：《中国广告产业现状与发展模式研究》，《中国媒体发展研究报告》（2005 年卷），武汉大学出版社 2006 年版，第 424 页。

业务委托给广告代理公司而获得专业化的广告调研、策划、创意、设计、发布和整合营销传播服务，保障了广告活动的有效性，自身则专注于企业的经营管理和市场营销。广告媒体把自己的广告资源委托给广告代理公司销售而获得专业化的广告代理发布服务，提高了广告资源的利用和销售效率，自身则专注于新闻传播等主体业务。由广告主、广告代理公司、广告媒体联合组成的广告行业组织，作为第四方独立机构，为三方的合作、代理佣金、利益协调、市场规范化、服务标准化等制定规则并监督执行，维护着广告市场和广告产业的良性运行。广告代理公司在广告行业组织制定的合理的运作框架下，从广告主和广告媒体两方获得广告代理业务，形成稳定可靠的业务来源和收入来源，从而保障其专心于广告服务和服务水平的提高。

2. 既鼓励竞争又限制垄断政策下的规模化发展

自由市场体制下，企业通过兼并等手段实现规模化发展进而建立寡头垄断式产业结构，但市场垄断又成为市场自由竞争的障碍，因而美国实行一种既鼓励竞争又限制垄断的政策，制定了《谢尔曼法》等反垄断法律。但由于广告产业在美国产业方阵中的比重不大，所以政府对其规模化和垄断的规制比较弱化，这就为美国广告公司的规模化发展创造了宽松的条件。

3. 以先发优势走向全球化扩张

美国广告产业的规模化过程同时伴随着国际化，自冷战结束后又走向全球化扩张，把广告产业的先发优势（广告学说、广告理念、广告准则、广告运作模式、广告体制等）扩散到全世界，美国广告模式实现全球覆盖，从而掌握了世界广告市场的广告霸权。

（二）以日韩等国为代表的“追赶型”广告产业

起步晚于欧美的日韩“追赶型”广告产业，结合本国的实际情况，选择了另一种有效的广告产业发展模式，即国家政策与行业标准双重维护下的媒介、企业共生型发展模式。① 广告代理公司与媒介、企业形成稳固的产业共同体，有效抵御跨国广告代理公司的市场侵入，助推本国广告产业实现快速升级发展，使本国成为世界广告强国。这种模式的基本特征是：第一，在产业发展初期，广告代理公司或依附于媒介或依附于企业；第二，建立有国家政策和行业标准的双重产业维护。

日韩广告产业在“二战”后的快速发展不仅受惠于其经济的快速起飞，更受惠于其独特的、符合本国实际的广告产业发展模式。这种模式的主要内容如下：

① 张金海等：《中国广告产业现状与发展模式研究》，《中国媒体发展研究报告》（2005 年卷），武汉大学出版社 2006 年版，第 426 页。

1. 媒介、企业、广告代理公司构成广告产业共同体

在日本，最初的广告代理公司就与媒介有密切的关系，在随后的发展中，不少企业也开办了自己的广告代理公司。日本排名前十的广告代理公司中，有三家属于企业集团所有，另外七家或是媒介集团所有，或是媒介或企业持股。在上市公司电通广告公司（以下简称电通）的股份中，媒介占了23.01%，金融保险投资类公司占了16.21%，电通及其员工仅占5.63%。

在韩国，广告代理公司主要依托于大型企业集团，比如依托于三星集团的第一企划，2003年的本土广告经营收入中来源于三星集团的业务占72.7%。① 日韩广告代理公司借助与媒介或企业集团的利益关联，获得了丰富的媒介资源和稳定充足的客户资源，也有效地阻止了本土广告资源外流。

2. 国家政策与行业标准的双重维护

"二战"后，日本政府采取了一系列保护本国产业发展的政策和法律，引进外资不是为了将市场拱手相让，而是借此引进先进技术和学习先进的经营管理模式，促进本土产业快速升级。日本依靠《外资法》等，抑制外资在广告产业领域直接投资，即使是合资广告代理公司，外资占有的股份比重也很低。更由于日本的广告代理公司与媒介及大型企业集团的经济关联，外资广告代理公司难以获得丰富的广告媒介资源和客户资源。日本颁布的多种广告法律以及严格的广告行业自律，推动了广告企业的规范化和专业化运作，能够有力应对外资广告代理公司的竞争。在韩国，由于主要的广告代理公司都由大型企业集团所有，所以广告客户资源被牢牢控制在本土广告代理公司手中。韩国推行独特的广播电视广告销售制度，广告代理公司能够从韩国放送广告公社14%的代理佣金里分到11%的收入，从而保证了广告代理公司的稳定收入。

3. 本土广告产业发育成熟后实施对外开放

日韩都开放了国内广告市场，虽然开放的进展非常缓慢，但重要的是，其本土的广告产业在开放之前都获得了相当程度的发育，即使外资广告公司进入也难以撼动本土广告公司的强势控制地位。这就使得日韩本土的广告公司不仅可以在广告市场的逐步开放中习得跨国广告公司先进的经营理念和经营模式，也实现了本土广告产业的转型升级。

（三）我国的广告产业

1. 我国港台地区的广告产业

由于自由市场体制以及历史与现实的原因，我国港台地区的广告产业深受欧

---

① 张金海等：《中国广告产业现状与发展模式研究》，《中国媒体发展研究报告》（2005年卷），武汉大学出版社2006年版，第431—432页。

美、日韩的影响，选择了一条既无法超越欧美又不同于日韩的发展模式，即自由开放背景下独特的发展模式。

（1）自由开放的广告市场。我国香港地区的广告业一诞生就是国际化、外资化，在高起点上发展并迅速成为亚洲广告业中心。虽然香港本土广告公司和跨国广告公司一直相伴而生，但在自由开放的市场环境下，经济实力、广告理念、广告运作模式、广告经营经验等方面的巨大差距，使得香港本土广告公司难以与跨国广告公司相抗衡而将广告市场拱手相让。我国台湾地区的广告业同样是在没有充分发育成熟、没有政策保护的情况下，与实力强大的跨国广告公司在自由开放的广告市场上拼杀，其结果与香港如出一辙。

（2）产业升级与本土衰微并行。港台两地通过对广告市场的全面开放，使本土广告公司在与跨国广告公司的交流、合作、竞争、并存中，迅速提高了广告的专业化、科学化水平，从整体上实现了广告产业的升级发展，但也形成了畸形的广告产业结构和产业绩效，即本土广告公司数量虽多但规模小实力弱，跨国广告公司数量少但规模大、实力强。

2. 我国大陆地区的广告产业

我国大陆广告产业基本借鉴美国广告产业的独立发展模式，学习欧美广告公司在经营管理和专业化运作方面的成功经验，大力发展独立的广告代理公司。这种模式建立的初衷，就是为了改变广告公司依附于媒介的现实，希望通过引进欧美的先进制度，提升广告代理公司的专业能力，推动广告产业的发展。

四十多年来，我国广告产业取得长足的发展，然而，发展并不能掩盖我国广告产业存在的问题。由于缺少强有力的产业政策的引导和行业协会的支持，我国广告产业长期处于一种完全竞争状态，规模经济和范围经济无法形成，广告市场极不规范，外部性问题日益凸显，对广告产业的健康可持续发展造成极大的威胁。其中，低集中度的市场结构和低利润的市场绩效、外资广告公司的专业强势及其在我国的扩张两大问题尤为突出。

从 2012 年起，一系列激励性政策制度密集出台。2012 年 6 月，国家工商行政管理总局发布我国首个广告产业中长期发展规划《广告产业发展“十二五”规划》。我国广告产业迎来了新的历史发展机遇。“十二五”期间，国家培育大型广告骨干企业、积极稳妥推进广告产业园区建设以及培育广告产业链和广告产业集群等，大幅度提高广告业集约化、专业化和国际化水平，努力实现由传统广告业向现代广告业、由以国内市场为主向国际市场延伸、由粗放型向集约型、由布局相对分散向合理集聚、由低技术水平和低附加值向高技术和高附加值的转变。制度的支持大幅促进了我国广告产业的发展。根据国家工商行政管理总局公布的数据，2012 年我国广告业营业额达 4 698 亿元，在 GDP 中占比首次突破 0.9%，年增长 50.32%，创造了自 1993 年以来的最大增幅。①

2016 年 7 月，国家工商总局又颁布了《广告产业发展“十三五”规划》，突出习近平关于“广告宣传也要讲导向”的要求，强调以“创新、协调、绿色、开放、共享”五大发展理念为指南，提升广告企业服务能力，进一步优化产业结构，促进广告产业创新，推进广告产业融合发展，提升广告产业国际化水平，完善公益广告发展体系，建设广告产业公共服务体系，发展广告研究和教育培训，促进广告市场秩序继续好转，推进行业组织改革发展等。此外，该规划明确指出，支持广告产业与高新技术产业相互渗透，以“互联网+广告”创新媒介形式，形成不同性质和领域间的媒介联动发展；支持广告产业与互联网产业融合发展，规范数字广告程序化交易管理，建立新的数字广告生态；鼓励广告产业以“互联网+广告”为核心，实现跨媒介、跨平台、跨终端整合服务，使我国广告产业迅速发展，从而进一步在服务推进我国经济转型升级、引导扩大消费、促进经济增长、繁荣社会文化中发挥积极的作用。

2022 年 4 月，国家市场监督管理总局印发了《“十四五”广告产业发展规划》。该规划提出：鼓励广告产业技术创新与应用，深入推进广告产业数字化转型。鼓励支持互联网、人工智能、区块链、大数据、云计算等技术在广告产业广泛应用，加强基础性和关键性技术研发。鼓励广告业态和模式创新，促进广告产业加快融入建设网络强国、数字中国进程。推动广告产业助力在线新经济发展，引导具有在线、智能、交互特征的新业态新模式发展。《“十四五”广告产业发展规划》为我国广告产业的发展确立了新的发展目标，明确了重点发展任务，将极大地促进我国广告产业高质量发展。

广告产业是经济发展的助推器，也是社会文明的重要载体。新发展理念深入贯彻，有效市场和有为政府更好结合，供给侧结构性改革不断深化，需求侧管理不断加强，现代信息化技术广泛运用，为我国广告产业高质量发展带来新的政策机遇、市场机遇和技术机遇。

四、广告与媒介经济

广告与媒介一直处于互动发展的过程中。17 世纪初，报纸在欧洲诞生。报纸诞生之初，版面、内容、读者人数以及影响力都十分有限。近代兴起的大众媒介为广告提供了一种有效的传播通道，广告充分利用大众媒介，并成为大众媒介的重要经济来源。

---

① 《2012 年中国广告业统计数据报告》，《现代广告》2013 年第 4 期。

（一）西方媒介产业化由广告驱动

随着广告越来越多地进入报纸版面，报社找到了一种新的经营模式。首先，报纸以低定价策略刺激发行量的增长，发行量增长吸引更多广告主的投入，然后用广告收入弥补报纸发行的亏空，从而形成良性循环，报纸产业由此不断壮大。19世纪初期，英国陆续出现一些价格低廉的周报和日报，它们以中下层市民为对象，满足和迎合他们的口味，每份售价通常一两个便士，故又称“便士报”。如英国《泰晤士报》在1815年仅发行了5 000份，1844年发行了2.3万份，到1854年发行量达到5.1万多份。《泰晤士报》在1800年平均每天刊登100件广告，到1840年每天刊登的广告增加到400件。①

美国报刊也有类似的大众化过程，最有代表性的是1833年由本杰明·戴在纽约创刊的《太阳报》（*The Sun*）。它每份售价一分钱，并且是第一份在街头出售的报纸。本杰明·戴宣称，他的目的是“办一份人人都能买得起的报纸，为公众报道当天的新闻，同时提供有利的广告媒介”。刚创刊时，它仅发行1 000份，6个月后发行8 000份，3年后达到了3万份。《太阳报》的成功，使得美国各地短时间内出现了许多效法者。②

欧美的“便士报”运动使报纸成为第一个大众媒介，报业的现代化转型首先基于规模扩张，其背后离不开广告主的投入和广告费的支撑。

（二）中国媒介产业化始自广告经营

在改革开放之前，我国媒体是党和政府的“喉舌”，承担的是单一的舆论宣传任务，其性质也是由国家财政供给的事业单位。1978年党的十一届三中全会之后，党和国家工作重心转移到社会主义现代化建设上来，媒体除发挥政治功能外，开始发挥更多的信息传播功能和经济功能。在此背景下，我国媒体在内外多种作用力的共同推动下，逐步打破过去的“铁饭碗”，向市场化迈进。1979年1月4日《天津日报》率先刊登商业广告，1月14日《文汇报》发表文章《为广告正名》，为媒体刊登商业广告呐喊造势，4月17日《人民日报》刊登了汽车、地质仪器等商业广告。1979年1月28日上海电视台播出的“参桂养荣酒”广告，成为我国大陆第一条电视广告。3月15日中央电视台首次播出一条外商广告——“西铁城星辰表”广告。11月中央宣传部发出《关于报刊、广播、电视台刊登和播放外国商品广告的通知》，提出“广告宣传要着重介绍四化建设中可借鉴参考的生产资料，消费品除烟酒外，也可以刊登”。至此，我国媒体名正言顺地开始广告经营，中国传媒业终于在改革开放的春风中踏上了市场化征程。据统计，1979年，全国29个

---

① 陈培爱：《中外广告史新编》，高等教育出版社2009年版，第234页。

② 张昆：《中外新闻传播史》，高等教育出版社2008年版，第71—72页。

省、自治区、直辖市都建立了电视台，电视机数量总共为485万台，全年电视广告营业额达325万元；① 到2021年，中国传媒产业总产值达29 710.3亿元。② 可见，中国的媒介产业化也是由广告驱动的。

在国际上，成熟的媒介经济结构中广告收入至多占50%的比重，而在中国传媒产业化初期以及较长一段时期内，广告则占总收入的95%~98%，几乎是媒体唯一的收入来源。我国目前绝大多数媒体都存在着对媒介广告经营过度依赖的现象，这成为媒介产业化发展的瓶颈。广告收入是媒体收入的主要来源，是媒介经营的支柱，推动着媒介产业化进程，但广告经营并不是媒介经营的全部。

就现状而言，虽然多元化经营的扩张是媒体发展的大趋势，但在整体营利结构中，广告经营收入仍然是我国媒体收入的主要来源，是媒体生存的重要依赖，具有不可动摇的地位。

如果只以广告作为媒介产业的唯一支柱，这种单一的产业结构将使得媒介经营充满风险，极易受到宏观政策调整和经济环境波动的影响。从我国的媒介发展态势来看，广告发展已经到了瓶颈期，媒介经营势必走向多样化的道路。

我国在媒介产业化过程中，需要探索多点支撑和多元化的盈利模式。关于广告与媒介经济发展的关系总结如下：

第一，广告经营依然是当今媒体的重要经济来源。

第二，降低媒介经济中广告经营所占的比重，改变媒介经济对广告经营过度依赖的局面。

第三，在提升广告经营专业化服务的同时，着力进行媒介良性产业链的打造。

五、广告与宏观经济

社会经济同样与广告处于不断互动发展的过程之中。

社会经济驱动广告的产生和发展，广告同时能动地作用于社会经济，给社会经济施加积极的影响。社会经济的增长得益于诸多因素和力量的共同推动，广告就是其中的一种因素和力量。在市场经济条件下，在营销活动中，广告因其引导消费的强大能力而对社会总资本的运转有着重要的推动作用。

在宏观经济学中，国民经济可分为生产、流通和消费三个领域，流通为生产服务并促进生产，消费刺激生产并加速流通。从职能运行的角度，流通分为商流、物流和信息流，其中信息流先行于商流和物流，发挥着连通生产与消费的桥梁作用。

---

① 国际广告杂志社、北京广播学院广告学院、IAI国际广告研究所：《中国广告猛进史》（1979—2003），华夏出版社2004年版，第9—10页。

② 崔保国：《中国传媒产业十年发展的成就与生态之变》，《传媒》2022年第21期。

广告属于信息流，传递市场营销信息。广告在流通中的作用表现为以下三个方面：

第一，广告是购买交易行为发生的前提条件。参与市场交易的各方，包括生产商、中间商和消费者，最开始是一种信息上的联系，即交易一方发出广告信息，另一方接收信息，并依据这些信息作出判断、决策，采取进一步反应和行动。

第二，广告扩大了市场交易发生的概率。商品供应方在未识别出真正的购买方之前，只能将广告信息送达潜在的客户——目标受众群那里，这种信息传播具有一定的规模优势，范围扩大了，产生交易的概率相应地就扩大了。

第三，广告降低了交易成本。对于供求双方而言，广告节省了交易费用和成本。供应方通过一定的广告投入获得大量的顾客，按交易额和顾客人数来计算分摊广告费用是很经济的，需求方则减少了搜寻信息时花费的货币、时间成本。因而，从这个角度来说广告是一种经济有效的信息流。

现代广告已成为传达经济信息、促进社会经济活跃和繁荣的重要工具。如果没有广告，生产和消费之间的信息传递就会堵塞，甚至中断，其结果是生产停滞不前，商品流通渠道不畅，妨碍社会经济健康、正常、有序地发展。

信息的通畅也是现代经济得以顺利发展的重要保障。这种趋势催生了一种崭新的经济形态——资讯经济，也有人称之为信息经济。信息或资讯的流通，有利于减少产品和劳务中的物质消耗。在设计、生产、管理、维护、运行、消费、市场、营销、传播等各环节，知识信息发挥着不可替代的作用，可以说，现代市场的竞争很大程度上就是信息资讯的竞争。近年来，大量高科技人才涌入资讯业就是资讯经济崭露头角的具体表现。西方经济学界甚至提出“资讯产业”的概念，传统的信息产业将与新型的资讯产业一起，共同组成支柱产业。传媒产业属于这一新型产业，广告作为重要的传媒产业，从传统的信息服务业逐渐发展为现代信息产业，在信息与社会生产的联系中发挥重要作用，其资讯产业的角色也将成为新经济时代重要特征之一。

广告是传播商业信息的工具，在促进生产、加速流通、指导消费、繁荣市场、发展经济等方面起着重要的促进作用。广告的信息传播功能体现为促进商品流通与消费的顺利实现，从而保证各个环节平滑过渡，促进社会经济系统平稳运行。实践证明，没有任何其他手段可以替代广告在社会生产和社会经济生活中的这种地位。广告本身的功能在于将有关商品的信息告知消费者，尽可能地提供必要信息以减少消费行为中的不确定性，帮助商品从卖方向买方转移，即促进商品流通。社会经济由不同的行业和部门组成，每一个行业在经济环境中成长和发展的同时也在驱动社会经济的发展，成为拉动经济增长的力量之一。广告行业与其他行业在经济中的作用不同之处在于：广告产业本身就是国民经济的组成部分，除了拉动其他产业增长之外，广告还以其自身功能在经济中扮演着重要角色。

正如前文所指出的，在社会经济活动中，只有生产和消费的关系被理顺，产品的“生产、流通、交换和消费”流转模式才能运行正常，而要做到这一点，广告的功用不可缺失。广告对经济发展的促进功能，完全来自广告在社会经济生活中成功地担负起沟通生产与消费之间的信息交流的桥梁作用，它同时也通过信息流的传递来促进物流与商品的流通，并促进交换与消费的完成。换言之，广告使整个社会经济得以正常运转，使得社会生产活动良性运行并不断地为社会创造出更多的财富，推动着整个社会经济的发展。

总之，广告可以为商品开拓市场，促进销售，减少市场价格变动的风险，加快货币回流，缩短流通时间，加快资本周转，从而进行新一轮生产。越是经济发达的社会，广告的作用就越重要，庞大的经济总量需要相当规模的广告运作，正如高速运转的机器需要一定的驱动和更多的润滑一样。广告服务于社会经济，通过影响企业、组织和个人的行为来影响经济的绩效，最终影响社会经济的发展。

第三节　广告的文化价值

非商业性广告为了倡导某种观念和主张，往往以直接的方式参与社会文化的建设和塑造。而商业广告则以其特殊的方式，从消费至审美，参与社会文化的建设与塑造。商业广告对社会文化的影响，主要发生在社会消费文化层面，进而渗透到社会文化的诸多方面，对人们的价值观产生影响。

一、广告的文化属性

文化的本质特征和本质属性，就在于其观念形态性，或称之为意识形态性。具有意识形态属性的文化，是知识、信仰、艺术、道德、法律、风俗、习惯等意识和意志的总和。

广告传播作为一种社会现象，是社会整体的一部分，必然要综合体现出一定的社会精神状态、价值观念、行为模式和生活情趣与理想等。“华为，不仅仅是世界500强”“安踏，这一刻只为中国”“中国梦，梦之蓝”“情系中国结，联通四海心”“有家，有爱，有方太”，这些广告语激起人们心中豪迈的民族情感，激荡出人间的真情和温情。排除商业广告所传播的具体信息内容，其表现形式隐含着大量的文化信息，标示着一定的生活方式、生活理想和生活情趣。

广告传播在追求商业目的的同时，本身还蕴含了某种观念和文化价值。广告传播在传递商业信息、推销商品和服务的同时，必然包含并体现出一定的文化信息和内涵：或倡导一种生活方式，或宣扬一种价值观念，或演绎一种思想意识。这些文化信息和内涵有时尽管表现得很间接、曲折，却仍是不难识别的。广告传播可以巧妙地使受众一方面接受它所宣传的商品和服务，另一方面认同广告传播所推崇或主张的、具有特定文化意义的生活方式和生活观念。

正是广告从内容到形式所含有的或多或少、或显或隐、或直接或间接的文化信息，使其在传播过程中给人们的思想行为和社会精神文化带来深刻影响，从消费直至审美，成为一种大众性的商业文化现象。

二、广告的意识形态功能

（一）公益广告的意识形态功能

公益广告传达的是积极、健康、向上的价值观念，其主题内容取材于老百姓的生活，存在着深厚的社会基础。它不仅反映社会生活，而且能通过在全社会倡导这些价值观念而产生良好的效益。

公益广告，顾名思义，就是为了社会公众利益而做的广告，与政治和政策以及社会的和谐发展密切相关。它短小精悍，寓意深刻，通俗易懂，朗朗上口，富有震撼力和感召力，可以使社会主义核心价值观及各项方针政策的宣传大众化、通俗化、形象化，便于入耳入脑入心。公益广告本身就具有意识形态性。

公益广告通过艺术的表现手法，针砭时弊，启迪世人，唤醒人们内心深处最纯、最美的情感，引导人们向善、向美，弥补现代社会物质文明和精神文明脱离、错位所造成的裂痕。公益广告的魅力和优势在于“润物细无声”，可以起到“成教化，助人伦”“启人之高志，发人之浩气”的作用，被誉为广告传播中的“一片绿洲”。

从总体上看，长期以来，我国的公益广告在宣传党的方针政策、弘扬中华优秀传统文化等方面，赢得了民心，净化了社会风气，提升了全民的文明素养，取得了良好的效果。

（二）商业广告的意识形态功能

商业广告之所以成为一种特殊的社会文化现象，就在于它具有文化特有的意识形态功能。商业广告的意识形态功能表现在以下几个方面。

1. 商业广告直接引导消费，影响人们的消费行为和观念

所谓“纯”商业广告其实并不“纯”，它在传播商业信息的同时，也在传播具有特定文化意义的生活方式和生活观念，既影响着人们的消费行为，也影响着人们的思想观念。一曲“当太阳升起的时候，我们的爱天长地久”，传达和唤起的不就是一种崇高的生活理念吗？南方黑芝麻糊、中华牙膏的电视广告，散发和激荡

的不就是一种浓郁的乡情、亲情和怀旧之情吗?

2. 商业广告的意识形态功能是其传播功能的延伸和扩展

商业广告对社会最直接的影响，是通过商业信息的有效传播实现的，进而影响社会的价值观念和大众的文化心理。因此，商业广告的意识形态功能是其传播功能的延伸和扩展。

3. 商业广告参与社会文化的塑造

商业广告对社会文化所发挥的作用，虽然不可能在社会文化观念的形成过程中起决定性的作用，却可以为加速这一过程出力。在现代社会，广告无所不在并具有巨大的影响力，它在传递商业信息的同时，实际上也在有意无意地创造和传播着某种文化观念，进而参与社会文化的建设。

三、广告对社会文化的影响

现如今，广告介入社会文化的建构已经成为不争的事实。例如，公益广告通过对社会丑陋现象的抨击、对美好道德风尚的倡导，主动参与和谐社会和健康文化的建构；更多时候，商业性广告也不自觉地介入社会文化的建构。随着广告作品的刊播和广告活动的推进，广告在客观上往往引领时尚、推行某种观念或者改变社会行为。广告传递的价值观和生活态度影响着消费者的现实购买行为和长远的、隐性的意识形成。

从信息论角度看，广告带给受众的不仅仅是商业信息，还包括文化信息，如价值观念信息、社会规范信息、审美信息等。广告信息中的价值观念、生活方式、社会准则、道德规范等潜在的文化信息和内涵通过长时间的浸染，会潜移默化地对社会文化产生深刻的影响。广告对社会文化的影响表现在以下几个方面:

(一) 广告向公众传播某种价值观念、生活理念等

广告在传递商业信息的同时，实际上也在自觉或不自觉地创造着或传播着某种价值观念，总与某种生活理念相联系。这些价值观念、生活理念对受众的社会心理有着强有力的影响。人们在接受广告的同时，也接受了广告所传达和提倡的观念和理念。

例如 Keep 是一款健身 App，2016 年 Keep 推出第一部品牌广告片《自律给我自由》。该广告片展示出不断挑战自我的人们在各种环境中坚持健身、运动的画面，伴随着激昂的背景音乐，广告的最后出现了具有思辨意义和力量的品牌口号——自律给我自由。该广告倡导一种自律、迎难而上、富有激情的生活态度和价值观念，传达出 Keep 力图帮助中国乃至全世界更多的人积极运动的品牌使命。这些具有文化内涵的广告既突出了产品的品牌形象，又传达了一种精神文化，无疑对社会文化的建构发挥着积极的作用。

（二）广告倡导一定的行为准则和行为规范

广告要影响消费者，就要用消费者乐于接受的方式来诉求，引导消费者接受广告所传达和提倡的生活方式，这当中必然包含了许多为社会所承认的行为准则和行为规范，对受众的社会行为（包括消费行为和非消费行为）同样产生强有力的影响，受众在接受广告的同时，也接受了一定的行为准则和行为规范。

例如，南方黑芝麻糊电视广告片在全国第三届广告作品展中获得大奖，得到人们的高度认同。买一碗芝麻糊看似极其简单，但额外地添加一勺，就蕴集了多少人间真情——母性怜爱之心，宽厚仁义之德，不屑蝇头小利之义，以及思乡怀旧之情。广告在传递商业信息的同时，让人们深刻感受到中华民族的传统美德和真挚情感。这则广告的精髓之处恰恰就是在广告中融入了这些文化内涵，而其倡导的行为准则和行为规范符合社会的需要。从这里可以看出，商业广告与文化内涵是可以相互交汇、彼此融合、互相呼应的。

拓展资料

南方黑芝麻糊电视广告（视频）

再如，“全心全意小天鹅”“海尔，真诚到永远”“万科，建筑美好生活”这些极具特色的文化理念所提倡的就是全心全意、至真至诚地为顾客服务的宗旨和行为准则。一旦与这些理念相结合，品牌和企业形象就被赋予了深厚的文化底蕴。

广告传播通过提供行为范本，供人模仿，进而引导人们的社会行为规范。19世纪法国社会学家加布里埃尔·塔尔德主张泛模仿说，认为“社会即是模仿”，人的一切社会行为都是模仿，一切或几乎一切社会相似性都来自模仿。① 在广告传播中，广告主人公的一言一行、一举一动无不向人们提供各种“示范”，供人们模仿。如在有些电视广告中常常出现这样的镜头：子女向父母、其他长辈赠送精美的礼物，一家人和和睦睦地在一起分享一份温馨、一份和谐……这里就表现出孝敬父母、尊敬老人的传统美德，提倡的是家庭的和睦与文明。通过对广告主人公的模仿，人们从中学习到为社会所认可的行为规范。

（三）广告影响和改变社会生活方式，并不断向受众传递新的生活方式信息

广告通过大众传播媒介给人们提供大量的商品信息，让人们有了更多的选择和比较。企业通过大量高密度的广告传播，使企业的产品和服务获得消费者的认可，从而唤起消费者潜在的消费欲望，调动消费者的消费兴趣和欲求，这就改变了消费者原有的消费观念和消费方式。而消费方式的改变，实际上又意味着生活方式的变化。

---

① ［法］加布里埃尔·塔尔德：《模仿律》，何道宽译，中信出版社 2020 年版，第 106、122 页。

很多时候，在传播、普及新的社会生活观念的过程中，尤其是在对消费者的示范作用上，广告要比其他形式的宣传更直接、更生动、更有效率。如雀巢咖啡凭借广告成功地打入中国市场，成为许多中国家庭的时尚饮品。

广告就是这样通过大量的信息传播，起到引导消费的作用，潜移默化地改变受众的消费习惯和消费观念，进而改变受众的生活方式。受众的许多消费观念和消费行为正是在广告的引导和示范作用下形成的。如营养保健品、健身器材的广告提出“健康消费”或“花钱买健康”的口号，为人们的消费行为找到比较有力的理由，随即一种全新的消费观念为人们所接受，从而也使人们的生活方式发生变化。

广告具有不可估量的文化价值，实实在在地改变着社会生活。正面、健康的广告传播，有助于人们的价值观念、行为规范和生活方式向有益的方向发展，对人们的社会生活和社会文化产生积极作用；而负面、庸俗的广告传播则会对上述方面造成误导和伤害，对社会文化产生消极影响，带来负面效应。

四、文化自觉与广告文化传播

在广告传播中，首先应该遵循广告传播的文化原则，尊重广告传播自身的文化规律，保障广告传播的自由。同时，如果广告传播者没有高度的、内在的文化自觉和自我约束，则容易对社会造成不良影响。广告传播的发展只能因势利导、趋利避害，除了坚持法律原则，广告传播者高度的自律意识尤为重要，这实际上也是呼唤广告文化自觉的意识。

“文化自觉只是指生活在一定文化中的人对其文化有‘自知之明’，明白它的来历、形成过程，所具有的特色和它发展的趋向……文化自觉是一个艰巨的过程，只有在认识自己的文化、理解所接触到的多种文化的基础上，才有条件在这个正在形成中的多元文化的世界里确认自己的位置，然后经过自主的适应，和其他文化一起，取长补短，共同建立一个有共同认可的基本秩序和一套各种文化能和平共处、各抒所长、联手发展的共处守则。”①

费孝通所讲的文化自觉是立足于当代中国现实的政治和经济文化状况而言的文化自觉，是在全球化时代和跨文化交往中对以中国文化自身建设为目标的文化上的自我解剖和定位。文化自觉，说到底是自觉性和觉悟在文化层面上的反映，只要唤起这种自觉性和觉悟，并在全社会逐渐形成大气候，我们的文化建设和文化发展就有了可靠的基础与保证。简言之，文化自觉，就是要有正确、健康的文化观。

---

① 费孝通：《费孝通文集》第 14 卷，群言出版社 1999 年版，第 166 页。

广告文化自觉要有正确、健康的广告文化观。广告文化的自觉能在思想上指导广告活动主体的广告行为，促进广告文化的健康发展，构建良好的广告文化生态环境；而广告巨大的社会影响力，有利于社会道德、文化的广泛传播和渗透，有利于树立大众的文化自觉观，有利于促进文化的自觉和文化的发展。

在广告传播中树立文化自觉意识，具有积极的作用：树立广告传播良好的声誉和形象，避免浮夸、虚假甚至违法广告的产生，避免广告传播对社会造成危害，获得良好的广告传播效果。广告传播形象好，受众信任度高，广告传播活动就会占有一种“亲和力”优势，受众愿意接近它，这也符合广告传播自身的规律和特点。

由此可以看出，广告文化自觉是广告自身发展规律的要求，也是广告适应新环境、新时代文化选择的需要。

一方面，文化自觉与广告文化之间的这种相互促进、共荣发展的关系，有助于唤醒广告活动主体在广告实践活动中对文化自觉意识的重视，更好地坚持广告传播的文化原则，提高广告、媒体的社会公信力，创造值得信赖的沟通，为广告行业、为企业、为社会的长远发展提供源源不断的文化力量。另一方面，文化自觉意识为优化广告生态环境现状提供了思想武器，对于建构健康积极的广告文化生态环境有着巨大的启发意义和推动作用。

第四节 广告的社会责任

广告对社会有积极的影响，也有消极的影响。对于广告的社会责任问题，可以从商业传播和公共传播两个角度来分析。

一、从商业传播角度看广告的社会责任

广告是市场经济的产物，具有与生俱来的功利性，而商品经济的弱点和消极方面，也自然会反映到广告传播中，这突出体现在广告传播者为了谋求更多的利益，尽可能地实现利润的最大化，在追求商业利润的过程中，滋生利润至上的拜金主义，甚至不惜牺牲社会效益而一心追求经济效益。从这个意义上来说，广告与社会的冲突几乎是难以避免的。

从商业传播来看，广告与社会产生冲突有以下几点原因：

（一）“自夸自赞”的广告传播特性

与一般的人际传播和利用大众媒介进行的新闻传播不同，广告传播是广告主付费的传播活动，传播的目的是促进商品或服务的销售，为广告主带来更多的经

济效益。因此，广告主受利益的驱使，为使其商品早日畅销，一般只会在其广告传播中宣扬自己产品或服务的优点，而不会宣扬自己产品或服务的缺点，否则无异于“搬起石头砸自己的脚”。从这一点来看，自夸自赞正是广告传播的一个重要特性，然而，这种特性容易导致浮夸、虚假广告的出现。

（二）广告传播中物欲的诉求与“诱惑”

由于产品的高度同质化，广告越来越难以从产品本身找到说服的理由，因此商业广告以人类的物欲为基本诉求，以物欲的诱惑为基本手段，经大量地、不断地重复传播，极易造成整个社会物欲横流的风气。在现实生活中，不少人对商业广告中所描述的超前消费和享受充满向往，这正是广告“诱惑”和“诱导”的结果。因此，一些广告开始强调从消费者的心理及感受出发来寻找广告诉求点及表现方式，强调消费者的心灵共鸣与认同。在这样的广告中，广告信息本身的传达显得不那么重要，也就是通常所说的“卖什么不吆喝什么”。

（三）广告的非完全信息传播

我们正处于信息爆炸时代，各种信息铺天盖地而来，人们每天都在自觉或不自觉地接触各种各样的信息。在这种情况下，如何使广告传播的信息更有效，更能引起人们的关注呢？事实证明：就单项传播信息而言，信息内容越准确、简洁、单一，越容易引起公众的注意。这种“非完全信息传播”强化了信息的不对称性。然而，信息传播的不对称性极易造成信息传播的某种片面性，产生不实广告。

正是这些商业传播的策略，容易导致广告与社会的冲突。

二、从公共传播角度看广告的社会责任

就商业广告的总体状况而言，其运作常处于社会效益与经济效益的冲突与调适之中。

（一）抵制物质至上的享乐主义和拜金主义

现如今人们生活在商品的世界里，广告对商品有意无意地夸大宣传，使人们难免对商品顶礼膜拜。在广告表现中，往往渲染一种生活离不开商品的观念，这种对商品的过度宣传，容易造成这样一种错觉：人活着是否有价值，主要看其拥有什么商品，而不在乎其创造了什么，这极易导致享乐主义和拜金主义的滋长和泛滥。广告传播商品的信息，传递着人们对美好生活的向往，但不应“唯物质至上”，要自觉抵制物质至上的享乐主义和拜金主义。

（二）倡导健康的价值观念

广告既引导人们的消费行为，也影响人们的价值观念。广告能帮助人们把握社会关系，认识环境状况，并把它们转化为个人的内在本质。倡导健康的价值观念理应成为广告的社会责任。

（三）引导行为规范，提倡良好的生活习惯和生活方式

在一段时间内，酒类广告铺天盖地，尤其是在电视黄金时间段或一些报刊重要版面上频繁出现白酒广告。有的地方电视台，每日播出 70 多条酒类广告，以至于有些观众戏称“电视醉了”。酒类广告的泛滥容易诱导人们以饮酒为时髦，助长不良风气。正是因为广告直接引导人们的消费行为，所以广告更应该传播和提倡良好的生活习惯和生活方式。

（四）规范使用语言文字

此类问题突出的表现是肆意篡改成语，如“无胃不治”“有杯无患”等。更有礼品广告将“有理走遍天下，无理寸步难行”的箴言改头换面为“有礼走遍天下，无礼寸步难行”，这不仅亵渎民族语言文化，对青少年产生误导，而且易给社会不正之风推波助澜。广告具有广泛的传播力和影响力，在规范使用语言文字方面应该承担一定的社会责任。

广告的影响在儿童身上表现得尤为明显。儿童与各类媒体，尤其是社交媒体的接触率越来越高，儿童未成熟的心理机制使得他们对具有节奏快、图像直观、色彩丰富、形象鲜明生动等特点的影视广告较为偏爱，因此他们极易被广告打动，并接受广告所提供的价值观。由于儿童缺乏判断力和理性分析的能力，一些消极的广告传播必然对儿童产生不良影响。例如有一则营养品广告说，只要吃了它，学子都可轻轻松松考高分、夺状元，其结果导致很多年幼无知的少年儿童深受其害。“吃了……考试理想”“聪明的孩子要用……”这些广告把获取知识、通向成功的途径归结为使用某类商品，误导消费者，助长了投机取巧的心理，真正丢掉的则是中华民族宝贵的精神财富——独立自主、勤奋刻苦，这对下一代的教育和培养是很不利的。许多人越来越担心广告文化对儿童成长造成负面影响，是不无道理的。

综上所述，从本章对广告功能与价值的考察可以看出，一方面，广告对社会环境的介入产生了不少负面影响与社会负价值；但另一方面，广告也在不断地响应环境的变化进行自身的调整，力图降低与社会环境的冲突。除了广告法规的建设和完善之外，沟通功能观的提出便是广告的传播功能和营销功能为了适应社会环境而进行的调适性转变。

广告的功能由说服和引导演变为沟通，一定程度上是对原来的告知功能观的更高层次的回归。它和告知功能观一样，不具有说服和引导功能观对消费者的强迫性，而强调要给予消费者充足的信息，使消费者能够根据自己的意愿作出判断，享有主动选择权，以求与消费者建立长期的良好关系。这与当下倡导“消费者主导”的时代背景无疑是契合的，消费者不再是被动接受信息的“靶子”，他们对信息的理解和反馈是决定广告成败的关键因素。广告主应该主动倾听、妥善处理消

费者的意见，并通过增强他们的参与意识进一步稳固双方关系。

沟通功能观绝不是对告知功能观的简单重复，其经营运作理念已远非告知功能可比。

首先，它视消费者为掌握主动权的信息处理者，承认买方和卖方之间是一种平等的关系，从而消解了说服、引导时代消费者主位缺失的问题，实现了消费者主位的回归。

其次，从信息内涵上看，广告除了各种基本信息的沟通外，还包含文化上的沟通和情感上的沟通。广告挖掘受众的情感诉求点，引发受众情感共鸣，对受众展开人文关怀。在广告情景中，受众得以分享共同的伦理或约定俗成的审美观，从中认识自己，实现社会交流。

广告功能的这些转变一方面减少了广告内容与社会伦理道德的冲突，另一方面，功能调适后的广告对消费者的心理洞察也将更为深入。广告对其功能的调整，其实只是广告对营销和传播环境变化的应对之术，其趋利的本质不会改变，但广告将越来越强调其社会功能和社会价值，重视对社会环境的积极参与，承担更多的社会责任和社会使命，这也使得广告今后将与社会环境更紧密地联结在一起。

思考题

1. 试述广告的功能。
2. 试述广告与整合营销传播的关系。
3. 如何理解广告与企业之间的关系？
4. 试述文化自觉对于广告文化传播的意义。
5. 如何理解广告的社会责任？

▶ 本章即测即评

第四章　广告与品牌传播

伴随着国家的强盛，一批强势品牌往往会迅速崛起。品牌是企业乃至国家竞争力的综合象征。以品牌为引领，推动高质量发展，构建新发展格局，将是品牌创新的重要内涵。

品牌最初只是作为产品的差异化标识，目的在于区别市场中同类或相近产品。随着产品的多样化和市场的复杂化，品牌被不断赋予新的价值内涵，通过个性化的品牌定位和差异化的视觉传播服务于企业的市场竞争，形成我们今天所见到的多元而丰富的品牌现象。

品牌的存在，首先是现实的存在，具有确定的客观形态。品牌在概念、名称、口号、标识以及产品质料、包装、产地、价格等要素方面，存在很多不同。即便是同类产品，因为有着品牌的不同客观形态，所以才不被混淆。品牌的客观形态服从于企业或产品的价值利益，为企业的战略愿景所规定。但从品牌价值的实现角度看，品牌的存在又必须依赖于消费者的认知与认可。品牌的客观性倘若不能转化为消费者的主观意识，没有消费者的信任和理解，品牌的价值意义将会损耗、消散。从这个角度讲，品牌是主客观价值认知的统一。品牌价值实现的过程，既是品牌自身建构和传播的过程，也是消费者对品牌的认知与信任不断提升的过程。

第一节　广告与品牌的关系

广告与品牌，既有联系又有区别。在建构品牌感知、品牌忠诚，创造品牌溢价，强化企业竞争力等方面，广告有着不可或缺的作用。

一、品牌、营销与竞争驱动

品牌与营销，两者互为前提。品牌是营销的商业主体，也是营销的内容主体。品牌借助营销打开市场，依赖营销形塑消费，通过营销建构认同。

作为市场行为，品牌营销还涉及更广泛的经济、政治、文化等环境因素。社会环境的变化，决定了品牌建设的不同路径和方向，也决定了品牌营销的不同关系和利益。

（一）品牌的内涵

品牌是消费者对企业产品的利益内涵及个性价值的综合感受，具体可归纳为八个属性。

第一，知名性——消费者对品牌存在形态的知晓程度。

第二，功能性——消费者对品牌有用性的认知理解，包括产品功能与文化功能。

第三，利益性——消费者通过品牌内涵所感受到的价值效益。

第四，形象性——消费者基于品牌个性特征所产生的记忆图景及主观印象。

第五，判断性——消费者对品牌消费所产生的辨识思维和归因推断。

第六，情感性——消费者接触品牌产品和信息时所产生的精神感受。

第七，态度性——消费者对品牌价值所持有的稳定的心理倾向。

第八，经验性——消费者购买或使用品牌的相关体验或经历。

品牌的这八个属性，解释了企业产品与消费者之间对立统一的关系：产品是为消费而存在的客观载体，品牌是消费者基于企业产品所产生的价值感知和主观态度；产品可以被竞争者模仿，品牌在消费者心目中却是独特的存在；产品极易过时，但成功的品牌却能持久不衰。品牌不仅仅是不同企业产品的标识，更是特定产品品质、风格、服务水平、流行风尚等营销价值资讯的载体，这些资讯被消费者了解和接受后转化为特定的消费情感和消费主张；品牌不仅仅是企业产品的象征性符号，也是提振消费信心的价值推力。消费者通过品牌名称、符号、标识等要素，对品牌的相关信息进行识别和检索，进而提高消费行动的效率。

综上，品牌的内涵概括如下：

品牌是一种为达成消费者对产品价值认知的传播行为，也是一种为企业带来无形资产增值的竞争形式。品牌以名称、术语、象征、符号及其组合形态，激发消费想象；以品牌理念、品牌文化、品牌价值观等内涵，构建品牌态度；通过品牌传播实现品牌与消费者的价值沟通。

品牌的形成与传播过程，是产品或服务与消费者的互动过程。消费者对品牌的认知是基础，进而在消费感性与价值理性层面上产生交融，并影响消费者的品牌选择，最终达成品牌传播的价值整合。

（二）品牌传播的营销功能

做营销不同于做品牌。营销以销量提升为目的，营销的所有手段，无论是细分市场、精准定位，还是广告公关活动、渠道分销网络，都是为了完成销售目标。

做品牌的目的是实现销售的持续增长，降低终端销售对价格的依赖，以争取渠道的话语权，争取消费者的信任和忠诚。做品牌的主要手段是尽可能地在营销传播的每个环节体现出品牌核心价值与品牌识别，在消费者的心中建立起清晰独特的品牌认知图腾，提升品牌美誉度，实现品牌溢价。

营销与品牌传播相互依存，互为因果。营销倾向于争取市场上的商业效应，品牌则倾向于培养消费主体的信任度和消费偏好。

1. 品牌传播促进销量提升

良好的品牌美誉度是品牌销量持续增长的前提和保障。品牌美誉度通过创造消费者的口碑效应达成消费者对品牌的选择性购买，培养购买习惯，最终形成重复购买的意愿。

2. 品牌传播提升商品的溢价能力

当消费者选择一个具有美誉度的品牌时，他内心的喜好度会降低对该品牌的价格敏感度，这意味着此品牌具有了一定的溢价空间。同样道理，因为形成了品牌美誉度，消费者也不太容易受到其他同类商品打折、降价等因素的诱惑。

3. 品牌传播强化消费忠诚

品牌传播通过建构美誉度，推动消费者指名购买和重复性购买，这无形中阻塞了其他竞争品牌的促销信息对本品牌的销售干扰，既创造消费者对品牌的忠诚，也产生品牌传播的扩散效应，为品牌带来更多的拥护者。

4. 品牌传播助力产品延展和创新

当受众对某品牌产生好感甚至忠诚时，他们会相信并购买该品牌提供的其他产品，在此基础之上，品牌可以很好地扩大和创新自己的产品线，将品牌做得更大更强。

（三）品牌传播与竞争驱动

随着社会经济的发展，营销环境日趋复杂，企业面临的不确定性大大增加，消费需求愈加多元。另外，智能时代的变革带来深刻的挑战，新的内容形态和沟通方式也在不断涌现。在此环境下，市场竞争法则也从产品主导走向品牌主导，品牌传播主要包括以下几种策略。

1. 给消费者一个购买理由

随着市场竞争的加剧，品牌竞争愈加激烈。一方面，新产品不断问世，消费者有了更多的选择，传统单一模式的广告宣传已经不能有力地吸引消费者购买；另一方面，各品类市场产品之间的辨识度在降低，谁能在消费者的认知上找出产品的独特利益点，并在广告中加强传播，谁就能引起消费者关注、获得消费者认同。因此，通过品牌传播，给消费者一个购买理由，成为营销竞争的有效手段。

2. 广告是对品牌的长程投资

在商业竞争的环境中，营销者日益感受到消费者购买的不只是产品，还有“心理利益”。因而，每一则广告都是对消费者心理利益的争取和强化，反过来，这也是对品牌的长程投资，广告不仅要承诺产品的物质利益，还要尽力去创造并维护一个良好的品牌形象，以使企业获得长远利益。

3. 品牌竞争是心智的竞争

《广告时代》在1972年刊登了艾·里斯和杰克·特劳特的以“定位时代的来

临”为题的系列文章，标志着广告进入了定位时代。定位理论旨在用“确保产品在预期客户头脑里占据一个真正有价值的地位”① 来应对品牌传播的同质化和无序化，引导品牌从影响消费者心智的角度来规划品牌营销传播，并把心智竞争提升为决定品牌成败的首要前提。

4. 强化核心品牌形象

大市场营销、绿色营销、整合营销、网络营销、服务营销、文化营销等一系列新型营销活动的出现，使品牌与消费者之间的营销传播关系更为多元化。虽然这些营销活动的组织程序、策略重点均有不同，但它们都有明确的市场定位，都在围绕着各自的目标消费者展开产品营销。在同质化的市场竞争中，品牌能否被选择、能否受到市场的青睐，直接根源于消费者的认知是否清晰，认同是否深入。可清晰识别且有差异化定位的品牌核心形象，容易过滤掉那些模棱两可、个性不明的品牌信息，成为消费者的首选。

品牌传播内涵的变化，反映出品牌建构的实践意义：一方面完善有形资产，丰富品牌内涵；另一方面必须从感性和理性的双重维度传播品牌，使消费者完成对品牌的感性接触、理性认知及核心价值观的认同。

二、广告传播与品牌价值

广告是品牌传播的重要手段。品牌传播，就是企业以品牌的核心价值为原则，在品牌识别的整体框架下，选择广告、促销、公关、电商、社交等传播形态，将品牌推广出去，以建立品牌形象，促进市场销售。广告传播是企业提升品牌价值，满足消费者需求，培养消费者忠诚度的有效手段。

从品牌发展战略的角度看，广告传播不是一个可有可无或散漫无序的行为，而是一个必须对品牌进行全方位打造的系统行为。

（一）用概念提炼产品利益，传达品牌价值

品牌概念的生产与传播应建立在产品品质的基础上，将产品品质转化为消费利益，凝练为品牌优势，并通过有效传播，满足消费者对产品品质的价值期待，以此构建品牌识记。产品利益通常会涉及专业性知识和技术，对于大多数消费者来讲，这是很难理解的。如何将艰深的专业术语转化为消费者能理解的利益点，这是很关键的。产品利益需通过品牌概念、品牌故事的提炼，转化为消费者日常生活经验中的价值表达，才能更好地实现品牌传播的优势效应。

（二）依靠大数据，优化品牌关系

大数据时代，消费者在市场上的主导地位愈益明显，消费者对品牌信息的质

① ［美］艾·里斯、杰克·特劳特：《定位》，王恩冕、于少蔚译，中国财政经济出版社2002年版，第3页。

量要求越来越高。过去，许多品牌在考虑消费者关系管理时，受限于当时的调研技术，倾向于采用传统的调研方式来了解消费者的品牌想象。沟通方法上的程式化、同质化、低效率，极易引发消费者心理上的抵触和厌烦，形成消费者对品牌的不良态度，这显然不利于建立品牌与消费者的良好关系。

在新媒体环境下，广告可借助数据技术和数据服务来优化品牌与消费者的关系。广告通过流量监控、大数据分析、用户画像、搜索推荐等技术，发现品牌目标消费人群及其消费期望，展开消费者品牌接触分析；通过富于创意的沟通方式，创造品牌目标消费人群的美好体验，建立品牌与目标消费人群的认知-体验通路，培养消费者的品牌态度。此外，在新媒体环境下，广告还可根据消费者购买数据，设计良好的售前、售中和售后服务，创造符合消费者价值评判、超出消费者期望值的服务，主动给予消费者更多的人性关怀等，从而与消费者建立长期友好关系，增强消费者对企业的信赖，构建品牌忠诚。

（三）以整合传播放大品牌美誉

传统媒体拥有广泛的受众群体，对品牌美誉的建构具有很强的放大作用。随着互联网媒体的快速崛起，传统媒体的影响力受到很大的冲击。但媒体环境的变化并不意味着传统媒体权威性的消解，传统媒体的公信力依然能让受众对品牌产生很高的可信度，这是网络媒体所不能比拟的。新的媒体环境正在改变信息传播方式，互联网（移动互联网）等新媒体拥有了越来越多的受众群体，尤其是年轻的受众群体。网络（移动）媒体的操作更便捷，传播速度更快，传播范围更广，对品牌的影响更大。微博、微信、短视频等社群营销的发展，让受众有了更快捷的表达渠道，他们对品牌的态度、意见通过转发、评论等形式，迅即产生巨大影响，甚至可以抗衡传统媒体的影响力。所以，妥善利用新媒体平台，整合媒体的传播效应，促进消费者购买和体验的交流，可以帮助品牌更好地响应受众需求，满足消费者的价值期待。

（四）以深度洞察提升品牌内涵

广告是一种建立在对消费者洞察基础上的商业传播，它不仅关注消费者的物质需求，更关注消费者的心理需求和价值取向。广告对消费者的深度洞察，能帮助品牌以情感诉求的方式提升美誉度。比如，广告通过监测社会重大事件的舆情信息，帮助品牌对社会关注度高的敏感话题做出回应，使品牌能够在第一时间主动表明自己的价值态度、彰显自己的社会责任，这不仅能吸引媒体的报道，更能提升品牌形象。品牌活动与市场营销一样，重要的并不在于广告投入的数量，而是能够抓住最合适的时机，达到四两拨千斤的效果。

三、广告与品牌影响力

广告是通过影响受众认知和态度来形成传播效力的。在企业、产品、消费者之间，商业竞争已经不再是一种简单的交易或销售的竞争。品牌借助广告创意与消费者进行文化附加值的沟通，让品牌沟通更具情感穿透力，潜移默化地影响消费者的价值理念，激发消费者对美好生活的向往，以此来构建品牌立场和品牌价值。

品牌影响力是品牌主张或品牌利益被消费者认同，进而获得市场利润的传播能力。品牌影响力包括核心影响力和扩散影响力，它通过品牌知名度、品牌认知度、品牌美誉度、品牌偏好度、品牌占有率、品牌满意度、品牌忠诚度等指标呈现。其中，品牌忠诚度是核心指标，它决定着消费者对品牌的关注程度和对品牌的选择偏好，更重要的是，品牌忠诚度决定着消费者主动探究品牌信息、参与品牌体验的深度。

（一）广告构建品牌识记

作为感性的沟通方式，广告的主要作用在于争取消费者的注意力，打造差异化的形象记忆，并通过一系列的沟通触点，如标志识记、形象识记和代言识记，凸显品牌视觉识别的重要内容，反映企业的文化精神和战略定位，以达成品牌价值感的提升和强化。

1. 品牌标志的识记

品牌标志是企业在品牌培育实践中形成的一种视觉化的信息表达方式，是具有一定含义并能够让人理解的视觉图形。它承载着一定的精神内涵，传递特定的信息，形成与消费者交流的视觉语言。通过广告创意设计，品牌标志将更具艺术张力，更形象地反映品牌的独特性和企业的诉求，更有效地在受众或消费者心中建立品牌偏好度。

2. 品牌视觉形象的识记

视觉形象是以标志、标准字、标准色为核心而展开的完整的、系统的视觉符号形式。它将企业理念、企业文化、服务内容、企业规范等抽象概念转换为具体符号，塑造出差异化的企业形象。在企业形象（CI）设计中，视觉识别设计最具传播力和感染力，容易被公众接受，也具有重要的传播意义。品牌视觉形象是品牌识别与价值输出的符号载体。好的品牌视觉形象，是一种具有强效记忆的感性沟通，不仅可以带动销售，还可以让消费者产生黏性，让消费者深刻地感知到品牌文化，进而喜欢该品牌。品牌视觉形象的传达过程就是广告活动的展开过程，亦即从视觉注意到心灵感悟，再到品质、品位的联想过程。优秀的品牌视觉形象，不仅具有震撼人心的力量，更能传达企业的文化理念和价值内涵。

3. 品牌形象代言的识记

品牌形象代言，即通过象征代言的广告方式，将原本存在的社会性视觉资源和态度倾向，移植或转移到特定品牌，成为特定品牌的形象资产，以强化品牌的个性主张，使产品获得符号化的呈现，借此得以与目标消费群体建立某种联系，顺利进入消费者的视野，达到心灵的深层沟通，并在消费者心中树立良好形象，使品牌变成一个有意义的带有附加价值的符码。

品牌形象代言一般有四种方式：品牌创始人、影视演员、社会名人和虚构形象。不管是何种方式，成功的形象代言一定要准确反映品牌的价值属性，准确传达出企业的发展理念。

（二）广告强化品牌情感

广告可以帮助企业树立形象，实现品牌增值。当品牌在市场上占有领先地位或是持有稳定的市场份额后，要想在产品销售的基础上提升品牌形象，必须进一步熔铸企业理念、企业文化以及企业形象的价值感。品牌需要借助广告的形象叙事，对消费者展开情感诉求，将品牌理念、文化、价值观等理性元素化为情感符号，通过情感渲染，引发消费者的心理响应，延伸品牌的影响力，实现品牌增值。

1. 品牌广告与人文情怀

品牌所承载的人文情怀，本质上仍是一种文化理念的宣示，也是一种现实超越性的构建，它寻求积极的生活主张或生存愿景，体现出一种以人为本的价值观。

百度作为一家互联网企业，曾用高度凝练的五个字“简单可依赖”来概括其核心价值观，这五个字既有人文亲和力，又富有科技感，直击消费者的痛点和利益想象。“简单”，对于大多数消费者来讲，是走进百度、使用百度的理由。“可依赖”，则在心理层面上为消费者作出安全承诺和信任性提示，明白易懂，不故弄玄虚。百度以独到的人文情怀和感性视角，将品牌概念提炼为消费者至上、有情感、有高科技应用价值的互联网企业。这样的品牌表达，有助于建立消费者对百度品牌形象的认知和认同。

2. 品牌广告与企业文化

企业文化是一个组织由其价值观、信念、仪式、符号、行为方式等组成的特有的文化现象。

企业文化，对内可以从企业传播入手，对外则可以通过广告来呈现。广告是企业文化的外化，品牌通过广告这座桥梁将企业文化传达出去，感召消费者，使消费者在态度认同中形成对品牌的忠诚。

3. 品牌广告与广告口号

广告口号是一种较长时间内反复使用的、特定的商业用语。它的作用就是以最短的文字把企业或商品的特性及优点表达出来，给人以浓缩的广告信息。好的广告口号发展到一定程度就不仅是一句文案，而是可以将企业属性与品牌理念融合在一起。所以，广告口号也是一种重要的品牌资产，需要不断传承与发展。

企业广告中可以不展示商品，不炫耀产品功能和优势，但可以创造感性的故事想象，通过广告口号赢得消费者对企业的信赖，使消费者产生品牌好感和忠诚，从而驱动和固化购买行为。一些相对成熟的企业，在占有一定的市场份额后，会更加关注自身品牌的塑造和提升。例如万科把住宅建筑的价值内涵提炼为一句话——“让建筑赞美生命”，清晰地传达出万科的价值观，表达了万科以建筑的形式向生命致敬的使命和愿景。一句好的广告语，可以贯穿并运用到整个品牌的发展过程中。“让建筑赞美生命”已经从一般的商业广告语上升为万科公司重要的品牌理念。

第二节　广告与消费者品牌认知

消费者如何认知品牌，直接关涉品牌的市场地位与发展前景。消费者认知品牌的角度、养成态度的难度以及固化消费习惯的力度，是制定广告传播策略首先要解决的问题。

一、消费者的品牌认知

品牌与消费者之间存在一种天然的利益互动关系，这种关系对企业的品牌发展战略至关重要。企业品牌价值的实现依赖于消费者的认知与认同。因此，品牌必须深入研判消费者的利益需求、生活困境和价值心理，才能与消费者达成有效沟通，在消费者心中建立良好的品牌形象。

（一）消费者的新变化

随着数字技术的普及和海量信息的渗透，消费者的分布群落以及生活形态发生了巨大的改变，消费者的行为机制也变得更为复杂，难以准确把握。为了让品牌更精准地找到自己的目标消费者，与他们展开深度对话，洞察消费者的新变化、新趋势就显得十分重要。

今天的媒介环境与传播生态发生了很大变化，互联网、交互技术和智能媒介已经深深嵌入我们的社会生活，成为必不可少的沟通形式，这些沟通形式对消费者生活的影响远不是简单的信息获取、信息分享，而是已经融入消费者的生活方式，甚至直接成为消费者的生活工具。媒介技术和新媒体平台的发展，改变了传统媒体的单向沟通模式，实现了人与人之间的即时互动和直接对话，带来交流与沟通的自由与解放。

网络传播的双向性冲击着传统媒体的强势地位，消费者既是信息的接收者也是信息的发布者，甚至可能是关键意见领袖（Key Opinion Leader，KOL）。他们可以在网络平台上分发信息，让信息再次甚至多次传播。消费者与媒介关系的改变带来消费者群体的改变，消费者分布在整体上呈现出多层次、多圈子的特征。这种消费者的群落化倾向使分众化、精准化、定制化传播成为可能。

（二）消费者与广告媒体创新

在今天，广告的功能已经不再满足于“广而告之”了，而是必须进一步强调广告要向“对的人”说“对的话”。智能技术的进步，使广告媒体在广告内容与消费者需求关系上实现精准匹配成为现实。找“对的人”是筛选，说“对的话”是策略，向“对的人”与说“对的话”越吻合，广告传播的效果也就越好。

智能技术的创新，已经成为广告媒体发展的重要驱动力。大数据的背后是媒体运营对消费者需求变化的深度洞察，数据可以精准反映出消费者的需求走势，产生更多的消费需求，比如网购、快递、教育、旅行、医疗、娱乐等。新消费场景、新消费服务不断催生消费者的新需求，反过来又激活商业新业态和传播新模式。

智能技术不仅在概念策划、内容创作、监测审核等广告媒体的创新方面得到广泛运用，还直接应用于广告运营中的文案、设计、算法推荐、内容分发等环节，这对于进一步满足消费者的信息服务、内容消费需求，起到重要的助推作用。

（三）消费者品牌认知的达成途径

品牌认知即消费者对某一品牌的主观识记。消费者通过品牌认知建立起品牌之间以及品牌与产品类别之间的联系。

消费者在接触广告等相关信息时，会产生各种心理反应，其中与品牌相关的有意识或无意识的心理反应便是对品牌的认知反应。这种品牌认知反应，既有对广告中所包含的品牌信息的简单记忆，也有消费者个人对该信息的译码、解码与再编码（即自我理解），或与原有记忆信息的关联性思考以及相关品牌对比、消费经历联想等。

一般来讲，消费者刚接触到一个品牌的相关信息时，所记住的只是一些零散的印象片段。这些零散的印象片段融入消费者的品牌感知系统中，与消费者已经拥有的品牌认知相融合，编制形成新的品牌信息谱系。当需要作出购买决策时，消费者便会从品牌信息谱系中寻找与该品牌相关的品质特征和感觉联想，以此作出购买决策。

消费者通过如下途径达成品牌认知。

1. 认知接触

首先作用于消费者认知的是品牌形象信息。消费者认知的深度及其认知后的态度倾向是其作出购买决策的重要依据。因此，品牌形象传播的第一要义是促使目标消费者与品牌形象信息达成认知接触。

消费者如何才能与品牌形象信息达成认知接触呢？消费认知的产生离不开媒

介。主观认知与客观呈现是一个互为对象的过程，林林总总的媒介形态总是基于认知主体的需求而衍生的，因此，找准媒介对品牌形象传播具有重要意义。例如，电竞类游戏产品的主要消费对象为年轻的玩家群体，如果在政经类杂志上投放广告，与电竞玩家的媒介使用习惯的重合度不高，这样的媒介选择显然存在偏差。投放咖啡广告也同理，其媒介选择须贴合目标受众的媒介触点，相对而言，选择商务楼宇、地铁等相关场景媒体投放咖啡广告，则可提高目标受众对广告和品牌的接触度和认知度，强化受众在特定的场景中对品牌的需求想象，进而达成品牌形象的认知与认同。

2. 共通意义空间

品牌形象塑造的动机，大都是为了让消费者对品牌产生预期的、理想的认知。品牌信息到达消费者，这只是达成品牌认知的第一步，此外还需要创造品牌与消费者的共通意义空间，以保证消费者对接收到的品牌信息进行正确的解码和译码。简单来说，共通意义空间包含两个方面，即语言和文化背景。

（1）语言。语言的匹配性是有效沟通的必要前提。在投放品牌相关资讯时，一定要使用目标受众能够读懂和理解的语言，否则即使渠道准确，信息触达也不存在阻隔，但是，如果消费者不能成功解码，同样也无法达成品牌认知。

（2）文化背景。世界各地域各民族存在相当大的文化差异，这使得共通意义空间的构成十分复杂。因此，需要对目标受众的文化背景、文化内涵、仪式象征以及当地的风俗习惯、阅读习惯、地域偏好等进行深入了解，只有这样，才能更好地调整品牌信息，符合本土受众的期望和需求，从而确保品牌形象信息能够被准确解码和传播。

二、价值制造与心理占位

消费者对品牌价值的认同，既是一个认知发生的过程，也是一个价值体验的过程。

（一）价值制造

品牌价值是品牌得以存在的根本前提，是消费者所能体会到的品牌的感性价值、象征性价值和功能性价值，亦可概括为品牌聚合价值。对品牌而言，聚合价值通过有形的产品功能和无形的象征意义，将品牌的各个局部优势放大、叠加，产生“1+1>2”的效应，构成品牌整体价值。品牌聚合价值的形成过程，就是品牌整体价值的创造过程。

品牌如何才能创造自身的聚合价值？

一般认为，品牌给消费者提供了三种利益，即体验性利益、功能性利益和象征性利益，它们分别形成品牌的三大核心价值：感性价值、功能性价值和象征性价值。消费者首先通过产品的外在要素形成对品牌的感性印象，继而通过对品牌的功能性利益和象征性利益的体验，建立对品牌价值的基本判断，然后对品牌利益进行全面研判，最后以品牌价值的多元聚合实现对品牌整体价值的认同。如图4-1所示。

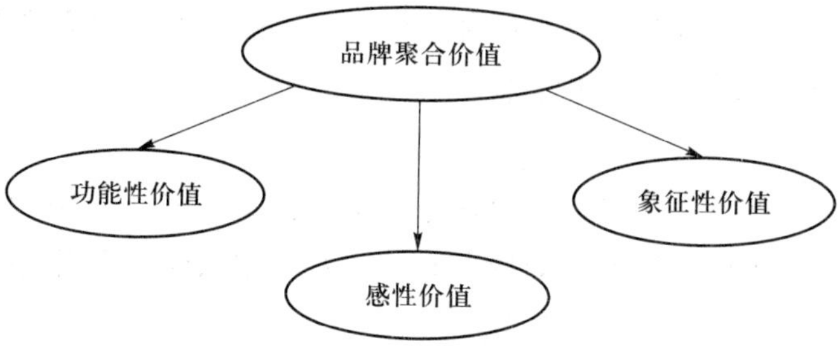

图4-1 品牌聚合价值组成

1. 感性价值

在购买和使用产品的过程中，消费者会对品牌形象和品牌概念产生一种初始感觉，这种感觉通常被称为消费者对品牌的感性认知。不同的消费者对同一品牌会产生不同的感性认知，或是指向生活方式，或是指向文化历史，抑或是指向精神享受。品牌可以通过感性符号的传播，创造一种想象和氛围，影响或激活消费者的情感，让消费者产生购买的欲望，并逐渐养成一种消费习惯和消费心理，这种习惯和心理会固化消费者与品牌之间的情感，创造出品牌的感性价值。

2. 功能性价值

功能性价值是品牌产品在满足基本消费需求的基础上，给消费者带来的一系列实用性质的价值感知。品牌产品的实用性、易用性、安全性、可靠性、效率性、创新性等功能性价值，构成了品牌对消费者的功能性利益。是否采用功能性价值作为品牌的价值主张或者核心卖点，还需考量产品所属品类在市场导入过程中处于何种发展阶段，考量消费者在决定购买时对产品功能性价值的认知程度、特定场景或重度消费人群的多重需求。在制定品牌功能性价值的策略背后，有一个重要的理论方法，那就是USP理论，即“独特的销售主张”，它强调产品具体的特殊功效和利益，强调这种特殊性是竞争对手无法提供的，并给予消费者一个明确的利益承诺。功能性价值的确定，不能简单为之，更不能用营销想象中的需求代替消费者的实际需求，要找准产品功能的核心卖点与消费者利益点之间的相关性。

3. 象征性价值

象征性价值来源于品牌所创造的象征性意义，可以用个性象征、社会地位象征、生活方式象征等概念表达。消费者在挑选适合自己的品牌时，很自然地会考虑该品牌是不是与自己的风格相吻合。品牌的象征意义，是品牌通过象征性语汇的传播而产生的。品牌传播的象征性语汇一旦被消费者认同，就会转化为消费者的自我形象符号，固化为选择品牌的理由，成为消费者个体形象的表达。

需要注意的是，象征性价值不应该只是自我形象的一种表达，更应该是品牌自身的一种等级设定。品牌自身的社会地位会成为选择它的消费者社会等级的代码，这也是象征性价值所代表的另外一面。

（二）心理占位

品牌的心理占位，是品牌在消费者心目中与同类品牌比较中的排序位置。按照定位理论，每个品类的品牌在消费者心目中都会形成不同的排序位置，排名第一位的品牌，就是该品类的领导品牌。

品牌心理占位的形成过程，是消费者对品牌聚合价值的心理认同过程，一般经历四个阶段，呈递进状态。

1. 品牌辨识阶段

品牌辨识是消费者在接触广告或其他品牌相关信息时的解码过程。这一阶段消费者主要是对已有品牌的相关零散片段进行归类判断，并未进行更深层次的思考选择。在此阶段，品牌的视觉形象差异和重复传播率是影响消费者判断和辨识的主要因素。

2. 品牌理解阶段

经过品牌相关认知片段的不断积累、不断重复，消费者脑海里的零散信息逐渐产生关联，品牌名称、品牌理念、品牌文化等一系列品牌信息进一步整合，形成了以品牌名称和品牌口号为核心的品牌知识域。在品牌传播初期，品牌知识域仅仅是简单的关联、组合，随着重复次数增多，消费者的品牌知识域更加完整，且对品牌差异性的理解更加精准，并能主动关注和持续更新。在这样一个过程中，消费者不仅会对品牌产品的功能特性有一定了解，还会在心理上对品牌产生熟识感和亲切感。

3. 品牌记忆阶段

品牌知识域的形成过程，其实也是品牌形象的记忆和保存的过程。当消费者对某一品类产品产生需求时，他们通常会根据购买目的或即时可见的广告提示唤起品牌记忆。此时，最先被回忆起的品牌，其购买率会高出其他未被回忆起的品牌，前者便占有了先机，也更容易进入品牌认知度的第四个层级——品牌态度阶段。

4. 品牌态度阶段

消费者反复接触品牌信息，构建品牌知识域，对品牌产生评价，评价的不断累积和修正，便形成品牌态度。对品牌产生评价是需要一定条件的，如购买可能性（是否能够买得到、是否方便购买）、对品牌表明意见的机会（自我表现的需要和社交功能的体现）、话题性（认知需求）、利害关系（成本、风险）等。如果缺失以上因素，消费者只会停留在构建品牌知识域的阶段，不会进一步产生品牌态度。

品牌态度具有一定的稳定性。肯定的态度有利于消费者接受品牌的广告促销信息，与品牌销量上升呈正相关；否定的态度一旦形成便很难扭转，消费者选择购买品牌的可能性也很低。

品牌聚合价值通过上述四个阶段，实现对消费者的心理占位，完成消费者从认知到认同的心理进化。

三、消费者与品牌偏好

品牌偏好是消费者的一种心理倾向，是消费者对品牌产品消费的一种选择意向。品牌传播的重要使命就在于建立消费者对品牌的选择偏好。品牌偏好的建立，既要争取消费者的价值认同，又要构建消费者的品牌忠诚。

（一）消费者的价值认同

消费者的价值认同是消费者在品牌认知的基础上产生的对品牌价值属性的认可或共识，是一个由外在认知跃升到内在认同的动态心理过程，也是消费者通过品牌定位，确认自我与他人、自我与社会的互动关系的过程，其本质关涉品牌消费是否有必要、有意义、有信心的问题。

面对一个品牌的出现，消费者的第一反应是喜欢或不喜欢，从而引申出两种心理状态：感觉上的喜欢与象征意义的认同。尽管单纯的感觉上的喜欢可能会激发消费者对品牌的热情，但这种热情往往不会持久。从功能性角度来看，消费者会对品牌进行更加细致的挑选和比较，这也容易造成理性思考战胜感性思考的局面。象征意义的认同，是对品牌个性的一种特殊要求。它通过赋予品牌特定的符号、形象或价值观，强化消费者感觉上的喜欢，并将其升华为一种持久的偏好态度。这种偏好态度进一步演变为对品牌的更深入的情感融入。当象征意义的认同与功能性认同相互协调、达成统一时，消费者会从内心深处感受到品牌所传递的价值，进而产生对品牌强烈的价值认同。这种价值认同不仅体现了消费者对品牌的信任和忠诚度，还为品牌的长远发展提供坚实的支撑。

可见，消费者的价值认同是指消费者通过自我的情感、身份、认知与品牌核心价值相比较而产生的归属感，是消费者为了定义自我而主动选择并自愿拥有的价值偏好。消费者的价值认同尽管是一种心理倾向，但这种心理倾向一旦确立，消费者在行为上就会产生选择性注意，就会把认知聚焦于特定的品牌信息源。反之，如果缺乏认同，消费者就不会注意到该品牌，也就无法产生消费和交易。

（二）消费者的品牌忠诚

消费者的品牌忠诚来自消费者对品牌偏好的持续认同。

根据认同的持久性来分，一是初始的基本认同，二是长期的持续认同。初始的基本认同是认同过程的起点，持续认同才能让消费者产生品牌忠诚。如图 4–2 所示。

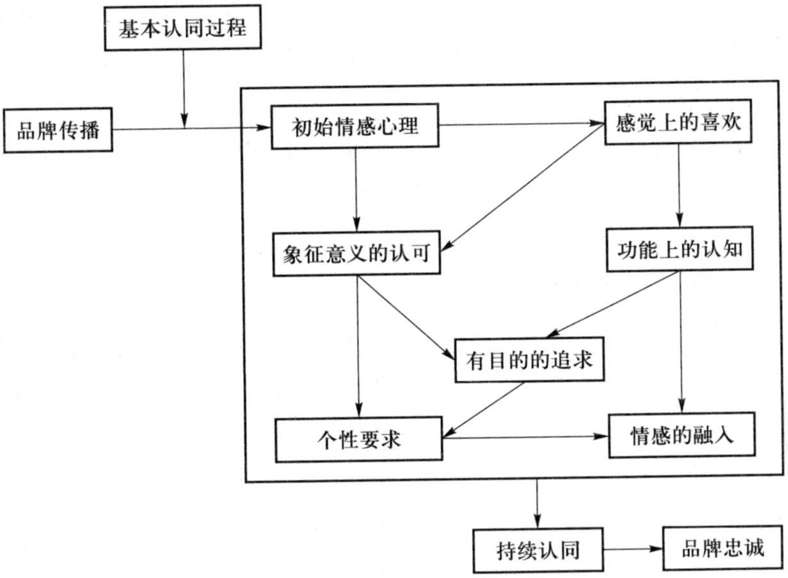

图 4–2　消费者与品牌忠诚的关系构成

如何维持消费者的持续认同是品牌长期发展的重要课题，是消费者与品牌忠诚关系构建的核心。品牌忠诚是企业的战略性资产和品牌的价值基石，对于企业经营具有重要的市场拓展意义。消费者品牌忠诚的打造必须成为企业经营的系统性原则，无论是企业对内管理还是对外推广，都要以人性化的服务来赢得消费者的好感和信赖，并把它作为基本经营理念，从而提高消费者的品牌忠诚。消费者的品牌忠诚必须建立在与品牌有效沟通的基础上，品牌应当深度洞察产品问题与消费者口碑，建立消费者数据库，制订忠诚客户计划，选择合适的消费者，提供有针对性的产品利益，有效解决消费者所需、急需的消费问题。消费者与品牌稳定、持续的关系，有赖于广告传播的持续刺激和有效诉求，这样才能以更多触点、更多场景影响消费者，达成消费者对品牌的持续认同，最终建立消费者与品牌的忠诚关系。

第三节　广告与品牌增值

品牌增值与广告传播有着很强的相关性。品牌进化的阶段性特征与品牌生态环境的变化，需要广告因时而变，不断丰富和完善品牌内涵，不断说服消费者，培养消费者的品牌信任，固化并提升品牌的价值。

一、品牌信任

品牌信任以品牌认同为基础，是消费者基于对品牌承诺的良好体验所产生的一种感受。品牌信任与品牌美誉度密切相关。品牌通过对品牌形象与价值理念的传播，影响消费者心智，建构消费者对品牌的口碑和信任，达成品牌认同并促成品牌增值。

（一）品牌美誉度

品牌美誉度反映的是消费者对品牌的信任和喜好，包括消费者对品牌品质、品牌形象的接纳度和好感度，对品牌理念和品牌文化的理解度与认同度，等等。消费者对品牌的接纳与好感源于消费者对品牌产品属性的认同，影响着消费者对品牌功能价值的判断与取舍。消费者对品牌形象的认知与喜好包含其对品牌的形象性、潮流性和创新性的认可。消费者对品牌理念与品牌文化的理解与领悟则是一种更具本质意义的理性思辨。可以说，品牌美誉度是消费者对品牌的感性价值、功能价值和象征价值的综合性评估，是形成消费者的品牌偏好、品牌忠诚度的重要影响因素。

（二）品牌美誉度的形成

从客观的角度来看，在众多影响品牌美誉度的因素中，行业地位、品牌形象、品牌传播能力和品牌危机处理能力等，构成了品牌美誉度的企业基础。另外，从主观的角度来看，区域文化、社会心理、消费者对品牌的感知能力以及消费者对品牌价值的评估能力等因素，则构成了品牌美誉度的关系前提。通过主客观因素的综合认知，品牌可以形成美誉度的不同层级，形成不同价值的品牌生态。品牌美誉度，说到底，就是消费者的品牌价值感，其核心的考量指标，包括效用满意度、形象偏好度以及文化契合度等。

1. 效用满意度

效用满意度首先来源于消费者对品牌功能性价值的体会。消费的现实动机是通过支付一定价格来获取品牌产品的效用价值，所以，产品价格和产品效用是影响消费满意度的两个重要因素。在两者的关系上，最能使消费者满意的表述是“物美价廉”。在相同质量的品牌产品中，价格低的将获得更高的满意度；在相同价格的品牌产品中，效用价值高的将获得更高的满意度。

效用价值的实现，既取决于产品所明确标示的可量化指标，也取决于消费者对可量化指标的理解和认同。在消费过程中，人们通常会根据自己的效用需求来选择产品或服务，并对使用后的结果进行评估，从而形成满意度。当产品或服务没有清晰的可量化指标，消费者对产品效用的理解就会陷于主观想象，其评价难免会散碎混乱，难以聚焦，就会失去客观依据，品牌美誉度就无从产生。一般来说，产品或服务如果能够满足人们的需求和期望，甚至超越了人们的期望，那么人们就会感到满意，可能会继续选择这种产品或服务，甚至愿意支付更高的价格来获得更好的效用价值。

效用价值和满意度之间是相互依存、相互影响的。效用价值是产品或服务满足消费需求的能力或效益，而满意度则是消费者对效用价值的体会和评价，两者共同影响着品牌的美誉度。

2. 形象偏好度

形象偏好度是指消费者对品牌产品的感性体验，是消费者的感性价值评估指标。品牌产品的形象偏好度在消费者购买和使用该品牌产品前就已存在了，消费者通过视觉、嗅觉、触觉、听觉、味觉等感官体验，形成对品牌产品喜欢、亲近、爱惜等偏好。形象偏好度对消费决策起到驱动作用。

品牌形象构建的内在逻辑是解决消费者的认知问题，达成消费者的态度偏好。强势品牌形象不是灵光一闪的产物，而是需要挖掘品牌自身的基因与势能，凝练品牌个性，演绎品牌故事，运用创意美学的逻辑，以更精准的形象唤醒消费者的想象和联想，继而形成特定的心理倾向和偏好感知，强化消费者对品牌价值的感知和认同。

随着智能媒体技术的发展，消费者每天接触的广告信息有增无减。在大量的信息碎片冲击下，品牌形象要想在消费者脑海中留下清晰记忆，就要具有足够的创意表现力和诉求精准性，以加强消费者的品牌体验感和记忆度。只有这样，品牌传播才能建立起消费者对品牌形象的偏好。

3. 文化契合度

文化契合度是品牌与受众在文化态度和价值认知层面上的契合程度，其核心涉及品牌的市场定位、理念主张、审美追求等内涵特征，也是构建品牌关系质量的重要前提。随着媒体智能化、社交化的深入，品牌与消费者的关系已经不是单向输出的关系，品牌必须考虑消费者的参与性，重视品牌与目标受众的情感契合性。建构文化契合度，需要考虑以下几个方面：

一是文化价值观的契合。不同地域、不同人群的文化价值观存在差异，品牌若想获得美誉度，就需要契合目标市场的文化价值观，才能获得消费者的认同和喜爱。

二是审美观念的契合。产品在设计、包装等形式上的审美创新，必须契合消费者的审美观念、使用习惯和消费心理，不能为设计而设计，不能被时尚潮流所裹挟，只求形式上的美感。

三是历史传统和生活经验的契合。特定的历史传统和生活经验，也是评估文化契合度的重要因素。消费者从哪里来？消费者既从历史传统中来，也从生活经验中来，为历史的规定性和生活的矛盾性所制约。品牌不能一厢情愿、盲目自信，既要深度挖掘自身的历史文化和价值逻辑，也要充分了解消费者的生活传承和现实变迁。若不能真正理解自身和消费者，品牌就难以取得成功。

只有不断提高文化契合度，品牌才能真正实现与消费者的有效沟通和互动，提高市场竞争力和品牌美誉度。

二、品牌进化

品牌活力，根本上源于品牌自身的进化。品牌进化就是要不断地适应时代的变化，为消费者提供新的价值理念和生活方式，培养新的消费想象。这一切离不开广告的劝服，离不开品牌对消费习惯的持续培养。

（一）品牌活力与形象进化

品牌形象包括品牌主体自身的“形”和消费者基于品牌外在的“形”所产生的内在视域的“象”。从心理学角度讲，形象是人们对客体所产生的心理图式，它具有外在性、理念性、公众性。品牌形象是一个综合性的概念，作用于消费者的形象感知、主体经验及想象方式，是营销活动渴望在消费者心理上建立的联想性的集合体。品牌形象是消费者对特定品牌所产生的某种“情绪”“态度”和“观念”的集中，也是消费者对品牌认知的综合感受和独特印象。

1. 品牌形象的进化是消费心理迭代的内在要求

品牌形象能够唤起人们特别的情感，这种情感促使消费者对品牌产生喜欢或者厌恶等感性判断，并直接影响后续的购买行为。如果对品牌形象持有较高的好感度，消费者会更倾向于选择该品牌产品，并在有了较好的使用体验后，对产品作出较高的评价并逐渐产生品牌态度偏好。当品牌偏好累积到一定程度，便达成品牌忠诚。持有品牌忠诚的消费者不仅会主动、重复购买该品牌产品，同时也会热心了解与品牌相关的最新消息，还能更好地抵抗品牌负面信息和价格波动的冲击。由此可见，品牌的意义，在消费者的意识中不是一成不变的，也不是一蹴而就的，关键是如何在市场变化中，以新的形象来传递新的理念，以新的价值态度来推动品牌进化，保持与消费者的生活形态同步关联。这种关联能使品牌和消费者保持心智感觉上的时效性和信任关系，也能为品牌带来更好的收益和更好的发展前景。

2. 品牌形象的进化是品牌自身发展的必然要求

品牌进化，必然要求品牌形象与时俱进。一个品牌的存在，必然受其内生性的驱动。随着品牌自身的演化更新，原有的品牌形象会老化并产生陈旧感，因而需要通过广告对品牌形象进行更新和激活。在市场趋于成熟、消费选择更多元的情况下，品牌形象的进化，不仅关乎价值观念、生活形态，还需更深入地创建形象沟通方式，打通体验营销、场景营销、服务营销、大数据营销等行业壁垒。尤其是在新技术的推动下，“所见即所得”成为消费者满意的新内涵，因此，品牌形象的进化要围绕“品牌之见”来布局谋篇，创造新的“品牌之见”，打造新的品牌形象。品牌形象的进化需要融汇更多的形象元素，单纯讲求产品特色或产品功能，已经越来越不适应消费者的利益想象。没有消费者的认同，品牌形象就不存在。

品牌的形象进化离不开广告劝服。广告的劝服功能有助于强化品牌的形象个性，让消费者能轻易将其与竞争品牌区分开来，产生丰富的品牌联想。因此，为实现品牌的可持续发展，企业需要通过广告劝服来深化消费者对品牌形象的新感知，加深消费者对品牌进化的新印象，改变或者加强目标消费者对品牌的态度和偏好，与消费者建立良好的关系，最终赢得消费者的品牌忠诚。

（二）竞争推升品牌进化

在科技飞速发展的当下，设备、工艺、技术的标准化程度已经有了很大的提升，加上越来越严格的产品质量的合规化要求，由此带来产品功能日趋同化，品牌若想在产品的物理特性上超越竞争品牌已非易事。因此，让品牌及其产品拥有与其他竞争品牌不同的形象特质、个性特征、精神文化象征，让产品性能和功效差异在市场定位层面上凸显出来，将产品竞争上升至精神、情感的层次，是企业市场竞争的必然选择。

市场竞争的白热化，使同品类的商品功能越来越丰富，同时也造成了产品的物理性差异越来越小。在这种前提下，品牌进化是企业的必然选择。但品牌进化必须赢得消费者的认知与认可，否则品牌的持续发展将是一句空话。在竞争的推动下，品牌进化必然会利用和加强广告劝服。

三、品牌理念

品牌理念是品牌赖以存在的价值主张，是品牌精神的集中表达，体现了品牌对于目标消费者的利益承诺。品牌理念具有一定的抽象性，通过广告得以广泛传播，进而引发消费者的共鸣、形成品牌记忆。

（一）品牌理念的多元传播

品牌理念的传播分为两条途径：一是品牌主的传播，即厂商通过广告、公共关系、活动赞助等方式展开的媒介性传播；二是消费者的传播，即消费者群体在社交圈中传播品牌的相关信息，形成口碑，从而影响品牌的美誉度。品牌主的传播具有较强的品牌主导意识，对品牌传播的成功起着决定性作用；但品牌主传播的信息能否被消费者接受，则是考量传播效果的重要指标。在一些品牌主传播的案例中，不恰当的传播渠道、传播手段、传播内容以及传播过程中的噪声等都可能引起消费者的反感，容易引起消费者对品牌理念的误解和偏见，造成对品牌美誉度的伤害。比如过于密集的粗制滥造的广告、在不恰当的时间和场景播放的广告、干扰人们正常生活的广告等，都可能导致消费者疏远品牌。

随着数字化技术的发展和社会化媒体的应用与开发，社交传播在品牌传播中扮演着越来越重要的角色。对于潜在的购买者而言，他们更在意品牌产品的使用评价及其口碑的好坏，他们认为这些才是最真实的品牌现实。

近年来，品牌传播出现了消费者传播主动化的倾向。品牌传播可以充分利用消费者二次传播或多次传播的能量，主动参与消费者再传播的过程，对消费者的品牌疑虑或产品使用不良体验及时做出回应，避免被动传播造成品牌形象受损。

品牌的危机处理是应对伤害品牌美誉度的突发事件或突发状况的一种公关手段。品牌危机往往发生在涉及消费者安全与健康等方面，危及品牌的声誉和品牌安全底线。如何在突发事件或突发状况中既不扩大事件的负面影响，又能保持诚信，展现负责任的品牌形象，是处理品牌危机的关键。

值得注意的是，在高度碎片化的媒介环境中，品牌理念以及相关危机事件经常在二次传播中出现变向和变量，经常被片面解读，甚至是有意误用。在“人人皆可传播”的环境中，品牌打造的路径和方法也发生了很大的变化，品牌传播从先打知名度，提升美誉度，养成消费忠诚的程序，转变为以互动利益的方式形成价值认知，并通过各种具有消费黏性的推送，形成品牌识记和好感，进而通过社群分发，达成品牌市场地位提升的目的。传统媒体与智能媒体的功能差异，使得品牌理念传播出现圈群化、社交化、定制化的特征，这是传播媒介环境变化所带来的新课题。如何更深入地考量品牌理念的解读语境，建立品牌传播的风险意识和防范机制，是品牌理念创建时必须具备的战略思想。

（二）品牌理念的故事化

讲好中国故事，传播好中国声音，是我国品牌建设的重要任务，也是“品牌出海”的重要内容。提升品牌传播效果，构建品牌话语和品牌故事，是新时代品牌建设的战略使命。

品牌故事的传播，前提是需要理解品牌理念。品牌理念是品牌的核心价值观。品牌理念具有高度抽象性，在面对多元受众时，如何进行品牌理念传播并感动受众，是一个很大的挑战。品牌理念的传播必须达成受众知觉，才可达成传播效果，因此，品牌理念广告必须具有引人入胜的故事、生动感人的场景、个性凸显的形象以及富于洞察的策略点。故事有趣、形象鲜明、策略点突出，才能提升品牌个性，强化消费者的感性认知，与消费者建立情感联系。当然，故事要匹配品牌策略，若缺乏策略，故事讲得再好、再有趣、再吸引人，也难以实现品牌的传播效果。

品牌理念传播不仅要学会讲故事，还要学会用故事演绎品牌的价值主张。品牌必须寻找一个合适的、有利益场景和生活冲突的故事为品牌创造意义，固化消费者的品牌态度，建立与消费者的情感联系。

可见，品牌理念传播不是单向度的品牌文化或价值观的陈述，而应让消费者与品牌产生亲密感，让品牌与“我”（消费者）有极高的正相关以及高度的情感和谐与心理默契；品牌需营造神秘感，塑造偶像或与之相关的故事来激发消费者的幻想，并诉诸感性，调动消费者的感官体验。

在执行层面上，品牌理念传播可使用虚拟（或真实的）形象，利用意象、场景或象征手法，传达产品信息，引发娱乐快感，增强说服力。当然，最重要的是为品牌创造意义并赋予品牌独特的个性和人性化特征。因此，广告在传播品牌理念时的情感创意和故事叙述，绝非止步于广而告之、娱乐大众或短期的销售业绩，而应着眼于通过品牌故事打造并维护与消费者有情感联系的、有文化底蕴的、有影响力的品牌价值观。

第四节 广告与品牌形象

品牌形象是以名称、术语、象征、符号等形式生成消费者的想象，建构有别于竞争者的形象标识、象征话语和叙事符号等多元要素的集合概念，是品牌通过广告传播在消费者的意识中形成的总体形象。

一、品牌利益的形象化呈现

从消费者的角度看，品牌利益是品牌为消费者提供的购买该品牌产品的好处。简单地说，品牌利益是消费者所认可的品牌承诺或品牌价值。品牌利益的形象化呈现，有一个从定位到设计再到传播的过程。

（一）品牌形象定位与策略

品牌形象定位是塑造品牌形象的第一步。根据目标市场的属性、需求，品牌必须考虑其形象定位的合理性，并以特定的立场、角色、调性呈现于消费者面前。品牌形象定位必须准确、鲜明，使消费者能够从品牌传播的相关信息中准确地理解品牌理念和个性差异，并找到符合自己需求的契合点。定位失误会影响消费者对品牌形象的认知和认同。

品牌形象定位服从于品牌形象策略。品牌形象策略一般可分为定势策略、强化策略和迁移策略。定势策略指在现有品牌形象特色的基础上，依据市场未来走向和消费者需求变化趋势，不断地调整品牌形象。这种策略灵活性强，适合新创立的企业确立品牌形象。强化策略指通过不断丰富、完善现有品牌形象和传播攻势来强化品牌在消费者心中的印象。迁移策略指企业通过一系列活动，逐渐改变原有品牌形象而转移到新的品牌形象。

（二）品牌形象设计

品牌形象设计是依循创意构想把有策略、有洞察的感知要素符号化的过程，是一个将品牌个性、品牌价值、品牌使命进行形象规范和象征建构的过程，也是进行品牌形象系统化设计的过程，包括形象设计、服务设计、包装设计等多项内容。

1. 优化产品形象设计

产品形象设计是决定品牌形象高下的重要前提，也是塑造品牌形象的关键。作为品牌形象的内在要素，企业必须在推进产品材质、技术和设计等方面创新的前提下，加强产品形象的塑造，满足消费者日益变化的需求，为消费者提供便利，并以广告传播的方式优化其形象。

2. 优化品牌服务设计

品牌服务是指企业提供商品或劳务的服务过程，也是体现企业实力和品牌形象的关键因素。品牌服务旨在满足消费者的心理需求，并以此作为品牌形象的一种特殊展示。品牌服务一方面表现为产品的材质、功能、外观、定价等有形指标，另一方面表现为产品服务质量、品牌管理及研发人员的素质等无形指标。科技的发展和生产力的提高，推动社会步入一个富足、丰裕的时代，消费者在满足物质需求的同时，精神需求也在不断提高。消费者对产品品质和服务内涵有了更高的要求。品牌必须通过差异化定位和功能化设计，实施高质量的产品保障体系，以强化品牌的服务特色、服务互动以及服务的可感知性，创建良好的品牌信誉，促成消费者对品牌的忠诚。

3. 优化品牌包装设计

包装不仅是用来保护和美化商品，还是品牌形象传播的重要载体。包装设计是品牌内涵的展示形式，是品牌形象的重要依托。好的包装会获得更多消费者的喜爱和识记。图 4-3 是玻璃瓶装的农夫山泉天然矿泉水，其包装精致考究，获得多项包装设计类国际大奖。该产品历时三年打磨，瓶身仿拟下落的水滴，瓶身图案将马鹿、东北虎、金花鼠、中华秋沙鸭、鹗四种动物与长白山生态象征叠合，代表了品牌对大自然的敬意和优质的水资源，以产品形象喻示品牌利益。

值得注意的是，品牌的包装设计要适度，避免过度包装。盲目追求奢华的品牌包装，将包装设计成本转嫁给消费者，这不仅背离品牌包装设计传播品牌形象的要义，还会损坏品牌形象。过度包装设计只能给人带来哗众取宠之感，并不能为品牌加分。

二、品牌利益的创意化传播

创意在本质上是一种人性化的、深度的沟通，是将产品、品牌与生活形态、

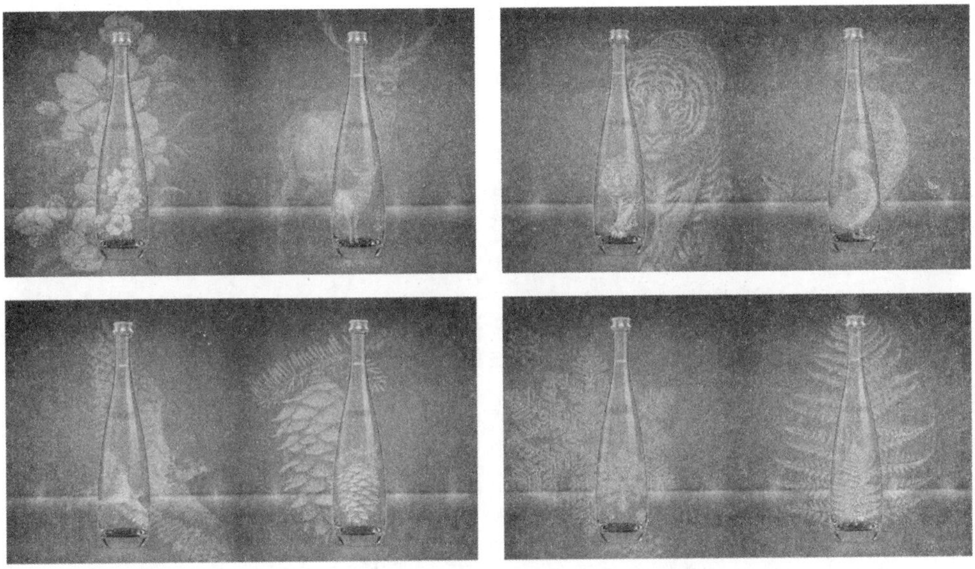

图 4-3 农夫山泉天然矿泉水（玻璃瓶装）

精神追求乃至审美文化进行符号化、价值化和传播化的过程。品牌利益的创意传播有两个关键点，一是通过非同寻常的沟通技巧和引人入胜的叙事来唤起受众注意；二是用形象的方式或想象的力量形成或强化消费者对品牌的理解，降低传播成本，实现品牌跃升。品牌利益的创意传播，对于品牌目标的实现具有重要的助推作用。优秀的创意广告足以让消费者改变态度，给品牌带来良好的声誉和市场效益，并直接影响消费者的选择。

（一）基于效用的创意

产品效用是品牌的核心利益。效用创意将直击消费需求，强化用户黏性，凸显品牌价值。效用创意在于用更巧妙、更容易记忆的方式传达品牌对消费者的利益承诺。

饿了么订餐网站为更有效地传播其健康美食观，联合健身品牌 Keep，推出“美味飞盘”（图 4-4）。该飞盘既是用餐的餐盘，又是健身的飞盘，效用尽显。飞盘的正面印有甜甜圈、西瓜、蒸饺、汉堡、比萨、烧饼等图案，背面则是一个“咬了一口”的美食餐盘，并附赠实物刀叉，拆卸即用。这个设计传递了“想吃就吃，想练就练”的品牌理念，鼓励消费者在健身与美食之间获得平衡。

（二）基于要素的创意

抓住产品生产或服务过程中的成分、要素等优势，加以创意渲染，或引入戏剧性冲突，产品的品牌效能会大幅度提高，消费者的情感倾向性和消费兴趣也会同步增长。

2019 年中国大学生创作的作品 *Busong——Melody of Busan*，在釜山国际广告节上

图 4-4　饿了么×Keep 的“美味飞盘”

获得全球大学生创意大赛金奖。该作品注重旅游过程中的要素开发，在多场景多频次的触点设计中增加情感黏性。作品借助 AI 技术，利用釜山海拔落差明显的特点，在手机地图软件中推出 Busong 功能。Busong 会自动记录游客不同足迹的海拔数据，根据不同的海拔数据配以相应的曲调、节奏及和声，为旅游者谱写独一无二的、具有个性体验的釜山音乐。用户可在各大社交媒体上分享音乐和视频，同时，所有用户可在官网定制属于自己的八音盒。这样，作品以音乐突破语言的限制，为釜山旅游创造新的情感营销热点，吸引游客前来探索属于自己的釜山音乐。

（三）基于量化的创意

量化的创意是指把产品的功能性指标，用数据的方式直接应用于广告创意，用数据分析的结果说话，用量化实验的事实服人。量化创意的关键在于找到关乎产品优势的核心量化指标，以说明品牌最本质的策略概念。

基于量化的创意不是数字游戏，而是一种说服方式，它让消费者在数据比较中产生信任，通过数字喻示获得理解，帮助品牌把复杂的、看不见的产品概念和功能原理变成简单、直观的理性说服，从而更好地实现品牌利益。例如，美团的短视频广告

《送给2021年忙着生活的你》（图4-5），把送出的外卖工作量做了年终统计，列举了各种消费需求，记录下特定季节和特别情感时刻的表达与抚慰。这些数据背后，是美团的敬业之心，真实反映了美团的服务广度、频度和效度。这个作品中的数字列举，不是干巴巴的抽象记录，而是能够产生信任和理解的说服方式。

图4-5 美团外卖《送给2021年忙着生活的你》

三、品牌利益的价值化建构

品牌资产的积累必须建立在消费者对品牌利益认同的基础之上。品牌利益不是品牌拥有者所规定的，品牌利益本质上是消费者感知价值的结果，是消费者头脑中按照一定利益诉求组织起来的价值想象。消费者对品牌利益的理解深度决定了品牌价值化的未来发展。因此，如何让消费者更直观地理解品牌利益，将直接影响品牌价值的建构和品牌资产的积累。

（一）提升品牌利益的价值感

对于消费主体而言，品牌利益实际上是一种价值感。品牌价值感越高，品牌忠诚度也就越高，营销沟通的成本就越低。无论是产品还是服务，其根本利益在于创造消费者的价值感。价值感建构是营销成败的关键，价值感的创造必须聚焦在消费者的心理反应上。消费者的价值感越清晰，消费选择就越坚定。品牌价值感的创造还必须站在消费者的立场上来谋划营销的切入点，要能感性地演绎具体、可见、可体验的价值利益，用消费者听得懂、看得明白的语言、故事、画面、符号来表达，要让消费者真切感受到产品利益或品牌利益的可靠性和实在性。太过抽象的技术概念或专业术语，并不能让消费者产生对应的感知和体验，也不能产生品牌利益的价值感。

提升价值感，重要的是深入洞察消费者的生活痛点。消费是有利益动因的行为，目的是解决生活中的困扰和麻烦。消费者倾向于有利益承诺的品牌，往往努力规避风险，以寻求消费安全；他们不愿意纠缠于烦琐的消费过程，也不愿付出太多的选择成本，那些容易被记住、有独特利益卖点的品牌，总能获得消费者的青睐。消费过程中产生的愉悦的感受，也是很重要的品牌利益，会在潜移默化中提升品牌利益的价值感。

为此，品牌需要建立完善的服务体系以及相配套的营销策略，注重品牌文化建设和品牌形象的塑造，准确并适度超前地把握消费者的需求走向。在信息内容的设定方面，品牌营销要针对消费者的需求和欲望，阐述产品或品牌能够给消费者带来的好处，为消费者提供利益承诺，不仅要让消费者感知和了解品牌信息，促进消费者产生情感认同，形成品牌偏好，还要通过品牌的创意沟通传播，将品牌形象植入消费者的记忆，强化消费态度，为消费者“指牌购买”奠定基础。

（二）坚持品牌的价值导向

品牌与广告一样，必须讲导向。作为一种商业形式，品牌的价值观同样不能脱离社会的价值观。品牌具有社会意识的形塑功能，必须坚持社会主义核心价值观，承担社会责任。品牌的存在不仅是一种商业存在，也是一种社会存在，必须承担企业责任与社会义务，促进公益事业的发展，实现品牌利益与社会公共利益的融合，创造良好的服务口碑和社会声望，以此提升或完善品牌形象。

在今天，许多品牌通过公益广告或公益性的品牌推广活动来增进消费者的认知、信赖，塑造企业形象，放大品牌利益，表达品牌的社会价值，争取消费者在价值导向层面上的深度认同。这类活动所传播的信息主要是有关社会道义、赈灾扶贫、环境保护、教育助学、健康生活等内容，与公众利益紧密相关。

以公益性诉求为主的商业广告，把创意聚焦在社会公益主题上，通过感人的故事、动情的画面以及具有人性深度和社会影响力的品牌活动，传达品牌的社会服务理念和价值观。品牌利益的社会价值通过公益广告或具有公益性的商业广告得以体现，这既可以提升企业、品牌的形象，强化品牌的社会责任，引发受众共鸣，也可以在潜移默化中影响消费者心智，进而培养消费者对品牌的好感，建立品牌忠诚。

如QQ音乐推出的品牌广告《听见“听不见”的音乐》。QQ音乐针对中高频听力损失、只能感知音乐中低频部分的听障儿童，采用领先的智能化音频技术，将歌曲处理为听障儿童可以听见的低频版本，并在2021年的“99公益日”发布了国内首张低频公益专辑——《听见“听不见”的音乐》，让中高频听力损失的听障人士第一次有了自己专属的音乐。同时，QQ音乐呼吁更多人了解并参与“听见‘听不见’的音乐”这个公益项目，把品牌策略、数字技术、公益活动和广告传播整合在一起，为弱势群体发声，打造品牌影响力，实现商业向善的社会价值。该作品既是一支具有公益情怀的商业广告，也是数字技术赋能品牌营销的典型实践。

实践证明，商业广告的商业性诉求和公益性诉求是可以结合的，可以在商业性诉求和公益性诉求之间找到合适的切入点。商业广告可以强化导向作用，力求承担更多的社会责任，在坚持公益立场的前提下，为企业提升品牌形象找到新的途径。

拓展资料

本章彩图案例欣赏

思考题

1. 如何理解广告与品牌的辩证关系？
2. 讲好品牌故事需遵循哪些广告创意原则？
3. 如何发挥广告在品牌形象建构中的作用？
4. 如何通过社交媒体提升品牌影响力？
5. 坚持品牌的价值导向，其重要性反映在哪些方面？

▶ 本章即测即评

第五章　广 告 调 查

广告调查是广告业务的重要内容，是广告科学化的主要手段，是践行党的二十大报告所倡导的“问题导向”在广告产业中的重要路径。调查研究是谋事之基、成事之道。没有调查就没有发言权，要在调查基础上发现问题。广告调查是支撑广告业务各主要环节如市场定位、消费者洞察、广告诉求、广告作品、媒介策略等的重要依据。广告调查贯穿广告业务的全过程，了解产品与市场，研究消费者，评估媒体资源，测试产品和广告作品，跟踪广告效果等广告业务都需要通过调查来完成。科学的广告流程是从产品市场和消费者调查开始，以调查评估效果结束。

开展广告调查既需要掌握市场调查的基本知识和统计分析技术，更需要理解广告业务各环节的核心目标和内容，用市场调查的方法为广告业务提供科学的支持和保障，是广告人必备的知识和技能。

第一节　广告调查概述

广告的科学性体现在以科学的方法收集和分析各种信息，在此基础上做出合理判断。收集和分析信息的过程即广告调查，它贯穿广告的各个环节，涉及广告产业的各个方面，是广告活动必不可少的内容。

一、科学的广告基于调查

广告公司只有具备帮助广告主解决问题的能力，才有自己的生存空间。企业要做广告一定是有需求的，但是真正的需求在哪里，企业自己不一定把握得准。企业往往能看到的是产品在市场上的表现，比较容易从如何提高销量的角度和广告公司沟通。有专业水准的广告公司则要通过调查，找准是哪些因素影响了产品销量，找准问题所在，并经过分析研究，提出专业性的解决方案。

广告公司通过对产品“前世今生”和未来趋势的研究、对消费行为和心理的洞察、对社会潮流和政策的准确把握，为广告主提供高水平的专业服务，这些服务需要借助市场调查来实现。

广告业务以调查评估效果结束。广告作业执行过程中和项目完成后，广告公司往往要履行说明的义务，即通过效果的跟踪调查，向广告主报告广告的实际效果，尤其要报告广告是否达成了预期的目标，并分析原因，为以后的广告业务提供有价值的参考。广告效果，无论是传播效果、消费者认知效果还是销售层面的效果，都需要由量化的调查结果来证明。可见，广告始于调查，并以调查评估效果结束。广告业务流程的各个环节，都需要有足够的调查做支撑。

广告付费传播的特点，决定了广告信息的传播和沟通具有明确的目的性。为了以尽可能少的付出取得尽可能好的传播沟通效果，广告沟通需要研究如何用合适的内容，以恰当的表达形式和合适的频率，在恰当的时间和场所，与目标消费者进行恰如其分的沟通和交流，以使目标消费者充分理解广告信息，对广告信息产生兴趣，接受和认同广告主张，对广告品牌产生好感和信任，并使广告在社交媒体上引起讨论和传播，从而提高销售额。广告以说服为目的的本质，需要广告业务人员在每个环节都做充分的研究和足够的论证，并且对广告活动是否真的达到预期效果做跟踪监测和评估，这一系列过程都要基于广告调查。可见，广告调查是广告以科学的思维和论证予以实施的基础，为此，以下六个方面内容必不可少。

（一）精心提炼沟通内容

商品的功能体现在多个方面和多个层次，消费者从各种媒体接触的信息多如牛毛。广告要向消费者诉求什么，选择什么样的关键词和消费者沟通，都需要精心研究和提炼。确定诉求点和关键词需要建立在调查的基础上。对消费者的洞察是广告创意人员获得创意灵感的有效路径。无论是以传统的方法展开消费者洞察，还是对消费者在互联网上分享的信息及自媒体内容进行挖掘、提炼和分析，目的都是掌握消费者内心在想什么、有什么困扰、关注什么样的社会思潮。通过发现消费者的需求，将品牌诉求与消费者的需求进行关联，这样的品牌诉求更有可能在众多信息中引起消费者的注意并让消费者产生共鸣。

（二）设计恰当的表达方式

同样的内容，针对不同时代的受众需要有不同的表达方式，尤其在当今技术快速更迭、新的媒介不断出现的媒介环境和条件下，人们接触和使用信息的方式发生了深刻的变革，接触信息的终端多样化，接触时点和空间碎片化，对信息形式的需求也更加多样化。在信息获取途径便捷化的趋势下，传统意义上以独特的诉求、统一的表达形式与消费者接触的有效经验在某些情景下，针对某些人可能仍然是广告沟通的有效策略，但是跨媒体沟通策略更需要研究如何创意设计出适合目标消费者特点的、适合不同媒介特征的广告表达方式，这就需要洞察目标消费者的兴趣及其所喜欢的信息表现形式，在此基础上设计广告作品，制定沟通策略。

如今，在同一个广告目标框架内，通过传统调查方式与大数据挖掘和分析等多渠道相配合的消费者洞察，针对不同特征的数字媒介平台上的目标人群，采用不同的广告表达方式，即针对不同媒介的内容和人群特征，用不同的语言和设计风格进行沟通已经变得越来越容易。广告作业流程从消费者洞察、广告诉求的提炼、广告创意设计及作品生成，到广告作品的展示及效果跟踪与评估，这样复杂的循环工作流程在数字技术条件下都能够由智能系统协助完成。在人机互动的工作模式中，人需要做的越来越少，只要提出明确的需求，智能系统就能模拟人的思维，以超乎想象的速度和质量瞬间完成任务。在设计恰当的表达方式环节，当下的 AI 技术具有强大的功能，可以协助人类高质量、高效率地完成工作。

（三）研究确定适量的沟通频率

沟通频率既涉及广告的投入，又涉及如何让消费者更好地理解广告信息。沟通频率适量可以避免因为过多地接触信息而熟视无睹或者产生逆反的情绪。在传统媒体时代，人们被动接触信息，每天接触的信息量有限，为此广告界总结出有效的媒介接触频率的规律。但是在数字媒介无处不在的今天，消费者每天都被海量的信息包围，信息之间的相互竞争使得消费者要记住某些信息变得很困难，而信息获取的便捷性也使人们习惯于用随时查阅来代替大脑记忆。这种信息接触和使用习惯的改变，使广告界需要更准确地研究广告信息在什么情景下，以多大的频率让目标消费者接触才能产生更好的效果。

（四）选择恰当的信息接触时间

选择恰当的信息接触时间需要充分研究消费者在不同时间点的心理状态。如果消费者在不经意间或在愉快的心情下接触到刚好需要的广告信息，即消费者需要什么，什么信息就被送到眼前，这是最理想的广告沟通时点。这需要跟踪调查消费者在不同的时点会需要哪些信息，建立更符合消费者日常生活需求的接触时点数据库。基于这类数据库进行综合分析和研究，可以深刻洞察消费者在不同时点的需求。移动互联网和数字媒体的时空伴随性为跟踪消费者的即时需求奠定了基础。

（五）找准信息接触渠道

要解决在恰当场所发布广告信息的问题，需要通过消费者接触点调查，研究不同类别的消费者日常生活行为的规律。线上消费者的行为规律可以通过网络技术来监测。互联网广告的程序化购买，正是基于对目标消费者网上行为的监测，通过技术手段在目标消费者接触某界面时将广告信息曝光而实现的。线下消费者行为规律的研究主要通过传统的调查方式来完成。中国城乡之间、各区域内人们的生活方式和行为规律差异非常大，不同年龄的人生活方式差异也非常大。因此，消费者接触点调查仍然是广告业务不可缺少的重要组成部分。

（六）针对目标消费者进行沟通

谁是目标消费者？如何界定目标消费者？这需要通过消费者调查，从多个维度识别出指定品牌消费的核心人群、外围人群和非消费者。对线下消费者的界定主要通过抽样调查所获取的样本资料来分析，在一定的人群范围内依次推断。抽样方法的科学性和调查指标设计的效度是准确推断的基础，没有调查，就无法对谁是目标消费者做出科学的判断。

随着电子商务的发展，互联网、移动互联网和数字媒介广告将广告沟通由传统的大众媒体发布，转化为一对一的精准沟通。程序化购买通过技术手段在一定程度上实现了为不同的人推送不同信息的精准传播。为不同的消费者推送精准信息，需要借助大数据对消费者进行分类和画像。数据挖掘和消费者画像分析，是互联网、移动互联网和数字媒介平台分析目标消费者的主要方法。大数据的挖掘和关联性的分析不仅需要技术的支持，更需要科学理论的支撑和统计分析技术的运用。研究人员根据一定的指标如性别、年龄、收入、以往消费经验以及人们在社交媒体上分享和交流的信息等判断目标消费群可能对哪些信息感兴趣，以此作为数字媒介时代定向沟通的基础。借助技术手段监控指定网站或频道目标消费人群的数量和结构，并程序化地自动锁定目标人群，将有针对性的广告信息以恰当的表达方式定向曝光给目标消费者。这些广告行为都需要借助对消费者数据的挖掘和分析。可见，无论是线下调查确定目标消费者，还是线上锁定目标人群，都需要通过市场调查和消费者分析来判断。

二、广告流程各环节需要的调查

广告业务贯穿企业发展的各个环节，全程为企业发展提供解决方案。研究社会环境和潮流是广告公司的长期任务。从社会潮流的变化中发现社会需求的变化，并将潜在的社会需求提供给企业，使其开发合适的商品，这是广告公司的战略咨询功能。广告调查应用于广告业务的各个环节。

（一）产品研发环节

在产品研发环节，企业产品用什么名称会受欢迎，消费者对产品或品牌名称、logo 等会有什么样的认知和联想，这些问题的解决需要通过调查的方法进行产品概念测试，在备选概念中遴选合适的概念；对产品的形态、规格等是否符合消费者的消费习惯和期待，也需要通过一定数量的调查来研判；对产品的定价，例如消费者心理预期能够接受的价位等，需要通过消费者洞察来判断；而对于产品的包装设计更需要借助消费者测试来判断其识别度、品牌信息传递能力、色彩联想、包装的好感度等，这些与产品密切相关的内容直接关系到一个产品在市场上能否被消费者识别、接受和喜爱，直接关系到产品的未来命运。因此，产品研发环节需要广告公司帮助企业做大量调查工作，以便企业做出更准确的判断。

（二）产品进入市场环节

企业专注产品的研发和生产，广告公司要有能力帮助企业确定市场战略，帮助企业确认目标市场在哪里：是国内还是海外市场，是城市还是农村，是从区域市场入手还是全国铺开。因此广告公司需要研究目标市场，对目标市场从地理区域到消费等级进行调查和区分；帮助企业发现市场机会，评估市场容量；调查销售渠道，确定产品通过哪些渠道进入市场；同时要研究消费者的需求、习惯和消费态度，解决如何将产品信息传递给消费者，回答说什么、怎么说和在哪说的问题。对于已经在市场上生存了多年的产品，如果企业需要广告公司的服务，通常是遇到了问题，广告公司就需要通过调查，为企业提供解决方案。这些通常是在广告提案前需要完成的工作。

（三）品牌培养和规划环节

企业无论是销售商品还是建构品牌，都需要广告公司的专业服务。企业要建构品牌，本质上是在同类产品市场上找准自己的位置，划分自己的领地。市场细分调查、品牌定位调查和品牌形象调查是完成这个目标必不可少的工作。通过市场细分调查，企业明确自己的产品在品牌市场上可以在哪个区隔中定位，弄清楚自己的直接竞争对手、间接竞争对手的品牌定位和传播策略，确定自己以什么样的形象出现以及如何能让消费者在众多品牌中识别出自己，并建立认知和认同。这一系列工作的完成需要对市场做全面的调查和分析，需要对消费者做足够的洞察。知己知彼是做品牌规划的基础，对宏观政策、同类产品市场、竞争品牌以及消费者的调查和研究缺一不可。离开了在调查基础上建立的科学认知，品牌规划就变成了自说自话，可能面临很大的风险。

（四）广告创作环节

在广告战略基础上做广告创意和设计，解决怎么说的问题，这是广告公司最基本的业务。创意设计和制作人员凭借自己的专业素养创作出自认为好的创意作品，但是消费者怎么解读，是否能准确理解作品，是否喜欢作品的风格，作品的色彩或其音乐、广告语、代言人、故事等会给消费者带来什么样的感受，即在认知、认同和喜爱三个层级上，广告创意设计能否达到好的效果，这些问题都需要在创意过程中不断进行测试。文案测试、作品测试是广告作业最常用的手法。尤其针对不同年龄段和不同生活背景的消费者，在不同的媒介环境下，创意设计能否吸引消费者的注意、能否引起他们进一步了解信息的兴趣、能否准确传达广告作品想表达的信息等，都需要在和消费者不断的沟通和交流中进行调整。可见，创意设计人员必须具有洞察消费者的能力，在线下的传统调查、线上的大数据挖掘以及倾听消费者声音的过程中寻找创意灵感。AI 技术的发展为创意插上了腾飞的翅膀，在当今的互动广告中，激发消费者自我创意和传播的方法也已经被广泛采用，这更需要广告从业人员能够很好地引导和管理数字媒介的信息。

总之，在整个广告活动中，对广告投放进行监测，对广告传播效果及整合营销效果进行评估是广告业务流程中的重要环节。这些监测和评估无一例外要通过各种调查方法收集信息，进行统计分析或者数据挖掘与分析。

可见，广告调查贯穿广告业务的始终，是广告人必须具备的基本素养和能力。广告调查的方法非常多，在广告作业流程的不同阶段，应针对不同的问题，组合运用各种方法予以解决。离开调查，广告就会失去方向，无法在科学的轨道上前行。

第二节　广告产品及市场环境调查

广告产品调查是对广告产品或服务的了解和研究。广告人要想服务于某个品牌，就需要通过调查和学习，让自己成为这个行业的专家，对所服务的行业和品牌有足够的认识，这包括对影响行业发展的因素和行业发展的未来有准确的判断，对品牌发展的历史和现状有清晰的分析，对所服务的品牌文化和调性有深刻的理解。广告人对产品或服务的相关领域有了足够的认识，才能成为广告主的合作伙伴，为广告主创造新的价值。

广告人的这个学习过程，需要借助各种调查方法来完成。如：通过文献查阅和研究，建立对行业的基本认知；通过深入生产一线进行观察和访问，了解产品的生产环境和生产过程，了解产品的生产技术和工艺；通过对技术人员的深度访谈，了解技术开发的过程和难点；通过对营销人员的访谈，了解以往在销售过程中遇到的问题与瓶颈；通过问卷调查和实验等方法，研究消费者对产品的认识；通过文本研究和分析，熟悉以往的传播内容和方式。可见，各种调查方法在产品调查中都可能用到。

一、广告产品调查

广告产品调查是制定广告战略的基础。广告产品调查涉及的内容非常广泛，不同行业和品牌的不同市场形态关注的核心内容可能有所不同。概括起来，产品调查需要涵盖以下内容。

（一）产品的出现与发展背景

这是认识产品的基础，要以时间为轴厘清产品发展的历史、社会条件、各关键时点的变化及原因等。这些可以从技术的维度、产品类型的维度和销售的维度等展开分析。

（二）产品类别特征

产品类别特征包括母品牌涵盖的子品牌数量和类别，各类产品的形态和特征，各类产品的型号及包装、销售价格、功能等，这是对广告产品范畴、外观、品质、形态、样式、结构等的了解和认识。

（三）产品的生产工艺

产品的生产工艺包括产品的原材料构成、加工工艺、技术含量、核心技术、产品技术与工艺发展和进化的过程，在同类产品中的优势和劣势，影响产品技术和工艺的主要因素，技术发展的瓶颈，技术和工艺未来的发展，等等。

（四）产品的市场占有率

市场占有率是分析市场竞争关系、认识产品在市场中所占位置的重要指标。从纵向和横向两个角度了解产品的市场表现，包括一定时间内（如过去五年或者十年）行业市场规模的变化、广告产品的市场规模的变化、广告产品的市场占有率的变化及趋势等。市场占有率的测量可以通过销售额、销售量、消费者拥有量等不同指标来统计。

（五）产品的营销策略

研究产品以往的营销策略，包括定价策略、信息沟通策略、促销方法等，总结以往营销策略中可以继承的有效方法。

（六）品牌形象调查

品牌形象调查是判断产品市场地位的主要方法，了解消费者对品牌或企业的评价，包括品牌或企业的知名度、认知度、品牌想象、好感度、忠诚度等，依此分析品牌在消费者心目中的形象。

除此之外，也需要对广告主有充分的调查，包括广告主的背景、企业价值观、发展愿景等，以更深刻地理解产品。参与式观察、消费者洞察、深度访谈、座谈会、问卷调查以及大数据挖掘与分析等方法均可用于产品调查。

二、市场环境调查

市场环境调查研究的是企业或品牌所处的社会环境。任何行业的发展都深受社会环境的影响，在经济全球化时代，国际政治和经济环境、区域经济和政治环境、社会稳定程度、科技的发展等都会影响行业的发展。对行业发展进行总体判断需要将其放到国际和国内社会体系中，分析行业发展的历史，判断行业一定时期内的发展趋势，其中对政策法规的研究是不可缺少的内容，包括国家相关政策、法律和地方性法规等。

广告活动通常被锁定在一定的区域内。世界各国的区域发展并不平衡，各区域的消费水平、消费习俗、品牌观念等有很大的差异，促销的敏感因素也各不相同。区域市场环境直接影响着产品的销售，因此特定行业在区域市场的发展状况是广告人必须研究的内容，包括地方人口资源、经济发展状况、文化环境、政策环境和习俗等。

知己知彼是广告服务的前提条件。企业竞争对手的状况也是广告调查必须研究的内容。在最基本的层面，对行业的整体状况、主要竞争对手状况和有关合作伙伴状况，广告公司都需要有清楚的认识。有关行业的整体状况，主要关注的内容包括市场规模、行业平均利润状况、成本估算、市场份额、市场结构与市场细分等；主要竞争对手的状况，特别需要关注竞争对手的数量、产品优势和劣势、利润状况及公司组织结构等，同时也需要关注竞争对手的市场策略、品牌定位、市场占有率、产品开发趋势、价格及促销策略等，竞争对手的广告作品和广告投放策略更是需要认真分析的信息；有关合作伙伴的状况，需要研究潜在的市场合作伙伴，分析他们的业务模式、原材料产业链和供应商状况等。

市场环境调查可采用的方法非常多。经常采用的比较有效的方法包括二手资料的收集整理和研究、专业人士的深度访谈、消费者访谈、企业考察和专访、专家访问等。

科技的发展给各个行业带来了新的机会和挑战，技术变革对行业的影响非常显著。广告公司特别需要关注新技术给行业发展带来的新机遇，评估引入新产品、新技术的可能性，包括新技术可能带来的市场机会、存在的障碍、市场规模和前景、消费者的接受度、市场接受需要的时间和接受的价格范围等。

第三节　消费者调查

研究消费者的消费心理、消费行为、消费需求、消费动机、消费决策过程、媒介使用及信息获取渠道等是消费者调查必不可少的内容。

一方面，广告作为商品与消费者沟通的工具，培养了消费者对商品的认知与认同，让消费者知晓各种创新的商品和设计能够给自己的生活带来哪些便利，起到引导消费的作用；另一方面，在商品极其丰富的时代，广告人通过洞察消费者内心深处的欲望，帮助生产者理解开发什么样的商品能够满足消费者的需求。研究消费者的生活态度、社会价值观、消费习惯，洞察消费者的内心需求、接触和使用各类媒体的习惯以及使用媒体的情况等，是广告科学化的基础。

消费者调查的内容非常广泛，多数时候广告调查是根据项目的具体需求界定消费者调查的核心指标，每一项调查都需要有具体的主题和目标。消费者调查一般分为两类：一类是调查公司长期跟踪的常用指标调查。调查公司根据自己设计的、能够服务于多数企业需求的指标体系定期做常规性调查，其结果服务于整个广告行业，典型的如收视率调查。在消费者研究主题中，值得关注的例如 TNS 媒体研究公司（TNS Media Research）开发的TNS联结消费者调查（TNS Connected Consumer Study）项目，该项目采用问卷调查和面对面访谈两种方式在全球70多个国家定期开展，内容涵盖人们对数字技术的使用、购物行为、对品牌和广告的态度与偏好、对娱乐和媒体的偏好等。另一类是根据广告项目研究的需求而开展的专项调查。不同类型的消费者调查需要达成的目标不同，关注的核心指标也各有侧重。概括起来，消费者调查的内容包括以下几个方面。

一、消费者的特征调查

（一）消费者自身状况

通常从界定消费者和描述消费者的人口特征两个层面展开。

1. 界定消费者调查

通过科学的指标，界定哪些人是特定品类的消费者，划分出哪些人是服务品牌的消费者，哪些人是竞争对手的消费者。此类调查既要根据消费者已有的消费行为来识别，也要设计一定的指标来判断哪些人可能是游离于各个品牌之间的消费者。常用的指标如：过去一定时间段内使用过哪些品牌，关注过哪些品牌，使用品牌产品后的感受等。在问卷调查中，通常以是否使用过某些产品或者服务以及使用或接受服务后的评价来界定被调查者是否属于指定品牌的消费者。同时，人们在数字媒介中的各种表现，例如关注的内容、分享和讨论的话题、个人的生活态度等是数字媒介时代认识消费者的重要依据。

2. 消费者人口特征调查

通常用人口学指标来描述消费者的特征，常用的指标包括消费者的性别、年龄、教育程度、职业、经济条件、住房状况、民族、家庭规模与结构等。在不同品类的研究中，消费者人口特征的描述具有不同的价值，多数时候，人口特征的描述是为了定义核心消费群。

在数字时代，人们在各种数字媒介中的聚集、互动和内容表达，打破了以人口学指标来描述人口特征的框架，增加了心理特征的元素。通过跨媒介渠道和接触点的数据挖掘与整合分析，消费者特征的描述变得更加立体和多维度。

（二）消费心理洞察

在价值观多元化和消费个性化的时代，具有相同人口特征的群体在消费上会表现出非常大的不同，仅仅从人口特征上描述消费者已经远远不够。消费者洞察是消费者研究的重要手段，通过消费者洞察可以深刻理解消费者的真实需求和偏好。消费者洞察的核心是弄清楚消费者的行为原理及行为背后的心态，寻找和发现能够唤起购买欲望，并引导购买行为的心理契机，为广告找到沟通的切入点。

传统的消费者洞察通常以观察法、焦点小组访谈法等来完成，并以社会学、社会心理学等相关理论作为分析框架。研究者通常预先假设各种关键词，提出问题，有目标地进行观察和讨论，在此基础上提炼和总结出消费者用以描述某些产品或评价的关键词和结论。

在数字化和互联网时代，大量消费者将各种心情和感受以直接的方式呈现在互联网上，研究者不再需要预先设定关键词来验证，而是通过数据挖掘，直接提取消费者关于某个品牌或者产品的各种表达信息，如搜索信息、讨论信息、分享感受的信息等。为此，各国科技公司和第三方监测机构开发了各种各样的跨媒介监测和数据挖掘分析与可视化呈现工具。Cookie 和 IP 技术普遍被网站、广告商和第三方数据分析公司采用，但是它的使用需要征得用户同意。

专业的第三方监测评估机构开发、采用各种工具来实现跨媒介的数据挖掘与整合分析，比较成熟的例如尼尔森控股有限公司（Nielsen Holdings plc）开发和使用的尼尔森数字广告收视率调查（Nielsen Digital Ad Ratings），实现了多平台观众接触视频和广告行为数据的收集与分析，尼尔森音频收听率调查（Nielsen Audio Ratings）实现了对广播电台和跨媒介网络音频节目的听众收听行为的监测。该公司还开发了多种收视率调查工具和软件，如个人收视统计（People Meter）、数字内容统计（Digital Content Ratings）等。

中国广视索福瑞媒介研究（CSM）在多年经营传统媒体视听率监测的基础上，也在不断开发和研究跨媒介监测工具与方法。再如，国际上广泛应用的具有强大路径分析功能的 Omniture（又名 Adobe Analytics），可以对多种数字渠道的数据进行整合和分析等，对人们在数字媒介中的表现、行为和转化路径进行实时跟踪监测，并能够分析营销活动的效果和投资回报率（ROI）。该工具具有实时数据分析、多维度分析、预测分析、数据可视化和自定义报告等强大功能，在数字媒介跨平台和频道监测与评估领域成为领导者。

新技术的发展和应用可以帮助人们更便捷地洞察消费者的兴趣与偏好，找到与消费者进行沟通的切入点，启动消费者深层潜意识需求，从更深的层面建立对消费者的认识。

二、消费者的消费观念与行为调查

思想决定行动，消费观念直接影响着消费行为。在商品生产和功能日趋完善的市场环境下，消费者为什么选择某个品牌而不选择其他品牌，除受到经济因素制约外，更受到其价值观的影响。因此，消费者的消费观念，在消费者研究中越来越受到关注。

（一）价值观和生活态度调查

大量研究表明，消费者的价值观和生活态度直接影响其消费观念和行为，因此研究消费者价值观和生活态度是消费者研究的重要议题。价值观和生活态度的涵盖范围很广，广告调查关注比较多的指标有：消费者的愿望、偏好、兴趣爱好、日常时间分配、闲暇生活，在某类消费中的需求（包括功能性需求、象征性需求、体验性需求），对人与自然、人与人关系的认识，对时尚的态度，对社会阶层的认识以及审美情趣、健康观念，等等。消费者在日常生活中选购各种商品都深受其认知和生活态度的影响，所以，在研究价值观和生活态度时，应主要选择与研究品牌所主张的价值观具有关联的内容。如对于秉承环保主义价值观的品牌，消费者价值观调查既要关注消费者对环境保护的态度，也要关注已经存在的环保消费事实（一般可通过调查消费者日常使用的环保产品来推断），同时还要调查所研究品类的消费与环保主义之间的价值关联。研究者通过对相关价值观的认知、以往消费、价值关联等一系列指标，来测量消费者的价值观可能对所研究品牌的消费产生的影响。

（二）消费行为调查

消费行为调查是消费者研究非常重要的内容，一般包括消费者的购买与使用习惯、对品牌的认知与评价两个维度。

1. 购买与使用习惯调查

研究消费者如何购买商品是制定传播和销售策略的基础。消费者的购买和使用习惯调查一般关注的问题包括：影响消费者品牌选择的因素、消费者通过什么渠道购买、商品的使用方式及使用后的评价等。在消费者购买习惯调查中，常用的测量指标包括购买频率、购买场所、购买方式、单次购买量、购买周期、购买提议者、购买决策者、购买实施者、价格敏感度、影响购买的因素排名（包括品牌、类别、包装设计、规格、质量、价格、功能、促销）等。在消费者使用习惯调查中，常用的指标包括使用场所、使用频率、使用方法、使用感受等。

通过对消费者购买和使用相关指标的测量，了解消费者如何购买产品、如何使用产品，从中发现在销售策略和产品设计中哪些部分值得改进，哪些信息可以成为品牌与消费者的沟通点。

购买和使用习惯的调查有各种方法，如传统的问卷调查方法，是通过一次性问卷调查测量相关指标的情况；日记法经常用于购买习惯的调查，是通过样本户登记购物清单的方式来收集购买资料；零售店销售情况调查，是通过分析零售店的购物记录来研究购买习惯。在电子商务高速发展的今天，消费者在网上的购物记录成为研究其购买习惯的重要数据来源。对使用习惯的研究，非参与式观察是经常采用的方法。消费者在数字媒介上的聊天、评价和讨论等内容是研究消费者使用习惯的重要信息来源，跨媒介的数据挖掘、整合分析也是常用的方法。

2. 消费者对品牌的认知与评价

这是研究消费者与商品或品牌关系的连接点。通过测量消费者对商品或品牌的了解程度、已经掌握的有关商品或品牌的知识、在消费者心目中已经建立起来的对商品或品牌的认知及其在情感方面形成的对商品或品牌的态度，分析和判断品牌传播中哪些信息已经充分并准确，哪些信息还需要进一步传播与沟通，哪些方面出现了认知偏差需要在未来的传播与沟通中纠正。同时，通过品牌认知与识别调查，来判断商品或者品牌在同类竞争品牌中能否被清晰地识别出来以及特定品牌在消费者心目中的形象是否清晰。

消费者对品牌的认知调查通常关注对品牌的理解度、对品牌利益点的感知度、对品牌视觉识别系统的识别度等方面。

消费者对品牌的评价是指消费者对品牌的价值观、品质、功能以及与品牌相关的其他因素所秉持的态度。测量中经常采用的指标包括消费者对品牌的兴趣度、关注度和好感度等。

评估消费者对品牌的认知与评价，通常采用问卷调查、消费者座谈会、实验、深度访谈等方法有目标地收集资料。而对于消费者在互联网、移动互联网和数字媒介上分享的各种信息，通过数据挖掘、整合来洞察和分析、提炼消费者对品牌的认知与评价也是很重要的方法。

三、消费者的媒介行为调查

消费者的媒介行为调查旨在回答广告信息通过什么样的渠道能与消费者建立有效的沟通。这类调查主要是通过研究消费者在日常生活中如何接触媒介、如何使用媒介来判断消费者的媒介行为习惯。这是广告媒介策略的基本依据。

广告预算中的绝大部分用于媒介投放。提高媒介使用效率是广告永远追求的目标。消费者媒介行为调查通常关注消费者的媒介接触和媒介使用两个层次的问题。

（一）消费者的媒介接触情况调查

现代媒介的多样化使得人们接触媒介的时间和空间变得多样化和叠加化，人们走在路上、乘坐公共交通、坐在家里或办公室、出入各种场所，随时都会接触媒介。

1. 消费者媒介接触点调查

消费者媒介接触点调查是通过详细记录消费者一天 24 小时的生活轨迹，来研究目标消费者在不同时空环境下可能接触和使用哪些媒介，依此设计广告信息与消费者的沟通点和沟通方式，以提高媒介投放效率。消费者媒介接触点调查主要是调查消费者对各类广告媒介的接触习惯，通常从时间、空间、内容三个维度展开调查。时间维度通过对消费者从起床到入睡的一天中的生活轨迹的记录，分析消费者在不同的时间点有机会接触和使用哪些媒介；空间维度主要通过消费者的移动轨迹，来研究广告信息投放在哪些空间有机会让消费者接触到；内容维度则是通过调查消费者喜欢阅读哪些报刊或版面、喜欢参与和使用哪些数字媒介、喜欢观看哪些电视频道或栏目、喜欢浏览哪些网站和内容、喜欢哪些基调的设计等来判断广告信息发布在哪些媒介、使用什么样的设计可能引起消费者关注和兴趣。

2. 消费者媒介接触程度调查

消费者媒介接触程度是指消费者接触各类媒介的深度，一般用接触某类媒介的频率和时间长度来衡量。常用的测量指标如：每天看电视多长时间，什么时间看电视，用什么终端看电视，主要看哪些频道或者栏目等；每天读报刊多长时间，在哪里阅读，阅读纸质报刊还是电子报刊，主要阅读哪些类别的内容等；每天上网多长时间，用哪些终端上网，浏览哪些网站，每天在各类社交媒体上停留多长时间、做些什么事情等。

消费者的媒介行为调查主要通过问卷调查和深度访谈等方法，了解消费者日常生活中接触哪些媒介，这是以人为核心展开的关于人的媒介行为的调查。无论是传统的问卷调查方法还是数字媒介时代灵活多样的网上问卷调查，这类调查通常都是以消费者的自我申报为基础，但自我申报中的信度困扰一直是无法避免的问题。而数字化跨媒体实时监测，则从另一角度提供了客观而准确的消费者媒介使用行为数据。通过不同渠道获得的数据相互印证，广告主可以更准确地掌握消费者的媒介使用情况。

（二）消费者的媒介使用监测

另一类消费者的媒介行为调查是以媒介为核心，监测消费者接触媒介的情况。以媒介为核心的监测已经形成业界通行的规则，是广告媒介购买和媒介资源价值评估的基础。

1. 电视收视率调查

电视收视率调查以监测电视到达率为核心。到达率的监测及相关的人口学指标的分析，能够客观地反映什么时间、具有哪些特征的人群在接触哪些频道的电视节目。由于监测技术可以精确到秒，因此收视率调查结果可以精确地计算每一分钟收看节目的人群数量及其人口结构，以及他们平均接触各类电视节目内容的时间长度。

传统电视收视率调查主要有三种途径，相应有不同的计算标准。

（1）机械式家庭收视率调查。以“电视机的开启”为基准，开机率是核心指标。只要家庭打开了电视机，并且锁定在指定频道，即视为该频道信息传递给了这个家庭。

（2）日记式个人收视率调查。以收视行为的记忆为标准计算信息到达率。样本户通过回忆记录下不同时间收看了哪些频道的节目，以此来计算不同频道在不同时段的到达率。

（3）机械式个人收视率调查（个人收视率测定系统）。以收视行为的自我申报为基准计算信息的到达率。样本户打开电视后，每一个人要按下属于自己的固定按钮来确认自己此时在看电视。

互联网和移动互联网终端上的各类视频广告则完全通过技术手段记录收视者的每一个行为，实现了实时的广告到达率监测。

在数字媒介时代，由于观众的媒体使用习惯和观看方式的改变，跨媒介视频监测变得更加复杂和困难。多平台分析工具、码跟踪技术、人工智能（AI）、实时数据分析工具、社交媒体监测等都被运用到跨媒介视频收视率监测中，目前应用比较广泛的工具有前面提到的 Adobe Analytics 等。

2. 报刊到达率监测

在平面媒介有极大影响力的时代，报刊到达率监测是广告媒介价值评估的主要依据，曾经在报刊到达率监测中具有全球影响力的系统包括以下几个。

英国读者调查系统由 IPSOS-RSL 公司运作，采取全年连续、每天访问的方式，将 15 岁以上人群作为访问对象，调查媒介涉及报纸、杂志、广播、电视、网络五大媒介，调查方法采用计算机辅助个人访问的方式，提供的数据每月更新。数字媒介时代，该公司在传统媒体调查专业经验的基础上，开发了在数字平台上可快速实施并获得结果的消费者媒介行为研究工具。

美国专门从事报刊读者调查的公司既有历史悠久的媒介监测公司，也有在数字媒介时代崛起的新成员。有代表性的公司包括采用传统市场调查方法、经验丰富的尼尔森·斯卡伯勒媒体研究公司（Nielsen Scarborough）；对消费者行为和偏好进行深入调查的高富凯媒体研究公司（GFK），这家公司的消费者媒介使用习惯调查既涵盖了传统的报刊，也涵盖了数字媒体、社交媒体和移动应用程序；基于互联网技术实施调查的康姆斯克公司（ComScore），它的报刊读者调查覆盖了美国的大多数报纸和杂志。

19 世纪末，美国报业联合会进行过单个广告的阅读率调查，20 世纪初期，加拿大报业市场局支持过广告阅读率研究。

在中国读者调查系统中，新生代市场监测机构曾经在平面媒介监测领域占有一席之地。随着互联网、移动互联网和数字媒介的兴起，纸质报刊阅读率快速下滑，专注于纸质报刊阅读率监测的业务也逐步萎缩。

印刷媒介时代的报刊读者调查在实践中主要有四种调查方法。一是回忆法，让被访问者回忆指定时间内读过哪些报纸、杂志。采用这种调查方法通常需要有“面对面访问”的现场执行技术配合，通过在未提示和提示相关报头两种情况下调查各报纸、杂志的“未提示知名度”“提示后知名度”，报纸、杂志各版面或板块“未提示下回忆阅读率”及“提示后识别阅读率”。二是日记法，由被调查者记录每天阅读情况。调查人员事先将设计好的表格或问卷送到被调查者手中，接受调查的人根据每天实际的阅读情况填写表格或问卷。通常以 15 分钟为一个记录单位，每周循环，调查员周末收回上周记录，并发本周记录卡，随后对收回的表格进行统计分析。三是昨日首先阅读法，每天调查前一天的报刊阅读情况，尤其关注阅读不同报刊的顺序。这类调查要求的样本容量要大于其他方法，相对而言这种方法成本比较高。四是再确认法，向被调查者出示最近出版的报纸、杂志来确认他们是否看过此报纸、杂志。

（三）互联网、移动互联网和数字媒介时代的消费者媒介行为研究

“接触”和“使用”媒介是数字媒介时代消费者的媒介行为特征。媒介行为与消费行为及消费后的信息分享行为可能交叉进行。移动互联网将消费者的行为与物理环境相对接，准确呈现不同的环境中消费者的媒介接触、使用和消费行为及心理。跨媒介的数据挖掘将人的行为与心情数据整合起来，能够为广告主提供多维度的分析和消费者洞察服务。人们上网时的各种注册资料成为消费者分析的基础性资料。消费者在网上的每一个行为都被记录。各大网站可以按人口类别实时监测到达网站的人数，依此开发各种各样的以提高互联网广告投放效率为目标的产品。典型的程序化广告，例如实时竞价（RTB）广告、具有动态跟踪和跨媒介频次控制功能的私有交易市场（PMP）广告等，其开发和应用的基础是对线上消费者人口特征和兴趣偏好的分析和判断，思路类似传统的以空间和时间为交叉轴的接触点广告。消费者上网后，浏览哪些网站或者关注网上的哪些内容都会被跟踪。PMP 程序会在消费者浏览不同网页或内容板块时，有目标地将其可能需要的信息推送到面前。这些程序化广告的最终目的是让消费者在上网的过程中，在不经意间恰好碰到自己需要的信息，达到广告在恰当的时间、以合适的方式出现在合适的人群面前的理想效果。实现这一理想目标的基础是对消费者的消费需求进行充分的分析，这类分析依据消费者在各类网站上留下的痕迹。大数据的挖掘可以洞察不同消费者的价值观倾向和可能的消费倾向，给每个消费者制定不同的消费标签，以此作为 RTB 或者 PMP 广告程序化投放的基础。专门的网站用户行为与流量分析系统能够全面地记录访客在网站内留下的访问痕迹、跟踪相应的网上路径、记录访客对网站内容的偏好和访问习惯。可见，线上的消费者接触点通过技术手段判断消费者的需求、广告信息与不同消费者需求的契合度，实现广告创意

和广告作品的自动生成，在瞬间将合适的信息以恰当的方式与频率传递给正需要它的人。

第四节　销售渠道调查

销售渠道调查是针对商品或服务从生产向消费转移的具体通道或路径展开的调查。通过调查厘清有哪些通道或路径能够将商品或服务提供给消费者。在实体店营销和电子商务并行的时代，对销售渠道的调查既要尊重传统地面营销的特点，也要关注电子商务发展带来的新通道。销售渠道调查主要分为两类：一是渠道资源调查，回答有多少类通道可用于销售的问题；二是专门针对某产品或者某品类在渠道内的呈现情况所做的调查。

一、销售渠道资源调查

销售渠道资源调查是要回答可以使用哪些渠道为消费者提供商品或者服务。渠道资源调查既要关注传统的实体销售渠道，也要关注电子商务的销售渠道。如大卖场、连锁超市、便利店、会员店、食杂店、水果店、售卖屋（亭）、烟酒专卖店等都是实体销售渠道资源调查经常关注的对象。在进行实体销售渠道调查时，调查的指标通常包括销售点名称、详细地址、周边环境、营业时间、联系人、联系电话、销售点所属类型、经营面积等信息。电商销售渠道资源调查通常关注有多少类型的电子商务渠道可用于销售，例如：以电子商务为核心业务的综合电子商务平台，典型的如阿里巴巴、京东等；专门的电子商务大卖场，如苏宁；专门从事某类商品销售或服务的垂直电商平台，如携程。电子商务在互联网上丰富的平台和形态需要分类研究。随着微信、抖音的发展，基于这两个平台的“微商”“抖音直播带货”逐渐显现。作为移动互联网平台的商业销售模式，它们的发展日新月异，需要给予高度关注。现如今，供应链和物流系统的调查逐步进入人们的视野，它直接影响着价格、到货时间等消费者敏感的因素。

二、同类产品销售渠道调查

同类产品销售渠道调查是指某一类产品的销售渠道状况调查，这类调查既可能是为某个专门的品牌服务，也可能是市场调查行业专门的信息收集业务。这类信息作为行业销售渠道的基础信息可以服务于多个品牌。

（一）销售渠道产业链调查

在进行销售渠道产业链调查时，要分清消费类商品和工业品两类。消费类商品的流通主要有两种方式：一种是由生产者直接销售商品，通常以厂家直销、产业链销售等方式提供给消费者；另一种是经过生产者、批发商（代理商）、零售商到达消费者（用户），生产者不直接面对消费者，而是由代理商来整合零售商，这类商品的销售渠道相对较长，在渠道调查中需要关注完整的销售产业链。

在销售渠道产业链调查中，需要根据商品品类不同的销售通路开展调查。例如啤酒类商品，其销售渠道既有零售店，也有酒楼餐厅，还有酒吧和娱乐场所。在专门的品牌或品类销售渠道调查中，需要关注销售渠道各环节有关产品销售的信息，例如一定时间内的批发量、销售终端的铺货情况、铺货销售点的平均销售量以及销售终端的促销方式、促销价格等。专门的品牌销售渠道调查往往涵盖销售的各个环节，甚至有时还会关注销售过程中的销售者和消费者的感受及其评价性信息。

（二）销售终端调查

1. 终端调查的内容

销售终端调查是专门针对直接接触消费者的销售终端情况展开的调查，分为地面销售终端调查和电子商务销售终端调查两个途径。地面销售终端调查用以厘清某品牌或某品类商品销售在地理空间上如何分布，使用了哪些类别的销售终端。有些专项的销售终端调查，还会关注品牌在各类销售终端的铺货和货架分布情况、销售点的环境、同类产品的现场促销方式、零售价格、销售点的基本信息等。电子商务渠道的销售终端调查主要研究的是在互联网和移动互联网平台上，某品类或者某个品牌商品在网络空间进行销售的方式，例如借助电商平台开设品牌专卖店、自办品牌销售网站、由电商大卖场代为销售、同类产品的垂直网站聚合销售、微商代理销售等。在电商渠道，销售终端形态比较多样，通过销售终端调查，将纷繁复杂的销售方式厘清，有利于营销策划中有效使用现有终端，并开创更丰富的销售终端。

2. 终端调查的方法

最常用的方法是结构式观察和访问。由于销售终端是依托地理空间分布的，因此抽样对象通常是地理空间，观察和访问的对象是指定地理空间内的各类商品销售店和销售员。访问员需要采用标准的结构式观察和访问，即按照标准的观察问卷内容，通过现场观察逐项填写，无法观察到的内容需要通过访问销售员来完成。

电商渠道的销售终端调查需要借助检索和信息抓取技术，找到销售终端，并研究其信息呈现方式和销售方式。同时需要通过对某品类从事电子商务平台开发和建构卖场的互联网公司进行大量深度的专题访问，了解不同品类在电商平台上的销售终端分布和基本情况。对从业者的深度访谈、座谈会和问卷调查是电商平台销售终端调查非常重要的方法。

第五节　沟通渠道调查

广告的本质是沟通，在不同时间、不同空间环境下，有哪些媒介资源可用于沟通，不同媒介使用的成本如何，目标消费者如何接触和使用媒介等一系列问题，需要通过沟通渠道调查来回答。

一、沟通渠道资源调查

沟通渠道资源调查是针对某区域可用于广告沟通的渠道资源的类别、数量、质量所展开的调查。广告沟通渠道资源的内涵非常广泛，既涵盖大众媒介、互联网、移动互联网和丰富的数字媒介资源，也涵盖各类专门的广告印刷品、户外媒介资源，同时还涵盖各类能够承载广告信息的、具有良好受众接触点的、可开发的广告媒介资源。

沟通渠道资源调查主要是调查广告主可以使用的媒介资源。其中，消费者的自媒体也需要高度关注。消费者通过微博、微信发布消费后的体会与点评，建构了庞大的口碑传播渠道。研究这一渠道的变化规律，有效引导和借用这一沟通渠道是广告战略很重要的内容。

沟通渠道资源调查回答的是某项具体的广告活动可用于沟通的资源。广告主可使用的媒介大体可以分为四类：第一类是可以购买的媒介，这是最常用的媒介资源；第二类是广告主自有的媒介；第三类是消费者广泛使用的自媒体；第四类是可开发为沟通渠道的资源。常用的可开发的沟通渠道资源，包括传统的平面媒介，如中央级报纸、地方报纸和行业专业报纸。对于这些常规报纸，衡量其资源价值的重要指标是它在某个区域的发行量、发行密度和美誉度。除此之外，不少区域化的专门用于广告沟通的报纸（如地铁报）、专门的印刷品（如黄页）、针对特定区域和人群专门设计的印刷品等也都是可用的平面媒体资源。杂志资源则更加丰富，除全国发行的杂志外，地方自办的各类杂志以及相当多的专门用于某类宣传的杂志，如某些区域性的专门用于信息传播的免费杂志和印刷品等，往往在区域市场发行密度更大。各地经济活跃度不同，区域性印刷品数量和质量差别非常大。在进行媒介资源调查时，需要特别关注那些没有刊号、非公开发行但是在某些区域其信息到达率又非常高的免费杂志和报纸。在视频媒体中，除传统的各类电视频道外，还需要关注各种专门针对某些人群的视频媒体，如大学食堂里的电视机、公共广场的大屏幕、公交移动电视、楼宇视频等。这类资源往往专门针对在某些时间和场所聚集的人群，目标集中，针对性强，是广告沟通中不可忽略的媒介资源。

随着都市人口的增加和人们在公共空间消耗的时间不断延长，以空间聚合人群为接触点而开发的户外媒体资源种类越来越丰富。除了常规的户外媒介，如公交车内外媒介、站台媒介、路牌、LED 屏、楼宇电梯的框架媒介等，任何聚集人群的空间都可能开发成广告媒介，如停车场、建筑玻璃幕墙、天空、海滨等。互联网平台和移动互联网中的各种内容、频道都在以各种各样的形态成为能够承载广告信息的资源。可见，在资源如此丰富且变化如此之快的今天，究竟有哪些渠道和形式的广告媒介资源可用，是广告人首先要弄清楚的问题。媒介数量、类别和质量的综合调查是广告跨媒介沟通策略的基础和前提条件。

二、跨媒介沟通调查

在媒介资源如此丰富的今天，人们处在多种媒介的包围中，使用媒介的同时也在屏蔽着各种信息的干扰。伴随着信息碎片化、时间碎片化，不同媒介之间的边界被打破，要想让消费者有效地接触广告信息，跨媒介沟通策略成为必然的选择。

跨媒介沟通策略的基础是调查消费者的媒介接触和使用情况。传统的以单一媒介接触为核心的消费者媒介行为监测，无法提供媒介同源接触的基本资料。因此，基于跨媒介沟通策略所需要的消费者多种媒介接触情况的媒介同源数据调查备受关注。媒介同源数据调查以消费者为中心，以时间为轴线，连续记录消费者在一天的时间里，在不同时段或者同一时段接触的不同媒介的情况。传统的媒介接触行为调查通常遵循“零和游戏”的规律，认为人在某一个特定时段只会接触某一种媒介。但是在今天的媒介环境下，消费者在同一个时段可能接触多种媒介，没有了时空的界限，接触终端也越来越多样化。在这个多屏时代，在媒介融合的趋势下，消费者如何在多种媒介之间分配时间和注意力，各类媒介在不同类别信息的接触和使用上如何组合使用，不同类别的媒介在哪些时空下有机会被消费者青睐，不同媒介形态带给消费者怎样的情感体验，如此等等都成为跨媒介沟通调查需要关注的指标。可见，跨媒介沟通调查是在传统的媒介监测和媒介接触调查基础上进行的对消费者媒介接触和使用情况的同源数据调查。这类调查能够更全面地提供在不同时间和不同空间下消费者的媒介接触使用情况，以及在不同媒介之间注意力的转移情况和影响转移的因素等。

跨媒介沟通调查的对象是目标消费人群，内容是消费者对全媒介的接触和使用情况以及在使用媒介时的心情。这些调查内容既有客观行为，也有主观的感受和评价。在调查方法上需要综合运用多种方法，将媒介接触行为、媒介使用情景、媒介转换及使用不同媒介的心理感受等组合运用，通过跨媒介的数据挖掘，分析消费者的媒介接触与使用行为记录，将多渠道、多种方式获取的数据相互印证，只有这样才能比较清楚、全面地了解不同消费人群的有效媒介行为，为跨媒介沟通策略的制定提供有价值的消费者调查资料。

思考题

1. 在广告业务流程的不同阶段，通常需要开展哪些方面的调查？不同阶段的调查常用的调查方法有哪些？
2. 传统的消费者洞察和在互联网、移动互联网及数字媒介平台上实施的消费者洞察各自有哪些优点和不足？
3. 数字媒介时代，可以通过哪些方法获取消费者洞察信息？
4. 请以某产品为例，设计调查方案，实施调查并完成产品调查报告。
5. 请结合学校所在城市的人口特点，以某品牌为例，设计一套涵盖消费者全媒介接触与使用情况的媒介行为调查方案，并实施调查，撰写消费者媒介行为调查报告。

▶ 本章即测即评

第六章　广告策略

广告策略是企业正确评估市场竞争格局，调集并挖掘企业自身优势，针对外部条件制定有效的广告战略战术的重要决策。广告策略既有在战略层面的系统性思考与战略定位，也有在战术层面的策划与执行。通过系统的市场研究，评估市场现状及未来趋势，确立目标市场，进行市场定位，制定诉求策略和传播策略，是企业制定并实施广告策略的核心内容。

第一节　广告策略概述

辨析广告策略中的核心概念，把握其基本内涵，从历史和现实的角度理解广告策略观的演进，掌握广告策略的基本框架，构成了本节的基本内容。

一、广告策略的含义及特征

广告策略主要包含两个层面的含义：一是战略层面，二是战术层面。

（一）战略层面的含义及特征

从战略层面看，广告策略必须站在企业自身状况、市场竞争状况、企业发展目标、市场未来趋势等方面进行整体性、系统性谋划与思考。在战略层面，广告策略具有以下特点：

1. 全局性

全局性是指在企业整体战略尤其是企业整体营销战略的基础上，对企业的广告活动进行系统性的谋划和安排，制定全局性和阶段性的广告目标，确定广告的目标市场及诉求重点，并对广告资源进行部署和分配。正是由于广告策略具有全局性特征，因此，它具有较长时期的相对稳定性，对某一阶段目标下具体的广告活动具有指导性作用。

2. 竞争性

任何广告策略都是基于市场竞争状况，特别是基于主要竞争对手的状况制定的，都需要对自身及竞争对手的优势、劣势以及市场的机会和威胁进行系统性分析和综合评判。因此，广告策略具有很强的目的性、抗衡性和竞争性。比如，格力空调在广告策略上一直强调自己的技术实力，无论是“好空调，格力造”，还是“掌握核心科技”，都突出了这一诉求，这与其竞争对手美的空调的“原来生活可以更美的”在一定程度上形成了差异化的广告策略，塑造格力科技领先者的形象。

3. 系统性

从微观层面看，广告策略的系统性是指广告策略的各要素、各环节、各部分内容构成一个完整的有机体系，这个体系具有明确的广告总体目标和运行规则，使企业整体的广告活动过程合理化、效果最大化；同时，这个体系还必须具有动态弹性，能适应不断变化的市场环境、消费者状况和产品状况。从宏观层面看，广告策略系统又是企业营销系统的子系统，而企业营销系统又是企业总系统中的一个子系统。因此，子系统与总系统之间也构成一种有机的协调互动关系，共同服务于企业的整体战略。

广告策略不是随机的、盲目的、分散的、碎片化的，而是全局的、系统的、富有逻辑与目的的、相对稳定的，并具有竞争性和抗衡性的特征。

（二）战术层面的含义及特征

从战术层面上看，广告策略主要指的是广告活动在创意和传播阶段的具体操作方法，具有以下特征：

1. 可行性

可行性是指广告策略建立在前期严谨的市场研究，以及对企业的实力及执行能力进行客观评估的基础之上，对广告的投入和产出作出严谨的科学论证，讲求效益最大化，具有相对的科学性和实效性。

2. 针对性

每一次广告策略的制定和实施，都是为了解决企业营销传播中的实际问题，具有清晰的广告目标。

3. 创造性

创造性是广告行业最基本、最核心的特征，这就要求从业者必须具备创造性思考和解决问题的能力，其广告活动才可能引起目标消费者的关注，并吸引他们按照广告设定的路径做出反应或采取行动。

需说明的是，将广告策略分为战略和战术两个层面，是一种相对的划分。对特征的阐述，战略层面更强调全局性，战术层面更强调操作性。

通过以上分析，本书对广告策略的定义是：广告策略是企业对自身经营状况、市场竞争状况、目标市场、企业发展战略等因素综合研究评判后，策划出的与目标市场的系统性沟通策略，它通常由广告定位策略、诉求策略和传播策略构成，为实现企业扩张市场、稳定销路、建立消费者品牌偏好等广告目标服务。

二、广告策略的目标

制定广告策略目标，是企业开展广告活动的前提条件，也是企业对自身的营销传播需求进行科学评估的结果。从宏观层面看，广告策略的目标主要和企业营销战略结合在一起，目标可能比较抽象，比如三年内让产品成为国际一线品牌；也可能比较具体，比如三年内占领80%的市场份额。从微观层面看，广告策略目标更多是指一次具体的广告活动需要达到的具体目标，比如知名度提高20%，产品试用率达到30%等。

从内容上来看，广告策略目标又可分为企业形象目标、产品促销目标和信息传播目标。企业形象目标是指要树立企业形象，提高企业整体知名度和美誉度；产品促销目标是指广告活动促使消费者产生某种直接反应的目标；信息传播目标则是规定广告信息在传播过程中对消费者产生影响所需要的程度。① 由于沟通是广告最核心的功能，因此，信息传播目标，或称沟通目标是广告策略最重要的目标。

下面从沟通效果的角度，将广告策略从消费心理层面由外而内分为五个层次：

（一）激发品类的消费需求

激发品类的消费需求，是指通过广告让消费者意识到只要使用某个品类的产品或服务，便可以缩小甚至消除当下所感知到的匮乏状态与理想状态之间的差距，从而激发对该类商品或服务的消费欲望。比如，一个满脸青春痘的女生希望自己的皮肤光洁润滑，她对各类祛痘产品比较容易产生购买的欲望。

（二）产生品牌认知

产生品牌认知，是指借助广告宣传，购买者可以在众多品牌中确认（包括识别或记忆）某品牌。如果消费者不仅能识记品牌名称，甚至能确认品牌的某些细节，那就说明消费者对品牌有相当的关注，并有进一步购买的可能。

（三）形成品牌态度

形成品牌态度，是指通过广告，购买者对品牌是否能满足当下消费需求的实际能力给出积极的评价，其基础来自对品牌效用的信念。这些信念部分来自品牌本身，部分来自与消费者相关的非品牌因素的综合作用。对于老品牌而言，由于品牌态度早已形成，那么巩固、提升或改变品牌态度便成为广告目标。对于持正向态度的消费者，需要巩固并提升他们对品牌的好感度和忠诚度；对于持负向态度的消费者，则需要改变他们的品牌态度。

（四）激发品牌购买意向

激发品牌购买意向，是指使消费者通过接触广告，开始尝试购买品牌，或者做出与购买行为相关的反应，比如打电话或网上咨询、门店试用等。对于老品牌

---

① 张翔、罗洪程：《广告策划——基于营销的广告思维架构》，中南大学出版社2003年版，第114页。

而言，广告目标可能变为促进消费者持续性购买（重复消费），或者将竞争品牌的消费者变为自身品牌的消费者。

（五）建立品牌忠诚

建立品牌忠诚是指通过广告活动，促使消费者对品牌进行重复性购买，使消费者与品牌之间逐步建立起相对稳固的情感联系，不受或较少受到其他品牌营销因素的影响，进而形成消费偏好和品牌依赖。

上述五个层次主要从消费者角度探讨广告策略的目标，而企业形象的塑造和提升其实也是广告核心任务之一。企业形象与品牌形象是相互依存的关系，一个具有高度责任感的企业不仅能获取良好的社会资源，其产品也容易被消费者信赖并认可。因此，企业借助广告等沟通手段，建立起与政府、社会公众、消费者以及内部员工等利益相关者之间的良好关系，也是企业追求的重要目标。

三、广告策略观的演进

广告策略观，字面含义有两种：一种是指在操作层面上广告策略需要遵从的基本规则，即指导广告策略运作的原则。在这个层面，广告策略的运作必须具备全局观、系统观、科学观和效益观。另一种是指广告策略运行背后的理论和观念，是对广告策略实践层面高度概括提炼后的理论表述，这种广告策略观具有历史的纵深感，其演进的内在动力来自市场竞争的深入和技术手段的创新。一百多年的广告发展史，实际上便是广告观念的演变史，也是广告策略观的演进史。正是在这个意义上，本书将广告策略观的演进分为三个阶段：20 世纪 70 年代以前，以产品为中心的推销观；20 世纪 70—80 年代，以消费者为中心的定位观；20 世纪 90 年代至今，以消费者接触点为核心的整合观。需要说明的是，这三个阶段的划分是相对的，它们之间并非相互替代，而是迭代共存。

（一）20 世纪 70 年代以前：以产品为中心的推销观

1. 软性推销与硬性推销

广告之所以发生作用，是因为它在所推销的产品与消费者的需求与愿望之间建立了某种联系，这种联系也被称为感染力。它有两种基本形式：理性的或感性的。这些在今天看来非常基本的思想，在 20 世纪初现代广告诞生的早期，还是一种新奇的见解。早期的广告并没有严格的理论，广告撰文人员少得可怜，广告设计也多由画家兼任，广告表现一如绘画般，看上去就像美术作品，独特的广告语言尚未形成。在诉求对象上，随着消费型社会的出现，妇女成了消费品的主要购买者，这也许正是感性广告风格形成的基础。到了 20 世纪 20 年代，广告以富裕起来的中产阶级为对象，瞄准乐于享受的群体，特别是中产阶级妇女。这个时期的广告极力营造出一种色彩缤纷的商品世界氛围，推销一种时尚，注重暗示与联想，这种广告风格也被称为情感氛围派、软性推销派。①

为了使广告更易于理解，广告专家们在感性手法中不断探寻更多的实证和确定性，从而也使得这个时期的广告具有了硬性推销的味道。乔治·盖洛普和克劳德·霍普金斯是20世纪前期广告理论的代表人物，他们的贡献就在于把量化方法引入广告。乔治·盖洛普把调查研究引入广告策划和创意过程，他主张广告和文案阅读率应该成为创作的准则，而对阅读效果的研究又完全可以从调查中获得。克劳德·霍普金斯更是致力于逻辑实证，他出版了《科学的广告》一书，将产品销量作为测定广告效果的标准。② 值得一提的是，克劳德·霍普金斯还发明了“预先占用权”的概念，这源于他去酒厂参观的一次经历。他发现酒厂的酒瓶在装酒前都要用蒸汽冲洗，尽管这只是一个标准化程序，但霍普金斯认为这是一个从未宣传过的信息，应该告诉消费者酒厂为他们做了什么。于是，他以“用热腾腾蒸汽冲洗的！”这个口号为主题，创作了令人难以抗拒的喜力滋啤酒广告。不难发现，霍普金斯的“预先占用权”理论，实际上已经包含销售主张（USP）理论的雏形。

同一时期，行为心理学家约翰·沃森声称已经发现了预告人类行为和操纵人类行为的基本技术。他认为，广告商要秘密倾听基本的人类内驱力（如爱情、恐惧和愤怒），并且不断地使某种动力因素与他们的产品联系起来。

2. 独特的销售主张与品牌形象论

广告的兴起和大规模生产密切相关。第一次世界大战后，美国进入典型的产品时代，生产和营销规模空前扩大。生产商考虑的是如何扩大生产规模，满足日益增加的需求缺口，销售商考虑的是如何吸引更多的消费者，增加购买总量。广告不仅帮助企业开发市场，而且也帮助消费者了解新产品，树立鉴别产品标志和区分产品的意识。因此，以产品为中心的广告观盛行。这种理念的核心是：挖掘产品的独特之处，告诉消费者购买的理由，自然就可以吸引消费者。把这种观念发展到极致并以清晰的理论主张表达出来的是罗瑟·瑞夫斯。1961年，罗瑟·瑞夫斯出版《实效的广告》（*Reality in Advertising*）一书，总结自己独特的USP理论。按照瑞夫斯的方法，一个产品要进入销售，就必须找到它的独特之处。他这样解释：“消费者只会记住一个广告中的一件事情——或是一个强烈的主张，或是一个突出的概念。”③ 运用USP理论，瑞夫斯成功地创作出一些十分著名的广告，比如：高露洁牙膏“清洁你的牙齿，也清洁你的呼吸”；M&M巧克力豆“只溶在口，

---

① 张金海：《20世纪广告传播理论研究》，武汉大学出版社2002年版，第13页。

② ［美］马丁·迈耶：《麦迪逊大道：不可思议的美国广告业和广告人》，刘会梁译，海南出版社1999年版，第39页。

③ ［美］罗瑟·瑞夫斯：《实效的广告》，张冰梅译，内蒙古人民出版社1999年版，第57页。

不溶在手”……这些广告作品脍炙人口，已成为广告史上的经典。

随着市场的扩展和竞争的加剧，模仿和复制导致产品雷同，差异性减少。因此，仅仅从产品自身去寻找独特卖点变得非常困难，仅仅向消费者传达产品的差异性信息也难以吸引挑剔的消费者进行购买。在这种背景下，大卫·奥格威在20世纪60年代率先提出与产品观点相对应的品牌形象观。他认为：“致力于以广告为自己的品牌树立明确突出的个性的厂商会在市场上获得较大的占有率和利润。”①

奥格威最大的贡献在于两个方面：一是将视角从产品转移到消费者，强调产品必须给消费者提供独特的利益承诺，他在一定程度上沿袭了瑞夫斯的“独特的销售主张”，但比其更具有延展力；二是他强调任何广告都是对产品形象的长期投资，产品必须在消费者心中建立起某种独特的形象。这几乎是20世纪70年代定位理论的雏形。奥格威的品牌形象论也使广告人摆脱了那种拘泥于产品本身的思维模式，不需要僵硬地依照产品本身特性和细节来展开诉求，而完全可以更加灵活地赋予产品某种人性化的成分。奥格威用自己的创作实践，诸如哈沙威衬衫、劳斯莱斯汽车和波多黎各旅游广告等，证实了自己主张的有效性。

通过对广告史的简单回顾，以及对当时有代表性的广告理念、广告理论的分析，可以看出在20世纪70年代以前的广告策略观是以产品为中心的推销观。正如1904年约翰·肯尼迪给广告所下的经典定义——广告是印在纸上的推销术。这一时期广告主要强调产品自身的卖点，信息传达上更多强调“说什么”，而不是“怎么说”，传播载体以报纸、杂志、广播、电视等大众媒体为主，采用相对简单的单向传播模式。

（二）20世纪70—80年代：以消费者为中心的定位观

定位理论的出现标志着广告策略彻底将关注重心从产品移向消费者。

明确提出定位概念的是美国广告学家艾·里斯和杰克·特劳特，他们从20世纪70年代以来一直倡导定位观念，并于1981年出版《定位》一书。里斯认为：“《定位》这本书最大的贡献便是奠定了心智这一基础……心智一直在营销中发挥关键作用。”② 定位理论的核心观点是：对于一个产品来讲最重要的是塑造该产品在消费者心智中所处的位置，这种位置取决于消费者所认为的各品牌之间的联系。广告的核心任务就是完成产品在消费者心智中地位的塑造。

定位观念与以往广告观念的最大不同就在于有一个明显的转换，即从过去那种从产品出发的思考模式彻底改变为从消费者角度出发的思考模式。以往营销沟通强调的是产品具有某种特性，而定位理论关注消费者内心世界的心理图式和心

---

① ［美］大卫·奥格威：《一个广告人的自白》，林桦译，中信出版社2008年版，第124—125页。

② 《心智时代的企业战略——访“定位之父”艾·里斯先生》，《销售与市场》2008年第19期。

智模型，认为产品不再仅仅满足于消费者被动的物质需求，而是包含着古典经济学中对消费者主权的认同。定位理论树立了需求第一的价值观念。可见，这种沟通模式是建立在产品与消费者相对平等的基础之上的。

（三）20 世纪 90 年代至今：以消费者接触点为核心的整合观

20 世纪 90 年代以来，广告面对的是一个日益支离破碎的消费群体。消费者的选择更加多样，也更为自我，对广告持怀疑和逃避态度。同时，随着媒体技术的发展，互联网不断普及，各种新型媒体不断涌现，各种形式的促销活动花样翻新。传统意义上的大众传播时代已经终结，媒体的小众化、分众化和互动化趋势更为明显，受众被聚合在不同的媒体形态下，更加碎片化和难以整合。一方面，建立于大众传播时代，借助大众媒体进行信息覆盖的单向传播的广告模式效应锐减；另一方面，企业通过向不同媒体、不同渠道的受众进行信息传播，又导致信息杂乱无章，甚至相互冲突，难以给受众一个清晰的品牌形象和定位。

正是在这种背景下，一种新的广告观念被提出来，这就是唐 · E. 舒尔茨等人提出的整合营销传播。1992 年，以《整合营销传播》命名的专著出版。整合营销传播理论的主要贡献在于，明确提出整合营销传播的概念，着重强调广告、销售促进、公共关系与宣传、人员推销、直接营销等各种营销传播推广要素的组合与协调。

应该说，上述整合观念主要侧重于营销传播各要素的协调与组合层面，随着电子商务和移动互联网时代的到来，特别是大数据与人工智能在营销领域的广泛应用，“整合”具有更加丰富而深刻的内涵。一是营销链条的整合。移动互联不仅深刻、全面、无缝隙地嵌入消费者的生活空间，而且将过去营销链条上的所有环节都吸附到同一平台上，既有产品展示、营销推广、渠道销售、大数据收集与分析，又有客户关系管理和服务。这使得品牌价值传递的路径大大缩短，减少了产品触达用户的中介环节，触达成本和时间成本也大为降低，用户对于品牌、产品具备了更快、更强的鉴别和传播能力。二是用户数据的横向与纵向整合。企业借助移动互联技术、人工智能物联网等技术，将用户的生活触点与媒介触点数字化、移动化、智能化，使得企业在营销的全链路上实现对用户的持续连接和数据获取，实现了对用户的行为数据（比如兴趣爱好）、媒介数据（媒介使用行为）和消费数据在横向上的打通与整合。纵向来看，对某个消费者来说，从他接触商品信息的动因到他完成购买的所有关键环节，理论上都可以形成完整的数据链和价值链。这样，企业就可以对用户的行为感知进行多维度、多频率、立体式、及时性的触达与渗透，实现真正意义上的精准营销。

同时，移动互联也使得消费者的消费行为更加个人化和个性化，更加注重产品、品牌和企业向他们交付的情感价值和精神价值，而不仅是单纯的使用价值，这也被称作“价值观驱动的营销”。美国营销学家菲利普·科特勒等在《营销革命3.0：从产品到顾客，再到人文精神》一书中谈道：“现在营销者不再把顾客仅视为消费的人，而是把他们看作具有独立思想、心灵和精神的完整的人类个体。”① 如今消费者越来越关注内心需求，在混乱嘈杂的商业世界中，他们努力寻找那些具有使命感、愿景规划和价值观的企业，希望这些企业能够满足他们对自我、社会、经济和环境等方面的内心需求。从这个意义上说，移动互联也带来了消费者与品牌在价值观上的整合。

由此，从传统观念转换到新观念的一个突出反映，就是信息环境的变化，这使得传播和沟通的地位越来越突出，但也使传播和沟通更加困难。仅仅是为商品设计和制作出具有实在内容的信息远远不够，甚至这根本不是问题的核心，核心问题是传播者必须考虑受众是在什么场合、什么时间、什么地点，以什么心情接触信息的，必须考虑他们的消费动机是什么，他们拥有怎样的价值观，他们如何看待企业，并对信息做出何种反应。决定信息价值的主动权已经不在信源方面，而在信息接收者方面。因此，完全从消费者的生活行为特征出发，强调挖掘消费者的信息接触点和消费接触点，从他们的信息认知和反应模式出发，进行营销资源的整合和传播信息的设计，这样的广告策略观在当前占据主导地位。无论是日本电通公司提出的跨媒介沟通策略、奥美公司的360度品牌管理理论，还是阿里巴巴提出的全域营销等，其核心观念都是基于消费者接触点的整合营销传播观。

四、广告策略的基本框架：STP

市场细分概念是美国营销学家温德尔·史密斯在1956年最早提出的。此后，菲利普·科特勒进一步发展和完善了温德尔·史密斯的理论并最终形成了成熟的STP理论，它是战略营销的核心内容。STP理论中的S、T、P分别是Segmenting、Targeting、Positioning三个英文单词的首字母，即市场细分、目标市场和市场定位，三者之间是逐层递进关系，即先有市场细分，再有目标市场，最后才有市场定位。② 在一定意义上可以说，STP框架更大程度上是战略营销的执行框架，而不完全是广告策略的执行框架。

（一）市场细分

1. 市场细分的概念

市场细分就是从消费者的不同需求出发，根据消费者购买行为的差异性，把

---

① ［美］菲利普·科特勒、［印度尼西亚］何麻温·卡塔加雅、伊万·塞蒂亚万：《营销革命3.0：从产品到顾客，再到人文精神》，毕崇毅译，机械工业出版社2011年版，第4—5页。

② ［美］菲利普·科特勒：《营销管理》（第11版），梅清豪译，上海人民出版社2003年版，第305—332页。

整个市场细分成两个或两个以上具有类似需求的消费者群。企业进行市场细分的根本目的是找对顾客，即选择最有利可图的目标市场。这种市场细分主要是基于两个理论依据：一是由于顾客偏好、欲望和购买行为的多元化而产生的顾客需求的差异性，二是企业要用有限的资源去进行有效的市场竞争。

2. 市场细分的依据

市场细分的依据通常分为两大类：一是依据消费者特征细分市场，常常以不同的地理、人文和心理特征作为划分市场的依据；二是通过消费者对产品的反应来细分市场，以消费者所追求的利益、使用时机和品牌忠诚度作为划分市场的依据。总体上看，可以将地理、人文、心理和行为因素等主要变量作为市场细分的依据。

一旦确定了市场细分的依据，企业就可以依次评估各种细分市场和决定为多少个细分市场服务，依此来确定自己的目标市场，这样才能将广告策略的沟通目标锁定。

（二）选择目标市场

目标市场是企业为了满足现实或潜在的消费需求而开拓的特定市场，这种特定市场是在市场细分后确定企业机会的基础上形成的，即目标市场是企业在细分出来的若干子市场中，根据本企业的资源、技术、管理水平、竞争状况等因素，选择出对自己最有利的、决定要进入的一个或几个子市场。有效的目标市场具备以下四个特征：第一，可衡量性，即用来划分市场有效性、购买力大小等的指标体系应该是可以测定的；第二，足量性，即细分市场的规模必须大到足够获利；第三，可接近性，即能有效地到达细分市场并为之服务；第四，差别性，细分市场在观念上能被区别，并且对不同的营销组合因素和方案有不同的反应。

（三）市场定位

目标市场选定之后，企业便要针对目标市场进行市场定位。市场定位是指企业根据市场的竞争状况，针对顾客对自身产品某些特征或属性的重视程度，为产品塑造与众不同的形象，并将这种形象生动地传递给目标人群，从而使产品在市场上占据适当的位置。市场定位包括两个层面，一是用什么样的产品来满足目标消费者的需求，也称为产品定位；二是制定怎样的针对目标市场的营销策略，也称为营销定位。

传统的观念认为，产品定位就是在每一个细分市场上生产不同的产品，实行产品差异化。事实上，产品定位与产品差异化尽管关系密切，但有本质区别。产品定位是通过为自己的产品创立鲜明的个性，塑造出独特的市场形象来实现的。产品差异化乃是实现产品定位的手段，但并不是产品定位的全部内容。它不是从生产者角度出发单纯追求产品差异，而是站在消费者的视角，寻求建立某种产品特色，它是现代市场营销观念的体现。

一般而言，在完成市场定位和产品定位的基础上，才能顺利地进行广告定位和品牌定位。

尽管产品定位和广告定位都是以市场细分为基础，以消费者的需求为中心，但二者还是有所区别的。产品定位强调为谁和怎样生产，广告定位强调向谁和怎样述说。同时，产品定位的操作目的是使自己的产品概念具有吸引力，是发生在商品产出之前；广告定位的操作目的是使产品概念对目标消费者有吸引力，对象是精神层面的消费者心理，发生在商品产出之后，属于营销环节。不过，现代营销理论已经突破了这个界限，营销和产品研发几乎同步进行。

同时，品牌定位也是一个容易和产品定位相混淆的概念。品牌定位是在市场差异化和产品差异化基础上，进一步创造品牌差异化，以增强产品竞争能力。品牌定位是以产品定位为基础，对特定的品牌在文化取向及个性差异上的商业性决策。

综上，通过市场细分找到目标市场，进行市场定位，通过市场定位确定产品定位，根据产品定位确立品牌定位和广告定位。广告定位一旦确定，广告策略的传播任务便是针对特定对象，利用各种传播手段，在消费者心目中逐步建立起企业或产品的独特形象，从而形成竞争优势。

第二节 定位策略

无论是战略还是战术层面，定位都是广告策略中至关重要的环节，也是企业进行广告运动的前提条件。理解定位理论及其演进轨迹，把握定位的基本策略和方法，是本节的基本内容。

一、定位理论及其演进

（一）定位理论

1. 定位理论提出的背景

美国广告学家艾·里斯、杰克·特劳特从20世纪70年代开始倡导这种理论，在1981年出版的《定位》一书中说道：“‘定位’是一种观念，它改变了广告的本质。”“定位从产品开始，可以是一种商品、一项服务、一家公司、一个机构，甚至是一个人，也许可能是你自己。但定位并不是要你对产品做什么事。定位是你对未来的潜在顾客心智所下的功夫，也就是把产品定位在你未来潜在顾客的心中。所以，你如把这个观念叫作‘产品定位’是不对的。你对产品本身，实际上并没有做什么重要的事情。”①

定位理论认为，定位就是针对消费者对产品某种特征或属性的重视程度，强有力地塑造出该产品在品类中与众不同的个性或形象，并使这种鲜明的个性形象在目标消费者心目中占据适当的位置，这个位置只为该产品所独占而其他同品类的产品则不能拥有。定位并不改变产品本身，而是要改变产品在顾客心目中的地位。因此，从定位的最初含义来看，定位本质上是一种传播策略，让产品占领消费者心智中的空隙，占据消费者的心智资源。

2. 定位理论的心理基础

定位理论的提出，与认知心理学的发展密不可分。艾·里斯等人认为，定位理论的诞生是与消费者的认知心理密切相关的。

（1）消费者只看到他们期待看到的事物，广告要创造消费者内心所期望的产品或服务，使消费者体验到一种内在的满足。相反，如果广告创造了与人们期望不相符的东西，会让消费者产生严重的失落感，也会对产品产生强烈的排斥心理。

（2）消费者在心理上不仅排斥与自己以前知识或经验不相符合的信息，他们实际上也没有太多的精力和意愿了解更多的信息。艾·里斯称“人类的心智是一个完全不够大的容器”。哈佛大学心理学家乔治·米勒博士研究发现，人们的心理不能同时与7个以上的事物打交道。②

（3）消费者心理上存有等级和阶梯的概念，并有意无意地将产品放在不同的心理阶梯上。一个竞争者要想在市场上占有一席之地或提高市场占有份额，要么驱逐上方的品牌，要么使自己的品牌与其他企业的品牌位置发生关联。比如，宁城老窖宣称自己是“塞外茅台”，将茅台和自己连在一起，自然借助茅台提升了自己的地位。

（二）定位理论的演进

在《定位》一书中，艾·里斯与杰克·特劳特将美国市场营销的发展描述为三个阶段，即产品时代、品牌形象时代和定位时代。尽管定位这一概念是20世纪70年代提出来的，但实际上，如何突出产品的差异性、如何吸引消费者购买，这种带有定位意识的理论及实践，从威廉·伯恩巴克所处的时代就已经开始了。因此，中山大学营销学教授卢泰宏认为，定位理论经历了USP理论、品牌形象论和

---

① ［美］艾·里斯、杰克·特劳特：《广告攻心战略：品牌定位》，刘毅志译，中国友谊出版公司1991年版，第2页。

② ［美］杰克·特劳特、史蒂夫·里夫金：《新定位：定位战略的新进展》，马琳、施轶译，中国人民大学出版社2014年版，第12页。

定位理论三个阶段，他还总结出定位理论演进各阶段的核心观点及方法。① 本书在借鉴国内学者研究成果的基础上，将原来的三段论拓展至五段论，即 USP 理论、品牌形象理论、广告定位理论、系统形象定位理论和价值定位理论五个阶段，并将各个阶段的核心观点和方法进行归纳，如表 6-1。

表 6-1 定位理论的演进

理论	USP 理论	品牌形象理论	广告定位理论	系统形象定位理论	价值定位理论
产生时间	20 世纪 50 年代	20 世纪 60 年代	20 世纪 60—80 年代	20 世纪 90 年代	21 世纪初
时代背景	产品主导	产品形象主导	定位主导	竞争主导	价值主导
核心观点	强调产品特征及其利益	塑造产品形象长远投资	创造心理第一位置	塑造系统化的企业形象，而不仅仅是产品形象	从消费者的心理需求出发，而不是从竞争者的视角出发
方法依据	实证	精神心理满足	品类的独特性	企业形象的独特性	消费者洞察
沟通基点	产品属性	形象识别系统	消费者需要	形象识别系统	消费者的 价值需求
典型案例	农夫山泉：我们不生产水，我们只是大自然的搬运工	戴比尔斯珠宝：钻石恒久远，一颗永流传	格力空调：好空调，格力造	海王集团：健康成就未来	苹果手机

二、影响广告定位的因素

广告定位的本质便是塑造企业或品牌差异，在市场竞争格局中形成自己的优势。总体而言，影响广告定位的因素包括以下几个方面。

（一）目标消费者的心智

市场细分与目标市场选择是进行广告定位的两项基础性工作。因为广告定位并不是完全针对产品本身，而是要求企业将功夫下到消费者的内心深处，从而在目标消费者心中形成企业刻意塑造的独特形象。但不同的消费者可能拥有不同的品牌知识和结构，具有不同的品牌感知和品牌偏好，因此，赢得目标消费者的认同和共鸣是广告定位的关键。成功的广告定位需要进行充分的市场调查，详细了解消费者的心理需求，把握消费者的购买动机，激发消费者的正面情感，使潜在

① ［美］艾·里斯、杰克·特劳特：《定位》，王恩冕、于少蔚译，中国财政经济出版社 2002 年版，导读部分。

消费者能够正确认知该品牌，并产生品牌偏好和购买行动，最终成为品牌忠诚者。

（二）竞争品牌的广告定位

广告定位的本质就是要塑造差异，把产品或服务的独特之处传递给消费者，赢得与竞争品牌的比较优势。所以广告定位要认真分析竞争品牌的所有信息，避开竞争品牌在消费者心智中的强势地位，或是利用其强势中蕴含的弱点，确立品牌的优势。七喜"非可乐"定位法，把七喜确定为可以替代可乐的一种饮料，避开了可口可乐与百事可乐在消费者心智中的强势地位；百事可乐也是利用可口可乐强势（可乐发明者更正宗）中的弱点（父辈在喝），界定出自己新一代"年轻人的可乐"的定位。

（三）企业自身的优势

企业具有的各种有形和无形的资源，以及长久积累而成的独特的能力是企业核心竞争力的源泉。企业要发掘自身的核心优势，并且通过广告等手段将这种核心优势传达出来，从而使企业形成差异化优势，塑造出独特的品牌形象。

（四）产品优势及其核心价值

产品是广告的基础和依托，产品提供的核心价值是广告定位的基础。核心价值是产品向消费者提供的最重要的效用和利益，是消费者最关心的利益点。它主要通过产品质量、外观设计等属性来体现。广告定位必须要考虑产品本身的属性，突出产品的特质，使广告定位能够在一定程度上反映产品的物理属性或心理属性。任何脱离产品自身属性的空中楼阁式广告定位必然会失败。

总之，广告定位要从企业内外环境的诸多因素出发，认真分析目标消费者心智模式以及竞争者定位，结合企业自身优势，以产品核心价值为基础寻找市场空位，并借助各种传播手段，让品牌在目标消费者心中占有一个独特的位置。

三、广告定位策略

（一）竞争性定位策略

定位是基于目标消费者的心智结构和市场竞争格局而定的。定位既是一种传播策略，更是一种竞争策略，从竞争的视角看，定位策略通常可分为抢先定位、强化定位、比附定位、逆向定位、补隙定位、重新定位等。

1. 抢先定位

抢先定位是指企业在进行广告定位时，力争使自己的品牌第一个进入消费者的心智，抢占市场第一的位置。艾·里斯认为，第一品牌一般比第二品牌的市场占有率要多一倍，而第二品牌又比第三品牌多一倍。在消费者心智中，这种等级关系很难改变。

2. 强化定位

强化定位是指企业一旦成为市场领导者后，还应不断加强产品在消费者心目中的印象，以确保第一的地位。实行强化定位应该采取的策略是：不断加强消费者起初形成的观念，强化自己作为品类发明者、标准制定者的角色。

3. 比附定位

比附定位是指企业通过巧妙的转换，将自己与已有的知名品牌联系在一起，从而在消费者心智中占据一席之地。比如蒙牛刚启动市场时，便借助“龙头老大”伊利的品牌，将自己定位为“做内蒙古第二品牌”，更在包装上打出“向伊利学习”的字样，从而将蒙牛和伊利联系在一起，这便是比附定位。

4. 逆向定位

逆向定位是指企业在进行广告定位时，面对强大的竞争对手，寻求远离竞争者的“非同类”的构想，使自己的品牌以一种独特的形象进入消费者心中。比如七喜汽水便是逆向定位的典范，泰诺止痛药的定位是“非阿司匹林的止痛药”，显示其药物成分与以往的止痛药有本质差异。

5. 补隙定位

补隙定位是指企业在进行广告宣传时，根据自己产品的特点，寻找消费者心智中的空隙，力求在产品的大小、价位和功能等方面独树一帜。这些空隙可能是高价位的空隙、低价位的空隙、性别空隙、年龄空隙、时段空隙、区域和群体定位的空隙等。比如专门针对男士的护肤品、专门针对老人的手机等，实际上都体现了补隙定位策略。

6. 重新定位

重新定位是指企业为已在某市场销售的产品，或者正在研发的产品重新确定某种形象，以改变消费者原有的对产品或者品类的认知，创造出一种新的产品形象或品类的定位策略。比如，2003 年红色罐装王老吉摒弃了原先的“健康家庭，永远相伴”的广告语，而改用“怕上火，喝王老吉”的广告语，把王老吉定位为“预防上火的饮料”，开创了新的品类，找到了潜在消费者心智中的“空位”。

（二）以定位类型分类的定位策略

从具体的定位类型来看，定位策略又大致分为产品定位、企业形象定位和品牌定位三类。

1. 产品定位

产品定位即最大限度地挖掘产品自身特点，把该产品最突出的特性、品质、内涵等作为诉求重点。产品定位主要有实体定位和观念定位两大类。实体定位就是在广告宣传中突出产品的新价值，强调该品牌与同类产品的不同之处以及能够给消费者带来的更大利益。实体定位又细分为品名定位、品质定位、价格定位、功效定位、口感定位等。观念定位是指在广告策划过程中，通过分析消费者心理，赋予产品一种全新的观念。这种观念既要符合产品特性，又要和消费者心理相吻合。观念定位在具体应用上又分为历史文化定位、习俗定位、价值观定位、情感定位等。

2. 企业形象定位

企业形象定位即把定位重点放在如何凸显企业的形象和树立一个什么样的企业形象上。通过为企业注入某种文化、感情、使命等内涵，形成独特的品牌差异。

现代企业形象塑造的理论以由理念识别、行为识别和视觉识别所构成的企业识别系统（CIS）为基本理论框架，企业形象定位策略围绕理念识别、行为识别和视觉识别而展开。

3. 品牌定位

品牌定位是企业在市场定位和产品定位的基础上，对特定的品牌在文化取向及个性差异上的商业性决策。企业一旦选定了目标市场，就要设计并塑造自己相应的产品、品牌及企业形象，以争取目标消费者的认同。由于市场定位的最终目标是实现产品销售，而品牌是企业传播产品相关信息的基础，也是消费者选购产品的主要依据，因而品牌成为连接产品与消费者之间的桥梁。品牌定位需要以产品的核心价值为基础，不能脱离产品的实际情况而随意定位。当然，这里所指的产品的核心价值，可以是产品自身的核心价值，也可以是企业服务层面的核心价值，还可以是消费者使用产品后所带来的心理满足。因此，品牌定位的维度具有多元性。

第三节 诉求策略

广告诉求策略是广告传播活动中最为关键的环节之一，它解决的是“说什么”和“如何说”的问题，是广告从业者必须掌握的核心技能。

一、广告诉求策略的概念

广告诉求策略是指通过一定的广告内容和形式对受众进行说服，以期达到广告预定目标的技巧和策略。它包括两个方面的内容：一是说什么，指的是广告要传达的核心信息是什么，是以硬性信息为主还是以软性信息为主，或者兼而有之，核心信息和广告运动的目标紧密相关；二是如何说，是指核心信息如何编码，是诉诸消费者的理性认知还是情感共鸣，如何编码的问题主要和广告创意技巧有关，本书将在有关创意的章节进行讲述。本节主要从广告诉诸消费者的感性层面、理性层面、潜意识层面三个层面阐述诉求策略。另外，本节还将对产品生命周期的诉求策略进行介绍。

二、广告诉求策略的类型

（一）感性诉求

感性诉求也称为情感诉求、情绪诉求，是指广告的内容或表现形式以感情为主线，借助爱情、友情等基本的人类情感，或者平等、自由、成功等价值理念，唤起受众类似的情绪或情感体验，从而在情感与品牌之间建立起积极的联系。感性诉求侧重于感情表达，较少直接表述产品或服务信息，只突出广告的表现手法。这种广告又叫作情绪广告或感性广告。

心理学认为，感性诉求采用的是边缘说服策略，重在唤醒消费者某种情绪体验，同时通过情感迁移的原理，将观看广告所体验到的某种情感（情绪）不自觉地迁移到产品上，从而赋予产品同样的情感体验。受众态度的改变不是缘于个体对广告信息的精细加工，而是根据诸如广告信息源的可靠性或权威性，广告诉求所引发的各种联想、所激发的不同情绪或情感体验等边缘线索直接对刺激做出反应。但需注意的是，如果受众的注意力完全聚焦于情感内容，可能导致他们根本没有留意广告中还存在品牌信息，更谈不上对品牌信息的理解。因此，运用情感诉求时，如何把握情感激发的“度”非常关键。

感性诉求常用的诉求技巧包括幽默、恐惧、夸张、悬念、情节化、性感诉求等手法。下面对其中部分诉求技巧进行简单介绍。

1. 幽默诉求

幽默诉求的广告通过夸张、象征、谐趣、歧义等手法，适度突破人们的心理定式，引人发笑，使人产生愉快、兴奋的情绪体验，从而淡化了广告的功利属性，使消费者在欢笑中不知不觉地接受某种商品和文化信息，减少了人们对广告的逆反心理，增强了广告的感染力和沟通力。

2. 恐惧诉求

恐惧诉求是指通过特定的广告手法引发消费者的恐惧及相关情感体验，使消费者渴望得到一种解救，从而自然倒向广告推荐的产品。

影响恐惧诉求有效性的主要因素是受众的接受心理和信息内容本身。恐惧诉求的信息内容只有具备有效构成因素和适宜的诉求强度，才有可能被受众接受，因此，采用恐惧诉求时，威胁的强度要适度。如果强度太小，消费者无动于衷；强度太大，消费者容易产生绝望甚至破罐破摔的心理，两者都达不到广告效果。比如舒肤佳香皂为强化“除菌”功能，保护小孩的健康，便采用了适度的恐惧诉求策略。小孩的手、身体碰过楼梯、足球、书包等物品，带有大量细菌，让母亲意识到细菌无处不在，从而通过购买并使用舒肤佳香皂来消除内心的恐惧。当然，从社会效用的角度看，广告人也必须把握恐惧诉求的“度”，不能给社会，特别是未成年人造成心理伤害。

3. 夸张诉求

夸张诉求即把广告要着力推荐介绍的商品的某种特性，通过极度夸张的手法表现出来。根据夸张在广告中的不同运用，夸张诉求可分为功能特点夸张、使用效果夸张、背离常理夸张、警示劝诫夸张等。比如益达口香糖的平面广告表现这种口香糖有助于保护牙齿，经常食用可以使牙齿更强健，连勺子都可以咬断，这便是对使用效果的夸张。

4. 悬念诉求

悬念诉求充分利用人们的好奇心理，先把问题设置好，让大家去猜测，去关注，然后到一定时候再把答案给出来，它是自问自答式的。在运作过程中要注意，悬念的设计必须能让人们感兴趣，能引发大家的讨论，并让人捉摸不透。悬念广告分为一悬一答、一悬多答、多悬一答三种形式。一悬一答即这一次设出悬念，下一次解答悬念；一悬多答即这一次设出悬念，接下来的几次分批解答悬念；多悬一答即在一个阶段内，围绕一个主题分批设出悬念，最后集中解答悬念。

5. 情节化诉求

情节化诉求就是借用文学创作的手法，将商品和服务信息通过新颖、独特的情节设计展现给受众。情节化诉求的优势有以下几个方面：一是有故事，有悬念，能迅速吸引眼球；二是通过营造真实的生活场景，可以增强产品的亲和力，激发欲望，促成购买；三是能促成多次传播，由于故事本身便具有很强的传播力，可以促成病毒式传播效果。

当然，情节化诉求也可能陷入以下误区：一是隔靴搔痒，故事与产品关联度低；二是过度追求新奇，导致消费者对产品不信任；三是故事的主题、基调与品牌不吻合，直接损害品牌形象。

6. 性感诉求

性感诉求是指广告以含有性暗示的身体、场景、语言作为诱饵，吸引受众关注并接受广告信息的诉求方式。研究显示，在认知层面，性感诉求能明显提高受众对广告的注意，但可能抑制受众对信息的编码，即受众把注意力几乎都集中于“性”，而对产品信息关注较少。在情绪情感层面，性感诉求能增强受众对广告的情感体验，如果受众对性暗示信息体验是积极的，则对广告的态度也是积极的，反之亦然。另外，在性别差异上，女性对广告中的男女模特一般会产生一定的情感刺激反应，但性暗示以中度为宜，性暗示的刺激越大，女性反而越会产生恐惧等负向情绪；男性对女性模特的反应随性信息的强度高低而变化，但对男性模特的刺激反应较弱。性感诉求效果还存在年龄差异，年龄越大，对性感诉求的反感度越高。需注意的是，尽管受众认为“性”度高的广告比“性”度低的广告有吸引力，但对“性”度高的广告产品表现出更高的不信任，甚至认为很糟糕。因此，性感诉求是一把双刃剑，运用时要谨慎，成熟品牌更要慎用，以免伤及品牌自身。另外，广告人必须担负相应的社会责任，遵守广告法，必须杜绝一切淫秽和不健康的广告内容，以免给社会造成不良影响，给未成年人带来身心伤害。

（二）理性诉求

理性诉求指的是广告诉求定位于受众的理智动机，通过真实、准确、公正地传达企业、产品、服务的客观情况，以信息本身和具有逻辑性的说服来加强诉求对象的认知，引导诉求对象对广告和产品产生认同。

从信息加工机制来看，理性诉求采用的是中枢说服路径，此时受众具备信息加工能力且动机强烈，自身态度的改变是受众主动考察广告信息源、搜索和检验有关体验、分析和评价广告产品的各种特点，并进行综合精细的信息加工的结果。这与感性诉求的边缘说服路径具有明显差异。

理性诉求常用的方式有直接陈述、引用数据、利用图表、类比、解释原因、功能示范、对比、双面信息等。

1. 直接陈述

这是最为直接的方法，即直接描述产品的特点和功效，向诉求对象阐述产品的种种特性。比如全新力士润肤沐浴露广告的文案：全新力士润肤沐浴露有三种不同滋润配方和香味，充分呵护不同性质的肌肤。白色力士润肤沐浴露，含有天然杏仁油及丰富滋养成分，清香怡人，令肌肤柔美润泽，适合中性和干性肌肤。这则广告将产品的特性和功效一一准确阐述，使消费者对产品形成全面认知。

2. 引用数据

引用数据可以令消费者对产品和服务产生更具体的认知，翔实的数据远比空洞的、概念化的陈述更有力量。国窖 1573，便是用年份来说明品牌历史悠久。

3. 利用图表

如果需要引用的数据较多，或者产品结构、设计等特性很难用语言描述，可以引入简洁明了的数字表格、图表或示意图。图表有时比文字更便于传达精确的信息。

4. 类比

直接陈述和提供数据的方法可以清楚传达信息，但难免枯燥呆板。类比是形象传达信息的重要方法。类比的基本思路是：选择消费对象熟悉的、与产品有相似或者相反特性的事物，让它与产品并列呈现，从而让消费者明白产品的特性。

5. 解释原因

解释原因即解释产品为什么会带来好的效果，是因为配方的改变、设计的改变，还是添加了新的成分。对诉求对象要有所交代，也可以借此区别于其他同类产品，展示出独一无二的特性。比如，白加黑感冒药的电视广告文案：白天吃白片，不瞌睡；晚上吃黑片，睡得香。这则广告洞察细腻，抓住了消费者感冒时的困扰，并提供了清晰的解决方案。

6. 功能示范

将画面演示与文案说明相结合，做出更为直观的表述，比如洗衣粉、抽油烟机、汽车等广告，都经常使用功能示范的诉求策略，让消费者眼见为实。

7. 对比

对比诉求是指将广告产品与同类产品，或者与改进前的产品进行比较，也指将产品使用前后的情况进行比较，来显示产品个性和优势。运用对比策略时，需要考虑可比性、产品在竞争关系中的位置等因素。处于领导品牌的产品最好不要和其他产品进行比较，相反，知名度低、处于市场跟随地位的产品可以和领导品牌进行比较，只要产品确实有过人之处，便容易在短时间内提升知名度，提升市场地位。须注意的是，按照我国的广告法，一般不能将自己的产品和其他产品指名道姓地进行比较。

8. 双面信息

双面信息是传播学中的一个术语，它是和单面信息相对应的。单面信息是指广告所提供的信息具有倾向性，它只包含支持性论据，或者说与结论一致的论据。双面信息是指广告中既包含支持性论据，也包含反面论据，给人不偏不倚的印象，使信息更加公正客观。

研究表明，在消费者已经喜爱某一产品并且经常购买的情况下，单面信息支持有效；在一种产品还没有吸引消费者，或消费者对某一产品生疏的情况下，运用双面信息呈现效果较好。运用双面信息呈现时，反面信息应当是次要的或不为消费者所重视的，点到为止，不宜渲染。呈现次序上，宜先说正面论点，后说反面论点。有时也可以使用附加论据，或进行论点反驳，有利于增强广告效果。如英国某家刀片公司的一则广告是："我公司的刀片十分锋利，经久耐用，……缺点是易生锈，用后需要擦干保存才能久放。"这则广告对核心信息与反面信息做了巧妙处理。

实际上，理性诉求和感性诉求在广告策略中的运用并非泾渭分明、非此即彼。理性诉求偏重客观、准确和说服力，对完整、准确地传达商品信息非常有利，但是过于注重事实的传达和道理阐述，往往会使广告显得生硬、枯燥，影响诉求对象对广告信息的兴趣。情感诉求贴近诉求对象的切身感受，亲和力更为突出，但是过于注重对情绪和情感的描述，往往会影响信息传达。因此，在实际广告策划中，理性诉求与感性诉求往往交织在一起，既采用理性诉求传达客观信息，又使用情感诉求引发诉求对象的情感共鸣，结合二者优势，才能达到最佳的说服效果。

（三）潜意识诉求

有些研究者认为，在感性诉求与理性诉求之外，还有一种诉求策略，称为潜意识诉求，即诉求于受众的潜意识，甚至把潜意识广告称为阈下刺激广告。阈下刺激广告是利用一种特殊装置，在消费者没有意识到的情况下，在媒介背景上呈现极微弱或极短暂的广告信息，如电影中闪现某广告的信息，其设想是消费者虽然没有意识到广告的存在，但会在阈下水平对广告进行加工，并做出一定反应。但事实证明，阈下刺激广告对消费者的品牌选择行为的影响是非常微弱的。尽管阈下广告不能直接影响消费者的购买行为，但心理学研究表明，阈下刺激广告可以启动信息加工，会对消费者的情感反应产生影响，并且会影响到高水平的认知加工。

（四）产品生命周期诉求

产品生命周期理论是美国哈佛大学教授雷蒙德·弗农于1966年在其《产品周期中的国际投资与国际贸易》一文中首次提出的。他把产品生命周期分为引入期、成长期、成熟期和衰退期四个阶段。①

1. 产品不同生命周期的市场特征

（1）引入期。引入期指产品从设计生产直到投入市场进入测试阶段。新产品投入市场，便进入引入期。此时产品品种少，消费者对产品还不了解，除少数追求新奇的消费者外，几乎无人购买。生产者为了扩大销路，不得不投入大量的促销费用，对产品进行宣传推广。该阶段由于生产技术方面的限制，产品生产批量小，制造成本高，广告费用高，产品销售价格偏高，销售量极为有限，企业通常不能获利，反而可能亏损。

（2）成长期。当产品经过引入期，销售取得成功之后，便进入成长期。成长期是指产品试销效果良好，购买者逐渐接受该产品，产品在市场上站住脚并且打开了销路。这是需求增长阶段，需求量和销售额迅速上升。生产成本大幅度下降，利润迅速增长。与此同时，竞争者看到有利可图，纷纷进入市场参与竞争，使同类产品供给量增加，价格随之下降，企业利润增长速度逐步减慢，最后达到生命周期利润的最高点。

---

① Raymond Vernon, "International Investment and International Trade in the Product Cycle," *The Quarterly Journal of Economics*, vol. 80, no. 2, 1966, pp. 190–207.

（3）成熟期。成熟期指产品已被大批量生产并稳定地进入市场销售环节。经过成长期之后，随着购买产品的人数增多，市场需求趋于饱和，此时，产品普及并日趋标准化，成本低而产量大，销售增长速度缓慢。由于竞争加剧，同类产品生产企业不得不加大在产品质量、花色、规格、包装、服务等方面的投入，一定程度上增加了成本。

（4）衰退期。衰退期是指产品进入淘汰阶段。随着科技的发展和消费习惯的改变等，产品的销售量和利润持续下降，产品在市场上已经老化，不能适应市场需求，市场上已经有其他性能更好、价格更低的新产品，足以满足消费者的需求。此时成本较高的产品会由于无利可图而陆续停止生产，该类产品的生命周期也就陆续结束，以至最后完全撤出市场。

2. 产品不同生命周期的诉求策略

产品处在不同的生命发展阶段，其工艺成熟程度、消费者的心理需求、市场竞争状况和市场营销策略等，都有不同的特点。因此，广告目标和诉求策略也会相应不同。

在引入期和成长期前期，产品刚进入市场，其品质、功效、造型、结构等尚未被消费者认知。在这一阶段，广告宣传以创造品类需求为目标，执行开拓市场的战略，使消费者产生新的需要，这是广告宣传的初级阶段。在这一阶段，广告多以理性诉求为主，突出新旧产品的差异，引起消费者兴趣，让其产生信任感，并大力宣传产品的商标和名称，不断扩大知名度。运用各种与促销相结合的广告手段，促使尝试者购买，并在最先尝试者的推动下，争取更多的早期使用者，然后逐步过渡到普遍使用。

产品进入成长期后期和成熟期，由于新产品获得消费者认可，销售量急剧上升，利润已有保证，同时，同类产品也纷纷投入市场，竞争日益激烈。尤其是进入成熟期后，产品工艺稳定成熟，消费者已形成使用习惯，产品销售达到顶峰，新产品变成普及产品，同类产品竞争激烈。在这一阶段，广告以保牌为目标，巩固已有的市场并扩大市场潜力，展开竞争性广告宣传，引导消费者认牌选购。在这一阶段，广告诉求必须具有强大的说服力，突出产品与其他品牌同类产品的差异性和优越性，巩固企业和产品的声誉，加深消费者对企业和商品的印象。

产品进入衰退期之后，市场日益饱和，原有产品已逐渐变成老产品，新的产品逐步进入市场。这一时期的广告目标，重点放在维持产品市场上，采用延续市场的手段，保持产品的销售量或延缓销售量的下降。其主要做法是，以长期、间隔、定时发布广告的方法，及时唤起消费者注意，巩固习惯性购买。诉求重点应该突出产品的售前和售后服务，保持企业声誉，稳定产品的长期使用者及保守者。

产品生命周期的划分及其相应的诉求策略都是相对的概念，实际操作过程中企业要根据市场情况随时调整。

第四节 传播策略

传播是广告的本质，制定适合市场现状的传播策略是广告活动的核心内容。由于媒介技术、市场环境和广告观念的不断演变，传播的手段和方法也在不断推陈出新。从媒介演变的角度理解传播策略的演变，阐述当前最主要的广告传播策略，是本节的主要内容。

一、广告传播策略的概念

广告的本质便是利用媒介进行有目的的信息传播，广告传播策略的内涵有广义和狭义之分。从广义上说，广告的传播策略是针对整体广告运动而言的谋略和计划，并通过广告策划得到集中体现。因此，广告运动自始至终的所有环节，包括市场研究、广告目标的确定、广告创意、广告媒体的选择与效果评估等，都属于广告传播的范畴。狭义上看，广告传播本身只是广告策略实施中的一个环节，它是依赖于媒介进行的，广告传播策略在一定程度上等同于媒介投放策略。

从现代营销学的角度看，一切传播实际上都是营销，都是企图建立品牌与消费者之间的关系，强化消费偏好，最终促进商品的销售。因此，广告的内涵也发生了变化，其本质不再仅仅是信息传达，而是沟通，一切借助媒介建立品牌偏好和消费意愿的沟通行为都应该属于广告传播的范畴。

二、广告传播策略的演进

广告传播策略的演进，背后隐含着市场竞争环境的变迁、技术的变迁、消费理念的变迁。其中技术的变迁起核心作用，它在一定程度上决定了广告的传播方式、传播的信息和传播观念，同时也决定着消费者的信息接收与反馈模式，并对其消费行为产生根本影响。因此，可以从技术变迁的角度切入，将广告传播策略的演进划分为两个阶段：一是以媒体为中心的泛传播阶段，二是以消费者为中心的精准传播阶段，划分这两个阶段的分水岭便是大数据的出现。

（一）2010年以前：以媒体为中心的泛传播阶段

无论是传统的大众媒体，还是基于互联网技术的门户网站、博客、网络论坛等，在大数据时代到来之前，其广告运作模式都是围绕媒体价值而展开的。其广告投放方式，先是基于媒体的内容定位来判断媒体受众的大致身份和特征，然后根据媒体的总量数据如发行量、收视率、网页点击率等对媒体价值进行大致估算，进而将媒体的时间（广告时段）和空间（版面、广告位置）与广告主进行交易，广告主通过购买媒体版面或广告时段而使产品（品牌）获得曝光的机会。实际上，媒体和广告主之间的交易遵循的是“二次销售”原理。媒体先把内容（比如各种新闻资讯、电视剧、论坛文章等）用免费（或付费）的方式提供给受众，以此聚合相应的受众，再将这些受众卖给广告主。

由于缺乏系统的数据收集平台和分析技术的支撑，在这个阶段，广告主所看重的媒体价值，无论是注意力还是影响力，都缺乏科学的标准。因此，广告主更多是通过增加广告品牌的曝光规模和频次来提升品牌知名度和美誉度，比较注重广告的到达率（点击率）和频次。到达率可以扩大广告信息的覆盖面，而频次可以强化消费者对信息的记忆。

在广告信息的编码方面，这一阶段受众参与度较低，主要是广告代理商制作广告内容，以突出产品（品牌）的差异性为主要特征。无论是独特的销售主张，还是品牌形象理论，或是定位理论，都是在突出产品（品牌）的差异性。同时，借助各种创意技巧，对广告信息进行修饰和包装，用创意打动消费者，提升广告体验，传达品牌内涵和产品功能，并力图以创意水平带动广告传播效果和销售效果。也可以这样说，在以媒体为中心的泛传播阶段，广告的运作遵循一种创意驱动的模式。

（二）2010年至今：以消费者为中心的精准传播阶段

随着互联网、移动互联网、物联网、社交网络、电子商务等信息技术的普及应用，人们生活在“全方位”“无缝式”的数字媒体空间内，网络空间与生活空间不断交融。人们在不断接受和消费各类信息数据的同时，本身也以数据的形式留存于媒体空间内。正是由于这种行为数据的留存，基于互联网（包括移动互联网）平台应用的大数据技术，与传统的依靠抽样推算或经验对目标消费者进行的定位技术不同，它借助大量的用户行为数据分析，能对目标消费者及其行为轨迹进行全面记录和动态追踪，再通过数据挖掘和关联分析，准确获取某个（或某类）消费者的性别、年龄、地域、身份等人口统计学属性，通过他们的浏览记录、电商购物、社交分享等数据获知其兴趣爱好、消费习惯、人际关系等社会属性，同时还能借助移动互联网技术和用户的移动终端使用行为，精准获取其场景和位置数据，从而实现对单个用户的消费需求的精准预测。因此，在一定程度上，大数据的运用在广告传播上实现了精准的消费者定位、精准的消费者需求预测；同时通过程序化创意、程序化购买等手段，实现广告的精准投放和效果的精准监测。[①]

① 倪宁、金韶：《大数据时代的精准广告及其传播策略——基于场域理论视角》，《现代传播》2014年第2期。

不难看出，基于大数据的精准营销，实现了从媒体价值到消费者价值的彻底转变，其核心逻辑就是以消费者为中心。广告主或广告公司可以直接围绕以数据追踪和标注的“个体消费者”本身，进行具有针对性和匹配度的广告创意与投放。在这个模式中，媒体本身的身份已不重要，媒体只是用户行为留存和记录的渠道和载体，用户才是最核心的资源。

三、广告传播策略的类型

进入20世纪90年代，特别是随着互联网技术的发展，各种传播理论与营销理论层出不穷，使得传播策略无论是内涵还是外延都得到极大的丰富和延展，也使得传播与营销的区隔变得模糊，很多传播策略实际上也是营销策略。总体来看，广告传播策略的分类主要有四个视角：一是整合性传播，既包括媒介的整合、信息的整合，也包括对消费者行为的整合，比如日本电通的跨媒介沟通策略、奥美的“360度品牌管家”、跨屏传播、O2O线上线下营销传播整合等；二是从渠道的角度，比如网络传播、电视传播、户外传播等；三是从传播方式的角度，比如口碑传播（病毒式传播）、事件传播、活动营销、互动传播、公益营销、体验营销、关系营销、视频传播等；四是从刚性、柔性传播的角度，硬性广告都属于刚性传播，而公益营销、植入式营销、赞助营销，以及原生广告等，都属于柔性传播范畴。从本质上而言，传播策略都是围绕受众的媒介行为和接受心理而展开的。由于篇幅所限，只能挑选有代表性的广告传播策略进行介绍。

（一）整合性传播策略

整合性传播策略指通过对受众信息接触行为和商品消费行为的洞察，通过对媒体和信息的有机整合，来实现企业营销目标的策略。

1. 整合营销传播理论

整合营销传播一方面把广告、促销、公关、直销、CI、包装、新闻媒体等一切传播活动都涵盖到营销活动的范围之内，另一方面则使企业能够将统一的传播资讯传达给消费者。所以，整合营销传播也被称为“用一个声音说话”（Speak with one voice），即营销传播的一元化策略。这里的整合，包括两个层面的含义：一是传播内容的整合，二是传播资源的整合。

唐·E. 舒尔茨等人分别对内容整合与资源整合进行了表述，他们认为内容整合包括：（1）精确区隔消费者——根据消费者的行为及对产品的需求来区分；（2）提供一个具有竞争力的利益点——根据消费者的购买诱因；（3）确认目前消费者如何在心中进行品牌定位；（4）建立一个突出的、整体的品牌个性，以便消费者能够区别本品牌与竞争品牌的不同，关键是“用一个声音说话”。他们认为，资源整合应该发掘关键“接触点”，了解如何才能更有效率地接触消费者。传播手段包括广告、直销、公关、包装、商品展示、店面促销等，关键是“在什么时候使用什么传播手段”。① 无论是内容整合还是资源整合，两者都统一到建立良好的“品牌—顾客”关系上来。内容整合是资源整合的基础，资源整合推动内容整合的实现。整合营销传播理论自诞生之日起，便得到业界的推崇与积极实践。在整合营销理论的基础之上，奥美提出“360度品牌管家”营销理论，智威汤逊（JWT）提出“品牌全行销计划”，日本电通公司先后提出品牌管理的“蜂窝模型”及跨媒介沟通策略。同时，随着电商的崛起，O2O线上线下闭环式营销传播理论实质上也体现了媒介、信息、消费者行为的充分整合。

2. 奥美“360度品牌管家”理论

在整合营销传播理论的启发下，奥美的“360度品牌管家”理论强调在品牌与消费者的每一个接触点上实行传播管理。“360度品牌管家”是一个完整的作业过程，它要确保所有的活动都能反映并忠于品牌，以及积极管理产品与消费者的关系。“360度”的含义是：每一个与消费者的接触点都能达到预期的效果，每一个接触点都能准确地传达信息，消费者对品牌的经验更加容易获取，获取的信息也更加丰富。在作业过程中，要充分研究产品与消费者的关系，如消费者如何接近品牌、消费者的使用经验、消费者的内心感受、消费者的想法和态度、消费者的需要和欲求等。因此，与唐·E. 舒尔茨更强调资源整合以及“用一个声音说话”相比，“360度品牌管家”更强调在每一个接触点上对消费者与品牌的关系进行精心维护、管理和优化。

3. 跨媒介沟通策略

跨媒介沟通策略又称跨媒体沟通（也被直译为“克洛思维奇”），是日本电通公司于2008年开发出来的一种沟通策略。电通给跨媒介沟通下了一个非正式的定义，认为跨媒介沟通就是“规划沟通导线，有效引导目标人群的行为变化”②。跨媒介沟通的关键词是“跨”，具体含义是：（1）消费者接触广告信息是从一个媒介接触点过渡到另一个媒介接触点，而不仅仅是在单一媒介上获取。（2）媒介接触点的时空与信息分布，必然和目标消费群体日常生活中的媒介接触习惯高度吻合。（3）跨越的目的是（按照电通公司的阐释）突破消费者的心理屏障，引导消费者的心理和行为按照营销人员的设计路径进行改变。因此，跨媒介沟通策略除了强调对目标消费人群的心理洞察，以及对媒介接触点的洞察以外，还特别注重对“沟通导线”的设计，即必须有促使消费者接触不同媒介的“诱导设计”。这种

① ［美］唐·E. 舒尔茨等：《整合行销传播》，吴怡国等译，中国物价出版社2002年版，第95页。

② ［日］电通跨媒体沟通开发项目组：《打破界限：电通式跨媒体沟通策略》，苏友友译，中信出版社2011年版，第28页。

“诱导设计”不仅能让目标群体接触媒体，而且能产生互促效果。

尽管上述三者都强调对目标消费群体的接触点的管理，但整合营销传播更强调“用一个声音说话”，而不太关注媒介接触点之间的差异；“360 度品牌管家”更强调通过接触点的管理，维护和改善消费者与品牌的关系；电通的跨媒介沟通策略则强调通过对消费者媒介接触点的精心设计，使不同媒介接触点之间产生互促效果，从而诱导消费者的心理和行为发生相应的变化，它更加注重媒介接触点本身的差异以及不同接触点之间的累积效应。

4. O2O 营销传播策略

O2O 营销传播策略，指线上营销、线上购买带动线下经营和线下消费，也指通过线下营销、线下体验带动线上消费。基本操作模式是把商家的各种信息通过互联网直接推送给用户，用户可以在线预订、在线支付，然后到实体店进行体验和消费，再通过线上进行反馈和分享，从而实现一个闭环。或者是通过线下活动带动消费者进行线上体验、消费和分享。

O2O 营销传播的贡献首先是把商家的实体店和互联网进行结合，使互联网成为商家的信息展示和交易平台，从而使商家摆脱了店铺地理位置的限制，扩大了消费群。其次是消费者通过登录及购买的方式，将自己的背景信息和购买行为完全留存在交易平台上，为商家进行消费者数据的收集和挖掘、进行更具针对性的营销提供了数据支持。

O2O 营销传播策略充分利用目标消费者的媒介接触习惯和消费习惯，通过网络营销促使消费者进行线上点击或预订，或者借助线下活动、实体店促销、电视促销等手段引导消费者进行线上、线下消费。和其他整合式的传播策略相比，O2O 营销传播策略不仅利用消费者的信息接触点进行商品信息的传播，更重要的是，它在信息传播的同时促使消费行为和分享行为同步完成。这是基于电商平台的 O2O 营销传播策略和其他传播策略的根本差异。

5. 全域营销策略

全域营销是 2016 年由阿里巴巴集团首先提出的。这里的全域有两层含义，第一层含义是全媒体和全渠道，由于阿里巴巴自己拥有相对完备的多媒体矩阵，它可以在自己的媒体生态系统内实现对消费者的货品触点与营销触点的全覆盖。第二层含义是全链路，全链路又有两层含义：一是消费者与品牌关系的全链路，即通常所说的消费者生命周期，即消费者从接触品牌、产生欲望、购买、复购、忠诚到退出的全部旅程；二是品牌根据消费者旅程，通过消费者触点，在营销决策和行动上的全链路。所以全域营销就是以运营人和品牌为核心，基于对消费者海量数据的分析，在对的场景用对的信息跟对的人进行有效沟通，实现品牌与消费者在全链路、全周期、全渠道上的营销闭环。

根据全域营销理念，阿里巴巴提出AIPL全域营销模型，即认知（Aware）、兴趣（Interest）、购买（Purchase）、忠诚（Loyalty）。不难看出，这个模型是基于品牌与消费者之间的关系，从消费者生命周期的视角提出的。阿里巴巴结合自身的电商优势，对消费者的认知、兴趣、购买和忠诚进行了精确定义。（1）认知：代表对品牌有认知的消费者，包括浏览过某品牌商品、被品牌广告触达过、浏览或点击过广告的消费者。（2）兴趣：对品牌产生兴趣或有过互动行为的消费者，包括多次浏览某品牌商品，主动搜索某品牌，对品牌商品有收藏、加购、领取试用行为，对品牌内容有点赞、评论或转发等行为，或加入会员、预约品牌服务等。（3）购买：是指对品牌商品产生购买行为的消费者。（4）忠诚：在一定时间内对某品牌商品购买多次，或者有过正面评论的消费者。

这些基于庞大的数据，被阿里巴巴精确定义的消费者也被称为消费者品牌资产，被纳入阿里巴巴的品牌数据银行（Brand Data Bank），并为阿里巴巴生态内的品牌增长策略提供支持。在中国，除阿里巴巴外，像腾讯、抖音、京东、百度等企业，也会根据自身的媒体生态特点提出自己的全域营销模型。

（二）渠道策略

这里所说的渠道策略是指从渠道的角度来探讨传播策略的问题。总体而言，渠道策略不外乎三种形式：一是借助传统媒介进行传播，比如通过电视、广播、报纸、户外媒介等进行传播；二是网络营销传播，包括基于PC端和移动端进行的营销传播；三是整合式营销传播，即通过消费者的媒介接触点进行媒介整合传播，该部分内容上文已做过介绍。

即使在互联网高度发达的今天，传统媒体仍然具有它自身的传播优势。和互联网信息层级架构不同，传统媒体的信息是平面或者线性展开的，具有较高的到达率和接触频次，甚至带有一定的强制性，容易引起消费者的关注，具有很好的提示和强化记忆作用。当然，传统媒体的互动性不足、精准性较弱、个性化欠缺、数据收集困难等都是其劣势。随着技术的发展，传统媒体也在逐步实现互联网化，比如电视、户外电子站牌、公交广告、报纸等传统媒体正在借助二维码扫描技术，实现与手机移动终端的互动，将先前的广告展示平台逐步转变为营销交易平台。比如2015年春节联欢晚会通过“抢红包”活动，实现了电视与手机的互动。

网络营销传播兴起于20世纪90年代，是指基于互联网和移动互联网平台，利用信息技术与软件工程，满足商家与客户之间交换信息、交易产品的需求，同时通过在线活动创造、宣传和传递客户价值，并对客户关系进行管理，以达到一定营销传播目的的新型营销传播活动。和传统媒体相比，网络营销传播手段更为丰富，可以实现点对点的传播和互动，实现个性化的精准营销。基于电商平台，网络营销传播还可以将传播与交易在同一平台实现，并借助大数据完成对用户网络行为的记录与分析。

网络营销传播大致可分为以下几种：

1. 搜索引擎营销

搜索引擎营销最核心的方式便是竞价排名，由客户为自己的网页购买关键字排名，按点击计费。客户可以通过调整每次点击付费价格，控制自己在特定关键字搜索结果中的排名，并可以通过设定不同的关键字捕捉到不同类型的目标访问者。

2. 论坛营销

论坛营销也称为电子公告牌系统营销（BBS 营销），后来也泛指网络论坛或网络社群营销。论坛营销是指利用论坛这种网络交流平台，通过文字、图片、视频等方式发布企业的产品和服务信息，从而让目标客户更加深刻地了解企业的产品和服务，最终达到宣传企业品牌、加深市场认知度的目的。论坛营销不仅要策划新颖的话题，还需要网民就话题进行讨论，但网民言论本身具有不可控性，因此，论坛营销是把双刃剑，既可能在短期内让企业或产品走红，也可能使其成为过眼烟云，甚至对企业品牌造成伤害。

3. 微博营销

微博营销是指企业或个人通过微博平台与网友交流，发布信息，创造价值，并满足用户各类需求的一种营销方式。微博平台作为企业信息发布以及与网友交流的平台，注重价值的传递、内容的互动和更新以及企业自身形象的塑造，同时还要强化微博平台的黏性。当然，微博营销也有其缺陷，比如有效粉丝数不足，微博内容更新过快等。

4. 微信营销

微信营销是网络经济时代企业营销模式的一种创新，是伴随着微信的火热而兴起的一种网络营销方式。由于微信本身具有封闭性，是一种半熟人社交，所以微信营销实际上是一种关系营销。微信营销可分为两种：一是朋友圈的微信营销，即利用朋友圈的熟人关系进行产品信息推广；二是企业微信营销，即企业通过建立微信公众号，吸引用户通过“加关注”的方式成为粉丝，由此进行信息推广和交流。由于微信具有熟人（或半熟人）社交的特点，因此微信营销的可信度相对较高，针对性较强，互动性也较强，成为目前比较流行的一种营销传播模式。

5. 直播营销

直播营销也称网络直播营销，是一种采用视频直播形式与用户进行实时互动的营销方式。该营销方式以电商平台或直播平台为载体，实现商家品牌推广或产品销售。

网络直播营销是对传统营销方式的一种改造，和其他营销方式相比，它具有几个突出特点：一是实时互动。网络直播营销由于采用直播模式，具有其他线上营销所不具备的实时反馈和调整功能。消费者在直播场域内拥有话语权，可以和营销主体更加平等地交流，他们可以通过实时弹幕提出问题或发表评论感想，营销者可以针对这些诉求及时做出回应和调整。直播构建了一个互动的场域，更容易营造气氛，容易实现营销者与用户间相互感染，由弱关系向强关系转换。二是场景触发，过程消费。用户一旦进入直播间，就进入游戏式的互动场域，主播的语言或动作会不断引导和鼓励用户与其互动，同时其他用户的消费或购买也会进一步刺激个体购买冲动。直播过程中用户处于情绪兴奋的氛围之中，打赏主播或点击购买链接不会像平时的消费决策那么理性，对实际价格的感知也不敏感。三是强烈的真实感。由于是直播模式，消费者会认为他们是所看即所得，这是其他线上营销活动无法企及的，而线下营销因场地限制无法达到直播营销的规模。直播营销对产品或服务超立体化的展示、对线下场景真实的还原复制，以及用户与主播的实时互动等都是后期精修的图片或短视频所无法比拟的。在中国实施乡村振兴战略的过程中，“直播带货”发挥了极为重要的作用，众多的农户，甚至地方官员利用手机进行直播，将当地农产品向全国推广，解决了农产品销售渠道的问题。《人民政协报》对此总结道：“农民变主播，手机变农具，直播变农活，成为新时代的乡村模式。”①

（三）柔性传播策略

柔性传播策略是相对于企业的硬性广告推广而言的。和硬性广告推广相比，柔性传播策略更为自然，或是将营销信息与公益活动充分结合，或是将广告信息植入视频、音频或文字内容之中，或是将营销信息完全内容化（如原生广告），或是通过体育赞助等手段，利用消费者对中立信息的“不设防”心理，实现广告信息传播的目的。

1. 内容营销

内容营销是指企业生产和传播的内容能够吸引特定受众的主动关注。内容营销本质上是一种新的营销思维方式。在传统营销中，广告与内容是严格区分的，内容满足受众的信息需求，广告则与内容争夺受众的注意力资源。而在大数据时代，企业实现了“找对人”“找对时间”“找对地点”“说对话”，广告真正实现了按需推送，能为每一个消费者提供个性化的信息，更适时、适地、适度，更艺术化地满足目标消费者的需求。因此，广告变成了有价值的内容，广告和内容的边界开始消融，呈现广告内容化、广告信息化的趋势。与其推送广告，不如推送内容，新媒体广告越来越重视内容营销。广告主借助社交平台和自媒体方式，直接

---

① 《“直播带货”走出乡村振兴新路径》，《人民政协报》2021年3月30日。

生产内容，和用户直接互动，或者自主开发 App 应用，开设微博微信账号，利用社交媒体发起话题。像这样进行各种形式的内容营销已经成为一种趋势。

2. 视频营销

视频营销是内容营销的一种，是指企业或个人（视频账号博主）通过拍摄、制作视频内容，借助抖音、B 站、小红书等社交平台或视频网站，向特定的目标用户传播有价值的内容，促成他们的关注、点赞、评论、转发等互动行为，激发他们对视频中所植入的产品或服务的兴趣，最终促成用户购买。尽管 5G 网络高带宽、低延迟的特点，为长视频的传播提供了技术支持，但用户多利用碎片化时间浏览视频，因此目前的视频营销仍以短视频为主。

视频营销有几个特点：一是制作简单、成本低廉，传播门槛低。传统媒体时代的视频制作需要专业设备、专业团队和较大的资金投入，传播平台也受限；当前的视频制作只需一部手机即可完成，抖音等社交平台还专门研发了“剪映”等剪辑软件和视频模板，以及用于配乐的音乐资料库，方便用户进行视频创作。二是视频的传播受到平台流量推荐机制的制约，并非自发传播。比如抖音采用“去中心化”流量分配机制，平台先将视频放入一个很小的流量池，初级流量池大约有200~500个流量，其含义是该视频在理论上可以触达 200~500 个用户，抖音会根据作品在初级流量池的播放率、转发量、完播率等数据表现，再决定是否将视频置入更大的流量池。三是在内容创意上强调有趣、有用。有趣是指视频在选材、创意、故事等方面别出心裁，幽默机智，出乎意料；有用是指视频能够直击用户痛点并提供解决方案，或者能提供新鲜的见解和知识，提升用户的认知，或者能提供优惠、折扣等实际利益。四是数据可视化。由于视频营销多基于社交平台，视频发布者与用户之间可以高频互动，用户也可以通过浏览、点赞、评论、转发等方式表达自己的态度和观点，这些数据都以可视化方式呈现。视频发布者可通过对自身数据、对标账号数据、行业竞争对手数据等进行分析洞察，掌握行业风向，及时调整并优化视频内容，以达到更好的营销效果。

3. 植入式营销

植入式营销，又称植入式广告，是指企业把需要营销的产品、品牌、场景等具有代表性的视听（文字）符号融入影视、游戏、舞台剧、文学等文化产品中。植入式广告是随着电影、电视、游戏等的发展而兴起的一种新的广告营销手段。

与硬性广告相比，植入式营销由于借助影视、游戏、舞台剧、文学等娱乐载体，暂时让消费者忘记广告背后隐藏的功利性，而沉醉于植入物所处的“情景场”。这些植入物通过娱乐、艺术设置等方式，设法激活消费者的现实体验或潜在需求。在一定程度上，植入式营销既希望消费者对植入物有所意识，又希望消费者不要意识到它是广告。所以，植入式广告要在“隐”与“显”之间寻找平衡。

植入式营销常用的手法包括台词植入、场景植入、道具植入、角色植入、剧情植入、音效植入、题材植入、文化植入等八种方式。由于受众接触时间短，同时还要结合剧情需要，所以植入式广告以唤醒消费者的品牌认知为主，比较适合已有知名度的品牌以及非常感性的产品，比如旅游景点、咖啡厅等。植入式营销特别强调产品与剧情需求的高度融合，过分“出跳”的植入方式很容易引起受众反感。

4. 原生广告

原生广告是业界在2012年提出的一个广告概念，是在传统互联网广告传播效果越来越有限的情况下产生的一种新的互联网广告形式。原生广告有几个特点：一是内容的价值性，即原生广告为用户提供的是有价值的内容，广告信息完全内容化，不再是单纯的硬性广告；二是内容的原生性，指的是内容的呈现方式和页面风格与用户的媒介使用习惯高度统一，不显得突兀和生硬；三是用户的主动参与性，用户乐于主动参与和分享内容，这些内容是基于用户心理和行为习惯，经过大数据分析而精心设计出来的。

5. 信息流广告

信息流（Feeds）广告，是指投放在社交媒体、资讯媒体和视听媒体内容流中的广告，2006年由Facebook首先推出。这类广告基于算法，利用用户标签进行定位，针对用户群体属性和用户喜好进行精准投放，与目标人群属性匹配度高，用户体验相对较好。这类广告之所以被称为信息流广告，是因为它不像传统平面媒体“一览无余”地铺陈展现，而是按照一定的规格样式进行上下排布，与各式内容混排在一起，好像瀑布一样流淌下来。信息流广告属于原生广告的一种，如果不留意其周围出现的“推广”“广告”字样，用户不易发现它是一条广告，从而起到“润物细无声”的效果。

信息流广告的运作模式有几种：（1）基于社交网络的关系模式。这一模式主要是以微信朋友圈广告为代表，基于强社交关系，打造多维度、多层次的媒体矩阵。例如腾讯拥有庞大的社交用户数据，能够充分地挖掘用户行为习惯和偏好，并通过AI大数据技术进行智能分发。（2）基于阅读偏好的兴趣模式。这一模式主要是通过用户的阅读兴趣和偏好，推送相应的信息流广告。今日头条就是依据用户点击的信息所绘制的兴趣图谱进行信息推送的，它可以帮助广告主多维度、立体化地找到目标人群，并根据用户不同阅读场景进行精准分发。（3）基于用户搜索的推荐模式。这一模式主要以百度为代表，采用“搜索+推荐”双引擎模式。（4）基于地理位置的导流模式。这一模式借助LBS的定位服务，将信息流广告推送给附近的人。（5）基于“社交+兴趣”的混合模式。这一模式以新浪微博为代表，是一种基于粉丝经济的“社交+兴趣”双信息流模式。微博拥有全面详细的用户社交行为数据，这些数据涉及用户状态、话题参与、互动行为等，平台可以对用户的社交关系及兴趣进行实时捕捉与挖掘，推送信息流广告。①

6. 公益营销

公益营销就是企业通过举办公益活动、资助公益活动或进行公益主题的营销等方式与消费者沟通，在产生公益效果的同时，使消费者对企业的产品或服务产生偏好，并由此提高品牌知名度和美誉度。公益营销本质不是纯慈善行为，而是一种营销行为。公益营销有利于塑造企业良好的社会形象，提升产品或品牌在消费者心中的知名度和好感度，增加消费者的额外“价值感”，甚至也可能改善企业与政府、公众、企业员工等相关利益者之间的关系，营造出更好的经营环境。

尽管公益营销得到社会广泛支持，但也存在认知风险、道德风险和关联风险的问题。认知风险在于消费者可能认为企业是在借公益营销进行自我炒作。道德风险在于消费者会认为企业利用公益营销，特别是关联营销进行“道德绑架”，比如，消费者买一瓶农夫山泉便间接向山区儿童捐出一分钱，那是否说明如果不买就没有社会公德呢？甚至有的企业通过“道德绑架”强迫消费者购买他们不喜欢甚至质量不好的产品。关联风险在于企业的公益营销活动和企业经营本身没有任何关系，达不到产品营销的目的。

7. 赞助营销

赞助营销是指企业通过资助某些公益性、慈善性、娱乐性、大众性、服务性的社会活动和文化活动，开展宣传，塑造企业形象和品牌，促进产品销售，实现广告目的。它融合了销售推广与公共关系两个方面的优势，是一种软性广告营销方式。

赞助营销大致分为以下几类：

（1）体育赞助营销。体育运动是公众兴趣的热点，是新闻媒介热衷报道的对象。体育赞助营销是当今最主要的赞助营销类型，沟通对象清晰明确，面广量大，有明星效应，所以传播效果比较好。

（2）娱乐赞助营销。赞助营销的另一重要领域是娱乐业，包括电影、电视、主题公园、巡回音乐会及其他吸引人的娱乐活动。由于音乐会凝聚了一批喜爱音乐的人士，对音乐会的赞助不仅可以提升企业形象，还可以做有针对性的营销。像影视这种大众化娱乐，受众面更要宽得多。

（3）教育赞助营销。通过赞助教育事业，可以树立企业关心社会教育的良好形象，融洽企业与教育单位的关系，对企业招聘优秀人才、提高企业品位具有积极作用。目前教育赞助营销主要针对两个领域：一是贫困地区的教育，可以使企业树立良好的社会形象；二是高等教育，通过赞助的方式使企业赢得大学生这一

---

① 李彪：《信息流广告：发展缘起、基本模式及未来趋势》，《新闻与写作》2019年第10期。

具有消费潜力的社会群体的信任。

（4）活动赞助营销。即通过赞助活动的方式来进行企业营销。尽管活动本身的参与度有限，但由于活动是一种人际互动，活动参与者不仅有参与热情，而且具有高度的同质性。因此，活动赞助不仅针对性强，而且通过互动还能实现品牌的深度传播，这是一般广告难以达到的效果。

（5）公益福利赞助营销。比如参加市政基础建设，出资修建马路、公园等，既可为政府减轻建设所需的资金压力，赢得政府、市民的信赖，又能树立企业的良好形象，为企业的发展创造良好条件。另外，为各种需要社会照料和关爱的人（如革命军属、伤残病人、孤寡老人）和社会福利机构（如敬老院、孤儿院）提供物质经费帮助，开展服务活动，这既是企业履行社会责任和义务的重要方式，也是企业建立融洽的社区环境和政府关系的重要途径。

需要强调的是，企业不能仅仅将赞助营销当成一次简单的赞助活动，它应该是一个整合营销传播的过程，要配合报刊、广播、电视、网络等媒介的宣传，结合广告、促销、公关等手段，集中力量在短时间内以赞助活动为龙头进行全面宣传，以迅速提高企业、产品的知名度和美誉度。因此，赞助营销是经过精心策划的、系统性的整合营销传播行为，而不是一次随机、随意的赞助活动。

当然，除了以上几种方式外，还有更多的柔性传播策略，比如公共关系、事件营销、软文推广等，这里就不再赘述了。

思考题

1. 请针对广告策略观演进的三个阶段的划分方式谈谈你的看法。
2. 你如何理解定位？请分析一个中国企业界定位成功或失败的商业案例。
3. 信息流广告与植入式广告有何异同？
4. 阿里巴巴、腾讯、抖音都采用全域营销模式，它们之间有何区别？
5. 企业已经可以利用大数据对消费者进行画像，为什么还要强调消费者洞察能力？

▶ 本章即测即评

第七章 广告创意

创意是广告（包括公益广告）中出现频率较高的概念，无论是广告策划、广告表现，还是广告媒体运作，都离不开对创意的追求。早在创意产业、创意经济概念形成之前，创意的经济效能、创意的产业中枢作用，就在广告行业中得到了充分显现。创意这一概念发轫于广告，运用于广告，成熟于广告。

第一节 广告创意概述

广告创意是广告实践中最具创新能动性的部分。已有的大量广告创意作品和著名创意人的创作经验，为我们深入理解广告创意、界定广告创意的内涵与边界，提供了客观而丰富的案例支持。

一、广告创意的能动性实践

广告创意是始终围绕传播产品（品牌）信息，建立与受众有效沟通这一主旨而展开的能动性实践。

（一）广告创意的定义

在百余年的广告创意实践中，虽然形成了许多对广告创意的描述，但缺乏对广告创意的精确定义。本章从广告的传播沟通角度，对广告创意作如下定义：

广告创意是为达成营销或传播上的新价值和附加值而进行的概念突破与表现创新。

首先，广告创意所讲的“概念”，是指广告以产品或品牌的营销战略为基础，围绕广告主题，在产品或品牌与消费者的沟通点上凝练的传播口号，是广告的策略主张；广告表现的创新主要强调广告表现在主题构想上的新颖性和广告视觉形式上的差异性。

其次，广告的概念突破是发展广告运动的灵魂。它以凝练的语言，提炼与升华广告策略，表达广告对品牌或产品目标消费人群的新认知，展示品牌或产品对目标消费人群的新价值、新意义；它以广告口号形式传达品牌的价值理念。

最后，广告是一种为达成营销目标而进行的传播活动。广告创意的外延涵盖广告以营销传播为原则，以创造性的思维为先导，以独特、新颖的概念与视觉表达为沟通，在重构消费意识形态中引导市场行为等内容。

所以，广告创意以概念突破确立品牌的新市场、新价值和切入市场的新途径，以表现创新创造广告的附加值，实现传播实效。

（二）广告创意的能动力量

能动是人对外界或内部的刺激、影响做出的积极的、有选择的反应。广告创意的精神能动与实践能动，是推动广告运动不断发展的内在力量。

1. 广告创意的精神能动

广告创意的精神能动，是指广告创意过程的创新性思维，它表现为以下四个方面：

（1）超越熟知，创造差异。广告创作者在创意过程中需时刻提醒自己，不要因熟视无睹而忽略了对事物本质的洞察。

（2）表达生活的真实。受欢迎的广告多是大众经验的戏剧化表现。大众经验源自生活的真实，尽管这种广告表现可能会有一定的夸张成分，但真实永远是广告真正感动人心并取信于消费者的力量源泉。

（3）重设关联。广告创意要建立产品、形象、符号象征与消费者之间的关联，这种关联既是既定的，又具有超越性。所谓既定，是指任何产品的广告创意都必须服从企业营销目标，服从该产品所确定的广告策略；所谓超越，是指广告创意一定要跳出产品与消费者关系的固有程式，用独特的形象或符号，创设出不一样的意念、意境，建构产品与消费者之间与众不同的关联。只有那种意料之外、情理之中的关联，才能给人以强烈的心灵触动，形成强烈的冲击力。广告创意要重设关联就意味着，或者在市场的重新细分中界定新的目标消费群体，或者在消费者的功利性或非功利性需求中挖掘产品对消费者的象征价值。在重设关联时，要利用新关系产生的独特性来吸引消费者，激发消费者主动去了解产品信息，以实现广告的市场效力。

（4）重构想象。在日常生活中，形象价值常常会大于抽象价值。人们已经习惯于直观地"看见"，在消费中会追求精致的视像，为能够引发荣耀感、身份感的想象而消费。

2. 广告创意的实践能动

广告创意不仅具有一般创意所具有的思维性、差异性、艺术性与限制性特征，还具有作为创造产品或品牌传播附加值的独有特性。具体表现如下：

（1）功利性——激发与强化消费动机。广告创造营销或传播附加值的目的是在最大程度上刺激个人的消费行为，因而广告创意首先要创设感性符号，以形象吸引目标消费人群的关注。因为只有吸引关注，才可能引导消费者接近产品、接近品牌，才可能带动消费者深度参与广告活动。

（2）文化性——认知与情感的说服。广告创意是说服的艺术，建立消费者对产品或品牌的认知与情感关联，是广告说服消费者的方式之一。

广告创意对消费者的说服功效主要有三个方面：展示产品的独特功效价

值——创造认知；创造消费者的心理想象价值——分享情感；确立产品的市场竞争价值——提升优势。广告创意通过对产品或品牌这三重价值的深度挖掘，提出相应的利益说辞，以此服务广告产品或品牌的销售。

首先，通过对目标消费者的人文关怀，发现消费者的生活难题，阐释产品或品牌为消费者提供的解决方案，使消费者在对产品或品牌功效价值的认知中理解并相信广告的说辞。

其次，通过对目标消费者的情感观照，创设产品或品牌与消费者生活的戏剧性关联，将理想化、艺术化的生活落实在对特定产品或品牌的消费之中，将消费者情感期待予以物化，促成消费后的心理和谐。

最后，以贴近目标消费者心理的沟通策略和全面的信息服务，为消费者提供可供比较的资源和可供选择的理由，并由此影响消费者的意图、态度、抉择等。

总之，广告创意在关联性中放大了广告的销售功效，让最主要的潜在消费者首先考虑广告产品，且能让他们想起广告产品的众多优点，以此达到对目标消费者的有效说服。

（3）意象性——旧元素新组合。意象是渗透和融合着人的主观感受、意念和情感的，具有象征性的符号或形象。意象的形成来源于感知，是对感知要素的整体性知觉，具有一定的概括性和指向性。在广告创意过程中，广告人常用“旧元素新组合”描述广告意象的生成过程，即常常根据广告所要表达的意念，选择一定的符号元素和情绪符码，通过重组，形成具有一定新意义的新符号或新形象来作为品牌的象征。

二、广告创意主体的素养

（一）心理特质

广告是充满挑战与激情的行业。对广告主来说，广告人既是消费资讯专家，又是市场推广的创意智囊；对受众来讲，广告人承载着创新消费文化与彰显社会道德的双重责任。广告的行业特征要求广告人必须具备抵御压力、锐意创新的心理特质。广告人要真诚、进取，要有激情、自信和责任感。良好、稳定的心理特质能够激发广告人的创造潜能，并发挥良好的导向和调节作用。

（二）思维特质

广告能够真正吸引人并产生预期的效果，很大程度上取决于创意的绝妙和表达的准确。如果说广告表达的准确还取决于设计者的经验积累和生活阅历的话，那么绝妙创意的产生则依赖于广告人独特的思维特质。

1. 知识与直觉

广告创意所讲的知识，既有狭义的广告创意思维理论和创意技巧，也有广义的生活知识。在广告创意实践中，如何从知识中提炼创意点，形成独特创意，还需要创意人的敏锐直觉，即建立在对消费者、对市场的体悟和感受基础上的瞬息判断。

2. 阅历与经验

阅历与经验是广告创意人员自身的生活积淀。当广告人面临着一个全新挑战时，他所面对的是一个充斥各种要求和信息的综合体。此时，广告人自身的阅历与经验会帮助他对外界的信息进行初步筛选、储存、加工和定位。

3. 逻辑与顿悟

逻辑是理性思维，顿悟是灵感，两者虽然不同，却都在广告创意过程中发挥着整合性作用。在广告创意中，当广告人对外界信息有了大致了解后，如何针对既定的广告目标展开合适的创意，这既需要广告人进行逻辑推理，又需要广告人在众多的发散性思考中进行比较、甄选。顿悟是前期逻辑推理和发散思考的灵感结晶。

（三）行为特质

在以能动性、创造性为主体的人类活动中，广告创意要解决的主要问题是：如何应对“环境强迫”，如何将“环境强迫”的应对性行为巧妙地融入源于创作主体“个体心性”的表现性行为。广告创作中看似不合常规但细思又具合理性的行为常被称为“绝妙”创意，这是广告人将应对性行为转化为具有创意个性的表现性行为的典型行业特质。

三、广告创意的价值创造

（一）广告创意的沟通价值

广告创意增强了广告传播的有效性，使广告产品或品牌与目标消费者达成了一定深度的沟通。

1. 情感沟通

广告创意与消费者的沟通，不是依靠说教，而是要调动消费者情感。广告创意对消费者情感关系的构建，要从亲近入手，从关怀深入，在信任中落实；对情感关系的表达，也应追求“意中有境，境中有意”的境界。毕竟，触动心灵的情感体验，不在于浮华空洞的说辞，而在于平实真挚的关爱，在于对消费者的细致关怀。

2. 认知沟通

认知是对意义的理解。消费者对广告创意的认知沟通程度，取决于其对广告创意的生活关联价值的解读。从心理学角度看，以解决问题的方式展开认知沟通是最为有效的。问题是目标消费者觉察到的当前状态与渴望目标间的差距，这种差距促使目标消费者主动寻求信息，并唤起解决问题的冲动。无疑，在目标消费者寻求解决问题的方法时，广告如果能够提供给消费者知识、技术、生活价值等信息，使消费者形成对产品或品牌的理性认知，就可以增强认知沟通的有效性。

3. 想象沟通

广告创意通过创设意象，实现与目标消费者的想象沟通。广告创意人员与目标消费者的想象沟通，应因循目标消费者的人文想象轨迹，在构图、色彩及表征意义上用简洁凝练的符号传达，增强目标消费者对广告信息的理解、领悟。生僻的、远离目标消费者生活境况的广告创意，即便是新颖、独特的，也难以引起共鸣；过于复杂化、艺术化的广告创意，也可能造成曲高和寡的局面。广告创意的想象沟通，不应该只是广告创意的唯美追求，而应该是在消费的意义、意象、意欲的调动与再造中，创造目标消费者的心理认可和精神认同。

（二）广告创意的传播价值

广告创意不仅具有传达产品或品牌价值的意义，还具有文化传播的意义。广告创意体现了人类文化的不断创新和拓展，是个体意识对人类文化精神的不断观照和感悟性表达，因而广告创意的传播作为人类文化传播的一部分，也会在不同程度上承袭人类文化传播的发展形态及其特征。

广告通过创意的传播影响消费者情感。面对不同层次的消费者，广告或以可感知的形象，或以不同的消费观念和生活模式，或提供令人信服的形象权威等，创造消费者的情感依恋甚至是崇拜。

广告通过文化价值的传播影响消费者行为。经济行为是一种交换，是质量评估，是买卖双方相互施压并寻求双方利益满足的平衡。通过经济和艺术的联姻，广告创造、传播产品或企业的新价值。比如，通过包装设计美化产品或提升品牌的品质感，用整合传播为特定产品或品牌造势，通过时尚概念切入产品的细分市场，以艺术形象链接广告形象，在目标消费者心目中唤起情感依恋等。广告传播通过创造价值增值的方式实现产品市场的营销目标，促进品牌信任度的提升。

第二节　从抽象概念到形象传播

在信息传播中，如何将抽象的概念形象化、大众化？广告在其中起到不可或缺的作用。

一、广告创意的策略性思考

（一）广告策略创意

从广告实践来看，广告策略创意是对产品或品牌市场营销策略的创意性实现，它本身就是一个对产品或品牌切入市场的角度与方式的创新性选择，其表现形式是对这一创新性选择的独特而凝练的概括性表述。就此意义而言，广告策略创意体现为对产品或品牌切入市场的核心概念的创意。

因此我们说，广告策略创意是创意性地表现整个市场营销策略的重要环节，是广告沟通传播的核心，它通常以核心概念的形式呈现。

（二）广告策略创意的核心概念

广告策略创意的核心是“概念”的形成与表达，“概念”是使消费者迅速理解产品利益的最简洁的表达方式。好的概念有利于缩短产品进入市场的时间，提高投资回报率，创造市场优势。

好的创意，起始于市场分析和深入的消费者洞察。广告创意人员通过对市场与消费者需求、行为特征、媒介偏好等全方位的调研，为产品的目标消费人群做出精准画像，并通过反复的头脑风暴，提炼出符合品牌营销战略的明确、单纯、具有概括力和传播性的广告策略主张，用简洁清晰的文字将策略主张完整流畅地表述出来，形成广告策略创意。

广告策略创意的概念表达作为启动市场的口号，具有带动消费的影响力。一些跨国公司进入中国市场时，普遍采用了“概念先行”的广告策略，以概念阐释技术，以概念创建品牌形象，迅速影响消费者的认知，进而打开中国市场。

二、广告策略创意的符号表现

概念的表达需要借助语言文字，所以广告文案天然地成为广告概念的表达符号。概念可以是理性的，也可以是感性的；可以是抽象的，也可以是形象的。一般来讲，抽象的、理性的、深层次的概念常常依赖直接而明确的文案传达来引导消费者对广告的解读。

此外，广告的视觉符号表现也是阐释广告策略创意的重要路径。广告视觉符号表现是对广告概念的一种视觉形象的演绎，是广告策略直观可感的形式。在“读图时代”的今天，以形象和影像为中心的视觉文化传播已经成为信息传播的重要渠道，图形与影像已经成为信息传播的重要载体。

在各种传播形式中，广告的视觉表现符号最为多样，在表现产品功能方面也最为明显。首先，广告的视觉符号应结合商品特性，找到符合受众审美和创意概念的视觉风格，注重整体性；其次，应简洁化，尽量避免含糊性和过于复杂的视觉形态，以达到清晰、直接地传播商品或品牌信息的目的；再次，应该注重差异性，无论是创意概念还是视觉表现都必须强化与竞争对手的差异，使之成为消费者购买的理由；最后，应尽量以一种娱乐性、戏剧性、幽默性的方式把创意概念传递给消费者，强化消费者记忆。

（一）广告表现的符号系统

视觉语言是创意表现的核心手段。重新组合视觉符号，可以获得具有全新意义的广告创意。

1. 写实符号与相近符号

写实符号的运用是直接将产品或生活场景图像化，向消费者述说产品与服务的特性，或通过实物的实际表演、操作、使用、品尝等方式来证实商品质量优良、功效良好，以刺激消费者购买。而相近符号的运用，则是通过激发受众联想，产生比拟效应，来传达品牌或产品的利益点。

2. 符号借代、3B 符号

符号借代的运用是基于消费者的接近联想，将生活中常见的形象与广告所要表达的观念或产品进行借代，产生比喻效应。3B 符号分别指美的形象符号（Beauty）、儿童形象符号（Baby）和动物形象符号（Beast），3B 符号比较容易在第一时间抓住观者的眼球，并根据其富有象征意义的符号指代，引发受众的相应联想。

3. 戏剧性符号

戏剧性符号的运用是指合理运用夸张的概念、戏剧化的表达方式，让广告得到更多受众的关注。它包含以下两种表现方式。

一是艺术夸张。有夸大型夸张、缩小型夸张、关系型夸张三种形式。图 7-1

三藏马术

吾空标枪

吾能曲棍球

吾静举重

图 7-1　《中国动起来》

是为2008年北京奥运会创作的广告作品《中国动起来》，该作品获得了国际创意大赛金奖。作品将《西游记》中的人物形象进行视觉上的时尚夸张和行为上的联想夸张，并将运动项目与《西游记》中人物的动态行为相融合，使运动项目内容与中华优秀传统文化的结合自然贴切。

二是事实夸张。包括功能特点夸张、产品使用效果夸张、背离常理夸张、警示劝诫夸张等。

（二）广告表现的符号沟通

人类与生俱来具有猎奇心理，创意人员抓住人类的这一本性，在广告表现中，会选用一些人们熟悉的符号化元素，经过艺术加工，使其通过一种非常态的角度呈现出来。这一过程，就是创意人员选择符号、解构符号、重构符号的过程。创意人员犹如艺术家，将产品的理念通过艺术途径表现出来，受众犹如参观艺术品，用自己的想法去理解艺术家的理念即产品的理念。受众接受广告的过程，即运用经验识别符号、解码符号、审美符号的过程。

1. 符号和形象认同——喜好广告

广告表现一定要选择合适的符号和形象。人类都有审美的需求，因此广告也应多塑造美好的形象，进而刺激消费者对产品的需求。

图7-2是获得中国国际广告节长城奖的作品《加油白衬衫》。基于毕业季背景，天猫以“白衬衫”为核心符号，与即将步入职场的应届毕业生们展开一场对话，用成功人士的故事勉励每一位毕业生：每个人的开始都是一件白衬衫，每件白衬衫都写满未来。该作品选择“白衬衫”这个符号准确连接了目标受众与职场场景，以其独特的视觉语言引起受众共鸣。

2. 价值观认同——理解广告

广告通过各种表现手法传达广告本身寻求价值观认同的渴望。好的广告要竭尽所能说服受众，使受众认同广告所传达的价值观，进而让受众理解并购买产品。

获得中国国际广告节长城奖金奖的潘婷广告《闪耀如她》（图7-3）就是广告与目标受众进行价值沟通的优秀案例。这则广告的成功之处在于借助品牌自身特性，鼓励职场女性击碎打扮伪自由，征服职场，敢于闪耀。正是这样的洞察激发了消费者的情感认同，进而使消费者认同广告所提倡的价值观，最终认同品牌。

3. 时尚和流行文化——仿效广告

广告是时尚和流行文化的一部分，许多经典广告都引领过一阵时尚潮流。如今，“国潮”已经超越产品本身的属性，成为人们生活方式和精神文化的缩影。它不仅是我们国家和民族创意精神的体现，而且逐渐成为我国对外展示的一种精神文化形象。图7-4展示的“气蕴东方”故宫系列彩妆广告不但传递了故宫所代表

图 7-2　《加油白衬衫》

图 7-3　《闪耀如她》

的传统东方美学符号，赋予现代美妆产品文化底蕴和艺术美感，而且刷新了大众对“国潮”美妆的认知。国货品牌毛戈平与故宫文创的火热联名折射出中国人坚定的文化自信与强烈的情感认同。

图 7-4 “气蕴东方”故宫系列彩妆广告

三、广告创意的媒体运用

不同的媒体对广告创意有不同的要求。目前，按照登载广告的媒体类型划分，主要有平面媒体广告、视频媒体广告、声讯媒体广告、网络媒体广告、户外装置媒体广告等。下面对它们的创意特点分别进行阐述。

（一）平面媒体广告的创意设计

平面媒体广告是以二维媒体（如报纸、杂志、户外路牌、店堂海报等）为载体，传播商品信息的广告形式，图形、文字、色彩是其基本的创意构成要素。平面媒体广告创意就是通过图形、文字和色彩的组合，增强广告的视觉冲击力。

1. 运用图形，寻求与受众语境的匹配

感性诉求的平面媒体广告常以营造氛围来感染消费者，其中制造画面的韵味是感性视觉设计中有效的表现手段。理性诉求的平面媒体广告则更强调简洁、清晰，符合受众的视觉习惯，使广告说理更易于被受众解读。

2. 文字形象化

在广告表现中，使品牌名称或标题口号给目标消费者留下深刻印象，是广告创作者追求的目标之一。文字形象化是实现这一目标的有效手段。

广告创意通过对文字的解构、变形、会意、反切注音、加减部首等，扩大文字的内涵，标识产品的属类特征，传播更多的商品信息。例如，针对部分非遗文化因名字里含有生僻字而慢慢消失的状况，“非遗不生僻”系列广告（图 7-5）根据非遗文化的特征，在每张广告作品中都融入对应的非遗画像、色彩、文化符号，结合非遗传统和生僻字重新解构字形，将具有特色和人文气息的“非遗不生僻，才会有生息”作为广告口号，既形象化地展示了非遗传统，又重新焕发非遗生机。

图 7-5　“非遗不生僻”系列广告（部分）

文字形象化可以增强广告的诉求力，但应注意不要把文字形象化到不再成为文字的地步。

3. 用色彩传达情感

色彩能够唤起各种情绪，表达感情，甚至调整人们对事物的态度。一般来说，某一种颜色会与一些相应的情感相联系。广告的创意设计必须善用色彩语言，加强广告对目标消费者的情感影响，从而更好地吸引受众注意，传达商品信息。

（二）视频媒体广告的创意表达

视频媒体广告是集影像、音响于一体传递广告信息，引起受众情感反应的广告形式，包括传统的电视广告、网络视频广告、微电影广告、短视频广告等。在目前诸多的广告形式中，视频媒体广告仍然是最具有故事叙述能力和情绪感染力的广告形式。视频媒体广告中商品的戏剧性创意，更多的是通过广告故事来表达并传递给目标消费者的，所以，视频媒体广告创意的内容倾向于对广告故事的创意；通过故事的动态叙述，通过一定的形象符号和情节夸张，创造惊奇、悬念和期许等，引发目标消费者的相关体验，使商品或服务的利益点更为突出，更具亲和力，更直接地激发消费者的购买欲，实现广告说服。

（三）声讯媒体广告的创意传达

声讯媒体用语言和音响传达广告信息，多以广播广告、互联网音频广告等形式呈现。近年来，随着城市交通的发展，拥有私家车的人群不断扩大，广播广告的受众面也在不断拓宽，其受众群正在向知识化、中高收入化升级，广播广告的发展空间在不断拓展。

1. 广播广告的语言创意

广播广告的语言主要由广告口号、解说文案和故事构成。广告口号的创意强调鼓动性，使广告具有感召力。广告解说文案则更强调动之以情、晓之以理。在动之以情的创意中，广播广告力图通过一种诗意情境的创设、一种故事悬念的设置、一种幽默情景的描述等，烘托情感氛围，带动受众想象，感召目标消费者。

2. 广播广告的音响创意

广播广告的音响，包括音乐、音效、语音等，对广播广告的效果产生直接影响。

广播中的音乐包括歌曲、背景音乐等。音乐是非常抽象的，不能像语言那样确切地传达具体的信息，但能较大地影响人的情绪，较好地渲染环境气氛，能够很好地表现地域文化特色和时代特征，有力地烘托主题，也有着较强的象征作用。构成音乐的基本要素是旋律和节奏，广播广告中的音乐也主要通过旋律和节奏来烘托广告主题，因而在广播广告的创意中，应注意保持音乐风格与广告主题风格一致，音乐旋律节奏与语言声音节奏一致。

音效，是用各种器械或乐器制造模拟声，或通过技术手段采集自然界和现实生活中的各种声音，以服务于广告信息传递。音效在介绍环境、烘托气氛、推进情节、制造悬念等方面发挥着重要作用。音效具有强烈的提示功能，人们听到那些熟悉的声音就知道在什么环境，正在发生什么事情。因而广播广告中的音效创意，是增强目标受众理解和想象的重要手段，需注意精选慎用，要用得真，用得巧，用得到位，要尽可能唤起听众生活中的熟悉感，让音效真正为创意服务。

（四）网络媒体广告的交互创意

网络广告是一种新的广告类型。与传统广告相比，网络广告具有互动性、多样性、精准性等特点。近年来，随着我国网民数量的不断增长，广告主投放网络广告的热情不断高涨，网络广告的传播效力日渐增强，网络广告创意也更趋丰富多彩。

作为新的广告载体形式，网络广告的创意既要保证与产品的关联，又要符合网络媒体一对一精准传播和广告传受双方互动传播的特点，创造网络媒体不同于传统媒体的传播效果。一般而言，网络广告的创意与网络营销、传播模式的创新紧密相连。就目前的发展状况看，网络广告的创意在对目标消费者的参与性互动领域，还有很大的拓展空间。此外，网络媒体具有像电视媒体那样集影像、音响为一体的动态形象创设特征，而在动感表达方式上，网络媒体比电视媒体更直接、更多样化、更易于创造互动。

未来网络广告的创意，应具备视听的想象力以及对互动技术的深刻理解。基于对受众在人机交互界面下的心理状态和行为方式的深入洞察，网络广告创意应关注体验性、娱乐性的内容设计，在沟通层面上努力对接目标受众的网络表达方式，善于运用网络新技术作为创意资源，提升网络广告的渗透力、冲击力和说服力，以达成有效的传播与沟通。

（五）户外装置媒体广告的创意表现

传统的户外广告媒体，吸取新媒体艺术创意观念，越来越倾向于展示人际互动。在广告的创意设计中，装置设计作为一种重要的表达形式，在户外媒体和线下活动中得到广泛的应用。相比那种传统的广告形式，户外装置媒体广告的出现，首先在视觉上给人以冲击，吸引众多受众走入广告场所。同时，这种身临其境的感觉也促使受众关注所生存的环境，反思自己的生活方式，这样既达到了广告传播效果，也促成了人与广告之间的互动，引发受众内心深处的共鸣。

第三节　广告创意的思维与方法

创意思维不同于一般的思维，它有其自身的文化独特性。在长期的历史实践中，中国广告创意融会中国艺术的审美思维和中国哲学的辩证思维，形成具有中国特色的创意思维与方法。

一、意象思维与象征表现

在思维层面上，创意有两个主要特性：一是独特性，二是表现性，两者不可偏废。没有独特性，表现性容易雷同化、类型化；没有表现性，独特性也无从显现、无物承载。

从广告的本体出发，独特性、表现性的要求也是最基本的创作原则。尤其是在传播高度发达的今天，广告如果在表现层面上缺乏独特的形象感，就会弱化传播力。广告创意作为广告策略的表现方式，是通过形象来传播的，创意在思维方式和思维内容上，都体现出鲜明的形象性。

（一）意象思维与形象展现

意象思维是最具中国传统特色的思维方法之一，是用某种具体的形象来说明某种抽象观念或原则的思维方法。中国传统的意象思维强调“以象明意”，其方式可分为三类：符号意象思维，用某种符号象征一些神秘的自然法则，如道教、佛教的各种灵符；玄想意象思维，用选择的意象符号象征事物本质或某种“形而上”的概念，如老子、庄子的“道”，玄学中的“无”“自然”，朱熹的“太极”“天理”等；审美意象思维，通过塑造审美意象达到具有文学艺术情趣的思想境界，如王维的诗、苏轼的词等都是这种思维方式的具体体现。

从广告的整体运动而言，广告的创意思维是一种认识活动，是在表象、概念的基础上对指称物进行分析、综合、判断、推理等，是一种通过直观与想象来反映和认识客观世界的思维形式。人的大脑中储藏着生活中积累的各种表象，意象思维就是有意识地对这些表象进行加工处理，用新的形象“明意”“表意”的过程。

意象思维的能力并非艺术家所独有的。在日常生活和科学研究中，人们也在进行着各式各样的意象思维活动。当然，不同人的意象思维能力是有差异的。有人对图形特别敏感，有人对音乐特别投入，有人善于想象，有人善于形构。意象思维的能力并非完全是天生的，许多艺术创作者善于进行意象思维，与他们对生活的细致观察、对事物的体悟以及对思维技巧的学习和训练是分不开的。

（二）意象创意：诗性与象征

所谓“诗性”，就是于虚无中造形，于想象中写真。也就是说，“诗性”这种思维方式不是纯理论的理性思考，而是需要创作主体全身心投入，是一种直觉性的、顿悟式的思维方式。

创意的诗性表达，往往通过命名呈现，命名由此被赋予某种形象的象征意义。从传播角度看，没有命名就没有存在，因为命名是传播的基础。广告同样有着属于自己行业特点的命名方式，那就是以策略为内核的形象性命名方式，它使象征得以凸显。

譬如，三五牌不锈钢锅广告策略的概念是“健康”。这只是一个概念，没有形象，没有画面，不同的消费者对健康的理解和想象是见仁见智、各不相同的。所以，不锈钢锅与健康结合的理念很难在消费者意识中留下印象。但是，当创意把健康与特定的运动形象相结合，健康就被视觉化了，可观可感，其产品形象也得以定型（图 7-6）。

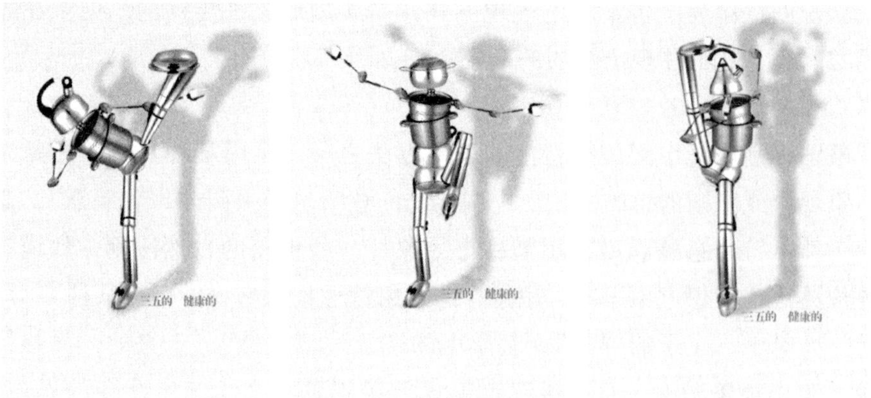

图 7-6　三五牌不锈钢锅广告

从理论上讲，“健康”作为广告策略，可以有无限的表现可能，可以是任何形象，但是经由创意的形象化处理，策略转换为某个可观可感可听的感性形象，其产品的策略就获得了诗性的命名，完成了具象表现。

这个过程是一个形象思维的过程，也是让产品从混沌复杂的意义世界中重新浮现、获得命名的过程。在给事物以形象性命名的同时，强调“诗性”的目的，就在于突出形象思维最重要的本质内涵。由此，我们引申出诗性创意思维方式的基本特点：直观性、灵活性、想象性。

直观性，是诗性方式的外显方式。其创作的要素是图形、图像、声音、色彩等形象性符号，其功能在于让人感觉感知，并产生形象感。

灵活性，是诗性方式的思维特点。其思维的发散往往不受逻辑的规约，任创作意识自由流动跳跃，创作者从中获取灵感。

想象性，是诗性方式的本质内涵，也是诗性存在的前提。想象性赋予精神活动以创造的自由。想象的过程总是与直觉、梦、幻想、联想等形式结合在一起，是人对记忆表象进行综合、加工，从而形成新的表象的心理过程。想象作为一种人的精神活动，主要是一种先于抽象概念的感觉活动和自由意识，它具有超越已知、探索未知的力量，并将感性的繁杂融会于形象整体，使概念借助形象得以表现。

二、辩证思维与理性演绎

以唯物辩证法为指导的辩证思维，建立在对存在的相互联系、相互作用的基础上，是对发展的动力模式的一种认知。广告创意的辩证思维，是运用对立统一的动态思维模式，对广告产品或品牌的发展过程进行辩证思考，发现其传播从量到质的互变规律，挖掘广告认知从肯定到否定再到肯定的循环，进而产生广告新创意的理性演绎过程。

（一）动与静的叠加

动与静是事物的存在方式。在自然界中，动是永恒的，静是相对的，二者相互矛盾又相互依存，共处于一个统一体中。观察、挖掘静态事物中的动态实质，赋予静态以动态表达，从而形成简洁新颖、具有视觉冲击力的创意表现，是广告创意运用辩证思维体现动静关系的结果。

在广告创意中，把握二者的对立关系，运用辩证思维，把条件中的动转化为静，抑或把静转化为动，形成一种质与量的转换，或化作与原题不同的情境，寻找动与静的和谐，是创作出优秀作品的重要方法。图 7-7 中的平面公益广告《别让手机挡住了孩子的安全》，展现的就是一个动态情景，手机的背后是孩子正在求救。广告通过一幅充满故事感的画面，警醒父母不要沉迷于玩手机而忽视了孩子的安全。

图 7-7 公益广告《别让手机挡住了孩子的安全》

由于平面广告载体是比较典型的静态存在，在广告创意中运用动静叠加手段，会引发受众由静向动的自然想象，体现出在动静对立中寻求动静融合的更高创意。

（二）时间与空间的转换

对广告创意而言，时空是想象的维度。广告创意是“戴着镣铐的舞蹈”，时空是广告创意想象与广告受众想象的共有边际。就此意义而言，时空不仅规范着广告实体，也规范着广告的延展。

时空是对立的，但在辩证思维逻辑下，时空在广告创意中实现了统一。不同时空要素的新组合，引导广告受众的想象、理解，既创造了广告的“陌生化”情境，又在受众的理解域中达成广告的“视界融合”。

此外，广告创意对时空对立的辩证思考还体现在由时间延长所带来的空间变化上，使对立的时空呈现出相辅相成的特征。

图 7-8 是中国国际广告节长城奖获奖作品《京东快递——转眼即达》。正方向看海报，快递寄送时间是 22：51，翻转后看海报，收货时间是次日 15：22，配合文案，巧妙地利用空间变化传达出京东快递“快”的利益点。现实空间之“实”与时间转化之“虚”结合，在此对比之间意境尽出，给受众创造了丰富的意会空间。

（三）大与小的位移

所谓一叶知秋，见微知著，都是来自对事物的大与小、整体与局部、抽象与具体的辩证思考。

中国传统文化认为，局部包含整体的全部信息，局部与整体具有同质同构性，局部与整体存在着以小见大的关系。基于这种认知，中华优秀传统文化中有许多微缩艺术，如盆景、庭院就是大自然的浓缩；“一粒沙里见世界，半瓣花上说人情”，是以小见大、以局部见整体、以具体推论抽象的人生描述，所强调的也是对

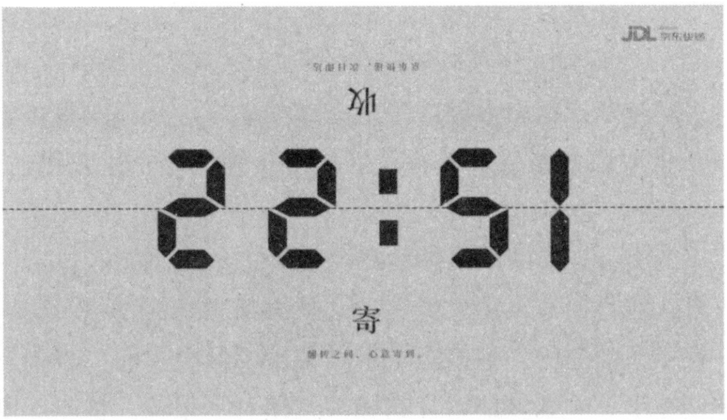

图 7-8 《京东快递——转眼即达》

人生存在的一种整体性的、直觉的把握。大与小、整体与局部、抽象与具体，相互包含、相互渗透、相互映照，在存在的关联中，在彼此的关系揭示中，缔造着同属于一个文化系统的联想。

在广告创意中以独到的想象抓住一点或一个局部加以集中描写或延伸放大，是为了更充分地表达广告主题。广告创意对大与小的艺术处理具有无限的表现力，也为接受者提供了广阔的想象空间。以小见大中的“小”，是广告画面描写的焦点和视觉兴趣中心，它既是广告创意的浓缩和生发，也是创意者匠心独运的安排，它已不是一般意义的“小”，而是小中寓大、以小胜大的高度提炼，是在辩证中对简洁的刻意追求。

应该说，“以小见大”是广告创意中的一种辩证法。这里的“小”，一是在对比中创造人的视觉反差，通过对人们经验中的大小转化来创造受众的视觉意外和心理意外，引起受众的关注；二是创造一种视觉集中，通过在画面中创造大量的留白，来强化主题概念和产品的价值。在“以小见大”的创意中，要寻找到“小”与“大”之间的契合点，形成概念的提升或者能“借题发挥”，让受众在意料之外、情理之中完成对广告创意的认同。大与小的对立统一，使广告创意产生戏剧性和娱乐效果。

（四）虚与实的契合

中国的道家思想中有“虚心实腹”之说，指人心境的两种状态。所谓“虚”，是指隐喻与淡化，外有大千世界，而内则虚旷无垠。所谓“实”，是指在“虚”的状态下有所得、有所获的另一种安然，是精神得到满足后的慰藉。虚与实是辩证的统一体。

广告创意对虚与实的理解，更多地表现出景物为实，情感为虚；眼前之景为实，想象之景为虚；形象为实，抽象为虚；有限为实，无限为虚；侧面为实，正面为虚。实境乃是一种真境、事境、物境，虚境乃是在此基础上给受众创造的一种想象空间。

广告创意虚实相映，在虚中创造了更丰富的实。虚景与实景相互融合，相互映衬，渲染出一种浓浓的情感，或者是烘托出某种气氛，让人感动，让人深思，让人行动。

广告创意中的实，是借助所描述的物象组合来表达创意，包括明确的利益描述、明确的可辨认的物象等；物象识别是从画面到思想的过程，这种写实是在整体加工、统一安排基础上的一种符合逻辑和理性的结合。而广告创意中的虚，在与实的结合中创造了一种和谐的，具有相关、相合、相融、整体等多方面意蕴的意境，它不是追求简单的形式上的对称与归一，而是创造一种万事万物相含相容又和而不同，相反相成又离而不弃的辩证统一体。

三、灵感思维与直觉体悟

灵感思维是指凭借直觉而进行的快速、顿悟性的思维。它不是简单的逻辑或非逻辑的单向思维运动，而是逻辑性与非逻辑性相统一的整体性思维。

灵感思维具有突发性、模糊性、独创性、非自觉性、意象性、互补综合性等特征。如潜意识与显意识的互补综合，逻辑与非逻辑的互补综合，抽象与形象的互补综合等，许多著名的广告创意都来源于灵感思维。

然而，广告创意与灵感思维的密切关联使得大多数人对广告创意产生误解，认为广告创意是天马行空、白日做梦。事实上，广告创意的产生并不完全是灵感乍现，它是遵循一定的诉求方向，依循一定的方法而产生的奇思妙想。

（一）头脑风暴法

头脑风暴法现在已成为无限制的自由联想和讨论的代名词，其目的在于产生新观念或激发新设想。头脑风暴何以能激发创新思维？

1. 联想反应

联想是产生新观念的基本方法。在集体讨论的过程中，每一个新的观念的提出，都能引发他人的联想，继而产生一连串的新观念，这些连锁反应，为创造性地解决问题提供更多的可能性。

2. 激活情趣

在不受任何限制的情况下，集体讨论能激发人的热情。人人自由发言，相互影响，相互感染，能调动积极性，突破固有观念的束缚，最大限度地发挥创造性思维。

3. 竞争意识

在竞争意识的作用下，人人争先恐后，竞相发言，不断地开动“思维机器”，力求提出独到见解和新奇想法。心理学的原理告诉我们，人类的争强好胜心理及竞争意识，可使人的心理活动效率提高50%甚至更多。

4. 个人欲望

在集体讨论过程中，个人的欲望自由抒发，不受任何干扰和控制，这是非常重要的。头脑风暴法有一条原则，不得批评仓促的发言，甚至不许有任何怀疑的表情、动作、神色。这就能使每个人畅所欲言，提出各种新想法。

头脑风暴法是各类广告公司产生创意、集中群体智慧的有效方法之一，几乎每家公司都会召开头脑风暴会议。好的广告创意通常不是个人行为，而是靠团队合作才能实现。

（二）旧元素新组合

美国著名广告人詹姆斯·韦伯·扬根据自己的实践经历，将广告创意的思维过程，即创意产生的全过程，描述为五个阶段。①

1. 沉入阶段

这一阶段主要是搜集、整理所有相关资料。供广告创作参考的资料有两种，一种是关于该商品的特定资料，另一种是一般的生活资料。特定的商品资料相对来讲比较容易获得，而有些生活资料甚至需要穷尽一生的精力去追寻。

2. 消化阶段

这一阶段是对搜集来的资料加以咀嚼、体会。在这一过程中，你可能会产生一些不确定的或不完整的创意，尽管它残缺不全，但一定要记下来，不久之后可能就会产生一个好创意。很多广告创意者都会随身携带一个小本，以便随时随地记录下瞬间灵感，为日后将灵感变为完整的方案做铺垫。

3. 沉思阶段

这一阶段是进行再深思，要尽可能顺乎自然，尽量不做任何刻意的努力，把问题置于潜意识之中，让潜意识发挥作用。最好把题目忘掉，去散步，或听听音乐，将注意力转向任何能刺激你想象力及灵感的事情。

4. 顿悟阶段

这是思想火花迸发的阶段，广告创意可能会突然间涌现，很可能是在你并没有期望它出现的时候，甚至是打个盹儿的工夫，一个激动人心的创意就出现了。

5. 求证阶段

这是广告创意的最后阶段，就是要把新生的广告创意拿到现实中加以检验，同时交由有关专家进行论证并加以完善。比如，大卫·奥格威在给劳斯莱斯汽车写了26个标题之后，交由他公司里的6名撰稿人去评审，最终确定了那条世界经

① 参见［美］詹姆斯·韦伯·扬：《创意的生成》，祝士伟译，浙江教育出版社2021年版。

典的广告语：当时速 60 英里的时候，这辆最新的劳斯莱斯车内最大的噪声来自电子钟。

经历了以上五个阶段所形成的创意，其形态表现为“旧元素新组合”。

“旧元素新组合”是韦伯·扬对广告创意的经典概括。从静态角度讲，它是创意作品的呈现方式，即旧的元素通过重新组合而展现出新的形态。从动态角度讲，创意作品一定是将旧的元素重新组合，产生新的形态的过程。

当广告创意中采用的“旧元素”与商品或品牌进行新的嫁接后，“旧元素”中原有的社会文化特质，通过创意人的“移花接木”被巧妙地转移到商品身上，成为商品或品牌形象的组成部分，一方面唤起人们对熟悉事物的感受，另一方面有助于提升商品或品牌的价值和内涵。

纵观经典创意作品，“旧元素新组合”几乎概括了所有人类的创新行为，更不用说广告创意了。“旧元素”是指各类知识（认识、经验及技巧），主要包括有关产品和目标消费者的特殊知识，以及人们日常生活中的一般知识。“新组合”是指利用这些知识，找出一个适合与消费者沟通的点子。“旧元素新组合”就是在广告创意中将人们熟悉的材料以巧妙的方式进行新的组合，使受众对广告产生认同与共鸣，从而实现良好的广告效果。

（三）固有刺激法

固有刺激法是李奥·贝纳提出的，也称“与生俱来的戏剧性”。李奥·贝纳认为，广告创意最重要的任务是把产品固有的刺激发掘出来并加以利用，也就是说要发现生产厂家生产这种产品的“原因”以及消费者购买这种产品的“理由”。

就生产厂家而言，其生产的产品能够提供给消费者的利益点是多元的，但核心利益点只有一个，即独特的、满足消费者独特需要的利益点，这也是引发消费者购买的唯一理由。这一理由可能隐蔽在产品众多的利益点背后，没有得到凸显，需要广告创意人员通过不断努力，找到传达产品和服务内在特点的、最为准确的词汇表达或视觉表达。

李奥·贝纳和他的公司利用这一创意理念，创作了许多著名的广告，造就了许多著名的品牌，如“绿色巨人乔利”“炸面包人皮尔斯伯里”“金枪鱼查理”以及凯洛格食品公司的“老虎托尼”等。

（四）广告创意的 ROI 原则

历史上有许多关于广告创意的原则，其中最经典的是威廉·伯恩巴克提出的 ROI 原则。

1. 基本要点

第一，好的广告创意应具备三个基本特质：关联性（Relevance）、原创性（Originality）、震撼性（Impact）。

第二，广告与商品没有关联性，就失去了意义；广告本身没有原创性，就欠缺吸引力和生命力；广告没有震撼性，就不会给消费者留下深刻印象。

第三，同时实现关联性、原创性和震撼性是更高要求。针对消费者需要的关联并不难，有关联且点子新奇也容易办到，真正难的是既要有关联，又要有原创性和震撼效果。

2. 必须解决的五个问题

第一，广告的目的是什么？

第二，广告做给谁看？

第三，有什么竞争利益点可以做广告承诺，有什么支持点？

第四，品牌有什么独特的个性？

第五，选择什么媒体是合适的，受众的突破口或切入口在哪里？

作为恒美广告公司（纽约）的主要创办人，威廉·伯恩巴克创作了大量的经典广告，这些广告的巨大成功是对其理论的最好注解。他为纽约奥尔巴克百货公司创作的“慷慨的旧货换新”“我寻出了琼的底细”，为大众汽车公司创作的“柠檬”“想想还是小的好”“送葬车队”，为艾飞斯出租汽车公司创作的“艾飞斯在出租业只是第二位，那为何与我们同行”“老二主义，艾飞斯的宣传”等经典广告，都是 ROI 理论的实践体现。

ROI 理论体现出广告思维方式的转变，即从产品到消费者，从诉求到表现的转变。该理论强调广告的艺术表现力，强调运用创意思维方法，充分调动人类的想象力，成就沟通的艺术。

可见，灵感基于思维、基于方法、基于经验、基于文化积累。灵感不是随心所欲的，而是源于生活的体悟，源于创意工具的辅助。

第四节　广告创意的发展趋向

媒介技术与文化的迭代、创意思维能力与创意技法的提升、人工智能的发展、大数据的应用等，都要求广告创意以新的洞察去创造新的可能。广告创意自身求新求变的内在特质使其在新的传播环境下不断进取，并在与新技术的互动中推动广告产业的发展。

一、广告创意的“中国风”趋向

文化是人类文明的载体，是民族精神的延续。文化的传承与发展是辩证的存在，传承是发展的基础，发展是对文化传承的肯定，是更高层面的文化实现。

广告创意虽然是一种商业传播，但具有广泛的文化影响力，它在传承中华优秀传统文化方面发挥着不可忽视的作用。广告创意的本土化趋势，意在与更多的目标市场沟通，这一趋势在中国体现为调动中国元素作为创意的源泉。

（一）汉字的广告创意思维

中文广告的主要呈现形式是汉字。汉字作为维系中国人精神文化心理的“文法”规则，构成了中国人传播交流的文化基因。汉字具有很强的民族思维特点，再加上汉字本身所具有的历史文化内涵，在创意的运用上，汉字远比其他文字更具有创意的深度，具有明显的中国意象思维特征。

1. 汉字的特征

汉字的原始雏形是图画，从仓颉造字到商周时期的甲骨文，再到秦汉时期的小篆、古隶和宋明时期的印刷字体，直到我们现在常用的宋体、楷体、黑体、仿宋、综艺、琥珀、圆体等，汉字经历了几千年的发展和演变。中国文字在各个历史时期都有各自鲜明的艺术特征（图 7–9），如：篆书古朴典雅；隶书静中有动，富有装饰性；草书风驰电掣，结构紧凑；楷书工整秀丽；行书易识好写，实用性强。结构复杂且表意深刻的汉字，熔铸了中国人的智慧，是内涵丰富的中华优秀传统文化的一个缩影，是中文广告创意的源头活水。

图 7–9 中国书法

2. 汉字的“字思维”

汉字的构成关系，决定了汉字“字思维”的思维特质。“字思维”是概念细化的表征和方法，也为广告创意的优化提供了符号前提。在汉字的演变中，其词句组合性越来越强，以至于后人习惯于“词思维”或“句思维”，忽略了中文最小单元“字”中所包含的意义差异。这些差异中往往留存着很多超乎人类现实经验的原始心理内容和文化信息。所以，“字思维”不仅提供了汉字思维的原始鲜活感和神秘感，而且对这一全息符号的把握有助于深入汉字的“原始意象”，形成超乎寻常的理解和领悟。

3. 汉字的“象思维”

广告象征的核心思维是一种“象思维”。“象思维”就是让抽象概念、精神理念变成符号化的象征，其表现或意象，或形象，或具象，其功能是通过特定的象征符号达成传播上的识别和感动。所以，从这一点上说，汉字与广告象征在表现上是相通的。

充分激活“象思维”是创造中国广告独特象征的重要法则。由字象而意象，由字象而幻象，由字象而现象，以象塑形，以象造境，以象生义，以象传言，这就是汉字独特的传播方式，也是中国广告区别于世界其他地区广告的智慧手段。

获得第 13 届中国大学生广告艺术节学院奖全场大奖的碧生源策划案作品《人家 PANG 了啦》（图 7-10），就是对汉字进行“象思维”创意，将引发肥胖的吃多、久坐、熬夜等不良生活习惯，用字象而意象的方式，重新塑形、造境、生义，创造出极具视觉冲击力的平面形象，传达出“减肥从改变不良生活方式开始”的品牌理念，使消费者印象深刻。

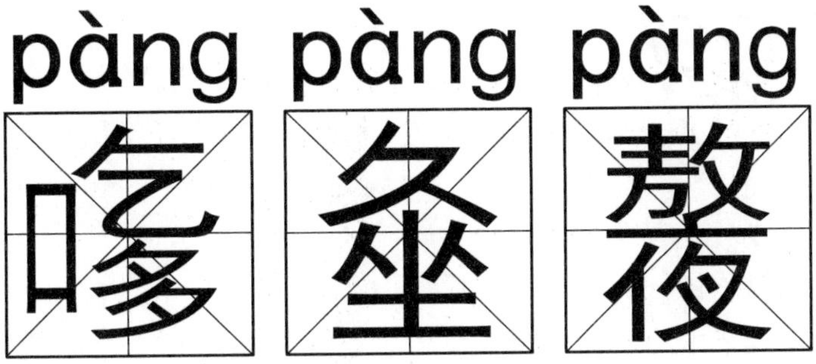

图 7-10　碧生源《人家 PANG 了啦》

在“象思维”的观照下，汉字绝不是一种无生命的构成，而是一种熔铸着远古先民的生命意识和审美经验的艺术形态。长期的汉字交流自然而然地塑造了中国人社会性的阅读经验、书写心理和文化体验。汉字可以与其对应的物象、事象、意象、声象相融合，创制出与本体存在同构同象的符号系统。这样，字与形、字与事、字与意、字与声都产生某种互证并置的符号性想象关联。这种关联往往是具象的，不仅象形、象事，而且能象意、象声，依据《汉书·艺文志》的观点，这就是“六书”中的“造字之本”，也是“象思维”在方法论上的阐释。

4. 汉字的意象创意识别

中国加入世界贸易组织以后，商业竞争更加激烈，企业更加重视运用标志设计来塑造品牌，塑造企业自身形象。同时，海外设计已进军中国市场，中国设计也走向国际市场，设计业面临严峻的竞争。这是挑战也是机遇，中国创意设计既不能停滞守旧，也不能全盘西化，应在充分弘扬中华优秀传统文化的基础上广泛融合世界艺术文化。

汉字在传播和识别上，具有很强的符号特征。汉字的个性化特征使它在标志设计中独具魅力，失去个性的设计也就失去了广告创意的存在价值。图 7-11、图 7-12分别是 2022 年北京冬奥会、冬残奥会会徽，冬奥会会徽图形主体形似汉字“冬”的书法形态，上半部分展现滑冰运动员的造型，下半部分表现滑雪运动员的英姿，飘扬的彩带为会徽增添了节日喜庆的视觉感受。同样，冬残奥会会徽图形主体形似汉字“飞”的书法形态，形象地表现了冬残奥会使用的特殊运动器械的形态。

图 7-11 北京冬奥会会徽

图 7-12 北京冬残奥会会徽

（二）符号的广告创意传承

1.“形美”以感目——广告创意形象

形，中国传统艺术的生命。现代广告创意在构图、章法等审美形式上可以从中国传统艺术中得到启发，滋生新的灵感，获得更广阔的创意空间。图 7-13 的中国银联广告以“福”文化为创意原点，以产品“塑形”的方式创作出不同职业形态的“福”字，由此达成广告与受众的有效沟通。

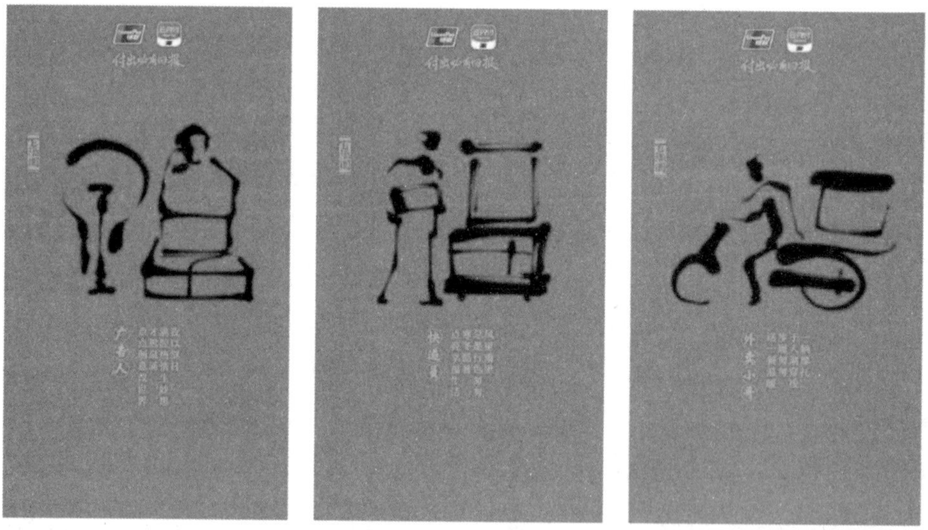

图 7-13 中国银联“福”字创意广告

2.“神美”以感心——广告创意诉求

中国传统的视觉艺术表现贵在以形写神，现代广告创意则以“形”指代产品或服务，并借此传达品牌给予消费者的承诺，实现广告诉求与受众感受相统一。

图 7-14 的网易云音乐中秋节广告《把乐评写在月亮上》，将月亮“搬”上船帆，将乐评“搬”上月亮，融合乐评、时间、地点、情绪，使用户被最真实的情感所打动。

图 7-14　网易云音乐中秋节广告《把乐评写在月亮上》

3. “意美”以升华——广告创意观念

中国的唐诗、宋词以及传统书画等都有着对“意”的追求。中国艺术创作所讲的“意”，是指主体对真、善、美的追求，它通过艺术作品所创造的意境、意蕴传达给受众。广告创意对中国艺术创作的意境、意蕴的传承，不仅表现在广告要通过有形符号和符号“所指”传达产品或品牌信息，更要通过意境、意蕴的审美再造品牌形象，传达品牌价值观和企业文化，实现广告创意的意义表达。

随着年轻群体对中国文化的认同感日趋增强，诉说中国故事的香氛品牌观夏也在情感及文化共鸣上得到年轻目标用户的青睐。当品牌和用户之间产生情感依恋时，其香氛产品内置的中国文化则成为一种标签，不断向目标市场渗透。图 7-15为观夏昆仑煮雪香氛产品海报。广告画面以原始松林的深绿色为主调，皑皑白雪下耸立的松柏，如同雕刻一般，利落清透，神秘沉静，还原了中国人心中风雪夜归人的意境。

二、广告创意的文化趋向

好的广告就像一件精美的艺术珍品，可以带给人们美的享受。优秀的广告跳

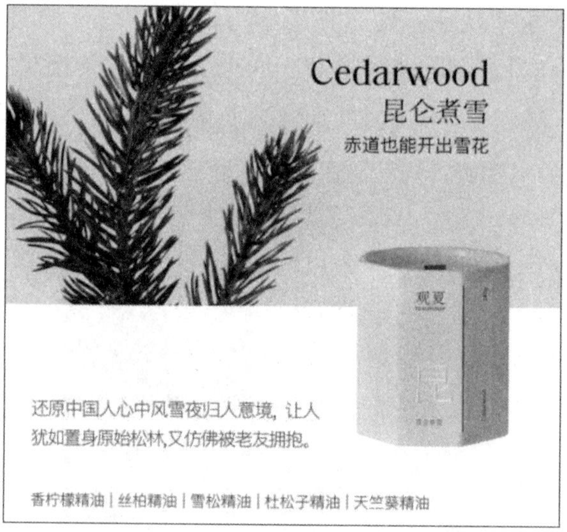

图 7-15 观夏昆仑煮雪香氛产品海报

脱传统的产品推销模式，以温馨、奢华、感动、个性等品质为消费者建构新的生活方式，在潜移默化中提升消费者的审美情趣。广告向消费者传递产品或品牌信息，树立企业形象，就其本身而言，它是一种商业行为；但在现代社会，广告的影响已经远远超出经济领域，它影响并改变着人们的价值观念和生活方式。一个不可否认的事实是，广告已成为一种文化现象。

（一）广告重塑消费观念

消费观念的形成和变革是与一定的生产力发展水平以及社会、文化的发展水平相适应的。经济发展和社会进步使人们逐渐摒弃了自给自足、万事不求人等传统消费观念，代之以量力而出、节约时间、注重消费效益、注重从消费中获得更多的精神满足等新型消费观念。随着市场由卖方向买方的转变，“以消费者为中心”的理念逐步渗透到企业的市场营销行为和广告传播中，广告以感性诉求阐释新的消费理念和生活价值观，循循善诱地引领人们迈向品质消费、品牌消费、休闲消费、娱乐消费。

广告重塑消费观念的过程，是打破“熟知”的过程。我们常说，熟知非真知。因熟知，人们可能会忽略现象与目的之间的关联；因熟知，人们可能会丧失对固有价值模式的反思；因熟知，人们可能会忘却对结果的再思考。打破消费者的固有观念，并不是一味地鞭挞或宣扬品牌的某种观念，而是以更丰富的表现方式和创意去帮助企业和品牌进行观念定位，宣传品牌产品的意义和价值取向，诱导消费者的心理定式，重塑消费者的心理习惯，树立新的消费时尚，或是通过传达真善美来影响消费者的消费价值观，引导市场消费的变化或发展趋势。

（二）广告重构生活品质

广告是新产品和新品牌的先导形态。从满足不断发展的生活需要的前提看，新产品的产生是为了提高人们的生活质量，解决人们的生活问题。广告也由此重构着消费者的生活品质。

生活品质的提升可以表现在很多方面，它可以是物质享受，也可以是艺术审美。比如，享受一次豪华的酒店服务，品尝一口地道的异域美食，或是为家中添置一款柔软的床垫等。每个人对幸福感和生活品质的理解和要求不同，对广告所创设的品质生活的期望也会不同。这也使广告可以根据多种诉求，利用多种表现方式为消费者提供更多选择，创造更丰富的体验。

（三）广告重建文化想象

广告影响着受众的文化心理，改变了受众的文化观念、价值取向，示范、引导着受众的生活方式。广告所采取的“文化攻心”策略，就是用文化的力量感召受众，重建受众的文化想象，推动文化的变迁，促进文化的交流与整合。

我们今天所处的时代，文化多样性深入发展。文化多样性是后工业社会多元文化的必然结果。在工业社会，人们的价值观、道德观、消费观都是相似的，市场和广告主要集中在产品与服务上。而当工业社会开始进入后工业时代，买方市场的强势与信息爆炸，迅速分解了具有统一价值观的消费群体，造成消费者的文化价值分层，亚文化即非主导文化群体产生，每一个文化群体的自主价值观与行为方式逐步定型。消费者从分众化日益走向族群化、圈层化，由此，企业经营的重心开始转移，品牌集中逐渐被品牌分散替代，广告也很难用一种营销方案运营市场。营销战略的选择不仅要看社会的具体消费人口数量，而且要看这个市场所具有的文化特性。

在文化多元以及消费者多样化、分层化和个性化背景下，广告创意在价值取向上也必然呈现出多元化、个性化倾向。广告须借助后现代艺术观念及表现手法，采用数字媒体技术，淡化广告的商业动机，艺术化广告对品牌理念的阐释重建消费者的文化想象，将品牌倡导的价值观或生活模式推介给消费者，并力图在观念和想象的颠覆或者艺术审美的再想象中赢得消费者的好感与认同。

近年来，广告创意的本土情结越来越浓厚，“国潮”已从广告创意实践发展为一种新型消费趋势。运用本土话语，将中国的审美元素和伦理价值元素融入广告的创意潮流，是中国广告创意的文化重塑。运用本土文化语言，采用本土化的思考逻辑和本土语言表达方式，在对本土消费者的洞察中，强调广告创意的民族文化审美和商业传播的再造，逐渐获得受众的心理认同和消费者的市场认同。本土化不是一种“复古”的思潮，不是一种狭隘的、片面化的对传统的膜拜和崇尚，而是重新找回中华民族自己的创意语言和文化自信的重要依据，是本土广告创意人员讲好中国故事的广阔舞台。

三、广告创意的跨文化传播趋向

跨文化传播指的是来自不同文化背景的个体、群体或组织之间的交流活动。近年来，随着经济全球化的深入发展，品牌的跨文化传播已成为一种常态，不仅有国际品牌向国内的传播，更有国内品牌向国际的传播。

在广告的跨文化传播中，广告创意与传播沟通中的跨文化分歧频繁发生，有些甚至造成对品牌形象的较大损害。如何在本土文化中兼容“他者”认知标准，成为广告创意实现有效传播沟通的重要课题。

（一）品牌的国际化沟通

品牌的国际化沟通是一个互动式进化过程。广告创意人员与广告受众都是处于一定文化场域的人群，不同的文化场域会有不同的文化现象，映射的是不同文化场域固定人群的独特思维模式，它与人群所处的风土契合。不同的风土孕育了不同的文化，不同文化遗产、环境形成的场域中的人群表现出不同的行为和状态，这是激发人们内心丰富联想与想象的基本要素，也是广告创意的双向度互动式进化得以完成的原因。

肯德基快餐由较为单一的鸡块和油炸薯条到中式风味早餐的推出，体现出国际化品牌对中国本土市场的尊重。肯德基所采取的方式不是对中国传统饮食习惯进行简单、生硬的改造，而是把公司的主要产品和中国的饮食习惯进行巧妙“嫁接”，这对中国人而言具有很强的亲和力，说明两种不同的文化在接触碰撞时，无论存在怎样的差异，它们之间只有在发生互动式进化而非单向度改造时，才能实现品牌的国际化沟通。

（二）跨文化广告创意

随着时代的发展，人们对异质文化的态度从惊奇与偏见走向从容与自信，文化自身也逐渐挣脱源于不同发展程度而带来的桎梏。受众已经适应甚至趋于享受差异所带来的全新体验。这为今天的广告创意创造了肥沃的土壤，使受众对日渐多元的广告创意表现与诉求展示出更多的宽容。

即便如此，跨文化广告创意仍然是“戴着镣铐的舞蹈”。广告创意不能仅停留在表层的说教和对产品平铺直叙的介绍上，而是要在更加宽广的文化、人伦层面捕捉智慧的火花，有时甚至直指人类一些重大的命题。因此，跨文化广告创意既要有跨文化适应，又要有跨文化再造。

所谓广告创意的跨文化适应，是指广告创意在国际化传播中，要尊重品牌市场所在地的民俗风情、宗教信仰，对民俗或宗教中的禁忌要做到合理避让，而对其中鲜活的特色符号要做到巧妙借助，通过文化兼容创造广告更多的语意，为广告本身提供更宽广的创意平台，实现广告传播的增值。

所谓广告创意的跨文化再造，是指在广告的跨文化创意中，应尽量给品牌传播带去一定的文化新奇。毕竟，今天消费者的品牌接受不仅是产品接受，更重要的是文化接受。品牌所在地的文化、形象、信誉等，直接影响到品牌传播的受众对品牌的偏好度和接受度，广告创意的文化鲜活性将强化品牌被受众接受的速度和幅度。

四、数字与智能时代的广告创意趋向

在数字传播时代，云计算、人工智能等数字技术推动着生产与生活方式向数字与智能化转变，广告的形态不断革新，基于数据和智能算法的广告决策也更趋向科学化；传统广告产业正在被智能广告产业优化和重构。人工智能技术推动着生产力的提升和生产模式的变革，其中也包括创意生成。在未来的广告创意生成中，机器将会成为不可或缺的要素。

（一）智能广告创意的发展

智能广告创意作为一种创意的新形态，随着技术的迭代升级，目前已呈现出优选组合创意和增强现实（AR）创意这两种发展形式。优选组合创意基于算法模型，通过算法对素材进行分类和重组，提高了素材上线的效率，实现创意内容的量产化；而增强现实创意，则在视觉创意和交互创意方面将智能创意推向下一片蓝海：未来会有更多打破次元壁的智能创意内容产生，给受众带来更强的视觉冲击和沉浸式体验，也会产生更多人与 AI 的互动形式。华为的 AR 地图通过增强现实技术“河图”，让用户可以漫步于敦煌莫高窟、上海南京路等景点，看到虚实结合的科幻场景。AR 技术的本质是数字内容与现实物理环境的融合，从而促成人类的想象力延伸、画面感延伸和情绪延伸。

当 AR 技术融入物联网，车载全息投影、智能手机、智能手表、智能音箱等智能设备将作为新兴的故事媒介，实现用户信息采集与信息分发的全场景化，使产品在与用户的接触点上呈现更丰富的创意内容，增强用户的真实体验。

（二）体验广告与交互设计

体验这一概念来自心理学，但体验的含义远远超过了心理学范围。“体验事实上是当一个人达到情绪、体力、智力甚至是精神的某一特定水平时，他意识中产生的美好感觉”①，是主体因受客体刺激而产生的内在反应。

体验有四种类型——娱乐体验、教育体验、逃避体验和审美体验，它们成为

---

① ［美］B·约瑟夫·派恩、詹姆斯·H·吉尔摩：《体验经济》，夏业良、鲁炜等译，机械工业出版社 2002 年版，第 180 页。

广告体验创意的出发点，事实上最好的体验同时包含这四种类型。广告创意通过对这些体验点的关注与挖掘，实现产品或品牌与目标消费人群的心理交互和行为互动，形成体验广告。

体验广告是新媒体和数字化环境下广告传播的新武器，是一种基于体验式营销策略而重新设计的一种新型的、具有交互性特征的广告传播形式。体验广告主要有三种形态：

1. 感觉交互体验广告

感觉交互体验广告的目的是通过视觉、听觉、触觉、味觉和嗅觉建立感官上的体验。广告组合视听要素，直接刺激消费者的感觉系统，使消费者得到美的感受或获得兴奋感。在广告中融入感觉体验能够让消费者有效地在竞争品牌中识别出某品牌或产品，加深消费者的记忆度和好感度，并增加产品的价值。比如，汰渍洗衣粉在广告中采用了体验方式：为了突出“山野清新”的感觉，在印刷广告上画了一个抓起来闻闻的动作以突出产品的香味，对消费者产生刺激—反应—记忆的效果。

2. 情感交互体验广告

情感交互体验广告通过触动消费者的内心情感，制造喜好和偏好体验，使消费者对品牌从略有好感到强烈偏爱。具体手法是在广告中使用情感刺激物来影响消费者的情绪和情感。消费者往往在消费前就接触到品牌的广告，然而，消费者对品牌的情感主要是在消费中产生的。因此，情感交互体验广告更注重在消费中施加广告营销。肯德基、麦当劳在店内张贴大量的巨幅 POP 广告，广告中的食物造型、色泽、场景等刺激元素有效地烘托了消费环境，使消费者在消费中随时与广告主题产生互动，完成情感上的确认。

3. 创造性认知体验广告

创造性认知体验广告通过启发人们的智力，创造性地让消费者获得认知和解决问题的体验。它运用惊奇、计谋和诱惑等手法引发消费者产生统一或各异的想法。例如微软推出的“你的潜力，我们的动力”系列广告，将平常的生活场景变成消费者梦想的世界，启发人们理解微软给生活带来的变化，以此推广其产品，扩大市场销路。

总之，广告是实现体验营销的重要工具。体验意味着接触，消费者每天都会接触大量广告，但接触并不意味着被记住，广告效力的下降已经成为困扰企业和广告公司的难题。将体验引入广告，实现广告媒体和广告创意的体验化，是吸引消费者、提升广告效力的有效方式。

思考题

1. 如何理解广告创意中创意人员的主观能动性？

2. 中国广告创意思维对中华优秀传统文化有哪些传承与发展?
3. 阐述广告创意对品牌讲好中国故事的意义。
4. 从广告中的“中国风”到“国潮”消费，中国广告创意发挥了怎样的作用?
5. 智能技术的发展给广告创意带来哪些机遇与挑战?

▶ 本章即测即评

第八章　广 告 媒 介

媒介是传播活动得以发生的介质载体。从指代的范畴来看，媒介的含义可分为两类：一类是指从事信息采集、制作、传播的组织，即传媒机构，这种传媒机构又叫媒体；另一类是指信息传播的中介物。而“信息传播的中介物”又有广义和狭义之分。姿势、表情、服饰、表演等，都可视为广义的媒介。狭义的媒介是指使传播得以实现的技术形式，如收音机、电视机、报纸、书籍、照片、电影胶片、唱片等。随着技术的创新和商业的发展，媒介的技术形式呈现出多样化的特征，如今互联网成了最具广泛性和普遍性的传播媒介，而智能技术的发展也催生出多种智能媒介。

广告媒介则是应用于广告活动的媒介，其基本属性与媒介一致。

第一节　广告媒介概述

从人类产生商品交换开始，广告媒介就伴随着市场活动发展演变。从听觉、视觉的单元素传播到视听觉的复合元素传播，从非语言符号传播到语言符号传播，从单时空传播到多时空传播，从“点对点”传播到“点对面”传播再到“点对点”传播，广告媒介历经技术、方式、结构的变化，到今天呈现出百花齐放的形态，成为人类生活中重要的沟通介质，并将继续多元化地发展下去。

一、广告媒介的内涵

广告媒介就是广告信息传播过程中的传播介质载体，它除了具有传播广告信息的功能，还能凭借广告信息传播这一商业模式为广告媒介机构创造经济价值。

（一）作为广告沟通介质的广告媒介

广告信息传播的整个过程可以用下面这个简单的模型来阐释（图 8-1），广告主和消费者通过媒介沟通信息，从而产生广告效果。在此过程中，广告媒介成为

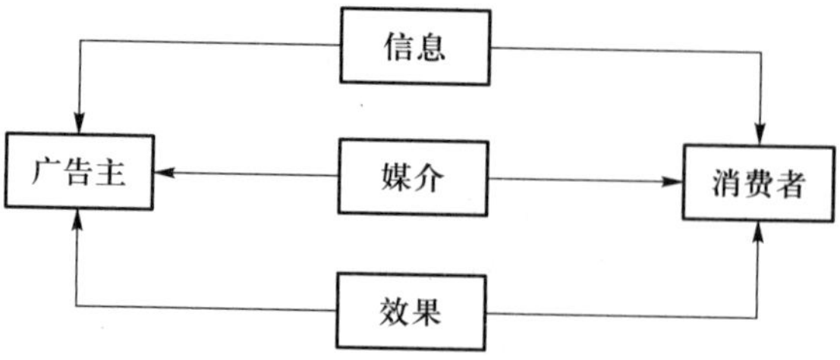

图 8-1　广告沟通模型

广告沟通得以实现的介质载体。

在传统媒介时代，广告信息的传播者一般来说就是广告主，它可以是一个企业、一个机构、一个品牌，也可以是个人、国家。广告主出资委托广告代理公司及创作人员制作出负载着信息的广告，然后再通过广告媒介将广告信息传达给受众，最后影响受众，改变受众的认知、态度和行为。在更有利于双向沟通的互联网媒介出现后，消费者也可以是信息传播者，向广告主或其他消费者传播信息。由于传播具有了双向性，用“沟通”一词表示更为恰当。

（二）作为价值创造者的广告媒介

媒介作为信息沟通的载体，为需要沟通信息的广告主提供沟通价值，同时为媒介本身创造经济价值。因此，作为价值创造者的广告媒介，既能为广告主服务，将广告主意欲传递的广告信息有效地与受众/用户沟通，促使受众/用户产生对广告主有利的认知、态度或行为，同时也能够使媒介自身获得广告收入，实现盈利，增加媒介的经济价值。

广告媒介与广告主、受众/用户之间存在着以下关系（图 8–2）：

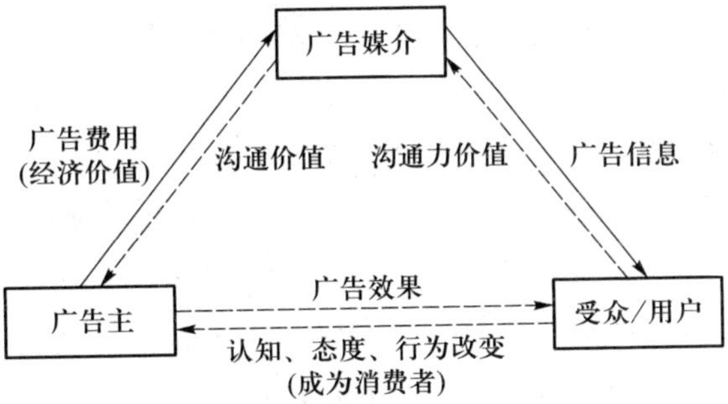

图 8–2 广告媒介活动关系模型

二、广告媒介的历史观

从人类商业活动初期出现的小众传播媒介，到 19 世纪发展起来的大众传播媒介，再到 21 世纪兴盛的互联网媒介、智能媒介，广告媒介的发展遵循着特定的历史规律。

（一）广告媒介的辩证性

从早期的口头广告、实物广告、标识广告到印刷广告、电波广告，每一类新媒介出现时都被认为会取代故有媒介，但历史证明，故有媒介都存活了下来。比如，当声画并茂的电视诞生时，人们觉得只有声音的广播将被电视取代，但时至今日，广播仍旧在人们日常生活中发挥着重要作用。

媒介演进存在着“三分之一法则”，即新媒介出现后，老媒介总有不可被替代的三分之一的功能。这种不可替代性其实源于事物的辩证性，即优势、劣势都是相对的，有时劣势会变为优势，有时优势也会成为劣势，而可被替代的三分之二的功能，则体现了媒介的更新发展与技术进步。1988 年，保罗·莱文森在《思想无羁：技术时代的认识论》一书中首次提出了“补偿性媒介”这一概念，认为任何一种新媒介都是对过去某一种媒介某种先天不足的功能的补偿，而不是全然取代。新的媒介形式满足着人们的新需求，而旧有的媒介也在不断演进和适应新环境，演化出新的应用形态，寻求自己新的生存空间。例如，广播的劣势在于不能传播图像信息，但是有声无形恰恰在诸如开车、做饭等特定场景中成为广播的优势。新兴的移动端音频是广播媒介在互联网时代的演化形态，互联网电视则是电视媒介在互联网时代的新形态。而传统报纸和电视的“把关”特质则被融入互联网应用中，消除了用户面对互联网海量信息无从选择的迷惘，提供给用户具有自身观点、态度的内容。各类技术形式的媒介都能共存共生，这就是媒介的辩证性。

（二）广告媒介的技术决定性

传播学者麦克卢汉曾经提出过一个影响深远的观点“媒介即信息”（另译“媒介即讯息”）。这一观点的核心思想是：从人类社会的漫长发展过程来看，真正有价值的信息不是各个时代的具体传播内容，而是这个时代所使用的传播工具的性质及其开创的可能性。因此，媒介是社会发展的基本动力，每一种新的媒介的产生都开创了人类交往和社会生活的新方式。虽然麦克卢汉的观点带有技术决定论的色彩，但媒介技术的重要性是毋庸置疑的，不同时期的媒介都依附于当时最先进的传播技术。如早期的自然介质时代，只能用声响、实物、布幌等作为广告媒介。后来有了造纸术，出现了招贴，之后出现了印刷术，报纸应运而生。无线电波催生了广播和电视，网络技术和数字技术催生了互联网媒介。如今，智能技术催生了智能媒介。可见，不同时代的传播技术决定了当时广告媒介的形态和方式，广告媒介会随着传播技术的发展而不断创新和进步。

（三）广告媒介的人本性

保罗·莱文森“补偿性媒介”的观点描绘出各种媒介共生共存的图景，也揭示出人作为理性主体在媒介选择方面的主动性。各种媒介之所以能够共生共存，正是因为它们在不同的方面满足了人们的信息获取需求。媒介是为人类传播信息服务的，所以媒介的创造和应用一定是以人为本的，而媒介的更迭也是由于人类的需求不断变化，所以判断一种新出现的媒介是否具有生命力，就是看其能否满足人的需求。例如，当一些广告形式对于受众并无价值，成为影响人们的噪声时，就会自然消亡，现在的一些硬性广告就存在这个问题。在媒介渠道增多、广告信息泛滥的环境下，人性化是广告媒介未来的走向。

在新媒体环境下，各种信息浩如烟海，广告是否能够抓住受众眼球，重要的一点就在于是否秉承以人为本的理念，营造良好的用户体验。2016 年农夫山泉在视频网站上的广告都有一句提醒，用户就算非VIP也可以在5秒后选择免费关闭广告（图8-3）。这不仅显示了农夫山泉对用户的充分尊重，也显示了品牌对广告创意的极大信心。

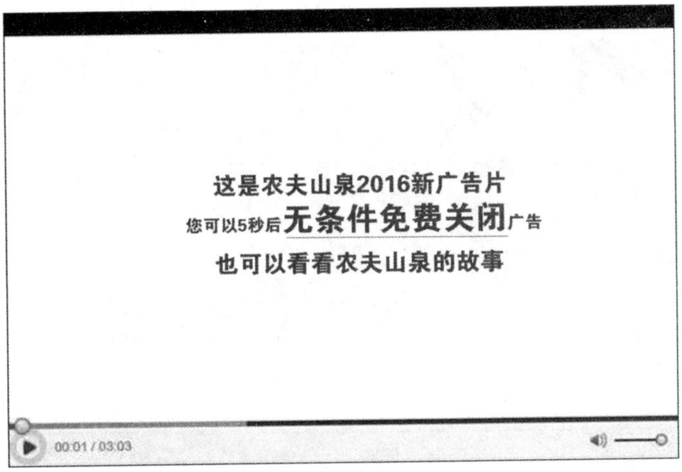

图8-3 农夫山泉广告

原生广告也是注重用户体验的范例。这种利用平台内容与形式生成的广告，在微博上，它会是信息流中的一条新状态；在知乎上，它会是一个新的问答；在抖音上，它会是一段有趣的短视频。原生广告可以通过和谐的内容形式呈现品牌信息，而不破坏用户体验，让用户能够自然而然地接受广告信息，从而达到良好的广告投放效果。

三、广告媒介的存在观

从广义上来看，任何介质载体都可成为广告媒介，而广告媒介的存在有着自身的特性。

（一）广告媒介的普遍性

1964年，麦克卢汉在《理解媒介：论人的延伸》一书中提出，媒介是人的延伸。人类为了实现人体官能的延伸，不断地创造新的媒介——口语、文字、电子媒介等连接了整个人类社会。1969年，麦克卢汉又进一步提出，媒介不是人与自然的桥梁，媒介就是自然。也就是说，自然界的一切都能够承载信息，作为媒介而存在。从这些观点来看，媒介是整个世界的投射，媒介无处不在。同样，广告媒介也无处不在，除了传统的大众媒介、分众媒介，任何介质都可作为广告媒介，如自然界的花草树木、风雨雪云，所有的物品如电梯、门把手、购物袋、硬币、纸巾等。而且，越是意想不到的介质，一旦被开发成为广告媒介，其创意效果越强烈。例如，宝路薄荷糖利用苏格兰的一场雪，用大印章在雪地上印出一大颗“糖”，给早晨出门的人们一个惊喜（图8-4）。飘柔洗发水利用乱糟糟的电线来诉说对“柔顺”这一功能的追求（图 8-5）。

图 8-4　宝路薄荷糖广告

图 8-5　飘柔广告

（二）广告媒介的时空性

媒介功能的实现在于占有时间、空间，利用时间、空间来传播信息。媒介对时空的偏向可分为“时间偏向”和“空间偏向”：有的媒介主要利用时间纵向传播信息，属于时间偏向媒介，如电视、广播等电波媒介；相反，有的媒介主要利用空间横向传播信息，属于空间偏向媒介，如报纸、杂志、户外广告牌、车身广告招贴、海报、橱窗等。而互联网媒介因为可以通过超级链接跨越时空，所以破除了时间偏向和空间偏向。广告信息的传播就是根据消费者信息接触的时空特性寻找合适的媒介，与消费者进行信息沟通，从而实现广告效果。

（三）广告媒介的矛盾性

传统媒介所具有的超越时间或空间的力量，在改变着人类信息接收方式的同时，也使人类更加相互依赖和彼此了解。但同时，媒介的时空属性也具有矛盾性，在超越时间或空间的同时，媒介信息的传播又受到时间或空间的限制。电视和广播属于时间媒介，因为它们对信息的传播是通过对时间的占用来实现的，但同时它们又受到时间的限制，一天只有 24 小时，信息稍纵即逝；报纸、杂志属于空间媒介，它们对信息的传播是通过对空间的占用而实现的，但同时受到空间的限制，不可能无限地增加版面。矛盾性是媒介存在的一个特征。只有互联网突破了时间和空间的限制，这也是互联网较传统媒介的优势所在。互联网对于人类信息流通时间周期和地域限制具有突破性作用，人们的交往方式以及社会和文化形态都因此发生重大变化。

（四）广告媒介的创新性

广告媒介作为信息与受众的接触点，需要对受众具有吸引力，媒介的创新性一直都是其得以生存和发展的动力。从声响、幌子、招贴广告的包罗万象，到报纸、杂志、橱窗广告的出奇制胜，到电视广告的现实超越，再到另类媒介的奇思妙想，广告媒介让我们领略到创新的魅力，并使广告取得意想不到的效果。

（五）广告媒介的公共性

我们在挖掘广告媒介的经济价值的同时，不能忽略广告媒介的社会公共性。因为信息的传播担负着促进社会发展的责任，广告媒介要履行与其公共媒介属性相对应的职责。

作为面向大众传播的广告，在传达广告主的具象性信息和象征性信息的同时，应该对社会大众的消费行为、价值观念和整体社会风气三个方面产生积极影响。因为消费不再是单纯的行为，而是被赋予了广泛的精神意义。广告通过定义商品的符号价值影响着社会大众的消费心理以及消费行为，这决定了广告必须承担起社会责任。广告沟通要充分关注各阶层社会成员的信息需求，利用新技术填补信息传播不平衡所造成的鸿沟，推动社会的繁荣和进步。

四、广告媒介的发展趋势

随着媒介技术数字化和智能化的深入发展，广告媒介进入全新的发展时代。

（一）信息数字化

数据是现实的客观存在，是对现实世界的映射。随着社会数字化的快速发展，数据已经成为人类生产生活的基础资源，成为数字经济的基本生产要素，数据的生产、加工、处理、交易和消费，成为社会经济活动的基本模式。当运用数据对事物的发展进行预测时，世界变得可预知，数据成为一种对抗不确定性的武器。大数据是对新一代数据条件下人与自然、社会之间互动及其相互关系的数字化描述。广告活动基于互联网和物联网，利用云计算、大数据、人工智能等一系列技术感知、采集、分析、应用数据，实现商品的生产和营销沟通。基于消费者数据和内容数据，通过智能创作和智能投放，广告可以实现商品与消费者的精准匹配。另外，在赛博空间中，人体数据成为人的状态、行为、感知、需求的外化和映射，人与机器形成共生关系，消费者的感官体验被重塑，营销沟通方式有了创新。

（二）媒介智能化

人工智能技术可以随机生成海量内容，并对内容进行审查，营造永不重复的沟通体验，使广告做到“千人千面”，精准推送。此外，脑机接口技术、交互技术、虚拟现实（VR）技术、增强现实（AR）技术、数字孪生技术、区块链技术、云计算技术、5G技术、物联网技术等重构了人与物、人与环境、物与物之间的关系。虚拟现实技术模拟视觉、听觉、触觉等，提供沉浸式体验；增强现实技术融合真实场景和虚拟场景，增强用户的现实体验；脑机接口技术实现人脑与设备之间的信息连接和交换；区块链技术可构建一种透明可靠的信任范式，从创作运行、交易结算、用户权益、生态构建等维度，全方位破解广告业信任难题；物联网技术可以实现物与物的泛在连接，个性化地满足用户需求。

这些智能技术都以消费者为中心，目的是增强人通过智能平台感知世界、连接世界的能力。统合这些技术将促使现实社会生态与虚拟社会生态高度耦合，实现物理时空和虚拟时空的融合。

（三）体验感官化

媒介以听觉、视觉、嗅觉、味觉、触觉等方式与消费者接触，一直在具身与离身之间塑造边界。古代的现场广告，如卖酒通过悬帜、吆喝、品尝等沟通方式，其中既有媒介与人身的分离，也有二者的合一。到了大众媒介时代，媒介与人身彻底分离，感知变得单一，报纸为视觉媒介，广播为听觉媒介，电视也只是视觉和听觉的媒介呈现。随着VR、AR等智能技术的成熟，媒介从单一感知向多元感知演化，立体化感知成为媒介终端发展的新逻辑，构建多感官的感知体系成为可能。

体验感官化主要表现在虚拟现实等技术将感官延伸、重组、融合，使广告更多聚焦于用户的感官体验。在虚拟场景中，视觉、听觉、嗅觉、味觉、触觉等都可以通过对真实环境的高度模拟和创新而实现，用户不再是间接感知信息，而是直接体验情境，实现全感官沉浸。

（四）用户参与化

互联网的双向沟通让用户可以参与商品的设计、生产、沟通、营销，进行价值共创，在生产领域出现“创客”和“网络社区智造”，甚至出现全球网络化制造组织。社交关系的建立帮助用户在互联网空间自主调配信息资源、自由集结趣缘群体、自发建构虚拟社区。这促进了用户凝聚对现实世界的共识，有利于社交关系的拓展，挖掘更多潜在用户，并提供更有针对性的服务。生产创新的主体由企业转变为用户，消费者同时又是生产者。

区别于过去从企业到用户的单向流动，广告从大众传播为主的单向传播变为分众、社群甚至个人的双向沟通。传播方式从用户被动接收变为主动参与。曾经由广告主和广告代理机构发布的沟通内容转变为消费者在群体间自行传播。

（五）沟通网络化

数字时代广告活动的进化逻辑即满足任何人在任何时间、任何地点获取任何所需要的信息、商品和服务。广告沟通打破时空的限制，根据消费者需求和行为特征重新组合时间和空间，实现人与人、人与物、物与物跨越虚拟空间与现实空间的连接。广告活动以消费者需求为核心，以数据流动为纽带，在生产、流通、消费的复杂网络中连接沟通各种主体，促成虚拟和现实的融合、平台和终端的融合、生产和消费的融合、营销和传播的融合，形成立体的网络化沟通生态。随着物联网、区块链、Web3.0 的深入发展，万物互联将愈益趋于现实。

平台是将不同用户聚集在一起的中介，是用户活动发生的基础设施，也是实现关联方连接与互动的载体。平台直接连接生产者与消费者，为广告产业提供创新的机会。广告产业及各关联产业呈现出开放、多边、协同、共享的生产模式特征。

（六）效果直接化

传统广告活动的服务核心是在生产者和消费者之间进行信息传递，数字技术破除了物理世界和虚拟世界的屏障，实现了信息流、商品流、资金流的自由流动，压缩了信息流动和商品流动的时空，摒弃了多维空间获取商品的复杂性，使广告在传播的同时就可实现销售，达到营销和沟通融合。

效果直接化表现为数字化营销沟通会以最短的时间、最短的路径、最便捷的方式触达消费者，消费者对商品的注意、兴趣、搜索、购买、分享过程在短时间内就可以结束。例如，消费者在观看节目时扫码购买节目中的商品，在网络平台上 AR 试戴后就可以下单购买首饰，在 VR 游戏中用积分购买快餐等。而且用户在流动的信息图景中能够主动抓取适用于自身的广告服务，找到直接购买的最快速、最便捷的行为路径。

第二节　广告媒介类型和特征

根据技术特性和传播特性，可以将广告媒介分为传统媒介、互联网媒介和智能媒介。此外，任何物体都可能通过创新而成为广告媒介。

一、传统媒介

传统媒介指大众传播媒介时代以纸质媒介和电波媒介为代表的报纸、杂志、广播、电视、户外、楼宇、交通、售点、直邮等广告媒介。

（一）报纸

1. 媒介特性

报纸作为最先出现的大众传播媒介，主要传播新闻信息，内容多为客观的新闻或来自政府的公告，而且报社对内容进行严格的“把关”，所以报纸具有较好的公信力。其缺点就是时效性不强，版面空间有限，信息难以纵向延伸。但同时，报纸的“把关”属性及深度性，将成为报纸在互联网时代的核心传播属性。

报纸具有地域性和行业性的细分特性，所以很适合地域性或行业性市场的营销传播。随着互联网的普及应用，纸质形态的报纸用户逐渐减少，数字形态的报纸逐渐替代了纸质报纸，但它仍然具有传统报纸的媒介特性。

2. 受众特性

报纸是一种由读者主动选择的媒体，而且报纸的阅读符合人们千百年来形成的阅读习惯，再加上很多读者在选择报纸时通常具有固定的倾向性，这就使报纸的受众群体比较稳定。

3. 广告特性

作为平面广告的报纸广告主要由文字和图画构成，制作较为简便，费用也较低，它依靠二维空间的广告创意表现来吸引和打动消费者，具有较高的性价比。

但是由于报纸读者在阅读内容、阅读时间、阅读地点、阅读速度等方面具有很强的主动选择性，因此，报纸广告的接收不具有强制性，广告容易被跳过。而且报纸本身是一种内容媒介，主要功能是报道各种新闻，广告只是附属物，因此报纸的广告容量相当有限。另外，报纸广告不能提供声音元素和动态图像元素，不能将商品立体地展现给读者，因此在广告信息的丰富性上逊色于广播、电视、互联网等媒介。

4. 广告形式

根据所占位置和版面大小，报纸广告有报眼、跨版、通栏、双通栏、中缝、整版、小全版、半版等不同位置和不同版面的广告。而根据形态和样式，报纸广告主要分为以下几类：

（1）分类广告。在报纸专门的广告版按照行业、产业或产品类别，把不同广告主相同类别的广告集中在一起，大小幅面按照规格进行刊载。分类广告一般篇幅较小，价格较低，便于浏览，也称为“硬广告”。

（2）特约栏目广告。栏目以企业和报社联合举办的形式出现。

（3）软性广告。报纸上以传播广告主特定的信息为目的的新闻、评论、通讯、特写等文章，也被称为“软广告”。软性广告往往并不标明，但本质上仍为广告。

（4）夹页广告。也称夹报广告，是指在符合国家有关法律法规管理制度的前提下，经报纸发行者许可，广告主或广告代理公司可以单独印制的广告夹页，加插在当日报纸中随报发行。

5. 免费报纸

目前还存在着一种较为特别的报纸——免费报纸，即免费发放的报纸。1995年，世界上第一份免费报纸诞生于瑞典的斯德哥尔摩。迄今为止，已有20多个国家出现了免费报纸，且主要集中在欧洲。

免费报纸的内容与传统报纸相似，以新闻、广告为主。它与传统报纸的区别在于免费，即读者不需要支付费用。由于报纸本身是免费的，因此广告成了报纸唯一的利润来源，也就出现了“广告免费报”一说。广告免费报的唯一商业模式就是广告，它的内容与版面设计都是为了把读者吸引到广告上来。

（二）杂志

1. 媒介特性

杂志内容容量较大，出版周期较长，便于传阅和反复阅读，因此能够进一步强化广告效果。而且杂志的印刷质量较报纸好，具有高品质感，能够呈现精美的设计，这对于奢侈品广告来说是很重要的选择要素。但杂志周期长导致其时效性不强，且杂志受空间限制，难以纵向延伸信息，所以杂志在互联网时代更应该强化其角度、深度的定位特性。

杂志营销目标明确，针对性强，阅读群体比较稳定，且定位精准，比较容易形成细分化市场。杂志的细分化特点使它不仅是一个媒介载体，在读者长期阅读及对内容定位的高度认同中，还成为具有高附加值的商品，在读者心目中具有高忠诚度和身份认同。但是杂志的传播范围有限，只能作为精准化传播媒体。

2. 受众特性

杂志受众群体明晰、稳定，社会阶层属性及社会群体属性明显，同一类杂志的受众一般具有共同的兴趣爱好或价值观。

3. 广告特性

杂志的累积阅读提高了杂志广告的暴露频次，而且广告多为整版形式，所受干扰少。杂志还可配合硬性广告植入软文，广告视觉效果好，创新空间大。随着印刷技术的进步及高仿真印刷、特种印刷等手段的运用，杂志广告的表现力还有提升的可能。由于杂志的细分化特性以及类似品牌商品的忠诚属性，杂志广告容易实现广告的精准传播。

杂志广告的劣势在于制作工艺比报纸复杂，广告版面有限，价格较高，而且生产周期长，广告安排灵活性差。

4. 广告形式

根据版面的位置和大小，杂志广告分为封面、封底、内页整版、内页半版等形式。除此之外，还有几种形式比较特别的杂志广告：

（1）异型广告。通常会通过一些小噱头来吸引读者的注意，并且能实现与读者的互动。如“后空翻”书签、抽拉画、蝴蝶拉页、立体画广告等。

（2）软广告。软广告并不直接介绍商品、服务，而是通过在广告媒介中插入带有主观倾向性的文章，如特定的新闻报道、深度文章、付费短文广告、案例分析等，来提升广告主企业的品牌形象和知名度，或促进广告主企业商品销售。由于杂志容量大，且文章以评论、深度报道为主，因此软广告也是运用较多的一种广告形式。

（3）赠品广告。即利用包装手段，在杂志内夹带产品的试用装等。

5. 直投杂志

直投杂志，也称DM杂志、直接邮寄杂志，美国直复营销协会（ADMA）对它的定义是：对广告主所选定的对象，将印就的印刷品，用邮寄的方法传达广告主所要传达的信息的一种手段。直投杂志一般采用传真、明信片、书信、电子邮件等形式，通过邮寄、柜台散发、专人送达、来函索取等方式传递广告信息。它是直投广告的重要形式之一，兼具杂志和直投广告的优势。

（1）直投杂志具有媒体特征。直投杂志在发行上采用免费赠阅的方式，广告是其唯一收入来源。直投杂志针对细分受众进行内容定位，细分可以依据地理指标、人口特征指标等，读者对象明确，读者群也相对集中和稳定。

（2）直投杂志具有广告特征。因为受众定位精准，所以直投杂志的广告信息较容易为受众所接受。其广告具有较强的灵活性，广告主可以根据自身具体情况任意选择版面大小，自行确定广告信息的长短，自行选择全色或单色的印刷形式。而且直投杂志的广告是一种非轰动性广告，不易引起竞争对手的察觉和关注。

（三）广播

1. 媒介特性

广播的最大优点就是即时性。广播以电波作为载体，声音的传送和接收几乎是同步进行的，突破了印刷媒体传播信息滞后的局限性。和电视相比，广播节目制作和接收都非常简单，时效性非常强，适合做重大突发事件报道或灾难预警。广播的信号通过电波传播，而卫星传播技术的应用又使广播信号的传送几乎可以覆盖地球上任何一个角落，覆盖面广。广播还有一个其他媒介没有的特征——平行接收，即人们在听广播的同时可以做其他事情，这就让广播成为某些特定场景的应用媒体，如开车、做家务时。另外，广播的时段收听特性比较明显。近年来广播电台更是出现系列化、分众化的趋势，创办了一批针对细分受众的专业性频道，如音乐台、经济台、新闻台、交通台等，较容易增强受众忠诚度。

传统广播“只能听不能看”这一特点可谓是把双刃剑。在没有画面的情况下利用声音丰富的表现特征可以弥补视觉缺失的不足，也可以通过创作让听众展开联想，使广播具有独特的创作空间。

广播的劣势在于作为时间性媒体，为时间所限。广播属于线性传播，同其他电波媒体一样，广播发布信息短暂快速，不能够存留，转瞬即逝。现如今数字化的互联网音频应用弥补了传统广播的这一劣势，用户可以在任何时候收听音频内容。另外，如上所说，广播有声无形的特点是把双刃剑，对于简单的告知性信息来说，广播信息接收效果会很好，但对于复杂的具象或抽象信息，仅靠声音很难立体化表达其内容。

2. 受众特性

（1）广泛。广播覆盖面广，收听方便，对受众文化程度没有要求，无论是在农村还是在城市，广播都有着广泛、稳定的听众群体。

（2）细分化。广播自身的定位准确，针对性强，并且出现系列化、分众化的发展趋势，其受众也具有细分化的特征。不同的专业性频道，如音乐台、经济台、新闻台、交通台等，都有着各自特定的受众群体。互联网音频内容也会根据不同受众进行细分，如分为育儿、财经、小说等类别。

3. 广告特性

广播广告的主要传播特性是信息简单明了、诉求清晰。另外，广播电台中有很多节目是以一定地域为电波覆盖范围的，节目的制作也会特别考虑这一地域的受众收听特点，因此广播广告能够按地域进行有区别、有针对性的传播。专业性频道的开设有利于广告主锁定目标受众，有针对性地进行广告活动。

广播广告的地域性、即时性和针对性等营销特性使得广告促销效果明显。广播广告的制作主要以声音作为诉求手段，包括广告文案（独白或对白）、音乐、音效等元素，录制过程比较简单。正因为广播节目及广告的制作比较简单，所耗费的人力、物力也比较少，因此与众多的广告媒体比较而言，广播广告价格相对低廉。

广播广告的劣势也比较明显。第一，单调，广播广告仅以声音进行传播，所有的内容和信息都只能通过不同的声音组合来完成，形式单一。第二，广播广告的选择性弱，受众分散。广告内容经常处于变动之中，因此听众通常只能被动接收广告信息，很难做到主动寻求广告信息。第三，传统广播广告的时效性差，不能存留，因此广告内容容易被误记。第四，广播内容庞杂，干扰强，容易影响广告信息的接收。因此，广播广告要让人耳目一新才有效果。

4. 广告形式

（1）插播。即节目之间播出广告，收费较少，播出灵活，属于常规的广播广告。

（2）特约栏目。即特约时间段、特约节目中播出的广告，费用较高。

(四) 电视

1. 媒介特性

电视直接把影像展现在观众眼前，是集声音、画面于一体的有声动感媒介，所具备的现实感是其他媒介不可比拟的。电视信息接收方便，没有对受众文化水平的要求，所以电视成为最具普遍性的大众媒介。电视的视听特性，满足了受众对娱乐性的需求。电视的高覆盖、高收视使其具有高共感的特性，比如体育比赛、新闻事件等的现场直播，不同地域甚至全世界的受众在同一时间收看，能够形成一种仪式感，这是电视较其他非即时媒介独特的地方，利用高共感性传播广告信息也是电视的独特价值所在。

传统电视是线性传播，信息稍纵即逝。数字电视的出现改变了这一劣势，用户可以在任何时候选择观看自己想看的电视节目。

2. 受众特性

（1）大众性。电视拥有广泛的受众。

（2）消遣性。受众在看电视时虽然也有学习知识、开阔视野的需求，但这都是基于放松、消遣的前提。

3. 广告特性

电视广告所传递的是视听结合、声像兼备的传播符号，其形象性强，相较于依靠视觉符号的平面媒体和依靠听觉符号的广播媒体更具表现力和生动性。电视广告根据目标受众的特征会在不同的节目、时段进行重复性播出，以加深受众的印象，可以显著增强广告效果。另外，电视广告创意多样、形式多样、播出方式多样，能够实现广告传播的立体化。

电视广告的劣势在于优质资源有限，且价格昂贵，只有少数企业有能力投放。由于电视广告需要在短暂的时间内传播广告诉求，因此对创意要求很高。另外，电视广告很大的一个弊端在于干扰性强。广告都是夹播在节目中间，受众很容易在广告时段转换频道，使广告效果打折扣。并且，在一个广告时段内通常有多个广告连播，造成每一则广告的信息接收都受到干扰，只有独特的创意才能使广告从周围的噪声中脱颖而出。

4. 广告形式

（1）硬广告。即直接、明确地以广告形式出现在电视上的广告。按照播出形式划分，硬广告还可分为插播（在电视节目中间插入播出）、贴片（在固定某一部电视剧中插播）、冠名（将电视台的某些栏目以企业名称或产品品牌命名）等；按照时间长短，有 1 分钟、45 秒、30 秒、15 秒、5 秒等不同时长的广告。

（2）软广告。即不直接以明确的广告形式传播商品信息，而是将商品信息融入整体非广告内容信息传播中，具有隐蔽性。

(3) 植入广告。包括节目植入、栏目植入、电视剧植入等形式。植入广告是随着电影、电视、网络游戏等的发展而兴起的一种广告形式，它是指在影视剧情、娱乐综艺、网络游戏中刻意插入商家的产品或标识，以达到潜移默化的传播效果。由于受众对广告有强烈的抵触心理，把商品信息融入娱乐形式中的做法往往比硬性推销的效果好得多。

5. 数字电视

数字电视是数字信息技术的产物，以数字化、交互性为特色，它把电视传播方式与信息技术集于一身。与传统电视相比，数字技术的高精度使数字电视无论是画面的清晰度还是伴音效果都大大提高。同时数字电视播出系统能有效节省频道资源。由于宽带网能顺畅地传播即时视频图像和清晰的声音，所以数字电视能应用于各个行业，开展各种综合性业务。

数字电视弥补了传统电视传播粗放、不能时移、不能互动等缺点，可以精准地进行信息传播、市场营销、互动服务等。

(五) 户外广告

1. 广告特性

户外广告一般被安放在市区繁华之处。优越的地理位置使户外广告很容易受到消费者的注目，同时它还能充分利用人们行走、等车、乘车时思绪放松的时机来提高消费者的有效注意力。另外，户外广告多以大图像和大标题的形式出现，能够迅速让人们产生视觉印象，画面简洁而醒目，让人一目了然，容易为各个阶层的消费者所接受。

但是，户外广告受所处特殊环境和自身条件的限制，不容易被人们仔细浏览，因此户外广告尽管巨大醒目，但都力求简单，有的甚至仅有品牌名称或商标符号，这也就造成了广告信息量不足。另外，国内各城市对户外广告的设置与管理规定较多，户外广告不仅要受工商部门的监督管理，还要受城市有关市容监察机关的监管。除此之外，户外广告还经常遇到广告设置地段或建筑物归属权与使用、占用权的纠纷，这些问题都在一定程度上限制了户外广告的发展，使户外广告在某种意义上成为“稀缺资源”，因而也就抬高了它的价格。

2. 受众特性

户外广告的受众虽具有流动性，但也有一定的流动规律。很多受众户外移动的路线通常都具有一定的规律性，如比较固定的上下班通勤路线，因此可以根据流动规律推测出人群特征，从而进行较为精准的广告传播。

3. 广告形式

户外广告有多种多样的广告形式，其中最主要的有：

(1) 路牌广告。主要设置在交通要道和过往行人较多的地段，一般用印刷、喷绘或油漆手绘的方式将广告信息印在路牌的一面或多面。现在还出现了三面自动翻转等电子形式。

（2）霓虹灯广告。多设置在城市商业区、交通要道、商店门面或大楼顶端。白天可以起到一般路牌广告的作用，夜间依靠灯光色彩吸引受众注意。

（3）灯箱广告。又名灯箱海报，在透明的箱体里内置广告画面，利用灯光技术强化视觉效果，外形美观，画面简洁。

（4）电子屏广告。一般安置在繁忙的交通地带或繁华的商业区域，将变幻的动画、闪烁的图案和鲜艳的色彩集于一身。

（5）空中广告。空中广告的种类很多，比较有代表性的有气球广告、烟雾广告、飞艇广告和飞机牵引广告四种。

（6）广告专用车（DAV）。DAV 在国外十分常见。DAV 无论是车身设置还是行走线路都是根据广告目标设计的。

（7）创新型户外广告。如异型广告、陈列广告、装置互动广告等，通过创意获得高关注度。

（六）楼宇广告

楼宇广告是指围绕楼宇开发的广告形式，包括楼宇户外超大液晶屏、电梯等候区的楼宇液晶电视、电梯内部的框架广告等。

1. 广告特性

楼宇广告的发布环境较为单纯，如在等电梯或乘坐电梯的特定时段，空间比较封闭，受众所受干扰较小。楼宇广告主要针对商务写字楼内的目标受众，广告投放精准度高。

楼宇广告的劣势在于接触时间有限，因受众离开而影响内容传播的完整性，而且内容单一，反复传播易令受众反感。楼宇广告需要大量液晶电视，楼宇租金和系统维护费用高昂。

2. 受众特性

受众目标精准且稳定，通常为高收入、高学历、高消费人群，具有一定的社会引导力。

3. 广告形式

（1）楼宇户外超大液晶屏广告。一般安置在人流量大的楼宇外，液晶显示效果夺目。

（2）电梯等候区的液晶屏广告。安置于电梯外，利用人们等候电梯的闲暇时间获取对广告的注意。

（3）电梯内部的广告。其中又分为两类，一类是最初的液晶屏视频广告，但动态视频在封闭空间内的接收效果并不理想；后来开发出第二类框架广告，即在电梯内将广告屏安装成相框的形式，将静态广告画面以翻页的形式播出，简单清晰，便于记忆。

（七）交通广告

交通广告是指与交通工具或者交通站点相关的广告形式。

1. 广告特性

由于乘客所选择的交通工具和路线较为固定，交通广告受众明确，广告的累积效果较好。乘客在途中百无聊赖，多半会找点东西看看，所以信息接收率较高。此外，交通广告的发布周期自由，技术手段及表现形式也较为多样。

交通广告的不足在于优势资源有限。我国各城市的公交汽车数量有限，使交通广告媒体资源受限。另外，交通广告的环境通常嘈杂，影响广告的接收效果。

2. 受众特性

交通广告的受众多为交通工具的稳定乘客，因此在相应的路线上受众较为固定，这便于广告目标对象的选择，并且广告传播的累积性较好。

3. 广告形式

（1）交通工具外部媒介，如公共汽车和地铁的车身。

（2）交通工具内部媒介，如车/舱载电视、内部招贴、电子显示屏、拉手、椅背等。

（3）交通工具站点媒介，如候车亭、车站墙体、机场内墙体、灯箱、电视墙、座椅等。

（4）交通工具车票媒介，如火车票、公交车票、地铁票、飞机票等。

（5）交通路线媒介，如高速公路旁的大型路牌、铁路沿线的墙体，以及地铁隧道动画效果广告等。

（八）售点广告

售点广告（POP 广告），是指在销售地点内外应用各种媒体形式呈现广告，起到吸引消费者注意、促进销售的作用。

1. 广告特性

售点广告的最大特点就是配合销售。新产品销售时，售点广告可以在销售现场激发消费者购买欲望。售点广告创作形式多样、设置灵活，可以营造强烈的销售气氛。

售点广告的不足在于如果单凭售点广告信息，很难让消费者现场改变认知，所以需要与其他大众媒体相配合，在购买前就让消费者对商品或品牌具有一定的认知度。

2. 受众特性

POP 广告的受众是来到销售现场的消费者，而广告目的就是刺激消费者的购买欲望，引发其购买行动。因此，受众在购买过程中，在比较、选择时，容易接受售点广告促销信息的引导。

3. 广告形式

按照陈列位置和陈列方式的不同，可把 POP 广告分为柜台式、地面立式、壁面式、橱窗式等。

（1）柜台式。放在柜台上的小型 POP 广告，可分为展示卡和展示架两种。

（2）地面立式。置于商场地面上的广告体。商场外的空间地面，如商场门口、通往商场的主要街道等也可以作为地面立式 POP 广告陈列的场所。

（3）壁面式。分为平面的壁面 POP 广告、立体的壁面 POP 广告、悬挂在墙壁上的电视 POP 广告等。这是对商场上部及顶部空间有效利用的一种 POP 广告类型，也是各类 POP 广告中使用量最大、使用效率最高的一种，通常采用吊旗和吊挂物两种形式。

（4）橱窗式。布置在橱窗内吸引行人的 POP 广告，注重装饰性，以体现商店和商品的特色和魅力。

（九）直邮广告

随着时代的发展，直邮广告（DM 广告）也在不断发展。直邮广告不仅指邮政的商业信函广告，还包括邮送广告、企业形象邮件（企业明信片、拜年卡、邮资封）等普通直邮广告，以及手机短信广告、互联网邮箱广告等电子直邮形式。

1. 广告特性

直邮广告的最大特征在于精准性，即可以准确地选择目标对象，从而避免大众传播的粗放和浪费；直邮广告具有私密性，由于是一对一的传播方式，所以不易被竞争对手知晓该企业的市场营销计划，有利于产品顺利打入市场；直邮广告的广告主自主性强，可以自由选择广告形式。

直邮广告的劣势在于传播规模有限，而且容易令人生厌，所以最好精准投放给对该广告信息有主动需求的受众。

2. 受众特性

如果是对广告信息有主动需求的精准受众，则受众的广告购买行为转化率会很高。

3. 广告形式

总的来说，DM 广告的形式主要有以下两种：

（1）传统直邮。是指通过邮寄、柜台散发、专人送达、来函索取等方式将广告资讯送达目标受众，包括信函、明信片、传真等形式。

（2）电子邮件直邮。电子邮件直邮广告是以电子邮件为传播载体的一种网络广告形式。电子邮件直邮广告有可能全部是广告信息，也有可能在广告中穿插一些实用的相关信息，可能是一次性的，也可能是多次的或者定期的。与传统直邮相比，其特征是传播迅速、便捷，并且互动方便。电子邮件直邮广告产生效果的前提是接收邮件的人确实为广告商品的潜在消费者，不然会被视为垃圾邮件。同时电子邮件直邮广告可利用互联网数据进行精准传播，但因触及用户的隐私权，需要事先征得用户同意。

（十）电影

1. 媒介特性

电影视听效果佳，干扰性不大。而且受众在观看前对影片本身是有强烈期待的，观看电影的过程是主动、积极的情感投入的过程。同时，电影院空间相对封闭，这可以使电影观众在观看电影时聚精会神。

电影的劣势也很明显，与电视、报纸相比，电影屏幕资源有限，所以覆盖范围有限。

2. 受众特性

电影观众一般收入稳定，热爱生活，容易成为观念和行为上的意见领袖，对大众具有影响力。

3. 广告特性

在电影产业日渐成熟的今天，每一部电影都有着明确的受众定位，这就使广告的针对性较强。而且在相对封闭的黑暗环境下，人们几乎无法躲避电影广告，广告到达率高。加上电影良好的视听效果，使广告在认知度、记忆度、好感度上都有独特的优势。

但同时，电影本身的传播范围小，导致电影广告覆盖范围有限。另外，大部分人在一定时期内观看电影的数量有限，所以电影广告不能像电视广告一样被重复接收。电影广告要取得良好效果，还需要与其他媒体进行整合传播，而不能只在电影院中播放。

4. 广告形式

（1）电影前插播广告。即在电影放映前，直接以商业广告形式出现的广告。

（2）贴片广告。一般播放于影片的正式内容前或影片结束后，有独立的广告内容，包括片方贴片广告、发行方贴片广告、院线贴片广告、影院贴片广告四类。

（3）植入广告。即把电影中的实物道具、电影画面作为广告的载体。一般来说，植入广告效果与情节的关联性成正比，如果关联性强，效果也会良好。

二、互联网媒介

互联网的出现，改变了媒介的传播方式，使其从传统的传者向受者的单向传播变为传者和受者之间的互动沟通，其交互特性突破了时间和空间的限制，带来了广告媒介的变革，广告媒介在信息内容、传播方式、沟通效果上都具有了新的特征。

（一）互联网特性

1. 精准性

互联网服务器的访问记录保存了用户在互联网上的行为轨迹，包括点击浏览过的页面、广告或是深入了解过的信息类别，从而确定广告商品的目标对象群体，使信息沟通具有高度的精准性。

2. 互动性

与传统大众媒体一对多的传播方式不同，互联网能够多对多互动传播或一对一互动传播，颠覆了传统大众媒体由媒体主导的传播模式，在互动中大大增强了沟通的效率，催生出新的传播价值。

3. 网络性

网络传播具有传统媒介传播无法比拟的开放性和交互性，它突破传统媒介传播的时间和空间限制，融合大众传播、群体传播、人际传播的传播特征，冲破传统媒介的单向线性传播方式，形成点对点链接的网状传播模式，将信息迅速辐射全国甚至全球。

4. 社区性

互联网的社区性体现在互联网为众多网民提供了一个平台。网民能够在网上记录自己的感想和生活，发起和参与各种问题的讨论，表达自己的看法和观点，参与各种兴趣、各种主题的活动，通过各种方法表达和满足个性诉求，相互之间进行倾诉、交友、交易等，人们在这些活动中形成社会网络。

5. 服务性

这是互联网最具变革意义的特性。传统的媒体只是传播信息，且信息传播具有二八定律的特征，即被有效传播的信息只占据所有信息的20%，80%的信息是没有机会被接收的。但互联网能够提供另外80%的长尾信息，而且不仅是传播信息，互联网还能让物质世界中的服务在信息沟通中得以实现，将虚拟世界与现实世界连接起来，实现比特和原子的交融。媒介不仅能生产信息，还能生产物质，媒介的功能发生了变革。

（二）互联网类型

1. 按内容构成划分

（1）综合门户型。通向某类综合性互联网信息资源并提供相关信息服务。

（2）垂直型。针对特定领域或特定需求，提供相关的信息和服务，如体育类、财经类、影视类、时尚类、育儿类、新闻类等。

2. 按主导者划分

（1）企业类网站。企业自建的传播企业信息的平台，作用是展现公司形象，加强客户服务，完善网络业务，还可以与潜在客户建立商业联系。

（2）媒体类网站。由传统媒体建立的网站。在媒介融合中，各媒体适应发展的需求向互联网延展，互联网网站成为其重要的内容渠道，但未来会向核心的信息沟通渠道发展。

（3）服务商类网站。由各类型的互联网服务商开发的网站，基于商业模式运营，最终实现赢利。

3. 按交易模式划分

（1）B2B。B2B（Business to Business）是指企业与企业间通过互联网进行产品、服务及信息的交换。B2B 模式是当前电子商务模式中份额最大，也是最具操作性、最容易成功的模式。B2B 网站的主要模式可分为三类：大型企业 B2B 网站、第三方经营 B2B 网站、行业型 B2B 网站。

（2）B2C。B2C（Business to Consumer）模式是指企业通过互联网为消费者提供一个新型的购物渠道——网上商店，如美国最大的网上购物商店 Amazon、中国的天猫等。

（3）C2C。C2C（Consumer to Consumer）是消费者面向消费者的交易模式。C2C 网站就是指提供买卖双方交易活动的互联网平台，卖家可以在网站上展示想出售商品的信息，买家可以从中选择并购买自己需要的物品，如拍卖类的 eBay、二手货交易网站等。

（三）用户特性

随着互联网的兴起和飞速发展，互联网用户数量一直迅猛增长，其特性包括：

1. 聚集性

互联网用户根据自己的社会网络、兴趣爱好、动机目的、态度观点等聚集在相应的互联网平台上，具有明晰的细分特征。

2. 自我性

互联网空间相对自由，用户的语言、行为与现实世界相比更具有自我性，但也容易造成极端、偏激的后果。

3. 多样性

互联网用户在相对自由的空间下彰显个性，其语言、行为、观念都具有多样性。

这些特征决定了互联网用户对信息的接收与传播、用户与用户间的互动具有主动性和情景性，并富有创意。

（四）广告形式

1. 硬广告

硬广告就是指在互联网上直接介绍商品、服务内容的传统形式的广告，包括全屏、按钮、旗帜、通栏、对联、画中画、视频、网幅、翻牌、信息流广告等；按发布位置分，则分为视频广告、微信广告、微博广告、网游广告等类型。

硬广告的优势在于传播速度快，传播广泛，重复出现，具有较好记忆度，有声有色，具有动态性等。劣势是好感度低、传播内容简单等。

不过互联网上的硬广告由于借助了先进的网络技术，与传统媒体上的硬广告相比，具有投放更为精准、互动性更强的特点，且可以通过超链接扩展广告信息内容。但受众也能够通过技术手段轻易规避硬广告的干扰。

2. 互动广告

互联网互动广告与计算机高新技术相融合，以巧妙构思获得超乎寻常的展示效果，使广告深入人心。

例如，为了帮助贫困地区未能上学的孩子，广告代理商创建了一个活动网站，讲述了关于一个小男孩的梦想的故事。故事有两个版本，一个版本是小男孩因辍学而落魄，另一个版本是小男孩因上学而改变了人生，实现了梦想。用户只需翻转手机便可以在这两个故事中切换，广告告诉用户“这些孩子的命运其实就掌握在你手中，翻转他们的命运吧！”该广告以互动参与的方式吸引用户进行捐赠，帮助贫困地区的孩子实现梦想。

互动广告有其明显优势：

（1）广告表现更生动。互动广告能提供给消费者生动有趣的视觉和听觉刺激，能带来控制感和现场感，这些使用体验能让消费者印象深刻。

（2）时效性更强，效率更高。互动广告借助高效率的互动媒体可以实现与消费者的互动沟通，消费者能够通过成本低廉又十分方便的互动媒体向广告主畅所欲言，从而提高广告传播与反馈效率。

（3）无限的接触时间或空间。互动广告能为消费者提供更多的选择，只要消费者愿意，就可以有无限的接触时间或空间。这大大增加了消费者获取更多角度、更完整信息的可能性，更有利于他们作出合理的消费决策。

（4）信息内容与形式的个人化。互动广告通过互动媒体可以精确地识别个体消费者的兴趣，然后设计有针对性的广告内容与形式，精准地投向感兴趣的目标消费者。消费者即使原本不喜欢广告信息，但这些个人化的，在适当的时间、适当的地点、适当的情形下出现的，投其所好的广告往往能触动其兴趣点。

（5）精准的投放与效果测量。互动广告可以直接根据目标消费者个体的特征进行接触点管理，并可以直接跟踪消费者的反应，精准地测定广告效果。

（6）可实现广告效果直接转化为销售额。通过互动媒体，互动广告能够配合互动购物平台生动展现商品的性能，一旦消费者产生了购买意愿就可能立刻进行订购，从而实现广告效果直接转化为销售额。

但互动广告也存在劣势：互动广告只适用于部分受众和部分产品。对于信息处理能力和购买动机弱的受众、购买涉入度低的产品类型，互动广告的作用并不大。

3. 病毒广告

病毒广告常见于网络营销，是指互联网上通过用户的社交网络，像病毒一样传播，从而达到品牌沟通目的的广告。病毒广告实质上是社会网络广告。

病毒广告最大的优势就是传播效率高。社会网络传播利用网络中的人际关系来传播信息，具有主动接收、互动的特性，并且传播迅速、广泛。与传统大众广告相比，病毒广告是用户主动传播的，所以只要信息内容具有引爆点，甚至不花一分钱就会被广泛传播。病毒广告表现形式多样，可以是视频、图画或文字，并且能够突破大众媒体的诸多限制，创意丰富。

病毒广告的劣势在于信息传播范围取决于信息内容的话题性、创意性，如果作品平庸，就很难被传播开来。另外，有的病毒广告存在虚假信息，会误导公众。

4. 原生广告

原生广告是在传统硬广告效果越来越有限的情况下，互联网广告重生的一种趋势和理念。它强调广告对于用户的价值，用户所看到的广告内容正是用户所需要的，或者是所喜爱的，而不是令人生厌的垃圾广告。互联网原生广告基于互联网数据分析及网络传播技术，通过大数据分析找到精准的目标受众，并对目标受众的行为、兴趣和观念进行分析，向受众推送有价值的商品或品牌的信息内容。

原生广告具有价值性、原生性、用户主动参与性等特性。

原生广告的类型包括插入广告、资讯信息、品牌/产品植入内容、互动广告、搜索链接等。

当然，原生广告的劣势也很明显，一是难以规模化，因为强调内容与场景的适配性，所以原生广告都是量身定制的创意作品，难以应用于其他媒体，要产生效果就要考虑与其他媒体的立体化广告呼应。二是对创意要求高。广告设计如果不能在场景、时机上契合消费者的需求和体验，该广告就会成为垃圾广告，令人生厌。三是广告的隐形呈现带来了广告伦理问题。按照广告伦理要求，广告必须要和内容进行明显的区分，受众必须清晰地感知广告，因此要避免原生广告的滥用。四是大数据分析有可能造成对用户隐私权的侵犯，这也是所有互联网精准营销传播都面临的难题。

三、智能媒介

智能媒介指由云计算、大数据、人工智能、区块链、物联网、5G、VR、AR等众多技术通过不同组合形成的媒介应用。

智能广告的本质是在人工智能的基础上，通过机器学习、自然语言处理及知识图谱等相关技术，对数据处理、内容投放以及效果监测等营销关键环节进行赋能，优化投放策略，增强投放针对性，从而提高效率，节约成本。

以下是各种智能媒介的技术及其特征。

（一）大数据

大数据是对新一代数据条件下人与自然、社会之间的互动及其相互关系的数字化描述。大数据理论认为，世界万物皆可表征为数据，一切皆可量化。大数据具有 4V 特征：数据容量大（Volume）、数据种类多（Variety）、价值总量大而密度低（Value）、生成和处理速度快（Velocity）。

大数据可分为交互数据、行为数据、属性数据，大数据是数字化时代广告活动的基础资源。基于用户数据的智能化运作，能够使广告投放更加精准、有效。

（二）人工智能

人工智能是指机器模拟人类的思维方式和行为方式，以实现特定目标和任务的系统。人工智能包括输入、分析和输出环节。输入是通过计算机视觉、语音识别、自然语言理解等技术，将复杂的外部数据转化为机器可理解的、结构化的、完整的表达。分析指机器学习技术不仅从数据中学习复杂的特征，提取隐含的知识，还可以从自身的流程中学习，不断用新的概念或事实扩展存储的知识，从而作出智能决策或预测。输出是将机器学习和分析得到的洞察转换为文字、图像或声音等人类可以理解的形式。

人工智能通过多维数据精准分析用户意图，精准提取用户兴趣特征，毫秒处理，实现实时洞察；并可基于预测建立个性化的商品推荐系统，做到“千人千面”，提升用户体验，实现营销转化。

下面简要介绍几种广告业的智能技术和应用。

聊天机器人基于人工智能算法构建，用户可通过提问查询问题。例如 ChatGPT 能够通过理解和学习人类的语言与人类进行对话，甚至完成文案创作。基于数据和智能算法，智能聊天机器人可从事销售洞察，引导、开发用户。

现阶段图像识别技术一般分为人脸识别与商品识别，人脸识别可应用于身份核验与移动支付；商品识别主要运用在商品流通过程中，特别是无人货架、智能零售柜等无人零售领域。

语音识别也开始应用于营销领域。例如亚马逊智能语音助手 Alexa 将赞助品牌融入对用户问题的回答中。当用户提出一些常见问题，如“我如何清理地毯上的宠物毛？”Alexa 可能会推荐吸尘器。百度的人工智能系统小度联合食品品牌太太乐，围绕家庭烹饪场景，如“立冬吃饺子”，在语音互动中推广太太乐原味鲜酱油，并引导用户语音打开京东平台商品页实现直接购买。

AIGC 是目前兴起的人工智能应用，全称为 AI-Generated Content，指通过人工智能技术自动生产内容，如文字、图片、音频、视频和代码等。AIGC 既可以实现广告内容的大规模生产和个性化创作，从而提高效率和降低成本，也可以对广告营销数据进行分析和挖掘，提供实时、准确的数据分析结果，帮助广告主更好地理解用户需求、预测市场趋势和优化广告投放策略。AIGC 将对广告业产生深远影响。

（三）区块链

区块链是一种按照时间顺序将数据区块以顺序相连的方式组合而成的链式数据结构，也是一种以密码学方式保证的不可篡改和不可伪造的分布式账本。区块链具有去中心化、不可篡改、可追溯、分布式协同和透明性等特点。区块链的应用有望破解广告业信任难题，解决诸多广告活动中的痼疾：对于广告主来说，可以防止流量欺诈，增加透明度，打通数据孤岛，为品牌安全提供保障，实现资金流动的透明化；对于创作者来说，可以实现版权保护并获取数据劳动报酬；对于消费者来说，可以保护隐私，并实现精准个性化推荐，同时通过分账激励消费者参与品牌互动和营销，参与价值共创。

（四）物联网

物联网（Internet of Things，IoT）即物与物相连的互联网，是指通过射频识别技术和信息传感设备（红外感应器、全球定位系统、激光扫描器等），按照约定的协议，将物品与互联网连接起来，实现物品的自动识别、跟踪、管理以及信息交换等。

物联网营销的核心是围绕人的营销，基于受众行为活动的数据进行用户画像，进而优化产品设计、规划电子商务体验，如联网枕头的传感器可以跟踪睡眠数据，并为相应的品牌提供用户睡眠模式的信息。

另外，万物互联的时代场景将变得可感知，每个场景都具有地理、时间和属性特征。而基于受众和场景数字化的数据捕捉，物联网可帮助企业根据数据分析结果进行精准营销，减少营销成本，提高营销效率，提升用户体验。

（五）5G

第五代移动通信技术（5th Generation Mobile Communication Technology，5G），具有高速率、低延时和大连接的特征。5G 对广告活动的改变体现如下：

（1）“5G+物联网”所提供的异构多元大数据能够为广告的智能化提供数据基础。

（2）5G 是万物互联的基础，在 5G 的支持下，任何物体都能成为物联网中的一个智能终端，智能化地满足消费者需求。

（3）5G 的高速率将实现线下广告的全面程序化，广告投放效率大大提高。

（4）5G 可支持跨屏广告，引导消费者顺畅完成从注意到购买的流程。

（5）AR 等应用也需要 5G 的速率来支持高互动性。

（六）VR

VR（Virtual Reality），即虚拟现实技术，是指利用电脑程序设计出一个三维的虚拟立体世界，通过刺激体验者的视、听和触觉等让用户产生身临其境的感觉。

VR 可以让用户沉浸于 3D 全景并得到具有真实感、趣味性和互动性的体验，能够促进用户与产品的深度交互。加上人工智能技术“千人千面”的个性化应用，VR 将是未来重要的广告媒介终端。

目前 VR 可以让用户沉浸式地体验产品和服务。例如，沃尔沃为推广新车型，与数字内容公司合作打造了一款 VR 应用，用户戴上谷歌 Cardboard 眼镜后，便可在家中感受驾驶该车型经过田野、山区和湖泊时的乐趣。携程、美团等互联网生活服务平台，都支持上传 VR 全景，让消费者选房和选餐厅时更放心。2015 年圣诞节期间，可口可乐在波兰应用 VR 技术，让用户可以沉浸在虚拟现实的世界里扮演一天圣诞老人，体验者可以像真正的圣诞老人一样驾驶雪橇车拜访各个村庄。

（七）AR

AR（Augmented Reality），即增强现实技术，是在虚拟现实基础上发展起来的，通过图像识别和图像生成技术将真实世界和虚拟世界相互融合的综合性技术。不同于完全是虚拟环境的 VR 技术，AR 技术可以叠加虚拟信息和现实世界并让人们与其实时交互，从而实现许多 VR 技术无法企及的效果。AR 技术现已渗透到社交、电商、游戏等多场景的应用中，带来虚实结合的真实体验。

例如，宜家推出了一款全新的名为“IKEA Studio”的手机 AR 应用，用户可同时预览多个虚拟商品，还可以进行全屋的装饰预览（图 8-6）。

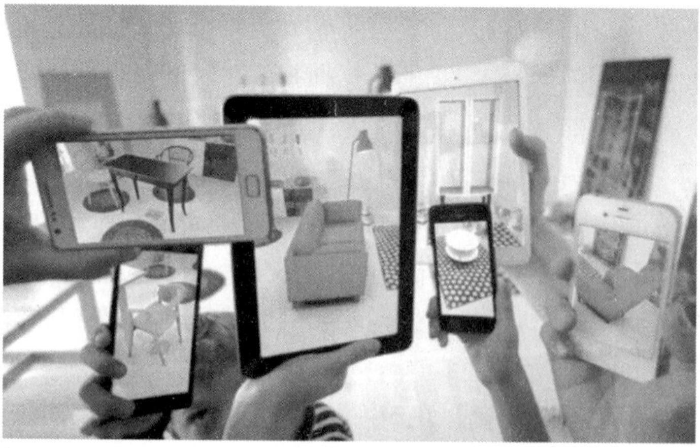

图 8-6 IKEA Studio 手机 AR 应用效果图

(八) 虚拟数字人

虚拟数字人是指通过计算机图形学、语音合成技术、深度学习、类脑科学、计算科学等聚合科技创设的，并具有多重人类特征（如人的外观、行为，甚至思想或价值观）的虚拟形象。虚拟数字人按应用场景可分为虚拟偶像、数字主播和数字导购，按技术可分为真人驱动型和智能驱动型，按应用可分为服务型、表演型和身份型。虚拟数字人的作用一是能够有效克服真人主播高收费、突发负面舆情等问题；二是能够针对品牌进行个性化的设计；三是能够全天候、全方位地解说不同类型的产品，与大规模用户开展实时化、一对一的交流互动，优化消费体验，从而带来更为高效的销售转化。

国内知名的虚拟偶像洛天依不仅发布了多首歌曲，还为多个品牌代言。AYAYI是阿里巴巴首位数字员工，作为“天猫超级品牌数字主理人”和多个品牌合作。湖南卫视的数字主持人小漾不仅主持节目，还能唱歌、表演。国风虚拟人翎是具有东方古典外貌和气质的女孩（图 8-7），喜欢京剧、太极、书法等，受到各大国风品牌的青睐。

图 8-7 国风虚拟女孩

身份型的虚拟数字人即虚拟空间中的数字分身，能够让消费者感同身受地“试用”“试穿”各类商品，提前让消费者多维度感知实体产品使用效果，实现量身定制式的消费购买。

(九) NFT

NFT（Non-Fungible Token）是指非同质化通证，是具有区块链管理所有权的独特数字产品。NFT 作为一种数据格式可以把多种形态的信息存储在区块链上，包括图片、声音、视频、纯文本等。NFT 有两种形式：由现有作品创作的 NFT 和专为发行 NFT 而制作的数字作品。国外的 NFT 是一种可以交易的数字资产，部分作品甚至被拍卖到上千万美元。国内的 NFT 又名“数字藏品”，价格大多定位在

0~100元。

NFT让文字、图像、音频、视频、游戏道具、数字艺术品、门票等交易和所有权确认方式都以数字化形式进行，成为品牌营销沟通的新模式。例如，可口可乐和数字可穿戴设备设计平台Tafi曾联合推出NFT数字藏品。多家服装品牌推出数字虚拟服装、运动鞋，甚至还有美容品牌推出数字香水。

四、万物皆媒

由于互联网的发展，广告活动不再依赖数量有限的传统媒介，只要内容足够有吸引力，就可通过互联网传播开来，任何物体都可以作为广告媒介，万物皆媒成为可能。“和消费者一起生活”成为一种品牌沟通理念，越是非常规的媒介越因其创新性而具有传播力，与消费者的任何接触点都可作为创意终端。

中国银联以POS机小票为媒介，开展以“让山里孩子的才华被看见”为主题的公益行动（图8-8），让更多人读到山里孩子的诗，共同助力山区儿童教育。

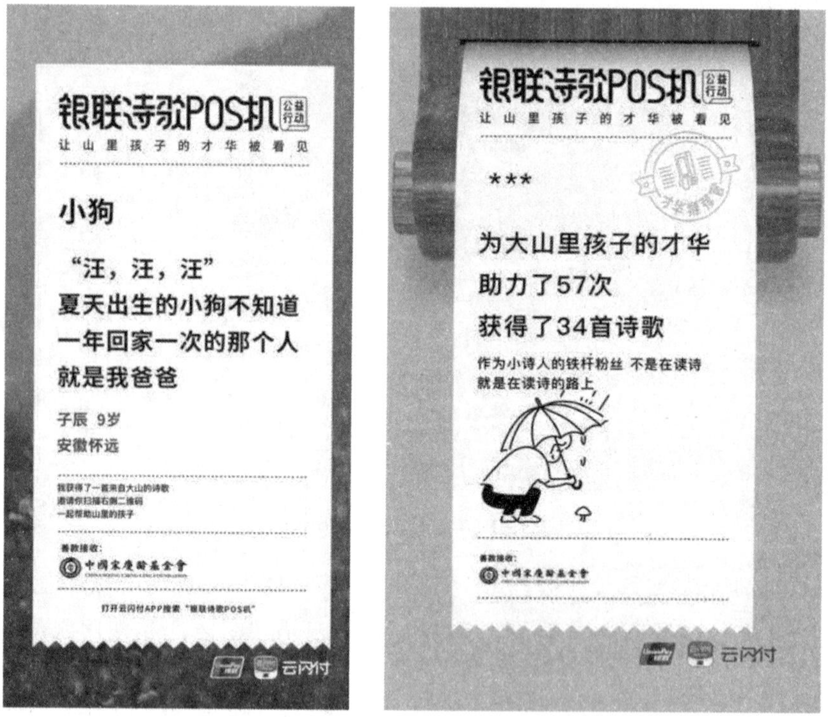

图8-8 银联诗歌POS机公益行动

商品也可成为有稳定流量的创新广告媒介。娃哈哈与近百家商家合作，消费者只要扫瓶身上的二维码就可获得这些商家的优惠，瓶子成为接入平台的端口。

联合营销或者跨界营销也使商品、场景成为耳目一新的广告媒介。如今，一些奢侈品品牌开起咖啡店、健身房、家居店等，也是为了跨界传达品牌理念。

除视觉之外，利用听觉、嗅觉、味觉、触觉也可打造出富有沉浸感的感官媒介。如旅游网站马蜂窝邀请全国不同职业的旅游爱好者在世界各地网红打卡地，记录自己在旅游过程中听到的景点声音。其中有100段声音被精选出来，在一座写字楼的电梯里随机播放。当上班族进入陈列着世界各地美景图片的电梯后，电梯内的电话就会适时响起。接通后，另一头会传出品牌收集到的旅途中的声音，包括摩洛哥沙漠的驼铃声、冰岛坚冰融化的流水声、欧洲古老教堂的钟声、美国街头酒吧艺人的即兴演奏声等，进一步激发人们前往这些旅游风景地打卡的欲望。

嗅觉方面，新加坡航空以独特的香水味作为品牌识别的一部分；唐恩都乐咖啡在韩国公交车上播放广告时，车上安装的具有声音识别功能的雾化器就会释放咖啡香气。

北欧历史悠久的奶酪品牌Castello，在纽约中央车站举办为期两天的快闪名画展试吃会，活动名称为“吃艺术”（Eat the Art）。六幅与奶酪有关的绘画作品被做成佳肴，人们可以一边品尝“画作”中的奶酪，一边欣赏名作。

随着智能技术的成熟，如今消费者通过戴上触觉手套就能虚拟感受时空分离的物体的真实触感。可以预见，未来的触觉媒介将大有可为。

第三节　广告媒介策略

广告媒介策略主要涉及选择哪些媒介，媒介之间如何组合，媒介与内容如何契合，广告发布时间如何，广告发布频率如何等方面。

以下七个要素构成一个广告媒介策略：

1. 广告信息受众是谁？（Who）
2. 传递广告信息最好的手段是什么？（What）
3. 应该在什么地域、什么媒介上投放广告？（Where）
4. 应该在哪些时段投放广告？（When）
5. 需要覆盖到多少人？（How many）
6. 投放多少次广告是合适的？（How often）
7. 在每个媒介上花多少钱才是合适的？（How much）

好的媒介策略是五个方面的协调统一：

1. 到达率（Reach）；
2. 频次（Frequency）；
3. 力度（Dominance）；
4. 影响（Impact）；

5. 连贯性（Continuity）。

一、广告媒介策略基本内容

（一）设定媒介目标

广告媒介目标是指为实现广告目标而在媒介传播领域设定的目标。媒介目标在微观上应该根据受众的认知、理解、偏好、购买行动等进行具体的设定，在宏观上则可以根据不同的企业营销战略和广告任务，制定侧重点不同的媒介目标。媒介目标设定主要考虑以下几个方面：

1. 根据营销目标设定媒介目标；
2. 根据品牌竞争策略设定媒介目标；
3. 为建立商品知名度、好感度等设定媒介目标；
4. 为支援铺货或促销设定媒介目标。

在设定媒介目标时，除根据营销目标做量上的设定外，还应按照营销计划设定投放区域的优先顺序。

（二）设定媒介目标受众

媒介目标受众，是指那些可能购买广告商品的人。在进行媒介的选择和组合前，要根据广告策略确定广告沟通对象是谁，要以广告的目标市场策略为依据。

媒介目标受众的设定包括三个指标：

1. 人口统计指标，包括年龄、性别、婚姻、学历、职业、收入、职位、社会阶层等；
2. 行为指标，包括消费行为、工作、休闲娱乐等；
3. 心理指标，包括价值观、个性等。

（三）分析目标受众媒介接触习惯

在设定媒介目标受众之后，需要对目标受众的媒介接触习惯进行分析。首先需要确定广告受众使用媒介的两种情况：

1. 目标受众接触媒介的习惯

消费者的行为是存在差异性的，这种差异性的表现之一就是消费者接触各种媒介的习惯是不同的。由于各自社会背景、经济状况和生活习惯不同，每个目标受众都有他们特定的生活方式，他们接触媒介的习惯和机会有很大差别。因此在选择广告媒介时，应该考虑目标受众接触媒介的习惯，找出自己目标受众接触最多的媒介，从而使他们之中更多的人接触到广告。

2. 目标受众接受媒介的能力

不同类型的消费者接受媒介的能力是不同的。一般来说，在识字率很低的地区，报刊广告的接收效果会很差；在经济落后地区，电视机、电脑的普及率很低，电视广告、网络广告很难奏效。

每个目标受众具有不同的生活方式及习惯，对每种媒介都有不同程度的倾向性，换言之，每种媒介都有不同层次的消费群，有不同的渗透率。所以需要进行受众细分，以达到精准的广告诉求。

（四）分析竞争对手

1. 确定竞争对手

根据广告媒介市场分析及企业自身的媒介目标，确定短期竞争对手、中期竞争对手、长期竞争对手，针对不同的竞争对手，确定媒介竞争策略。

2. 竞争对手在市场中所处的位置

根据竞争对手的广告媒介投放市场占有率，得出广告媒介市场结构及竞争对手在市场中所处的位置。

3. 竞争对手的媒介投放行为

通过监测竞争对手的媒介投放行为，了解竞争对手的媒介策略，包括：媒介投放费用多少，在哪些媒介上投放，播出次数多少，持续时间多长，在哪些区域市场上进行投放等。

另外，还要研究竞争对手的广告创意，结合其创意进行效果综合分析。

当然，在研究竞争对手的媒介策略时，还要分析商品所属行业的广告媒介投放特性，包括总体媒介投放费用、媒介组合特征、投放的季节性等。

（五）制定媒介组合策略

1. 媒介组合策略的意义

任何一个媒介都不可能覆盖广告的全部目标市场，因此在进行广告传播时，不能只使用单一的广告媒介，而应有目的、有计划地利用多种媒介开展广告活动。媒介组合不仅使广告对象接触广告的机会增多，还能造成强大的声势，容易引人关注。媒介组合的作用如下：

（1）延伸效应。各种媒介都有各自覆盖范围的局限性，通过媒介组合可以增加广告传播的广度，扩大广告覆盖范围。广告覆盖面越大，产品知名度越高。

（2）重复效应。媒介组合可以增加部分广告受众的广告接触次数，从而加强受众对产品的注意度、记忆度、理解度，增强购买冲动。

（3）互补效应。不同媒介各有利弊，通过多种广告媒介来传播广告内容，对于同一受众来说，其广告效果是相辅相成的。

2. 媒介组合的层次

媒介组合包括媒介载体的组合和广告单位的组合。

（1）媒介载体的组合。在进行媒介载体组合时要考虑以下几个方面。第一，主次结合。根据广告传播的目标将媒介载体分为主要媒介载体和次要媒介载体，将二者进行系统性组合。第二，时效结合。不同的媒介具有不同的时效性，分为瞬时媒介（广播、电视等）、短时效媒介（报纸、杂志等）、长时效媒介（挂历、说明书等）。互联网在应用不同的广告形式时具有不同的时效性，例如展示类广告是瞬间时效，社交类广告是短时效，资讯类广告是长时效等。为加深消费者记忆，还需要进行多种时效媒介的组合。第三，特性互补。报纸、杂志等以文本为内容的媒介适合抽象信息的阐释，电视、电影适合形象化的展现和情感诉求的表达，广播适合告知，户外媒介适合提醒，互联网适合信息的深入阐释和互动，AR、VR、裸眼3D等适合沉浸式体验。另外，还要考虑视觉、听觉、嗅觉、味觉、触觉的组合。根据广告目标策略，将不同传播特性的媒介进行组合能够让受众获得对商品立体化、纵深化的了解。

（2）广告单位的组合。之所以需要对广告单位进行组合，是因为：一方面，广告预算是有限的，只有合理地安排广告单位，才能在一定的广告预算内实现效果最大化；另一方面，各媒介不同的广告单位也具有不同的传播特性。广告单位的组合包括：第一，广告时段或版面的配置。根据预算和广告目标，将时间媒介中的不同的广告时长、空间媒介中不同的广告版面大小进行组合。第二，广告频次的配置。在预算范围内，要根据人的遗忘规律配置广告频次，使受众接触广告既不因为少而没有印象，也不因为多而产生反感。第三，广告位置的配置。广告插播在电视节目前、中、后还是整个广告时段中的前、中、后，杂志广告登载在封底、封二还是中页，其效果都是不同的，需要研究广告发布的媒介环境，根据预算和效果进行位置选择及组合。

（六）制定媒介创意策略

媒介的创意策略包括两类：一是将媒介创意化，即媒介本身就是创意；二是创新性地进行媒介投放，如反季节（夏天投放羽绒服广告）、非常规媒介应用等。

图8-9是染发剂的广告，诉求为“天然”，利用天空的颜色变换作为表现元素。

图8-9 染发剂户外广告

（七）制定媒介时间策略

1. 时序策略

时序策略是指确定广告发布与市场营销在时间上的关系。包括以下三类：

（1）提前策略。广告在相关营销活动开始之前就进行发布，如产品尚未正式上市就推出上市广告、促销预告等。这种策略有助于市场预热，比较适合新产品上市。

（2）同步策略。广告的发布推出与相关营销活动同步开展，如在产品上市的同时发布广告，开展促销活动的同时发布广告等。这种策略使广告与其他活动密切配合，可直接促使消费者采取行动，比较适合已经有一定知名度和市场占有率的产品。

（3）延迟策略。广告在相关营销活动开始之后再通过媒体发布，如在产品正式上市之后发布广告。这种策略有助于消费者按照广告诉求购买产品。

2. 时限策略

广告的时限策略是指广告的发布从什么时候开始，到什么时候结束。主要包括以下四种：

（1）集中策略。在较短时期内，集中资源针对目标市场进行广告传播。

（2）均衡策略。广告持续时间较长，通过均衡、持续的广告投放，形成记忆累积。

（3）节假日策略。广告在节假日期间投放，配合节假日进行促销。

（4）季节策略。有的商品具有季节性，如空调、羽绒服，在季节到来前或季节中进行广告传播，具有品牌告知及促销效果。当然，有时也可反季节促销传播，这需要优秀的创意。

3. 时点策略

时点指广告在媒介上发布的具体时间或时段。不同的受众群体具有不同的媒介接触特征，时点策略就是根据受众的媒介接触特征确定广告传播的时间，即将广告时间进行细分，不同的时间针对不同的受众进行传播，而不是一味追求接触总量最高的“黄金时间”。

4. 时机策略

重大活动、节日或者突发事件，具有高关注度，是广告发布的最佳时机。如果能将广告商品、内容与时机进行高度关联，则效果更好。

（八）制定媒介频率策略

根据受众的遗忘曲线特征，设定合适的广告传播频率，既可以节约预算，又能够实现最佳的接触效果。常见的媒介频率策略主要有三种，即连续型、栅栏型和脉动型。

1. 连续型

广告在市场营销期间不间断地传播，其发布频率呈现均衡分布的特征。采用这种策略的产品主要有汽车、电视、房地产、日用品等，它们在销售时间上没有差异。

2. 栅栏型

这是一种间断发布的模式，表现为在某些时间段集中投放广告，而在另一些时间段不进行投放。这种排期比较适合一年中需求波动比较大的产品和服务，主要在季节性商品或在应对竞争对手的营销活动中采用。

3. 脉动型

脉动型是连续型和栅栏型的结合体。消费者的购买周期越长，越适合采用脉动式排期。采用这种排期，广告主可以在全年内维持一定的广告投放，只在销售高峰期采用一时性“脉冲”以增强效果。这种模式适合全年销售且有间断销售高峰的产品品类，如软饮料等。

另外，还有一种媒介频率策略是将排期分为两种模式：恒定式和变动式。

恒定式排期指全年（或半年）连续，且没有高峰、低谷的广告投放方式，广告均衡推出，广告费用呈水平状态，以达到预期持续的广告效果。它包括两种形式：一是均匀序列形，即广告投放的频率较为稳定；二是延长序列形，即广告频率固定，但间隔时间越来越长，这比较符合人的遗忘规律，可收到较好的投放效果。

变动式排期指全年（或半年）内，发布频率由低到高或者由高到低的广告投放方式，广告费的投入随着广告频率的不同，有时先多后少，有时呈滚雪球式逐渐加大。它包括三种形式：

（1）波浪型。在一个广告周期内广告频率由低到高，再由高到低不断变换。

（2）渐进型。在一个广告周期内广告频率由低到高，至高峰时停止。事件促销型广告常用这种形式。

（3）递减型。在一个广告周期内广告频率由高到低，直到停止。

二、计算广告

计算广告是基于大数据、云计算、区块链、人工智能等技术，广告主、互联网媒体、广告代理机构根据目标消费者的数据特征，进行实时精准计算、精准匹配和精准推送，完成线上广告资源的买入和卖出，实现广告的购买优化和投放优化的广告活动，以满足和创造消费者需求，并实现广告主商品销售和品牌构筑的目标。

计算广告是基于用户数据的“预测—匹配—迭代”的决策模式。与传统媒介广告购买时间和空间不同，计算广告购买的是用户，根据用户标签直接购买目标消费者。计算广告模式主要分为合约广告模式和程序化广告模式两类。

随着智能技术的发展，计算广告将突破目前购买和投放的计算范畴，向智能选择、智能策划、智能创作、智能投放、智能审查全方位智能化发展。

（一）合约广告模式

合约广告（Guaranteed Delivery）指采用合同的方式约定某一广告位在某一时间段为特定广告主所独占，并且根据广告主和广告媒体双方要求制定广告创意和投放策略。

合约广告主要分为广告位合约与展示量合约。广告位合约指“固定位置展示+按时长付费”。在一些强曝光的广告位上，广告主可以利用该独占式的广告投放方式塑造品牌价值，实现转化效果。展示量合约指约定某种受众条件下的展示量，并按照事先约定好的单位展示量（通常是 CPM）价格来结算。展示量合约虽然仍属于比较传统的交易模式，但已经具有互联网广告计算驱动的特质：分析用户和上下文的属性，并由服务端根据这些属性及广告库情况动态决定候选广告。除受众定向外，流量预测和在线分配也是比较重要的支持技术。例如，微信朋友圈合约广告，广告主可在投放端自主进行广告创建投放，根据需求选择不同投放模式并优化目标。

（二）程序化广告模式

程序化广告（Programmatic Advertising）是指通过计算机程序自动进行线上广告资源的采买，从而实现广告的购买优化和投放优化。广告主可以程序化采购媒体资源，并利用算法自动实现精准的目标受众定向，把广告投放给目标受众群体。媒体可以程序化售卖跨媒体、跨终端（电脑、手机、平板、互联网电视等）的广告资源，并利用技术实现广告流量的分级，进行差异化定价。

1. 系统构成

程序化广告主要由以下几个系统构成：

（1）进行消费者画像的数据管理平台（Data Management Platform，DMP）。数据管理平台可以从不同的营销触点收集并整合数据，建立用户标签，进行人群细分，为广告竞价提供数据支持，通过定位目标消费者完成需求预测。

（2）进行出价和内容制作的需求方平台（Demand Side Platform，DSP）。需求方（即广告主）平台，是帮助广告主执行广告投放策略的平台。在定位目标人群后，该平台可以利用创意管理等工具完成广告的个性化匹配。

（3）将媒体方和广告主连接在一起的广告交易平台（Advertising Exchange，ADX）。广告交易平台整合在线媒体广告位资源并对其进行分类，DSP 根据广告主的需求选择所需的数据进行竞价购买，出价最高的广告主将会获得需要的广告位。

（4）投放广告并反馈迭代的供应方平台（Supply Side Platform，SSP）。供应方平台是对媒体的广告位资源进行综合管理的系统，进而把目标消费者与到访媒体用户进行匹配以精准投放，并收集广告效果进行迭代。

（5）广告网络（Advertising Network，ADN）。它也是一个连接广告主和媒介方的平台，它从不同的媒介方汇集尚未出售的广告位，使之与广告主的需求相匹配，且广告主可在该平台上按折扣价购买广告位。

2. 交易流程

如图 8-10，当用户在访问媒体网站时，ADX 平台会把 DMP 平台前期记录的用户信息对接到每个 DSP 平台，然后各 DSP 平台通过当前用户的行为了解用户的类型。如果这类用户是 DSP 某个广告主的目标对象，DSP 将按照广告主的要求对该次广告曝光进行出价。之后多个 DSP 会向 ADX 平台反馈竞价信息，ADX 将从各个 DSP 的出价中挑选价格最高的一个获得这次曝光的机会，最后 ADX 平台会获取广告主的广告创意及素材信息，将广告展示在媒介方的网站。这种实时竞价（Real Time Bidding，RTB）的广告交易方式基于对不同用户需求与兴趣的分析，提高了广告投放的精准性，进而提高了广告主的投资回报率。

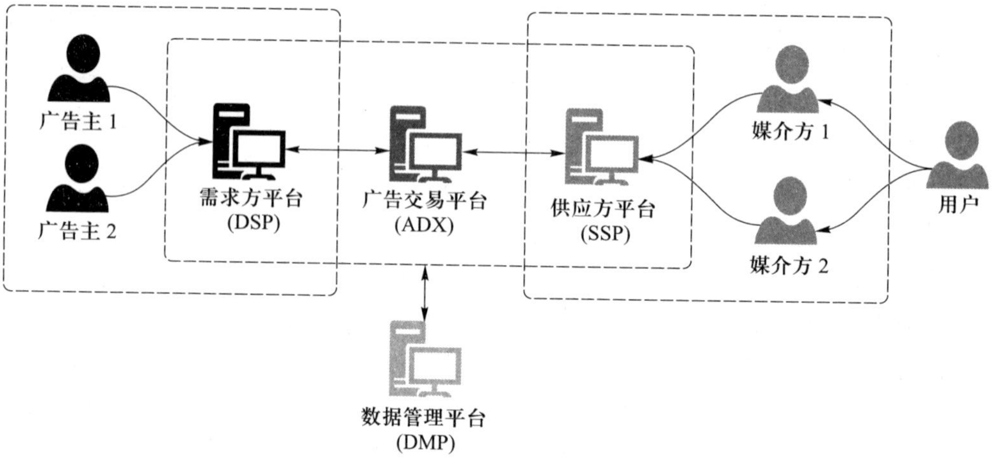

图 8-10 程序化广告交易流程

3. 发展现状

程序化广告购买拥有强大的用户识别和购买能力，具有变革性意义，但同时程序化广告也面临一些难题。

（1）用户隐私权保护。程序化广告在利用用户数据的同时，需要保护用户隐私权，这使得利用大数据识别消费者和精准推送信息变得困难。

（2）流量作弊。利用机器重复刷流量或者人为骗取点击率，这种流量作弊行为在损害广告主利益的同时也破坏了行业生态。

（3）精准性不足。数据孤岛的存在，低质量的内容创作，以及数据、算力、算法的不足使得程序化广告的精准性还有待提高。

（4）创造性不足。目前，将大量创作元素排列组合、批量制作而成的程序化广告作品缺乏创意、内容同质化严重，很难引起消费者的注意，更别说引起兴趣和激发购买欲望。

以上问题除加强行业监管外，还可以通过应用区块链技术或者提高程序化广告的智能性来解决，另外，要发挥人的创造性，在策划、创意、投放各个环节加强创新。

三、广告沟通的系统模型

（一）沟通系统

随着广告媒介技术与市场应用的发展，广告沟通的手段层出不穷，形成了由多终端、多节点、多场景、多方式构成的沟通系统，可根据广告目标和消费者旅程，有机组合其中的应用。

多终端是指多种媒介、多种触点，包括报纸、杂志、广播、电视、户外、楼宇、交通、售点、直邮等传统广告媒介，互联网平台、OTT、小程序、App 等数字媒介，以及生活、娱乐、工作场景下的多种媒介终端，甚至设计、包装等产品终端或联名营销产品。多终端的应用要具有协同性。首先是多种感官的协同，如视觉、听觉、嗅觉、味觉、触觉的协同。其次是多种表达能力的协同，如图形、视频等具象媒介和文案等抽象媒介的协同，还有虚拟与现实的协同等。再次是单向与双向的协同，如电视大屏播出节目，手机小屏互动或购物；视频、平面传播 PGC 内容，消费者参与互动或者创造 UGC 内容。

多节点是指作品发布在同一场景中形成不同规格的系列和组合，如在影视剧播出前、中、后根据与品牌的关联点，进行动态、静态，单向、双向等全路径展示。例如，爱奇艺推出智能广告服务产品 Supershow，资源包括开场秀、贴片、焦点图、信息流、暂停位高光一刻等，覆盖 PC 端、移动端、OTT 端，支持跨地域、跨资源、跨 DMP 平台实时竞价，通过智能化触达目标消费者实现广告目标。

多场景是指将多种内容与多个时空场景有机对接，充分利用线上、线下各种内容的特征，形成系统合力。例如，K 歌软件全民 K 歌与湖南卫视《我想和你唱》节目合作，不仅在电视端、App 端和网页端播放节目和跨屏互动，也在多个城市开展线下活动，实现娱乐、生活、工作的跨场景营销。在线下销售场合的智慧营销，通过文字、语音、视觉、动作、环境捕捉等多种方式与用户进行互动。

多方式是指创新多种表现方式。与传统广告相比，内容营销的特点就在于形式多样灵活。按媒介分，有传统的平面、视频、文字、语音等形式；按显性隐性分，有硬广告、植入广告和节目定制等形式；按属性分，有娱乐营销、体育营销、公益营销、文化营销等形式；按功能分，有认知类、提醒类、形象类、竞争类、分享类等形式；按空间分，有线上、线下方式，线下有展示、活动、快闪、游戏等形式。数字时代，内容营销还出现了社群、直播电商、短视频、游戏等互动形式；另外还有搜索、微博、微信、流媒体、问答、贴吧、论坛、口碑、H5、弹幕、链接、AI 创可贴、表情包等小微内容营销形式。短视频、H5 等形式能够以短带长引导用户至主体内容；弹幕、AI 创可贴等形式可盘活长尾内容，与热门 IP 资源形成联动。同时，在信息流中植入产品广告和电商渠道，便可以在沟通中实现营销目标。

多种沟通方法彼此之间要以产品/品牌诉求、消费者行为特征和媒介属性等作为关联点，使纷繁的内容在不同时空中能够形成协同优势（图 8-11）。

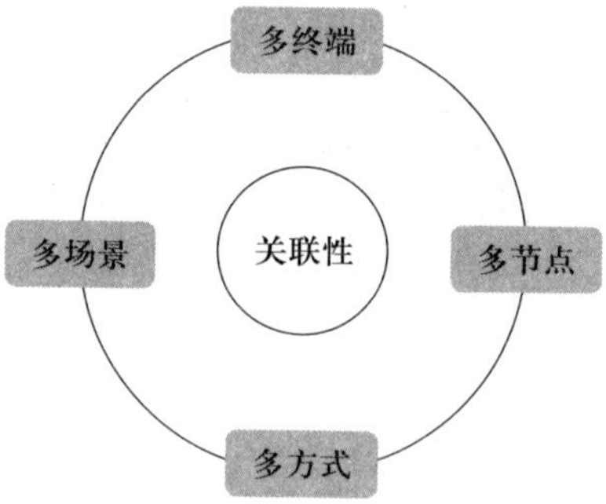

图 8-11 广告沟通系统

（二）沟通流程

广告与消费者的沟通流程要基于消费者旅程，菲利普·科特勒提出的数字时代消费者 5A 购买路径模型可作为消费者旅程模型。5A 是指：了解（Aware）、吸引（Appeal）、问询（Ask）、行动（Act）和拥护（Advocate）。①

用户首先接收到商品信息，对商品有了初步了解，然后通过一些广告活动被品牌吸引，进而通过各种渠道问询、比价，在获得足量信息后作出购买决策，之后再次购买或推荐给他人，形成品牌拥护。要按照这一沟通流程适配广告媒介与广告活动内容，以实现广告目标（图 8-12）。

① ［美］菲利普·科特勒、［印度尼西亚］何麻温·卡塔加雅、伊万·塞蒂亚万：《营销革命 4.0：从传统到数字》，王赛译，机械工业出版社 2021 年版，第 49 页。

	Aware 了解	Appeal 吸引	Ask 问询	Act 行动	Advocate 拥护
用户行为	**我知道** 用户被动地接受过去的产品体验、营销互动或其他人的体验等多方信息	**我喜欢** 用户处理已知信息，加工成短期信息或长期信息	**我相信** 用户积极跟进被吸引的品牌，从家人、朋友、媒体或者产品本身获取信息	**我要买** 获得足量信息后，用户作出购买决策，通过购买、使用和服务程序进一步与商品交互	**我推荐** 随着时间推移，用户越来越忠于品牌，并反映在留存率、购买率和品牌拥护上
用户触点	从他人处知晓品牌，无意间接受品牌推广，想起过去的用户体验	被品牌吸引，形成心仪的品牌清单	向朋友寻求帮助，在网上查看评价，拨打客户热线，比价。产生购买意向	在线上或线下购买，首次使用商品，反馈问题，享受服务	继续使用，再次购买，推荐给他人
用户状态	被曝光群体	浅互动群体	深互动群体	购买群体	粉丝群体
品牌行动	曝光	触达	互动	转化	沉淀、转化

图 8-12　5A 广告沟通流程

思考题

1. 请结合互联网实例，阐述如何从广告媒介的历史观和存在观理解互联网媒介的崛起。
2. 广告媒介的发展趋势是怎样的？广告活动和广告行业在此趋势下出现了什么样的变化？
3. 在广告传播过程中，各种传统媒介的优势、劣势是什么？传统媒介在互联网时代有什么新变化？
4. 互联网媒介包括哪些类型？请列举每一种类型的广告应用案例，并分析其效果特征。
5. 各种智能媒介技术都具有什么特征？请基于案例分析智能媒介对广告活动产生的影响。
6. 程序化广告面临哪些难题？如何解决这些难题？
7. 请选择一个品牌，基于沟通系统和 5A 沟通流程，拟定一份广告媒介策略方案。

► 本章即测即评

第九章　广告效果

广告效果一般可以从广义和狭义两个角度来理解。从广义来讲，广告效果是广告活动对个人和社会所产生的影响，是广告信息在传播过程中对个人、对社会所产生的直接或间接影响的总和，包括广告对社会经济的影响、对社会文化的影响以及对社会成员心理和消费认知与行为的影响。从狭义来讲，广告效果主要指广告对社会经济的影响，包括对销售额和市场占有率的影响，对消费观念及消费行为的影响。对广告主而言，广告效果更多体现为广告对受众认知、态度和行为的影响。

广告付费传播的特点，决定了其必然是有目标和有策略的传播活动。广告主愿意支付广告费是因为广告能实实在在地服务于与消费者的沟通与互动，提高消费者对品牌的认知度、好感度，最终达成促进销售的目标。长期实践证明，广告有助于提高销售额和市场占有率，增加品牌资产的价值，是品牌长久占领市场必不可少的营销手段之一。

第一节　广告效果概述

广告效果表现在多个方面。在广告战略设计中，每一次广告活动都会有其具体的目标。广告效果评估需要围绕广告的具体目标而设计指标体系，并根据广告预期的战略目标来判断效果是否达成。每一次广告活动开展前，广告主需要确定此次广告活动的最终目标，确认衡量广告效果的核心指标。虽然提高销售量是绝大多数商业广告的终极目标，但并非所有广告都直接以销售效果作为具体目标。为了达成广告的终极目标，不同时期的广告活动可能将有助于达成终极目标的某个中间环节设定为具体的目标，如提高品牌的知名度、认知度、美誉度、关注度和使用率等。

广告效果评估贯穿于广告活动的始终，是广告活动的一部分。完整的广告效果评估在广告活动开展前就要进行环境调查；在广告活动的过程中，在活动的不同时点有计划地连续跟踪测评广告目标的达成程度，并根据评估结果来适度调整广告策略，确保广告活动朝着预定的目标发展；广告活动结束后进行最终效果的评估，以判断广告活动是否达到预期目标。广告效果评估是积累广告活动经验的重要工作，也是推动广告科学化的重要手段。对于评估结果，无论是否达成预期的目标，都需要以科学的态度坦然接受。评估结果既是一次广告活动的总结，也可以为以后开展广告活动提供借鉴和参考。长期、不断循环的效果评估为广告战略的科学化、精细化提供直接经验和科学依据。

广告效果评估涵盖广告的投放、消费者对广告信息的接触与认知、消费者对品牌的认知与评价、消费者需求及潜在需求的唤起与购买欲望的形成、发生购买行为及购买后的心理反应与评价等阶段。但是，并非每个广告效果的评估都包含上述各个阶段。每一次实际的广告活动都有其具体的目标，因此，广告效果评估要根据每个广告活动的具体目标来确定评估的重点。广告的核心目标有的是提高品牌知名度，有的是提高品牌美誉度或者强化消费者对品牌某些特征的理解，广告效果评估的目标必须根据广告活动的目标来确定。在评估开展前，评估机构需要就效果评估的目标及采纳的评估指标，与广告主进行充分沟通并达成共识。

一、广告价值的科学评价

广告以科学的研究和策划、艺术化的表现手法被广泛应用于政治、经济、文化和宗教等领域，成为重要的信息生产和传播手段。广告效果评估在宏观层面是从社会系统的角度评估广告信息对社会各系统的影响；在微观层面，是用实证的方法科学地测量和评价广告在信息传递、消费者品牌认知、促使消费者参与信息生产过程、挖掘消费者的需求并形成购买欲望、促使购买行为发生等各环节所产生的影响。在广告产业链中，要使参与广告生产与发布的各方利益得到合理的保护，就需要科学地评估广告在各层面所产生的价值。可见，广告效果评估本质上是对广告价值的科学评价。

（一）广告在社会系统中的价值评价

广告作为社会信息系统的重要组成部分，其视觉呈现方式在相当程度上影响着人们的审美。不同主题的广告信息发布量影响了社会信息系统的内容结构，同时也影响了公众接触各类信息的机会，进而影响公众的认知与行为。毋庸置疑，广告能为公众提供各种有用的信息，广告对公众消费观念的培养及消费文化建构的作用也不容忽视。支撑广告行业的核心是商业广告，在商业广告传递品牌价值、建构消费者品牌认知与认同过程中，品牌知识的传递、品牌价值观的传播是必不可少的内容。长期的品牌信息传播潜移默化地影响着消费者。消费者的消费观念和行为在多大程度上受到广告的影响，需要有科学的评估。我们既要充分看到广告在商品知识传递中的价值，也不能忽视广告过度诱导所激发的过度消费、攀比消费以及虚假广告带来的社会危害。通过科学的效果评估，可以正确判断广告对社会发展的促进作用，及时发现广告可能对社会带来的负面影响，帮助人们建立对广告价值的客观认识。

广告也是各种组织传递价值观和意识形态的重要工具。无论是哪类组织，在采用广告的方式传播自己的主张时，都需要通过效果评估来判断其主张是否被公众接受和认同、多大程度上达成广告目标。可见，对于非商业广告而言，同样需要通过效果评估来判断广告的价值。

（二）广告产业链各环节的价值评价

广告主作为广告的投入者，需要知道广告带来了哪些方面的回报。需要通过评估来判断广告在品牌知名度、理解度、美誉度等方面做出了怎样的贡献，更需要通过评估来了解广告的投入给短期销售业绩和长期的品牌资产能带来多大的帮助。可见，对广告主而言，广告效果评估是对其广告投放效益的科学评价，是广告作业中必不可少的一个环节。

各类广告媒体作为广告信息的承载和传递者，在广告信息传递中发挥怎样的作用，需要通过对广告信息传递效果的评估来判断。广告是绝大多数媒体，包括大众媒体和各类数字媒体的主要经济来源，在媒体资源非常丰富的环境中，选择将广告投放在哪些媒体上，以什么样的模式投放效果最佳，需要科学地对媒体做出多方面的评估。中立的第三方媒体评估机构承担了这一使命。第三方媒体评估机构以各方都认可的评估指标和方法评估媒体的传播能力，其评估结果成为科学评价媒体价值的主要依据，也成为广告主和媒体之间价格博弈的重要参考。可见，广告效果评估是平衡广告产业链各方利益的重要方法。

广告公司及其关联机构需要通过广告效果评估来确认广告目标是否达成。对广告各方面效果的评估是广告公司作业中必不可少的环节，也是检验广告公司工作成效的主要依据。广告公司也有责任和义务就广告所达成的效果给予广告主必要的说明。可见，广告效果评估是广告公司不断积累经验，提高广告科学性和广告服务能力的重要途径。

二、不同时代的广告效果观

广告效果的研究和应用，深受商品经济和传媒技术发展的双重影响，在不同的时期，从评估指标、评估方法到实践应用都表现出不同的特点。

传媒技术的发展给广告沟通渠道和内容呈现方式提供了更多可能，销售方式的变革带来消费行为、信息使用方式的改变，两者结合决定了不同时期广告在营销中扮演的角色不同，对广告效果的认识和期待也不相同。根据媒体市场和消费行为的变化，广告效果关注的核心目标不同，不同时代有不同的广告效果观。

（一）以“促销”为单一目标的广告效果观

广告效果研究已经有100多年的历史，早期主要关注广告的促销效果。20世纪60年代之前，社会商品匮乏，大众媒体不发达，广告信息的传递以人员推销和口口相传为主，广告的主要作用是告知商品信息。此时，广告效果评估围绕销售效果而展开，主要关注广告信息的发布对促进销售的影响。广告效果研究多是从心理学视角展开的，利用实验心理学的方法研究广告认知心理问题。基于对广告主要为销售服务的认识，美国广告与销售界的先驱艾尔莫·李维斯于1898年提出了AIDA模型（Attention，Interest，Desire，Action）①。根据该模型，广告信息从引起注意到产生行动之间，要经过唤起兴趣、产生欲望这两个重要环节，每一个环节都可能对购买行动产生影响。这一模型第一次将广告效果的发生分为不同层次，并且具有先后顺序：

（1）引起注意（Attention），广告首先要引起目标受众的注意。

（2）唤起兴趣（Interest），广告需要强调产品或服务的独特卖点，以此唤起受众的兴趣。

（3）产生欲望（Desire），广告需要让受众产生购买的欲望。

（4）产生行动（Action），广告需要鼓励受众采取购买行动。

根据这一模型，在评估广告对销售的影响时，可以从广告是否唤起人们的注意、是否引起人们的兴趣、是否让人们产生购买欲望、是否让人们产生实际的购买行动四个阶段来评估。这一模型可用于评估各种媒体广告，包括电视、广播、报纸、杂志、户外广告、互联网广告等。

印刷媒体的出现和发展，极大地丰富了广告的呈现方式和传播渠道。广告主将广告信息通过印刷媒体传递给消费者。由于消费者从在印刷媒体上接触广告信息到实际购买有一定的时间差，需要形成一定的记忆，在有需要的时候才能想起。因此，模型增加了“记忆”（Memory）环节，演变为AIDMA模型。此后，AIDMA模型成为经典的广告效果评估模型。此模型认为，评估广告记忆情况成为必不可少的一环。消费者通过广告记住品牌，当需要购买该类商品时，如果品牌信息能首先出现在脑海中，这一品牌就更有可能被消费者选择。在广告效果评估中，第一品牌知名度和提示后品牌识别率成为重要指标。

（二）以不同广告目标为基准的层级效果观

进入20世纪60年代，媒介市场日趋丰富，报纸、杂志、广播、电视、户外媒体广告相继发展起来。广告传播形式的多样化，使媒介选择与组合成为广告投放的重要前提。为了科学地选择媒介进行组合，各类媒介监测指标体系逐步建立并得到业界认同。有实力的广告公司研究和设计了各种媒介选择与组合模型，提高了媒介使用的科学化程度。此阶段媒介传播效果监测迅速发展，人们对大众传播效果的关注带动了对广告传播效果的研究。

---

① C. W. Kohlman, “IPSO in Industrial Advertising,” *Journal of Marketing*, vol. 24, no. 3, 1960, pp. 55-57.

20 世纪 60 年代后，商品市场发生了很大的变化。技术发展带动了生产效率的大幅度提高。产品多样化时代来临，广告不再仅以销售为目标，广告主需要通过广告建立和提高品牌知名度，提高消费者对品牌内涵的理解。1961 年，拉塞尔·科利出版了《以设定的广告目标评估广告效果》（*Defining Advertising Goals for Measured Advertising Results*）一书，书中提出 DAGMAR 理论。① 该理论提出一个非常重要的理念——广告效果应该根据广告事先设定的目标来测定。这一观点打破了在此之前以“销售效果”评估广告效果的思维定式。DAGMAR 理论认为，广告最大的任务是提高商品或者服务的知名度、理解度或确信度，并使消费者产生行动，由此正式提出多层级广告效果的思想。它把广告效果与经营分开，主张从沟通的层面测定广告效果，从知名、理解、确信、行动四个层面研究广告效果，而不是简单地从销售层面看待广告效果。

根据该理论，每项具体的广告都应该明确广告的最终目标是在广告效果的哪个层级。例如，广告是以短期促销为目标，还是以长期的品牌构建为目标，或者以建立一定的品牌认知内涵为目标。只有明确广告的目标，整个广告活动才能有的放矢，才能紧紧围绕核心目标，兼顾其他目标，取得最大的广告收益。也只有明确目标，广告效果测定才有方向，并且能作出合理的判断。根据该理论，广告效果测定可以分为四个层级：

（1）知名。广告信息是否有效传递给目标受众，并且使目标受众记住广告产品的品牌。

（2）理解。目标受众是否正确地理解广告诉求，或者说广告诉求能否被目标受众理解。

（3）确信。目标受众通过广告对产品产生了什么样的认知。该阶段通常关注目标受众是否接受了广告所传递的信息，是否对产品产生好感、认同产品的价值观。这里关注的重点是广告产品的主张是否与目标受众的理念一致，基本逻辑是如果目标受众能够接受产品传递的理念，就有可能接受产品。

（4）行动。目标受众是否产生了行动。这种行动可能是直接的购买行动，也可能是“兴趣交易”行动。例如房地产目标消费者看到广告信息后到楼盘做实地考察，看样板房，进一步了解产品的情况。这类行为属于兴趣交易，兴趣交易也属于行动的范畴。

DAGMAR 理论的发表在国际广告界引起轰动。在此之前的广告效果测定理论关注的核心是广告投放对促进销售所起的作用。整个 20 世纪 60—80 年代，有关广

---

① Russell H. Colley, *Defining Advertising Goals for Measured Advertising Results*, New York: Association of National Advertisers, 1961.

告效果的研究和实务深受 DAGMAR 理论所主张的分层级广告效果思想的影响。在此基础上，有的学者提出更完善的层级模型。其中约翰·R. 罗西特和拉里·珀西提出的六级层级效果模型影响广泛。① 根据该模型，消费者接触广告信息后，会对广告信息进行加工，并建立起对品牌的认知；消费者逐步积累品牌知识，形成对品牌的态度和评价；如果消费者形成对品牌的良好评价，就可能购买商品，广告主就会增加销售额，提高市场占有率，获得更多的利润。这种层级效果模型从消费者接触广告到心理反应再到购买行动，最后关注广告主的利润增长。

（三）系统性整合广告效果观

20 世纪七八十年代，产品同质化日趋严重，竞争加剧，影响营销的因素增多，广告是其中一个重要的影响因素，广告对销售的影响重回人们的视野。1970 年日本学者池田一贞发表《关于广告效果的系统论考察》一文，提出系统评估广告效果的思想。这一时期出现了对广告注目率的分析、广告效果的多变量分析、广告认知效果分析等大量研究论文，这些文章不仅关注传播效果、心理效果，也关注消费者生活方式与广告表现的关系等多个领域，显示出广告效果研究视角的拓展。80 年代中后期，随着整合营销的发展，广告作为整合营销手段之一在营销中的作用越来越受到人们的关注。基于对广告效果的系统性认识，这一阶段两个经典的广告效果评估模型备受关注，一是整合广告效果模型，二是新广告效果模型。

整合广告效果模型是由日本电通公司的广告效果研究会于 1996 年提出的。② 这一模型综合了随信息处理方式变化的消费者行为研究成果以及认知心理学、记忆研究等相关成果。

在这一模型中，研究人员将与广告效果有关的信息分为四个类别：

广告信息——属于外来信息。目标消费者接触广告时，可能产生认知情绪反应、信息评价、内容、记忆等一连串心理变化过程。

商品及品牌信息——属于外来信息。消费者以品牌为中心，将有关品牌的知识进一步系统化，形成对商品及品牌的评价。

需求信息——属于与消费者自身心理状态有关的信息。来自广告或其他外部、内部的信息刺激会唤起消费者对商品的需求。

购买行为信息——消费者自身采取行动的信息。基于对商品及品牌的认知，为满足自己需求而采取行动。

整合广告效果模型以品牌和需求在传播效果和消费者行动效果之间搭建起桥梁。在该模型中，广告效果分为两种类型：

---

① 黄合水主编：《品牌与广告的实证研究》，北京大学出版社 2006 年版，第 62 页。

② 胡晓云：《从引进到建构——日本的广告效果研究与实战》，浙江大学出版社 2003 年版，第 183—194 页。

广告发动型的“直接反应”关系：广告信息→品牌认知→购买行动。

欲求发动型的“存取反应”关系：需求信息→品牌信息→购买行动。

20世纪80年代，日本学者清水公一以现代整合营销传播理论为基础，在研究了各种直线型广告效果模型及非直线型广告效果模型后，提出了新广告效果模型。该模型将广告效果评估分为五项主要内容：

第一，广告商品分析。清水公一将广告商品分为低参与度和高参与度两类。他认为，印刷媒体刊登高参与度的商品广告效果好。原因是对于高参与度商品，人们会采取主动学习的方式获取信息；而电子媒体适合播出低参与度的商品广告信息，因为对于低参与度的商品，人们常采取被动学习的方式获取信息。

第二，广告媒体评估。分为媒体普及、媒体暴露和广告暴露三个层面。

第三，学习组合。主要是针对消费者自身心理变化过程，包含认知与理解两个方面。认知是指消费者对广告商品的知晓，理解是指消费者对广告商品内容的正确了解。

第四，感觉组合。分为态度和意图两个方面。态度是指消费者对商品的好感度，意图是指消费者因为对品牌具有偏好而强化了购买意识。

第五，行为组合。分为试用和采用两个方面。清水公一认为，对于重复购买型的商品，试用与采用有明显的区别，但是对于耐久性商品，两者没有明显的区别。对于低参与度商品，消费者可能直接由学习组合向行为组合发展，完成购买行为后再进入感觉组合，形成对商品的评价。对于高参与度的商品，消费者可能经过感觉组合再发展到行为组合。

（四）大数据时代的广告效果观

随着互联网和移动互联网技术的发展，广告媒体的边界被打破，适应媒体变化的新型广告形式层出不穷。媒体市场的变革为广告效果评估提出了全新的课题。当今时代商品非常丰富，品牌消费成为风尚。消费者在一定程度上对大众媒体信息进行了屏蔽，而对所需信息的主动查询，成为他们使用媒体的动力。网络购物成为流行时尚，广告的目标性更加单一具体，跨媒体沟通成为趋势。技术的发展为研究广告与销售的关系奠定了基础。观察和研究从广告信息生产到消费行为发生，再到消费后信息的分享这一闭环中各环节的关系更加容易。从广告对销售的直接影响到多样化和综合性的广告效果都受到高度关注。

大数据时代，媒体公司不再像此前那样以拥有媒体资源为优势，而是通过分发有吸引力的内容随时随地满足受众对信息内容的需求。以多元化、交互性、实时性及跨平台为特征的数字媒体通过用户数据的收集和分析，实现了对用户行为和需求的精准预测与定位，消费者参与下的跨平台的信息生产、传播和互动成为信息流通的常态。消费者在互联网、移动互联网及数字媒体平台上，短时间内完成从信息接触到购买行为的转化，将消费者发生购买行为当作直接目标的广告和以提高品牌认知、认同为目标的广告同时并存。传统的地面营销与互联网及数字媒体平台上的营销并行发展，相互促进，逐渐形成O2O模式。面对这样异常复杂的媒体环境和消费行为，广告的信息承载形式、投放方式、直接目标等都呈现多样化和复杂化的特点，对广告效果的认识也同样呈现多样化的趋势。如何有效传递广告信息，如何提高广告信息的关注度、参与度并形成话题，如何形成消费者之间的口碑传播，成为广告非常重要的目标。日本电通公司提出的AISAS（Attention，Interest，Search，Action，Share）信息流通和消费模式，为广告效果评估注入新的内容。该理论认为，广告信息的传播不再仅仅是广告主经过媒体向受众进行传播的过程，更是受众在需要的时候主动查阅信息和分享自己消费体验的过程。因此，广告信息流向变成了由S-A-S形成的自我循环。在广告中看到某个品牌信息，消费者会上网去搜索（Search）相关信息。对于自己在意的品牌，可以通过网站检索更多信息，在充分查询信息的基础上，消费者可能发生购买行为（Action）。消费者在购买后，将自己使用的体验在网上发表（Share），既表达自己的心情，也为其他消费者提供信息，形成消费者之间的信息循环。在分享体验阶段，建立良好的口碑，激发使用者继续发表有利的信息，并激励消费者主动转发有利的信息，形成消费者之间的自我传播，这是广告追求的目标之一。

根据AISAS模式，广告能否引导消费者进入信息的下一个环节，能否引起话题和口碑传播，将成为效果评估的重要指标。因此，广告效果评估除关注信息接触、引起兴趣外，还要关注能否促使消费者主动查询信息，并以最简洁的方式完成消费；在消费后能否吸引消费者将积极的感受在网上发表，参与到消费者的信息循环中，这些都是大数据时代广告效果评估需要关注的新内容。网民成为信息的创造者、传播者和分享者，“参与”和“互动”是其最显著特征。品牌传播核心概念可以从庞大的网民信息中提取。在AISAS模式中，不同的媒体承担了不同的使命，各媒体相互配合才能引导消费者的信息接触和消费。

基于广告要达成效果需要经历的这几个阶段，在大数据时代，信息能否引起共鸣，消费者能否感知信息对自己有益，能否引起消费者参与的兴趣并分享相关信息，成为衡量广告最终效果的重要阶段性目标，是广告效果评估需要关注的指标。

2011年中国互联网数据中心提出多维互动的SICAS模式，即消费者从信息接触到产生购买行为要经历互相感知（Sense）、产生兴趣并形成互动（Interest and Interactive）、建立连接并互动沟通（Connect and Communicate）、促成行动（Action）、扩散分享（Share）几个相互交织的媒体信息使用与消费行为。

传统媒体时期，报纸、电视、广播都可以独立地评估单一媒体的传播效果。

随着互联网和移动互联网的发展，承载广告发布的网站和应用成为广告效果评估的对象，因网站和应用提供了很多单项指标，这些指标成为广告效果评估关注的数据。大数据时代，数字媒体公司广告投放以多屏、多种形态及样式、随时更新为特征。广告效果评估理念和指标都有很大的改变。

数字媒体公司可从广告信息的披露、受众对广告信息的接触、信息处理和消费行为等各个环节进行全面、实时的监测，第三方监测机构也开发了不少跨媒体的监测工具。各个数字媒体公司能够提供的监测指标非常丰富，但是缺乏统一的监测标准。广告主的营销策略多样化并可随时调整。信息披露渠道、信息内容生产与呈现方式都处于快速更新、变化之中，渠道多样化，线上、线下、自营、代销等多种销售方式并存。受众随时随地在各类数字媒体上接触广告信息，随时处理信息并作出消费决策、采取消费行动。

在这样的数字媒体营销环境下，以什么为指导思想，选用什么指标、采用什么标准来测量广告效果成为难题。这就需要明确定义广告活动的目标，并与合作伙伴达成共识。根据活动目标选择合适的效果衡量指标，明确指标含义，实施跨平台监测，使用可靠的监测工具，采用统一的监测标准，对监测结果进行实时、精确的分析，并用数据支持广告创意、表现和投放策略的调整，这样的框架和思路逐步被广告界采纳。

在制定监测指标和标准方面，各国的行业组织、第三方评估机构都在努力研究，力图建立数字媒体广告效果评估的标准。2015 年 10 月中国广告协会发布了《中国移动互联网广告效果评估标准》，对多屏、跨形态广告价值评估指标体系、评估方法等给出统一的标准。美国互动广告局（简称 IAB）于 2011 年发布了数字广告效果评估的五大指导原则，并在 2021 年进行更新，从数字广告效果测量如何选择适当的指标、跟踪方法和测量工具等层面建立数字广告效果测量的行业标准。英国益博睿数据公司（Experian）面对多样复杂的移动数据媒体监测指标，开发了消费者洞察服务的“移动指标启发式工具”。

第二节 广告效果评估的主要类型

广告效果有可能在人们接触广告后立即表现出来。例如，李女士早晨上班在地铁车厢内看到某农场提供绿色蔬菜的广告后，接着就用手机扫描二维码进入网站，丰富的蔬菜信息和农场即时监测的视频信息即刻映入眼帘，看到蓝天白云下工人们正在采摘各种新鲜蔬菜，尤其是广告中当天送货到家的承诺触动了她，于是李女士直接下单订购了当天晚上家里要吃的菜，从接触信息到下订单，整个流程在十几分钟内就完成了。在电子商务日渐发达的今天，随时随地接触信息，通过手机直接下单订购和支付已经成为人们日常消费的习惯模式，广告信息传递的即时效果直接通过购买行动表现出来。此外，人们长期以来以多种媒介途径和形式接触广告信息，日积月累地建立起对品牌的认知，当有相关需要时首先想到熟悉的品牌，这样的广告效果依然存在，这正是品牌广告长期存在的理由，也是广告的长期效果。广告效果除在时间维度上表现为即时效果和长期效果外，在效果的呈现形式上表现为直接效果和间接效果，在效果的方向上可能表现为正面效果，也可能意外地发生负面效果，可见广告效果具有多面性。

企业将精心设计制作的广告内容以科学的途径和频次传递给目标消费者，力图通过传达品牌的优越性说服目标消费者，增加消费者的品牌知识，逐步建立消费者对品牌的认知与认同，使其成为品牌的忠实消费者。在这一过程中，广告效果在不同的阶段体现为不同的目标。

一、广告的传播效果评估

广告作为有目标的付费传播活动，其效果首先表现为传播效果。广告传播效果的评估主要从广告信息的传递和信息的到达两个角度展开。广告信息传递效果评估通过对广告投放量的监测来分析广告市场总体规模和各行业广告投放趋势。

监测广告信息发布量、信息发布媒体、发布频次等是了解和掌握广告市场发展变化的主要方法。监测媒体是否按照广告主所购买的媒体发布量和发布方式刊播了广告信息，是保障广告主权益与监督广告市场正常运行的必要环节。根据各媒体的不同特点，广告信息传递效果评估的指标和方法各不相同。

广告信息到达效果关注的核心是广告是否被目标消费者看到，评估有多少消费者接触广告信息（广告到达率）以及目标消费者在一定时间内接触多少次广告信息（到达频率），这是评估广告能否有效发挥作用的重要指标。可见，广告的传播效果既要关注广告发布的情况，也要关注广告被看到的情况，要从两个角度综合评估。

二、广告的心理效果评估

广告的心理效果是指广告信息对消费者的心理和行为产生的影响，是对消费者接触广告信息后在内心产生的一系列复杂的心理过程的量化评估，表现为消费者在长期接触广告过程中，对广告与品牌产生的认知、理解、评价和记忆。

认知和理解是指通过广告将品牌信息传递给消费者后，消费者根据已有的知识对广告信息进行加工，经过思考、想象与联想形成一定的认知和反应。消费者会根据接触到的信息，建立起对广告或品牌喜欢或者讨厌的心理反应，形成对广告及品牌的态度。正面的态度有助于消费者记住品牌特征、接受品牌主张，从而达到广告说服的目的。广告通过多种渠道让消费者反复接触有助于消费者记住品牌的相关信息，并内化为知识。记忆效果包含记住、保持和想起三个阶段。记住阶段是获取信息进行记录的过程，保持阶段是把记录的信息内容在一定时间内保留在记忆中的过程，想起阶段是从记忆的信息中进行检索和调取的过程。①

关注消费者对广告活动的接触、认知、理解、评价和记忆，是针对广告活动本身效果展开的评估。通常认为，广告活动的到达率高，消费者对广告信息的接触频次合理，对广告诉求认知清晰，喜欢广告的表达形式，并对广告及其相关活动产生好感，记住广告的主要信息，这些都对建立和提高品牌认知、形成品牌好感度并达成购买意向具有积极的作用。广告主期望通过有创意的广告在众多品牌中脱颖而出，引起消费者的注意，期望消费者通过接触高品质和有趣的广告作品，对广告作品产生好感，进而对广告所承载的品牌或企业产生兴趣，产生进一步了解品牌甚至尝试使用品牌产品的心理欲望。

对品牌传播效果的评估通常关注品牌认知、品牌想象、品牌好感度以及品牌兴趣度与关心度等指标。比较一致的观点认为，消费者如果建立了良好的品牌认知，形成对品牌积极的态度和评价，认同品牌价值观，形成对品牌的兴趣度和关心度，会有助于形成品牌认同，达成购买意向。在评估品牌传播效果时，会通过对上述指标的测量来判断哪些方面达到了广告传播的目标，哪些方面还需要改进。

三、广告对销售影响的评估

评估广告对销售的影响，通常会关注消费者的购买意向和实际购买行动两个指标。一般认为，如果广告信息的传播能够激起消费者对潜在需求的感知，并促使其形成消费意愿，那么广告就达到了促进销售的目标。如果广告能够使消费者产生试用行为，通常就视为消费行为已经发生。消费者的到店率、试用率和反复使用率都是评估广告对销售影响的重要指标。广告主更关注实际销售额是否增加，期望建立广告投放与实际销售额的关系。但是由于影响销售的因素非常多，广告只是若干因素之中的一个，而且广告的效果具有延迟性和延续性，因此，要建立广告投放与销售额变化的动态关系并不容易。

广告主之所以每年投入大量广告费，是因为好的广告能给企业带来实实在在的回报，这种回报可能直接表现为销售额的增加和市场占有率的提高，也可能通

① ［日］仁科贞文、田中洋、丸冈吉人：《广告心理》，外语教学与研究出版社 2008 年版，第 64 页。

过品牌构筑等一系列过程建立起品牌的价值，获得长期的市场销售效果。在多数情况下，要直接证明广告投放对销售额增加的影响并不容易，但是长远地看，一个品牌离开广告，就失去了与消费者进行沟通的渠道。消费者不认识品牌，也就不可能成为品牌的朋友，品牌也就很难长久立足和发展。广告的价值充分体现在塑造品牌形象、传播品牌知识、建立品牌与消费者之间的沟通等方面，使品牌最终取得消费者的认知、理解和喜爱，成为市场上的强势品牌而得以长久生存。广告在培育品牌成长方面具有的价值使其成为企业营销必不可少的手段。大量研究证明了广告与销售额之间存在着若干重要的中间变量，这些中间变量起着中介的作用，其中品牌知名度、品牌美誉度、对品牌特性的独特认知和购买意愿等变量对消费者实际的购买行为具有显著的影响。

增加销售额是商业广告的终极目标。但是对处于不同时期、不同市场形态的具体品牌而言，因其所面临的问题不同，每次广告运动只能解决某一个或几个具体的问题。品牌面临的具体问题比较集中地体现在提高知名度、提高美誉度、挖掘潜在需求等方面。以提高品牌知名度为直接目标的广告比比皆是，其理论基础是品牌知名度的提高会带来销售额的增长，知名度是影响销售额的中间变量。以提高品牌美誉度为目标的广告也占据相当高的比例，其理论基础是如果消费者对品牌的评价好，认同品牌的价值观，当需要消费时就可能选择这个品牌，因此美誉度的提高会带来销售额的增加。以提醒和挖掘消费者潜在需求为目标的广告也时常出现，这类广告在广告策略上通常将品牌信息与需求信息结合起来，并将消费者潜在的需求外显化，使消费者意识到自己的需求，建立起品牌能满足需求的认知，从而产生购买欲望。大量研究证明，购买欲望是影响购买行动的重要中间变量。

在互联网、移动互联网和数字媒体高速发展的市场环境下，电子商务的发展大大缩短了产品从被知晓到被购买之间的时间和空间距离，科技的发展使跨媒体沟通畅通无阻。以促使消费行为的发生为直接目标的广告越来越受到关注并被大量采用，这类广告往往以实际的销售利益点如降价或折扣等促使消费行为发生。在互联网、移动互联网和数字媒体平台上，从信息发布到消费行为这个过程中，广告形成了完整的数据链，广告对消费行为的影响更加直观和可监测。

四、广告对消费后信息分享与行动效果的评估

如今，消费者可以共创价值，消费者对消费过程中服务的评价、对产品质量的描述、消费过程中的心理感受等都成为品牌营销的重要内容，对产品持续销售和建立品牌好感度有显著的影响。因此，对消费后信息的分享与行动效果的评估越来越受到重视，消费者对产品的评论数量及正面评论百分比、转发推荐量、售

后信息沟通话题发布量等都成为评估广告效果的重要指标。

第三节　广告效果评估的主要方法

广告效果评估主要解决评估什么和怎么评估的问题。前者是指以什么指标来评估，后者是指以什么方法收集和分析相关资料。广告效果体现在多个阶段和多个层次，各阶段和各层次都有其核心指标和具体方法。

一、广告的信息传递效果评估指标与方法

广告信息传递效果评估的核心是媒体的信息传递能力，是评估广告投放媒体的选择与组合、投放频率、投放节奏、投放区域等是否与广告目标一致。在恰当的时间，以目标消费者喜欢的方式，用合理的频率和科学的媒介组合将广告信息精准地传递给目标人群，这是广告投放策略所追求的目标。信息传递能力体现在广告投放和广告信息到达两个层面。

（一）广告投放效果评估方法

广告投放效果评估的目的至少体现在三个方面：一是监测广告主购买的广告投放量是否按照购买方案刊播，二是监测各品牌在不同媒体上的广告投放量，三是统计监测广告市场规模和结构的变化。广告投放效果评估一般采用广告投放金额和广告投放数量这两个指标来衡量。广告投放金额是指广告发布费用，以一定时间内广告投放费用的多少来计算。由于各品牌广告投放金额无法逐一统计，其判断依据主要是第三方监测的广告发布量，按照一定的规则推算金额。广告投放数量用广告投放的时长、版面数、频次、面积、频道及广告曝光量等指标来衡量，其目的是评估广告在各类媒体上投放的数量，通常从媒体广告发布量和某个品牌广告发布量两个角度来评估。

第一，从媒体广告发布量的角度评估，由于各媒体广告呈现形态不同，广告投放量的评估指标和计算方法也不同。广播电视媒体用广告投放的总时长、广告投放的频次、承载广告的媒体频道数量等指标来计算。平面媒体广告投放的版面数量、单次投放面积、广告的色彩、版位选择等是衡量平面媒体广告投放量的重要指标。户外媒体广告投放的面积或广告牌数量、年度投放广告的时间长度或条数、每天有效的人车流、户外广告显示率等，是评估户外媒体广告投放量的重要指标。互联网、移动互联网和数字媒体广告从曝光量角度进行评估，以一定时间内广告以各种形态被展示的次数来计算。

第二，从某个品牌广告发布量的角度评估，主要是针对该品牌在一定时间

内、在指定区域、在各类媒体上付费发布的广告信息的数量。这些信息主要由企业自己跟踪记录，辅以第三方监测公司监测到的广告信息数量。由于广告形态复杂，在比较各品牌广告投放量时，主要比较各品牌广告的投放金额。

从事广告发布量监测的机构主要有三类：第一类是发布广告的媒体，它们会记录广告发布的相关信息；第二类是第三方广告监测公司，它们监测各媒体及各品牌广告发布情况，是全面监测广告发布信息的中立机构；第三类是政府监管部门，各地工商部门和市场监管部门在国家市场监督管理总局领导下，实施广告监测，这类监测是以监测广告中的虚假违法广告为核心，以引导广告市场健康发展为目的的监测。

1. 报刊广告投放效果评估方法

对于传统纸质报刊广告信息传递效果，一般从信息传递的广度和深度两个维度进行评估。所谓广度是指信息传递的范围，包括人群范围和地理范围，即报纸杂志读者规模、结构和发行区域。深度主要是指在一定时间内目标消费者可能接触到多少次广告信息。

广告信息传递效果评估主要回答这样几个问题：在报纸、杂志上刊登的广告信息，有可能传递给多少人，有可能接触到广告信息的是些什么样的人，在一定时间内他们可能接触到多少次广告信息？监测指标主要包括发行量、发行密度、读者结构和阅读频次等。

报刊广告发布量的监测一般会关注影响报刊广告效果的几个主要变量，包括刊登时间、刊登媒体、版面、色彩、大小及广告的具体内容等。

由于传统报刊广告均以图片化的文件格式制作，到目前为止还无法实现自动截取广告样本。因此，传统报刊广告发布情况监测主要采用人工监测的方式，针对锁定的报纸、杂志每天逐条登记广告发布情况，通过扫描和图像处理的方式截取所有广告样本，形成电子文档，进而建立广告发布数据库。报刊广告监测资料既可提供基于广告主、媒体、品牌或品类的专项广告发布统计分析报告，也可以提供各类广告的样本供创意参考。数字化报刊广告发布量的监测方法与数字平台上其他内容的数据挖掘一样，现已实现自动化的跨平台数据挖掘监测。

2. 广播电视广告投放效果评估方法

传统广播电视广告发布量的监测包括广告样本的截取、广告识别、数据库建立等内容。通常采用流媒体技术，将锁定的广播电视频道或者频率每天 24 小时的节目内容录制下来，人工截取广告样本，建立样本库，同时建立广告信息数据库。专门开发的流媒体监测系统，会根据已经截取的广告样本自动匹配，记录重复播出的广告。但是，由于匹配技术完全按照流媒体的信息流，一旦截取的广告样本与重复播出有少许差异，哪怕是 1 秒钟的差异，匹配可能就不成功，因此需要在人工截取样本时非常精确。广播电视广告发布情况的监测是在人工识别广告，并建立广告样本和数据库的基础上，通过计算机辅助自动识别来减少人工提取广告样本和记录广告信息的工作量。但是，每一则新广告的识别和建立样本工作必须由人工来完成。广播电视广告发布情况的监测通常采集两类数据，一类是广告内容信息数据，另一类是广告样本。对于广告内容具体信息的采集，除关注广告主、品牌、品类、发布频道、栏目、插播时间、广告时长、发布方式等信息外，有些专项监测也会关注影响广告效果的其他因素，如连续插播广告时长、广告插播的排序、同时段插播广告的类别等。

广播电视广告播出量的监测关注的核心指标是发布次数和时长。广播电视广告以“秒”来计算价格，所以需要严格按照发布时长剪辑制作，常用的时长有5秒、15秒、30秒等。广告能否完整地按照购买的时长和次数播出，是广播电视广告发布量监测非常重要的指标。各类数字媒体平台及智能电视中的音视频广告发布量，已借助跨媒体音视频广告监测工具实现自动化的识别和监测。

3. 户外广告投放效果评估方法

户外广告发布量的监测，主要是监测各类户外媒体的拥有量、广告发布量和各品牌的广告发布量，以全面掌握户外媒体市场的结构和各品牌投放情况，为广告主、广告公司和媒体提供全方位的信息服务。对于广告主而言，关注的核心是自己的广告是否如期按照购买的时间、地点、频次发布，自己购买的户外媒体在广告发布期间是否正常运行。如灯光路牌在晚间是否按时亮起、是否有破损，广告牌是否出现黑屏，移动电视广告是否按照购买的时段和频率播出等。标准化的户外广告发布量监测难以建立，但是针对某区域的、某种形态的、某个专题的户外媒体发布量监测一直在实施，采用的方法主要是人工监测，如人工定期拍摄户外广告牌上刊情况，并以一定方式传给广告主。也有公司针对户外广告牌、楼宇广告、公交广告等开发了专门的监测系统，监测广告是否如期按量发布及媒体是否正常运行。

4. 互联网、移动互联网及数字媒体广告投放效果评估方法

互联网、移动互联网、数字媒体具有平台多样化，内容专业化，广告表现形式、形态多样化及变化更迭速度快的特点。互联网、移动互联网、数字媒体的广告投放效果监测已具备相应技术基础。监测互联网、移动互联网、数字媒体广告投放情况的机构主要有三类：一类是广告发布机构自己监测，一类是广告主监测，还有一类是第三方监测机构的专业监测。

第三方监测机构属于信息收集和销售机构，是重要的广告发布效果监测市场的主体。这类监测机构的盈利模式是根据监测数据，为媒体和广告主提供各种信息产品，同时承接媒体和广告主的专项委托，提供专门针对某个广告的监测服务。

第三方监测机构能够准确抓取各类广告，监测指标科学、监测手段先进、监测结果准确并具有权威性是它们的生存之本。它们和各大网站、数字媒体公司相互依存、共同发展。广告主或网络广告公司在购买网站及其他数字媒体资源发布广告时，通常会先依据第三方监测机构对网站及其他数字媒体的内容、流量、受众特点等的监测结果评估媒体价值；在广告发布后，又会委托第三方监测机构提供实际发布结果的监测数据。各大网站和第三方监测机构密切合作，完成对广告发布量的准确监测，网站通过开放底层数据给产业链的相关方，或者广告采用标准的代码、标识，使得产业链的相关方都能识别。

（二）广告信息到达效果评估方法

广告信息到达效果评估，是判断广告投放策略中信息覆盖区域、覆盖人群、信息接触频次等目标是否达成的重要手段。它包含两层含义：一是广告的到达范围，指至少接触过一次广告信息的人占目标消费者的百分比，反映的是广告信息到达的广度；二是广告到达次数，指的是在一定的时间内，目标消费者接触广告的次数，反映的是广告信息到达的深度。广告要想在消费者心目中留下一定印象，使消费者对品牌产生认知并理解品牌内涵，必须具有一定的到达次数，称为有效到达频次。

1. 广告到达率

广告到达率（Reach）是从受众接触广告信息的角度评估广告的信息传递效果。从媒体的视角和从广告主的视角，测量指标并不完全相同。媒体往往用媒体接触率来衡量，以消费者是否接触了承载广告信息的媒体为标准。从媒体的角度看，虽然消费者接触媒体并不等于接触了广告信息，但至少可以确定他们有机会接触到广告信息，对媒体而言，这已经完成了将广告信息传递给目标人群的使命。但是站在广告主的角度，目标受众只有实实在在看到了广告信息，广告的信息传递功能才可能达成，因此广告主更期望以目标消费者是否看到了广告信息为标准来评估广告信息传递效果。

鉴于媒体和广告主对广告到达率的理解不同，在评估广告到达率时，采用哪个指标要具体协商，不同媒体广告到达率的评估方法有所不同。

（1）报刊广告到达率评估方法

报刊媒体到达率通常采用阅读率来衡量，它是指目标人群中，阅读过指定报刊的人所占的百分比。其广告到达率是指广告目标人群中，至少一次阅读过报刊广告的人所占的百分比。阅读率测量有三个层次的阅读指标需要关注：报刊阅读率、刊登广告的版面阅读率和广告阅读率。真正准确地反映广告信息传递效果的是广告阅读率。广告阅读率的高低与报刊阅读率、刊登广告的版面阅读率有直接的关系。广告阅读率可以分为以当日报刊读者为基数的当日报刊广告阅读率和以特定时间内指定报刊读者为基数的特定报刊广告阅读率，还可以计算以当日广告所在版面读者为基数的版面广告阅读率。

对报纸、杂志传播效果的测量，主要有四种方法。第一种是回忆法，主要让被访问者回忆最近一定时间内读过哪些报纸、杂志。这是国内外使用比较广泛的方法，尤其在“媒体及广告信息传递效果”的调查中使用更多。第二种方法是日记法，通过被调查者对每天阅读情况的记录来收集报纸、杂志的阅读信息。调查人员事先将设计好的表格或问卷送到被调查者手中，接受调查的人员根据每天实际的阅读情况填写表格或问卷，以15分钟为一个记录单位，每周循环，调查员周末收回本周记录，并发下周记录卡，对收回的表格进行统计分析。第三种方法是“昨日首先阅读”法，所要求的样本容量要大于其他方法，相对而言这种方法成本比较高。第四种方法是再确认法，需要被调查者浏览最近出版的报纸、杂志以确认是否看过此报纸、杂志，这在中国报纸、杂志出版发行复杂的环境中可行性不强。

（2）广播电视广告到达率评估方法

广播电视广告到达率是指在指定时间内接触过广告刊播栏目一次以上的人所占的百分比。如果精确地计算广告到达率，则是在指定时间内收听或者收看到广告信息一次以上的人占特定人群的百分比。特定人群可以是特定区域总人口、媒介人口或者广告的目标消费者。

广播电视广告的视听率调查是专门用于监测广播电视广告节目及广告到达率的项目，主要采用四种方法：

第一种是日记法，这种方法是通过样本户中家庭成员填写视听记录表的方式来收集视听行为信息。

第二种是通过人员测量仪监测视听行为，这是国际上比较通用的视听率调查方法。人员测量仪是安装在样本户家庭电视机上的一种自动记录电视是否打开、播放哪个频道的仪器，它可以准确地自动记录样本户家庭每一秒钟正在收看电视哪个频道，这种方法被大型媒体研究公司广泛采用。但是该仪器只能记录“电视机是否打开，正在播放哪个频道”，不能自动记录是否有人看电视，以及哪些人在看电视。为了克服这一限制，人员测量仪配有类似电视遥控器的按钮，事先给样本户家庭的每一个成员编号，同时将每一位成员的个人背景资料按照编号输入按钮。样本户家庭成员每次收看电视节目时，就按下自己的按钮，离开时关上，这样电视机在自动记录每一秒钟收看频道的同时，也记录了哪些人在收看。在按钮键上还会留有一定数量的空白按钮，这是专门留给客人的。样本户家庭一旦有客人一同看电视，就要求客人按下指定按钮，并按照内容输入个人资料。

第三种是被动式记录器法。在样本户家庭安装收视记录器，先将样本户中每个人的容貌扫描到记录器中形成记忆，当家庭成员在打开的电视机前出现时，记录器会自动辨认家庭成员并自动记录。这种方法克服了人员测量仪在人工配合上遇到的问题，一切记录都自动完成，提高了收视率调查的准确度。但是这种方法成本非常高，同时也涉及样本户的隐私，一直没有大规模使用。

第四种是电话访问法。电话访问法也是视听率监测的重要方法之一，这种方法主要是通过打电话访问被调查者收看电视的情况。通常分为在节目播出的同时进行访问的同步调查和节目播出后通过被调查者的回忆完成调查两种情况。电话调查包括普通人员访问和电脑辅助电话访问两种形式。普通人员访问是由调查员根据事先设计好的问卷或表格访问被调查者，并根据被调查者的回答填写问卷，再经过数据录入、统计分析等步骤完成调查。这个过程需要一定的时间，在电视广告效果监测中往往受到时效性的限制。电脑辅助电话访问是在专门的实验室内完成的。专门的软件辅助生成电子文本的问卷，将电话号码随机分配在不同的终端上，并自动完成拨号任务。电脑辅助电话调查系统具有自动控制拨号次数、无接听判断、空号剔除、拒绝回答处理、中途中断访问、约定时间后定时拨号等功能，能自动处理一系列电话访问需要解决的问题。访问人员只需要将访问结果直接记录在电脑中，并根据自动生成的访问顺序完成访问。这种方法大大降低了访问人员的工作量，简化了访问人员的工作程序。在实验室中几十台终端同时进行访问，对于需要实时监控传播效果的项目非常有效。由系统自动生成的数据库可以直接转换到 SPSS（Statistical Package for the Social Science）统计分析系统中进行统计分析，通常在访问完成后的十几分钟内就可以统计出访问结果。这是电视广告传播效果监测非常有效的方法，对于专门的电视节目收视情况及观众构成的调查也非常适用。

拓展资料

电脑辅助电话调查实验室图片

传统的广播电视广告到达率的评估指标主要包括开机率、视听率和节目视听众占有率。开机率和视听率以总人口为基础，而节目视听众占有率以开机人口为基础，它们之间存在如下关系：

传统媒体视听率=开机率×节目视听众占有率

数字媒体平台上的音视频广告到达率的监测范式已从广告的曝光量转变为页面浏览量。智能电视收视率的出现标志着监测范式转向广告的可见度，跨平台的总收视（听）率越来越重要。

（3）户外广告到达率评估方法

户外广告到达率通常用广告注目率来衡量。注目率是指有机会接触户外广告的人中注意到广告信息的人所占的百分比。户外媒体的广告信息只有被目标消费者注意到，才能达到信息传递的目的。有机会接触户外媒体的人群被称为人流量，它是评估户外媒体资源价值的重要指标。户外媒体的人流量越大，注意到广告的人数可能越多。但是广告能否被注意到还受到许多其他因素的影响。因此，人流量大是提高户外广告信息传递效果的必要条件，但不是充分条件。

在评估户外广告效果的诸多资源和技术中，美国交通审计局运用 GPS 定位、人流计数器等技术定期发布的各地区道路交通量报告备受关注，移动数据分析、问卷调查法等在户外广告效果评估中也被广泛运用。

户外广告效果评估与其他媒体一样，需要以科学的方法界定户外广告媒体覆盖率、到达率、到达频次、受众群特征等几个层面的指标，而这些指标又与户外媒体的形态、所处的地理位置、面积、周边环境、广告色彩、广告创意、设计、产品与受众的关系、广告诉求等因素有直接的关系。户外广告效果评估涉及对广告本身各要素的评估、广告发布载体的评估、发布地段人流量与车流量的评估以及周边环境干扰度的评估等几个方面。这可以归纳为对媒体、受众、环境三大方面的评估。

（4）互联网、移动互联网及数字媒体广告到达率评估方法

互联网、移动互联网及数字媒体广告的到达率可以分为两个层面。其一是受众看到广告并发生点击行为，这个层面的测量以点击量和点击率为核心指标。点击量是指在一定时间内受众点击广告的次数。点击次数除以广告曝光次数，就可得到点击率。点击量和点击率的监测主要通过技术手段完成。其二是受众看到广告，但是没有发生点击行为，这种情况下广告信息也传递给了受众，只是受众没有在行为上反映出来。对于这部分传递效果，无法直接通过技术手段来监测，但是可以用受众调查结果来统计。

2. 广告到达频次

广告到达频次是指在特定广告刊播期间，同一个人接触同一则广告信息的次数。

要使广告信息在受众中形成某种心理反应，需要合理的到达次数，即有效到达次数。有效到达次数指广告发生作用的最低接触次数，是衡量广告传播效果的一个重要指标。一般认为受众对一个新广告至少要接触三次才能对广告内容有一定的理解。广告并非接触次数越多越好，而是在科学的接触频次区间内，广告的信息传递效果最佳。有效到达次数区间是指在一定的广告投放周期内目标受众接触广告的最低次数与最高次数的区间，比如通常人们接受的 2~7 次或 3~9 次等。合适的区间大小要根据产品市场形态与广告的市场环境来决定。

> **拓展资料**
>
> 有效接触频次

对于广告投放周期，有多种界定方法。一般可以将四个星期作为一个投放周期。

暴露频次与有效接触频次分别是从刊播与受众接触两个角度定义的频次，是不同的两个概念。暴露频次是指刊播的次数，它提供受众接触广告的机会，每增加一次刊播，受众就增加一次接触机会。有效接触频次是指目标受众实际看到或听到广告信息的最低次数。刊播的次数越多，受众接触广告的次数可能越多。但是刊播次数和接触次数并不完全是正比关系，接触次数的多少与受众的媒体选择、刊播时间等很多因素相关。

总体来说，有效接触频次在不同地区、不同媒体环境和不同群体中是不相同的。在媒体环境相对简单的地区，如乡村，由于人们接触信息的渠道相对比较少，接触信息的数量有限，因此广告信息被接触到的可能性更大，达到有效接触频次所需要的刊播次数可能相对较少。但是在媒体环境复杂的大城市，人们无时无刻不在信息的包围中，广告信息要进入人们的视野，就需要相对多的刊播频次和更大的冲击力。每一则广告都需要根据产品本身的特点和受众群体特点确定最低接触次数，不能简单照搬已有的理论和经验。

在接触次数的测量中常用到平均接触频次，它指的是广告刊播期间，接触到广告信息的人群平均接触的次数。有时，会用平均接触频次来衡量广告信息接触的程度，但是更有价值的是采用最低接触次数和最高接触次数，尽可能使受众接触信息的次数在有效接触次数区间之间。

广告到达率（R = Reach）、平均接触频次（F = Frequency）和毛评点（GRP = Gross Rating Point）是相互关联的一组指标。广告到达率关注的是广告信息传递的广度，广告主都期望将广告信息传递给更多的人，广告到达率说明广告信息覆盖面有多大。平均接触频次关注的是广告信息被接触的程度，平均接触频次高，说明受众平均接触信息的次数多，了解和记住广告信息的可能性就大。毛评点是基于到达率和接触频次两个指标而建立的综合指标，它是媒介计划经常使用的参照指标，综合反映了广告信息传递的广度与深度。三者之间的关系是：

$$毛评点 = 广告到达率 \times 平均接触频次\ (GRP = R \times F)$$

随着数字媒体的发展，多屏、跨媒体、多种广告形态投放策略越来越普遍，用总到达率和到达频次来评估其信息传递效果的方法已被广泛采用。

二、消费者对广告的认知与态度评估方法

消费者的认知与态度评估属于消费者心理效果评估的范畴，主要从消费者对广告及品牌的认知与态度两个层面展开。大量研究证明，如果消费者能准确地解读广告作品，就更有可能准确地理解品牌内涵，从而有助于对品牌建立好感，接受品牌主张，选择品牌所提供的产品及服务。消费者对广告的态度涵盖对广告活动及作品的评价、广告引发的情感反应等。消费者对广告及品牌的认知与态度评

估是广告效果评估不可缺少的环节。

认知是指消费者通过对信息的接收、理解，形成概念、知觉、判断或者想象等心理活动从而获取知识的过程，是消费者通过思维进行信息处理的过程。

（一）消费者品牌认知的评估方法

品牌认知是指消费者在接触广告信息及其他有关品牌信息的基础上形成的对一个品牌的基本认识，通常体现为对某个品牌的了解程度。消费者通过广告及其他各种方式接触品牌信息，在有意无意间通过不断重复的信息接触和个人理解逐步建立起有关品牌的基本认识，在头脑中形成关于品牌的知识群。这种有关某品牌的知识群既包含该品牌的特性知识，也包含消费者对品牌的理解和联想，形成多层面的品牌认知。

品牌认知效果评估衡量的是消费者对品牌内涵及其价值的认识和理解程度，主要关注消费者对所研究品牌内涵的理解及品牌形象的构筑。品牌内涵包括品牌识别和对品牌知识的了解两个层面。通过消费者的品牌认知来评估和判断消费者的品牌知识，通过消费者对品牌特征的想象来判断品牌在消费者心目中所构筑的形象，据此来判断消费者眼中的品牌形象与生产者和营销者努力构筑的品牌形象的吻合度及差异性。

品牌认知效果评估经常采用的评估指标有消费者对商标、产品的识别能力，对品牌、产品功能、价位等的了解程度，等等。

品牌认知效果评估常用的方法有问卷调查法、访谈法、入户或者销售现场观察法、虚拟销售情景实验法等。

（二）消费者品牌态度的评估方法

态度的测量包括对广告态度和对品牌态度的测量两个方面。广告态度是指人们接触广告后形成的对广告的各种积极或消极的情感反应，它直接或间接影响人们的购买欲望，是态度测量的重要内容之一。品牌态度是指消费者对特定品牌的产品包装、功能、外观、服务的评价和满意度，它是消费者基于对品牌特征及其重要度的认知逐渐形成的对品牌的好恶感受，是对品牌的评价和反应。测量品牌态度主要从三个层面展开：品牌感知质量、品牌情感和品牌购入率。

品牌感知质量主要测量消费者对品牌质量的基本判断，是消费者在品牌认知基础上形成的带有主观意向的对品牌质量的评价。

品牌情感一般包括品牌好感度（美誉度）、品牌兴趣度、品牌关心度等，是品牌价值理念及它所构成的各类元素与消费者建立的情感认同，是消费者与品牌在情感方面的关联。如果品牌与消费者建立了正面的情感关联，消费者会不同程度地表达出自己对品牌的喜爱或者偏好，并在消费行为或者消费意向上体现出来。如果建立的是负面的情感关联，消费者会表现出对品牌的厌恶和拒绝。

品牌购买率是指消费者对特定品牌的购买和使用情况，通常关注购买意向、实际购买和使用情况、继续购买和使用可能性三个层面。购买意向是指消费者主观上是否愿意购买某品牌的产品，反映的是消费者的主观意愿，而非实际购买行为。研究证实，购买意向是与购买行动相关性最高的变量，是影响购买行动的最主要变量。实际购买和使用情况有两种传统的调查方法：一是访问消费者，由消费者自己表达是否购买和使用某品牌；二是在零售店直接登记人们的购买情况，或者在样本户家庭采用日记法登记每天购买的各类商品的品牌。电子商务普及后，有更多数据可供分析实际购买和使用情况。继续购买和使用可能性测量的是消费者的品牌更换频率和未来消费倾向。

品牌态度的测量主要采用问卷调查法，经常使用的测量工具是态度量表，包括沙氏通量表、李克特量表、语义差异量表、面部表情量表、行为意向量表等。

三、广告的经济效益评估方法

广告的经济效益主要体现在广告对销售所产生的影响上，评估广告经济效益实际上是评估产品营销方面的投资回报，广告投资回报直接体现为销售量的增加或销售额的增长。

判断在一定时间内广告投入带来的经济效益，可以从广告资金投入与销售额变化的角度考量，也可以单纯从广告投放前后销售额变化的角度考量，还可以从消费者的角度，研究接触过广告信息的消费者与没有接触广告信息的消费者购买情况的差异。每一个角度的判断都有其合理的因素，但是也都存在一定的局限性。

广告的经济效益多是根据广告资金投入与销售额的关系来判断，基本思路是通过比较不同时期广告资金投入与该时期销售额的变化来判断广告对销售的影响。短期效果可以一周或者一个月为单位，长期效果可以一个季度、半年或者一年为单位。由于很多商品销售具有季节性特点，因此比较长期效果时，如果以季度或者半年为时间单位最好是将不同年份同一时期的广告投入与销售额变化情况做比较。

以广告资金投入和销售额为基础进行评估，可以采用以下几个指标。

（一）广告费用率

广告费用率是指一定时间内所投入的广告费用占该时段销售额的比率，其结果以百分数来表示。这一指标可用于比较同一时期、在相同市场上不同品牌竞争商品之间广告投放对销售额的影响，也可用于比较同一品牌不同年份相同时段的广告效果。广告费用率越小，广告效果越好。

广告费用率＝某时段广告资金总投入÷该时段销售总额×100%

（二）千元销售额广告费

千元销售额广告费是指一定时期内，平均每 1 000 元销售额所投入的广告费用。

千元销售额广告费＝测量时段广告费用总数÷该时段销售额总数×1 000 元

（三）广告费用销售率与千元广告费用销售额

广告费用销售率与千元广告费用销售额是以广告费用为自变量，比较不同品牌或者同一品牌不同时期广告费用变化带来的销售额的变化。

广告费用销售率是指每投入 1 元广告费用带来的销售额。千元广告费用销售额则是以 1 000 元广告费用为单位比较销售额的大小。

广告费用销售率＝指定时段销售额总数÷该时段广告投入额×100%

千元广告费用销售额＝指定时段销售额总数÷该时段广告投入额×1 000 元

（四）根据广告前后销售额变化比较广告投入的经济效益

这一角度评价的基本思路是通过比较广告投放前与投放后销售额的变化来判断广告投放的经济效益，即广告回报率。评估方法是以广告投放前的销售额作为基数，分析一定时期内广告投放带来的销售额的变化。这一角度的评价可以用“单位广告费销售额增长率”和“千元广告费增加的销售额”两个指标来衡量。前者是指平均每投入 1 元广告费用带来的销售额增长额，后者是指平均每投入1 000 元广告费用带来的销售额增加的额度。

单位广告费销售额增长率＝(广告后销售额－广告前销售额)÷广告费×100%

千元广告费增加的销售额＝(广告后销售额－广告前销售额)÷广告费×1 000 元

从这个角度进行广告投放效益评估只需要比较广告投放前后销售额的变化资料，操作比较容易，但是这种比较的基本前提是广告投放前后在其他方面的营销手段及营销投入接近，并且市场环境没有发生明显的变化，比较的时段不存在明显的销售季节性变动。如果上述任何一个条件不具备，如两个时期在其他方面的营销投入不同，或者刚好一个时期进入销售旺季，那么销售额的变化可能由广告以外的其他因素所引发，因此就不能单纯用广告投入去解释，需要考虑其他因素的影响。

四、广告的社会效益评估方法

广告已经成为社会生活和文化系统的一部分，无处不在。人们日常生活中随时接触到的信息直接影响人们关注哪些问题，甚至影响人们的价值观、生活方式和对社会的判断。评估广告对社会的影响可以引导广告行业在服务广告主的同时服务整个社会，给社会带来正能量，减少或避免对社会造成伤害。

广告的社会效益是指广告作为信息系统的一部分，对社会文化和人的认知产生影响。广告的社会效益评估是以系统论为基础，从社会学、心理学和传播学的交叉视角评估广告信息及其表达方式对社会、对人的潜移默化的影响。这种影响可能是积极的，如商品知识的普及、生活方式的引领、审美情趣的培养等。公益广告在倡导社会价值观、提醒人们关注和关心各种社会现象、传播文明价值理念、引导文明行为等方面发挥积极的作用。广告对社会的负面影响也不容忽视，例如过度的消费挖掘引起社会焦虑和欲望膨胀，广告将消费引向符号化所带来的攀比消费、炫耀消费，虚假广告的存在给社会诚信带来的巨大伤害以及给媒体公信力带来的不可估量的负面影响等。

广告的社会效益评估范围很广，主要有以下四个方面。

（一）广告对消费文化和生活方式影响的评估

广告在普及商品知识、传递产品使用功能的同时，通过不间断的信息传播建构和定义社会时尚，影响人们的价值观和生活方式，并通过符号价值的确立来建构人们对产品功能以外的符号功能的想象。与一般性的信息相比，广告说服的目的和艺术化的内容呈现能给人带来更具体、更直接的影响。评估广告对消费文化和生活方式的影响可采用的方法比较多，如通过对广告作品的文本解读来判断广告给社会信息系统贡献的信息内容结构，通过内容结构的分析来判断广告在社会信息系统中对信息内容的建构取向，依此判断其对消费文化的影响。通过观察、实验和问卷调查，研究人们对生活方式的理解以及在日常生活中哪些方面受到广告的影响。如房地产广告、汽车广告等附着在产品之上的对生活方式和社会阶层的定义，在多大程度上影响了人们的自我感知和对社会潮流的追逐等，都是值得研究的问题。在这方面需要有持续的评估，以判断广告究竟给人们的生活方式带来了哪些方面的正面影响，同时存在哪些方面的误导和负面影响，以减少或避免广告行业对社会造成伤害。

（二）广告对社会认知和意识形态影响的评估

各类政党、宗教组织、环保组织都在借助广告传播自己的主张，目的是让公众认知乃至认同自己的主张，从而成为其主张的拥护者和实践者。评估广告所传播的价值理念和主张对人们认知、认同和行为的影响，是评估广告对社会影响的重要内容。这方面的评估多数以广告的具体内容或者诉求为变量，通过问卷调查或者实验的研究方法，评估人们接触这些广告后，在认知和行为方面发生了哪些变化，以此判断广告在影响人们社会认知方面的作用。

（三）广告对审美情趣影响的评估

广告的重要特质是以艺术化的呈现方式建立与公众的沟通。广告的说服性目标和巨大的成本投入，决定了广告作品永远追求艺术的完美和可沟通性。科技的发展给广告创意设计带来广阔空间，各种新技术往往能在广告作品中得到很好的应用。优秀的广告作品通常是技术与艺术的完美结合，在带给公众视觉享受的同时，也将新技术的应用和创意的无限可能展示给公众。广告在培养公众的审美情趣、提高公众的鉴赏力等方面发挥着潜移默化的作用。但是，粗制滥造的广告作品也会影响人们的心情，过度刺激的画面会给公众带来心理不适。广告对人们审美情趣的影响，是广告影响社会的重要内容，这方面的评估可以通过实验和问卷调查相结合的方法，从微观和宏观两个层面来判断。

（四）广告对社会伤害的评估

广告在推动社会发展、呈现社会文化、引领社会潮流等方面的积极作用毋庸置疑。但是我们也必须看到，广告在某些方面和领域同样对社会有负面的影响，最典型的是虚假广告对社会的伤害。

商业广告信息的泛滥使整个社会信息系统中大量媒介资源被广告占据，过多的广告引起公众的反感，导致公众屏蔽广告信息，甚至放弃媒介渠道。这是广告过度投放和喧嚣造成的媒介环境的恶化，伤害的是整个广告产业。

由于广告是多数媒体的主要经济来源，有些广告主往往通过在某些媒体上投放或者不投放广告来影响媒体的客观公正报道，有些媒体因为不敢得罪广告主而对某些行业或问题噤声，甚至不惜牺牲自己的公信力以软文或类似方式变相传递商业信息，有意误导受众。

虚假广告屡禁不止，消费者因为相信虚假广告而上当受骗的事件屡屡发生。虚假广告严重影响了广告行业的整体形象，导致人们对所有广告的可信度产生怀疑，进而对广告信息产生逆反心理。这需要引起广告行业的高度警觉，广告人要提高自身的社会责任感和法律意识，自觉抵制虚假广告，同时更需要加大对虚假违法广告的打击力度。评估广告对社会的伤害，对于帮助广告行业健康发展，推动广告行业服务社会、服务人们生活具有重要的意义，有关这类主题的评估可以通过受众问卷调查和专家评估等方法实现。

思考题

1. 如何理解广告效果？为什么要评估广告效果？
2. 为什么要从信息传递和信息到达两个视角来评估广告的传播效果？请从理论和实践两个角度分析广告的传播效果。
3. 广播电视广告传播效果评估有哪些经典的体系和方法？
4. 如何有效评估互联网和移动互联网广告的传播效果？
5. 大数据时代，评估广告效果的理念和方法有哪些突破？
6. 请结合当地的一个品牌，设计一项监测品牌广告效果的方案。在班级小组中讨论和评估方案的科学性、可行性。

▶ 本章即测即评

第十章　广告业发展与管理

广告业是现代服务业和文化产业的重要组成部分。随着广告业的发展，我国广告业对拉动消费、提振内需、促进相关行业发展的作用明显提升，对弘扬社会主义核心价值体系、传播社会主义先进文化、推动和谐社会建设、提升国家文化软实力的作用进一步彰显，广告的功能和产业价值得到社会普遍认同。当前，在新媒体、新技术迅速发展的背景下，一方面广告新形态、新模式不断涌现，多种新业态向广告行业渗透，催生出新的广告服务领域，广告内涵和外延正在发生变化；另一方面广告业与数字技术融合加速，技术创新、服务创新驱动着广告产业快速转型升级。一个行业的良性发展离不开健全的法律法规和与之相配套的管理制度，改革开放40多年以来广告管理机构分工日趋明确，行业性法律法规逐渐细化，新《广告法》修订出台，各种具有针对性的专项法律法规不断完善，广告管理对广告业的保障和指导作用更加明确有效。

第一节　广告业发展

广告是传递信息、促进市场繁荣的重要手段，是联系生产与消费的桥梁，是经济发展的晴雨表和润滑剂，这些作用决定了广告业在国民经济发展中具有不可替代的地位。从根本上说，广告和广告业是商品经济时代的产物，是应商品生产和商品交换的需要而产生的。市场经济是广告业存在和发展的土壤，同时广告业反过来又会推动市场经济不断完善和高效发展。大力发展广告业能够提高社会资源配置效率，有利于推进城乡融合和区域经济协调发展；能够提升商品或服务的附加值，增强企业品牌影响力，促进相关产业结构升级，助力现代化产业体系的建立，从而推动国家经济高质量发展。

一、广告业在国民经济发展中的地位

（一）广告业通过拉动消费促进生产

纵观人类现代商业文明发展史，凡是充满经济活力的时代和国家，无一不是社会生产发达，商品经济繁荣，人们的物质消费旺盛，精神生活丰富。马克思在《〈政治经济学批判〉导言》中，对人类的生产、分配、交换和消费的一般关系作了精辟论述，提出了原创性的消费理论，并深入阐述了“消费的需要

决定着生产”[①] 的道理。广告业作为消费的排头兵和引路者，走在经济发展的最前沿。

首先，消费是生产发展的原动力。马克思指出，一切生产的最终目的都是为了满足消费。“没有消费，也就没有生产，因为如果没有消费，生产就没有目的。”[②] 正是广大消费者不断增长的消费需求，才推动着生产不断发展。消费是生产发展、经济增长的重要因素。马克思认为作为人类生产的最终目的，消费在整个社会再生产过程中具有十分重要的地位和作用。消费是社会发展的动力，没有消费的推动，生产就失去了动力，社会经济发展就会止步不前。

其次，广告和广告业是拉动消费的有效工具。随着经济的发展，人民群众日益增长的潜在的和显在的消费需求正是现代广告业关注的焦点，广告业深入地研究和创造性地引导这些需求，造就了现代商业文明的繁荣。广告作为人们的消费梦想图景，源源不断地开掘和引导着人们的消费需求。广告要寻找消费者内心真正的需求，把人们内心的梦想和追求传达出来，使之变成真实的购买力。消费、投资和出口是拉动中国经济增长的三驾马车，其中消费作为经济运行的主要动力，对拉动经济增长具有十分重要的作用。广告业在扩大内需、引导消费、促进消费方面具有积极作用，对于推动经济高质量发展具有重要的意义。

（二）广告业促进国民经济良好运转

大规模生产和消费是市场经济的基本特征。市场经济的发展，已经完全打破地域界限，整个市场更加广阔而开放。广告作为一种重要的信息传播手段，缩短了产品生产与消费者购买之间存在的时间与空间距离，保障了生产消费的正常运转。

首先，广告能够在一定程度上帮助解决生产过剩问题。规模化的大工业生产带来产品的极大丰富，但是如果销售不及时则会导致产品积压和资金占用。广告能够以简单易行的方式告知广大地域的消费者关于产品的信息，从而拉动社会整体需求，并通过不断刺激消费者的兴趣和欲求，引发购买行为。

其次，广告可以部分解决社会资源配置问题。广告业作为市场经济的一个重要组成部分，也是提高资源配置效率、促进产业结构升级、建设现代化产业体系的有效途径。优质、高效、繁荣的广告业也能带动上下游相关产业的发展，形成规模集群效应，引导相关资源进入新行业。

最后，广告能提升品牌竞争力。广告能增强新增消费者的购买信心，增加原有消费者的消费频率；广告可以帮助企业树立品牌形象、增加品牌价值，从而实

---

① 《马克思恩格斯文集》第八卷，人民出版社2009年版，第23页。
② 《马克思恩格斯文集》第八卷，人民出版社2009年版，第15页。

现产品的高溢价销售。科学合理的广告能够促进各个细分行业的成长和品牌建设，尤其是自主品牌的建立，进而促进国民经济繁荣并健康运转。

总之，广告业在社会主义市场经济发展中具有独特地位，我国要“坚持以推动高质量发展为主题，把实施扩大内需战略同深化供给侧结构性改革有机结合起来，增强国内大循环内生动力和可靠性，提升国际循环质量和水平，加快建设现代化经济体系”①，广告业将在其中发挥不可替代的作用。近年来我国正处于各行各业进行数字化转型升级的关键时期，我国广告业通过技术创新、产品创新、业务模式创新，在实现自身转型升级的同时，更高效地服务企业的数字化业务。数字广告业务的快速增长，也推动了我国数字经济的发展。可以说，完整的广告体系是现代市场经济的重要构成部分，没有完整的市场体系，就没有完整的社会主义市场经济。

（三）广告业自身成为国民经济的重要组成部分

广告业在拉动社会消费、增强国家经济活力的同时，也直接或间接提供工作岗位，增加税收。广告业在我国国民经济中占据较高的份额（图 10-1），在美国甚至能达到国内生产总值的 2%。在我国当前经济转型的背景下，传统的产业模式面临产能过剩和能源消耗、环境污染等问题，广告业作为创意经济的主要组成部分，依靠创意思维、智力创造以及技术创新，实现产品增值，是“无烟工业”和创意文化产业的代表，代表着未来文化产业的发展趋势。

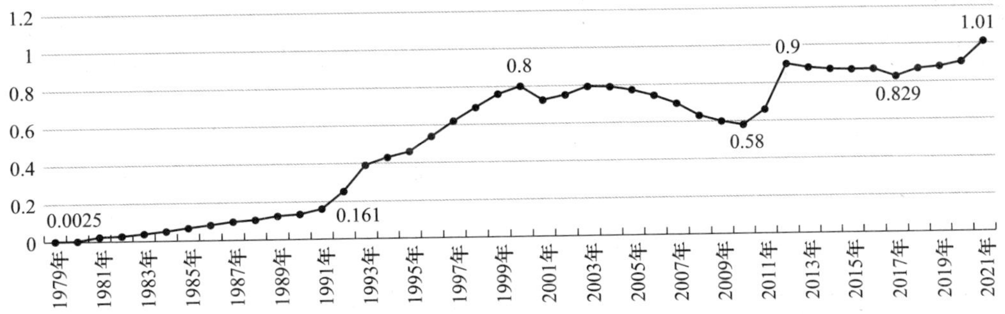

图 10-1 改革开放以来我国广告营业额在国内生产总值中的占比②

广告业的发展水平比较直接地反映了一个国家或地区市场经济的完善程度、科技发展水平、经济活跃程度以及社会文化质量。推动广告业的发展和完善，提高广告业的经济规模以及在现代服务业中的比重，是加速市场信息交流与传播、

① 习近平：《高举中国特色社会主义伟大旗帜 为全面建设社会主义现代化国家而团结奋斗——在中国共产党第二十次全国代表大会上的报告》，人民出版社 2022 年版，第 28 页。

② 数据来源：国家统计局网站及《国家统计年鉴》《中国工商行政管理年鉴》《中国广告年鉴》等对不同年份数据的记载。

提高资源配置效率的有效手段，是促进一个国家和地区产业结构调整优化，推进文化、信息、创意、会展、中介服务等相关产业发展的有效途径。

二、影响广告业发展的因素

从生物界到人类社会，任何事物的发生、发展都有自身的运转体系和背景环境，任何行业都是在特定的历史时代、地理区域和资源环境中发展起来的。广告业作为国民经济的一个重要组成部分，其发展必然受到诸多因素的影响。

（一）影响广告业发展的宏观环境因素

1. 政治稳定状况

政治稳定状况决定着一个行业能否在特定的背景环境中获得持续、有利的发展空间。政治对产业的影响就在于政府的政策可以引导、规制产业的阶段性走向，从而影响产业的结构、规模和发展水平。在稳定的政治环境中，政策能保持相对的稳定性和一贯性，对于产业长期平稳发展至关重要。广告业是和市场经济紧密结合在一起的，广告业发展迅速的国家和地区，广告一定会在市场公平竞争的模式下作为市场开拓的有效工具被企业重用。自 1978 年中国改革开放以来，稳定的政治环境、和平发展的大背景、以经济建设为中心的总目标确保了广告业发展的大方向，国家不断出台的各项政策法规确保了行业的健康发展。

2. 经济发展阶段

经济繁荣稳定、企业公平竞争、消费者可支配收入高体现了一个国家的经济实力。国民收入的实际增长情况、消费者可支配收入水平和消费者支出模式是影响广告业发展的重要因素。贫穷的经济体生产力水平低下，物资匮乏，居民消费能力差，无法为广告业发展提供必要的土壤。而在经济发展水平较高的国家和地区，企业的生产、销售和品牌塑造在激烈的市场竞争中可获得较大发展空间。一般来说，越是发达的经济体，市场竞争越激烈，对经济信息传递的需求越大，广告业的活跃程度就越高。

3. 文化开放程度

对于一个国家和地区来说，随着人民生活水平的提高、观念的开放、生活方式的多元，人们对社会信息的需求也越来越强烈。随着时代的发展，过去无差别的低水平生活方式土崩瓦解，取而代之的是多元化与统一性并存共生、差异性与趋同性相互交织的生活方式与生活状态。家庭小型化成为常态；职业选择日趋多元，新的职业形态不断涌现；社会消费观念不断升级，信贷消费盛行；高等教育的普及以及互联网等新兴产业的蓬勃发展促使新兴中产阶层形成，社会整体的消费能力和消费结构进一步升级。人们针对广告的认知偏见在消解，文化的开放和观念的转变使广告意识被广泛接纳和认可，广告业发展的思想基础和文化基础在不断夯实。

4. 技术革新状况

技术变革对广告业发展的驱动作用越来越强。如今技术的发展，尤其是通信、互联网和运输技术的巨大进步，降低了企业的沟通和运输成本。许多技术革新逐步填补了技术空白，创造了新的市场和机会，尤其是互联网领域，“互联网思维”“互联网+”“工业 4.0”等概念彰显了互联网与传统产业的融合，用互联网技术改造和升级传统产业，极大地提升了经济效益，降低了沟通成本。移动互联网可以让用户随时在线，一个崭新的传播时代开启。大数据、云计算、人工智能等技术的广泛应用使信息的传播渠道和传播方式发生颠覆性变化。传统“点对面”的大众传播方式影响力在逐渐减弱，而基于互联网、移动互联网的智能化精准传播越来越深刻地影响人们接收信息的方式，传统媒体在不断向智能媒体转型。在此背景下，广告业面临新的挑战和机遇，传统以版面、时间等为衡量标准的“硬”广告形式逐渐朝着基于大数据的精准传播模式迁移。技术的革新在颠覆传统的广告业作业模式的同时，也在促进广告技术公司、新媒体广告业务蓬勃生长，广告业在技术创新的引领下不断进行产业的转型升级。

（二）影响广告业发展的微观环境因素

微观环境因素主要是指与广告业发展密切相关的行业环境及其构成要素与条件，主要通过反观广告业自身来考察。

1. 广告主的广告意识

广告主是广告业得以发展和壮大的原动力。只有市场经济繁荣，企业不断发展壮大，生产优质产品满足消费者需求，并与竞争对手展开充分市场竞争，企业对广告的资金投入才会持续不断，整个广告业生态才能欣欣向荣。广告主的意识和观念不断进步，是推动广告业不断创新的源泉，企业与广告公司的共同成长是广告业健康发展的良性生态模式。

2. 广告公司的创新能力

广告公司靠信息服务来沟通广告主与消费者，广告公司只有为企业提供更好的市场调研、媒介投放、项目整体策划等服务，才能获得双赢。例如，广告公司对新媒体的开发与整合就会给企业带来更多接触消费者的机会。在互联网时代，如何有效地利用消费者大数据，通过数据挖掘技术和智能分析技术更精准地发现消费者行为的内在规律特征，从而帮助企业寻找更好的营销手段和信息接触点，是广告业创新能力的体现。

3. 广告媒介的发展

随着通信技术、网络技术、移动互联网和大数据、人工智能等技术的不断发展和应用，人们的信息接收和信息交流方式发生了革命性变化，也带来了广告媒介的巨大变革。传统的电视、报刊、广播等大众媒体的影响力被大幅消解，广告经营额和市场占有率明显下滑。相比较而言，高效便捷的网络媒体成为人们获取信息的首要选择。网络媒体经历了从门户网站到搜索引擎、社交媒体、个性化推荐平台等多种样态的升级迭代，信息智能匹配技术的应用不断提升用户获取信息的效率，优化互动体验。短视频、网络直播等新的传播形式受到广泛欢迎，新媒体信息传播格局，为广告业打开了全新的投放场景和创意空间。与此同时，“人”作为一种节点化的媒介力量迅速崛起，网络上关键意见领袖形成的网络影响力能够帮助企业开拓市场，在一定程度上引发广告业经营模式的变革。在我国加快推进媒体深度融合发展的背景下，传统媒体与新兴媒体互取所长，优势互补，广告媒介格局仍在不断演变过程中。

4. 广告受众的变化

广告受众，是广告活动的目标指向和宣传对象，受众通过广告了解商品或者服务信息，并根据自身的需求进行购买。广告受众是一个极为复杂的群体，其需求处于不断变动之中。比如，人口因素的差异，如年龄、性别、收入、文化程度、民族、宗教、职业等，都会影响社会消费的走向。再如，地理因素的影响，如自然条件、自然环境、经济区域的不同，都会导致消费心理、消费习惯和消费欲求的差异。人口红利的减少，“少子化”和“老龄化”现象将对社会的产业结构和经济发展模式、消费形态产生深远影响。消费者的消费结构、消费模式、消费心理的变化会引发整个社会生产和社会需求的转变，广告作为引导消费的工具，必须深刻洞察消费者的一切细微变化，从而挖掘消费需求，引导产品生产。

三、中国特色的广告业发展驱动力

广告业作为一个独立的行业受到多重因素的制约和影响，其发展进程和路径在不同的国家和地区又有不同的表现。中国广告业是在中国特色的国情下发展起来的，其发展路径具有独特性。综合来看，有以下三条比较清晰的发展脉络。

（一）政府政策的积极引导

中国特色社会主义市场经济体制是中国广告业得以生存和发展的土壤，政府是推动中国特色社会主义广告业发展的外在推动力。中国的经济体制经历了从完全的计划经济到逐步以计划经济为主、市场调节为辅，再到计划经济与市场调节相结合，认识到计划和市场都是经济手段，逐步建立社会主义市场经济体制，进而建设现代化经济体系的过程。在经济体制转型的过程中，政府逐渐意识到广告业的作用，对广告业的态度逐渐宽松，继而愈加重视，呈现出一个“放开—规范—规划”的基本路径。

改革开放之前的几十年，中国处于严格的计划经济体制下，商业广告没有生存的土壤，一直处于可有可无的状态。1979 年，电视、报纸等媒体开始被允许发布广告，政府为了搞活市场经济，逐步放开对广告业的限制。市场经济本能地推动广告业前进，这一阶段的广告业，基数低，发展快，基本处于探索状态。1992 年邓小平南方谈话后，整个社会对“计划”与“市场”的认识更为透彻，非公有制经济得到鼓励，市场经济发展进入一个全新阶段，广告业得以发展的基础更加牢固。1994 年《中华人民共和国广告法》颁布，中国广告业逐步进入法制化、规范化发展的轨道。法规的出台，对于净化广告市场环境，特别是对于处理虚假违法广告至关重要。2001 年中国加入世界贸易组织，外资广告公司可以控股国内的广告公司，促进了广告业的充分竞争与规范发展。21 世纪以来，政府又制定了一系列科学的发展规划，加强了对广告业发展的规划和引导。2011 年《中共中央关于深化文化体制改革 推动社会主义文化大发展大繁荣若干重大问题的决定》指出，要壮大广告等传统文化产业。此后一系列政策法规相继出台，2011 年国家《产业结构调整指导目录（2011 年本）》明确把“广告创意、广告策划、广告设计、广告制作”列为鼓励类项目，广告产业由此被纳入国家发展战略。2012 年颁布的《广告产业发展“十二五”规划》提出，推动广告资源优化配置和企业集约化经营，支持地方政府出台相应扶持鼓励政策，积极稳妥地推进广告产业园区建设。

政府在各阶段制定的广告法律法规和产业政策，既指引了整个广告市场的发展方向，又决定了广告市场中各主体力量的消长。改革开放后，中国广告业的复苏与稳健前行离不开政府政策的保驾护航。2016 年 7 月 8 日，国家工商总局①发布《广告产业发展“十三五”规划》，明确了扩大产业规模、增强创新能力、提升社会效益、深化行业改革、优化发展环境等五项规划目标。2022 年发布的《“十四五”广告产业发展规划》提出制定出台符合广告产业发展特征和发展需求的宏观政策，充分激发各类市场主体活力；鼓励广告产业技术创新与应用，深入推进广告产业数字化转型，鼓励广告业态和模式创新；大力提升广告服务专业化水平，推动广告产业向价值链高端延伸等重点任务。

（二）西方广告经营模式及理论体系的启发

现代广告业作为一个相对成熟的产业，在西方商业社会已有上百年历史。国外相对丰富的经验和我国相对薄弱的行业基础，让“西学东渐”成为中国特色广告业发展的另外一条路径，“国际化”“集团化”成为我国广告业努力追求的目标和方向。我国香港地区在 1927 年就有国际广告公司进入，20 世纪五六十年代，香

---

① 2018 年 3 月，根据第十三届全国人民代表大会第一次会议批准的国务院机构改革方案，将原国家工商行政管理总局（简称国家工商总局）的职责进行整合，组建国家市场监督管理总局，不再使用国家工商行政管理总局名称。为客观反映历史，本书中 2018 年 3 月以前的名称仍使用原名称。

港广告业已达到较高水平，随后香港成为亚洲地区国际广告公司最多的地方。我国台湾地区在1985年解除戒严后对外开放广告业，广告业由本土化转向国际化，大批跨国广告公司纷纷涌入台湾。在我国大陆，广告业真正意义上的高速发展只有40多年时间。20世纪80年代至90年代，我国大陆大量引进香港和台湾的广告业人才和专业书籍，海峡两岸的广告业交流、香港地区先进的广告代理形式等对大陆广告业具有积极的带动和示范作用。

我国广告业向西方学习的进程主要体现在两个方面①：一是广告经营模式的模仿。从1993年广告代理制正式实行到21世纪初媒介购买公司大行其道，再到跨国广告公司主导的整合并购之风日盛，中国本土广告经营模式通过多方面调整，向西方学习靠拢。二是对西方营销理论的吸收和借鉴。中国本土广告业长期受到计划经济的束缚，市场营销理论基础匮乏，一度只能唯西方理论马首是瞻。从早期市场营销奉行的4P理论，到后期的4C理论，以及整合营销理论等，中国广告业一直在向西方学习最新营销理论。

在此期间，我国广告业在学习消化的进程中也暴露出很多问题：广告代理制始终难以全面实行，媒介购买公司在一定程度上破坏了广告业的生态平衡，境外资本的大举并购导致本土广告公司前景堪忧。同时对西方理论的理解不到位，生搬硬套，不接地气，囫囵吞枣，难以真正消化吸收。例如，CI战略盛极一时，但中国本土企业中真正较好地实施CI战略者屈指可数，中国本土广告公司中真正有能力策划兼执行CI者很少。理论的更迭虽然能为行业注入新鲜的活力，但日益严重的理论“标签化”问题也令人担忧。

中国广告业在世界舞台上扮演着后来者和跟随者的角色，自身成长迅速。作为世界第二大经济体与广告市场，中国广告业的规模在量上已经做大，但还需要在质的维度上继续寻求突破，找到适合中国特色社会主义市场经济的理论指导和运营实践，把具有中国特色的广告业做大做强，为世界经济发展贡献中国智慧、中国方案和中国力量。

（三）市场力量持续推动转型升级

广告主、广告经营者、广告发布者构成广告业三大市场主体，在社会主义市场经济体制不断完善的过程中，三大主体相互博弈，此消彼长，推动着中国广告业不断转型升级。

广告公司作为广告经营者，是广告业正常运转的中介和桥梁，沟通广告主和消费者，其业务模式也在随着市场力量的变化和博弈而不断调整。中国广告公司大致经历了一个从资源型到专业服务型，再到资本运作型、技术型的转型路径。

---

① 丁俊杰等：《中国广告业的路径判断与选择》，《现代传播》2008年第4期。

改革开放初期，资源型的广告公司占据主流，主要分为两类：一类是与广告主关系密切的广告公司，拥有稳定的客户资源。此时计划经济依然处于主导地位，国企开始逐步试水市场，拥有国企客户的广告公司生存压力小。另一类是拥有媒介资源的广告公司，它们把控着稀缺的媒介资源。在此时期，媒介管控严格，广告版面或时段紧缺，拥有优质媒介资源的广告公司居于强势地位。

随着国企市场化程度进一步提高，民企和私营企业迅速成长壮大，外企投入更多资源开拓中国市场，广告主的构成进一步多元化。同时媒介资源稀缺的局面被技术发展改变，媒介过于强势的状况得以改观，部分传统媒体从“坐商”转为“行商”，更主动地服务广告主，并加强与广告公司的合作。专业服务型广告公司成为主流，综合服务型、创意策划型、执行制作型、公关活动型等类型化公司逐渐形成规模。广告公司依靠专业服务和技术赢得市场，其专业性、职业性得到认可。

进入21世纪，互联网和移动互联网的大发展，使消费者的信息获取方式发生颠覆性的改变，媒介资源已经从稀缺状态转变为丰裕状态，而消费者消费模式逐步从线下向线上转移。通过互联网获取消费者大数据，并依靠精准投放的技术型广告公司崭露头角。与此同时，部分资本原始积累强大的广告公司通过资本运作上市融资，不断并购专业制作公司和技术型公司，成为大型的营销传播集团，为客户提供全方位的服务。现阶段，技术型和资本运作型广告公司成为行业关注的焦点。

四、我国广告业发展规划的顶层设计

（一）我国广告业恢复初期的自然成长

广义上的广告在中国的发展历史悠久，但是发展比较缓慢。中华人民共和国成立后，由于经济落后，广告业发展经历了一个长期曲折的过程。到了20世纪60年代初，随着生产力的发展和社会的安定，广告业逐步繁荣。但在“文化大革命”期间，广告被看作资本主义的产物，几乎从社会上消失。

改革开放初期，作为与意识形态、社会文化生活密切相关的行业，党和政府对广告业持支持态度。1979年11月中宣部《关于报刊、广播、电视台刊登和播放外国商品广告的通知》，成为改革开放后广告管理的第一个文件；1983年1月6日，时任国务委员张劲夫就广告怎样更好地为四个现代化建设服务问题谈道：“广告宣传是供销之间的媒介，是扩大商品流通的手段之一，因而也是国民经济中不可缺少的一个门类。”① 1985年，时任国务院副总理李鹏提道：“广告可以传递商

① 《中国广告年鉴（1988）》，新华出版社1988年版，第7页。

品信息，是我们实行开放政策、发展生产、指导生产及消费的一个工具，这点应该肯定，应该发展广告事业。”①

在我国广告业恢复初期，广告业的产值和行业实力比较弱小，广告业更多处于自我萌芽的状态，自主生长，自我发展。党和国家领导人从经济发展的高度看到广告的价值，重视和关心行业的发展，在广告业遇到政策困惑或障碍时给予关注与支持，这对于促进受到社会偏见的广告业的发展，提高广告业的地位具有推动作用。

（二）我国广告业“三密集”定位开启顶层设计

到了20世纪80年代后期，尤其在邓小平南方谈话以后，在党的以经济建设为中心，坚持四项基本原则，坚持改革开放的基本路线指导下，随着大力发展社会主义市场经济等一系列方针政策的深入实施，广告业逐步焕发出强劲的活力，逐步成长为一个相对独立的产业，同时也为其他产业开拓了发展空间，广告业开始被重新认识。

1993年7月，国家工商总局、国家计划委员会联合发布了《关于加快广告业发展的规划纲要》（以下简称《纲要》）。《纲要》从理论上明确了广告业的地位和作用，并指出：在市场经济运行中，广告作为沟通生产与消费的中介，具有辅佐企业开拓市场和引导消费的特殊功能，是国内国际市场信息交换的有效渠道，也是参与国际经济循环的重要条件。广告业属于知识密集、技术密集、人才密集的高新技术产业，其发展水平，是一个国家或地区市场经济发育程度、科技进步水平、综合经济实力和社会文化质量的重要反映。《纲要》为广告业作出明确的定位，也作出“信息中介服务产业”的产业定性。

作为国家首次对广告行业予以认定的纲领性文件，《纲要》不仅为广告业的改革和发展指明了方向，其中对于广告业是第三产业的重要组成部分，属于“知识密集、技术密集、人才密集”的高新技术产业的认定，对提升广告行业的社会地位具有里程碑式的战略意义。

（三）我国广告业的创意经济新定位

经过20世纪90年代广告业狂飙突进的发展，21世纪初期，我国广告业已成为具有一定规模、推动自主品牌创建和创意经济发展的重要产业。广告业作为直接服务于经济社会发展的新兴产业，既面临新的发展机遇，同时也遭遇严峻挑战。一方面，广告对消费者的影响日益增强，新兴广告媒体层出不穷。2008年北京奥运会一系列经济活动和区域经济的加速发展、国家和地方对发展创意产业的关注和重视，为广告业的发展提供了新的空间。另一方面，制约广告业健康发展的矛

---

① 《中国广告年鉴（1988）》，新华出版社1988年版，第1页。

盾和问题也很突出。例如：具有强大综合实力和国际竞争力的广告企业不多；广告业发展存在区域性不平衡；广告从业人员中，高素质专业人才较少；公益广告事业发展缓慢；广告诚信度不高，市场秩序有待进一步规范；等等。因此，必须进一步发挥广告业在推动现代服务业以及国民经济和社会发展方面的重要作用，大力促进广告业的健康发展。

2008 年 4 月 23 日，国家发展和改革委员会和国家工商行政管理总局发布《关于促进广告业发展的指导意见》（以下简称《指导意见》）。《指导意见》对广告业进行了明确的定位：知识密集、技术密集、人才密集的广告业是现代服务业的重要组成部分，是创意经济中的重要产业，在服务生产、引导消费、推动经济增长和社会文化发展等方面，发挥着十分重要的作用，其发展水平直接反映一个国家或地区的市场经济发育程度、科技进步水平、综合经济实力和社会文化质量。这个定位在过去"三密集"的基础上，根据党中央和国务院的有关政策，突出强调了广告在创意经济中的重要地位。进一步对广告与品牌、广告与相关产业的关系做出定性，明确了广告在增强自主创新能力和自主品牌竞争力，推进文化、体育、影视、媒体、信息、会展、创意、中介服务等相关产业发展方面的具体作用。

《指导意见》还提出"在国际化视野下发展中国广告业，走中国特色广告业发展道路"的目标，确定了促进广告业发展的指导思想、主要目标和任务，即要培育具有国际竞争力的广告企业，形成大型综合性广告媒体，发展广告创意产业集群，构建广告业公共服务管理体系，建立广告业人才培养教育机制，壮大公益广告事业。最后，《指导意见》提出进一步完善促进广告业发展的政策措施。《指导意见》在新的形势下对广告业做出更为完整的定位，成为我国广告业发展的纲领性文件。

另外，国务院 2009 年出台的《文化产业振兴规划》和 2012 年出台的《服务业发展"十二五"规划》也在一定层面上促进了广告业的发展。

（四）我国广告业在经济转型背景下的新机遇

"十二五"时期，我国广告业实现了全面、较快的发展，取得了显著成就，服务社会经济发展的作用日益突出。2012 年 5 月 29 日，为贯彻落实国家"十二五"规划纲要以及促进服务业和文化产业发展的有关规定，提高广告业的专业化、集约化、国际化水平，推动广告业健康、全面、协调、可持续发展，国家工商行政管理总局组织编制了《广告产业发展"十二五"规划》。这个时期，我国广告产业地位得到夯实，广告业纳入国民经济和社会发展规划体系；产业规模快速扩大，我国成为世界第二大广告市场；产业结构不断优化，广告产业园区建设效应明显，互联网广告规模化发展，新兴产业要素成为产业发展的重要力量；服务能力显著提升，互联网广告助推中小企业开拓市场；公益广告活动被写入广告法，公益广告发展迅速；行业组织建设加强，广告教育和职业培训发展迅速，全国有近400所高等院校设立了广告学专业；广告法制不断加强，修订的广告法颁布实施，广告市场秩序明显好转。

“十三五”时期，是全面建成小康社会的关键期，我国广告业面临创新发展的重大战略机遇。我国市场经济体制完善，国民经济保持平稳增长，居民收入水平提升，国家综合实力增强，为广告业发展打下了坚实的经济和社会基础。国家经济结构进行了战略性调整，经济发展步入新常态，社会消费需求持续增长以及供给侧结构性改革增强了广告业发展的内在动力。国家推动实施一系列重大发展战略，为广告业发展提供了更广阔的空间。新技术革命推动新媒体和新的信息传播渠道快速发展，极大地开拓了广告服务领域。在这样的背景下，2016年7月8日发布的《广告产业发展“十三五”规划》（以下简称“十三五”规划）明确了提升广告企业服务能力、进一步优化产业结构、促进广告产业创新、推进广告产业融合发展、提升广告产业国际化水平等十项重点任务。“十三五”规划在发挥广告业行业优势，宣传广告业在国民经济和社会发展中的地位和作用，提高广告业的社会认同感，塑造广告业良好的社会形象，形成有利于规划实施和促进广告业发展的社会氛围等方面起到了积极作用。“十三五”规划期间，我国广告产业发展环境持续优化，涌现出一批规模较大、综合实力较强的广告经营单位，以广告产业园区为基础的广告产业集聚区框架体系基本形成。在我国市场经济数字化转型的背景下，广告产业也在积极创新，加速完成自身的数字化转型，以精准传播、智能传播为特征的数字广告有效促进了数字经济中的商品信息流通和信息匹配，成为数字经济发展的重要推动力量。2012年到2021年间，我国广告经营额一直处于稳步上升态势，增幅超过2.5倍（图10-2），其中数字广告规模的增幅达到10倍，成为我国广告产业的主导性力量。2021年国家统计局发布《数字经济及其核心产业统计分类（2021）》，明确将数字广告（代码为040409）列入数字经济的核心产业目录。①

2020年底，在“十三五”规划即将收官之际，党的十九届五中全会指出，我国将进入新发展阶段。在全面建成小康社会、实现第一个百年奋斗目标之后，我国将开启全面建设社会主义现代化国家新征程，并明确了未来三十年发展的路线图和时间表。为服务于国家战略，同时进一步推动广告产业高质量发展，2022年4月22日，国家市场监督管理总局印发了《“十四五”广告产业发展规划》（以下简称“十四五”规划），“十四五”规划在全面梳理总结我国广告业当前所处的发展

① 《数字经济及其核心产业统计分类（2021）》，国家统计局官网，2021年6月3日。

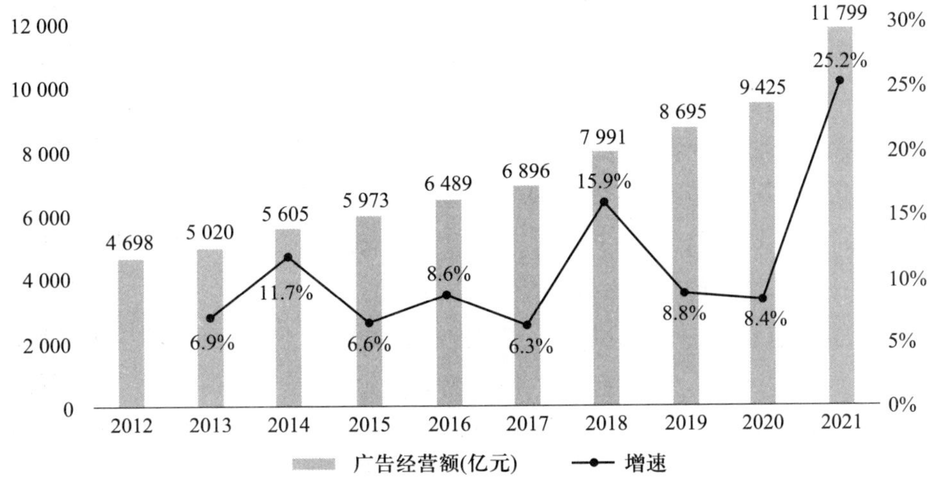

图 10-2　2012—2021 年我国广告经营额变化趋势①

环境，面临的机遇和挑战的基础上，明确我国广告产业发展要坚持正确导向、坚持服务大局、坚持新发展理念、坚持规范发展、坚持更好满足美好生活需要等基本原则，提出广告产业向专业化和价值链高端延伸、产业发展环境进一步优化、发展质量效益明显提升、产业创新能力和服务能力不断提高、广告法制体系进一步完善、广告产业对于提高国家文化软实力的支撑作用进一步增强等发展目标。“十四五”规划还从十个方面阐述了“十四五”时期广告产业的发展任务，突出体现了广告产业在全方位服务于国家发展战略过程中所应发挥的作用，如鼓励广告业态和模式创新，促进广告产业加快融入建设网络强国、数字中国进程；围绕加快构建以国内大循环为主体、国内国际双循环相互促进的新发展格局，大力促进广告产业与农业、制造业及其他服务业全方位、深层次、宽领域融合发展，形成有利于塑造中国品牌、有利于提振需求、有利于提升我国文化软实力的广告服务能力和服务模式；聚焦乡村振兴，积极推动广告市场下沉，提升乡村地区广告服务水平；等等。此外，在中国品牌纷纷出海参与国际竞争的背景下，鼓励广告产业市场主体积极地走向国际市场，服务于中国企业在海外的业务拓展，参与国际交流和国际竞争。总而言之，在“十四五”期间，我国广告业将更大范围、更宽领域、更深层次地服务于国家经济发展，在实现中华民族伟大复兴的道路上发挥更大的作用。

拓展资料

《“十四五”广告产业发展规划》

2023 年 3 月 10 日，十四届全国人大一次会议表决

① 高腾飞、董婧、曲韵：《我们这十年：中国广告产业发展的精彩进程》，《现代广告》2022 年第 21 期。

通过了《国务院机构改革方案》，根据该方案，我国正式组建国家数据局。这意味着在数字化转型升级的背景下，广告业将迎来新的机遇。一方面，国家数据局的组建将统筹数字资源的整合和开发利用，有助于尽快构建统一的数据要素大市场，让数据要素“活起来、动起来、用起来”，而对这些数据的有效利用，将大力促进数字广告业的发展，提升数字资源价值创造能力和广告传播效率；另一方面，国家数据局的成立有望推动统一数据标准的建立，解决数字广告领域长期存在的数据标准不统一问题，有利于推动数字广告市场的规范化，实现良性运转。此外，国家数据局的组建让现行有关数字经济的法律法规和制度有了实施保障，同时也能为法律法规的不断完善提供政策依据，为处于迅速发展中的数字广告市场规范、健康发展保驾护航。

第二节 广告法规与管理

随着行业的发展和互联网技术带来的产业变革，对广告行业及广告活动实施切实有效的管理具有深刻的现实意义。许多过去行之有效的管理手段和管理方式都需要变革。相比行业自身面临的冲击，政府对广告业的监督管理面临着更为严峻的考验。广告监管及相关法规的进一步完善，使广告的法制化管理成为广告监督管理的必然要求和选择。

一、广告管理的内涵

（一）广告管理的定义和特点

狭义的广告管理是指国家广告监督管理机关依据法律、法规和国家授予的职权，代表国家对广告活动的全过程进行监督、检查、控制、指导的活动。① 广告市场的主体包括广告主、广告经营者和广告发布者，三者之间的相互关系构成广告市场。从广义上讲，政府管理、自我管理、社会监督以及对广告业的发展规划、协调控制和指导等活动都可以统称为广告管理，而本章所述的广告管理是国家对广告市场经营主体及广告内容的监督管理，是狭义的广告管理概念。

广告管理是国家管理经济的行为，是我国市场监督管理的重要组成部分。广告管理有助于广告活动适应国家宏观经济形势对广告业发展的要求，使广告行业逐渐由无序走向有序，由混乱走向健康；有助于协调广告从业人员的共同劳动，合理地组织广告活动，使之适应商品生产和交换的需要，从而达到沟通产销、促

---

① 《2006 中国广告年鉴》（第十四版），新华出版社 2006 年版，第 231—232 页。

进生产、指导消费、繁荣经济、促进“两个文明”建设的目的。广告管理的对象、方法、内容和范围的独特性，决定了广告管理具有如下特点。

1. 明确的目的性

国家通过立法，对广告行业和广告活动进行管理，其目的就在于使广告行业适应国家宏观经济形势发展的需要，促进广告业健康、有序发展，保护合法经营，取缔非法经营，查处违法广告，杜绝虚假广告，保护消费者的合法权益，有效减少广告业的负面影响。

2. 规范性和强制性

广告管理作为国家管理经济的行为，是严格依法进行的。世界上许多国家都设置了专门的广告管理机构，并制定了一系列广告管理法规来规范和约束广告行业的发展，使广告行业做到有章可循，有法可依，违法必究。

3. 多层次性

我国的广告管理由政府行政立法管理、广告行业自律和社会监督管理多层次相互协作。由于广告活动的复杂性和广泛性，即使广告管理法规再完备，都不能包罗万象、尽善尽美，这就需要各级广告行业协会和社会监督组织，通过自律、监督来予以补充。世界上很多国家都采用政府行政立法管理与广告行业自律、社会监督相结合的手段来加强对广告活动的管理。

（二）广告管理的主要内容

广告管理的内容，包括对广告主体和广告活动进行监督管理，主要涉及以下几方面。

1. 广告市场的准入管理

广告市场的准入管理是指对广告市场经营主体的经营资格和经营范围等事项进行审批和登记。我国广告市场准入主要实行行政审批制度。根据《广告管理条例》的规定，经营广告业务的单位和个体工商户，应向工商行政管理机关申请，分情况办理《企业法人营业执照》《广告经营许可证》等准入证件。2004 年颁布的《广告经营许可证管理办法》进一步明确规定，从事广告业务的单位须获得《广告经营许可证》方可从事相应的广告经营活动。随着 2008 年国务院《关于深化行政管理体制改革的意见》的印发，以及 2015 年国务院提出“简政放权、放管结合、优化服务”（简称“放管服”）的改革任务，国家工商总局陆续取消了一系列涉及广告市场准入的行政审批事项，如废止《广告经营许可证管理办法》《外商投资广告企业管理规定》等规章，大幅降低广告市场准入门槛，政府管理由事前审批更多地转为事中事后监管。

2. 广告发布标准的监管

广告发布标准是广告主、广告经营者和广告发布者都必须遵守的准则。目前广告发布的一般标准普遍适用于任何内容的广告，主要在《广告法》中体现；而特殊标准是针对一些特别商品和服务的广告，如对药品医疗、化妆品、房地产等广告，施行双部门联动监管，由所在行业部门先行审批后，再由市场监督管理局监管。

3. 广告审查

在一些特殊形式和内容的广告发布前后，广告发布者应向市场监督管理等部门办理审批手续。店堂广告应在发布后一定时间内向市场监督管理部门办理备案手续；户外广告、牌匾广告、车体广告、固定形式印刷品广告等要由市场监督管理等部门审批临时性广告经营许可后才能发布；以印刷品形式发布的药品、保健食品、医疗器械、房地产、化妆品、烟草等特殊商品广告，应办理广告发布审批手续。而发布的广告内容，需要经过内容审查。《广告法》第三十四条规定："广告经营者、广告发布者依据法律、行政法规查验有关证明文件，核对广告内容。对内容不符或者证明文件不全的广告，广告经营者不得提供设计、制作、代理服务，广告发布者不得发布。"广告经营者、广告发布者是否履行了对广告的审查义务，是广告监督管理机关追究违法广告行政责任的重要依据。

4. 规范广告经营活动并查处违法广告行为

在广告活动中，有可能存在一些虚假广告、违法违禁广告以及不正当竞争行为或侵权行为，如贬低、诋毁竞争对手，侵犯他人商标权、著作权、肖像权等。这些违法违规行为严重损害了广告业发展的正常秩序，应当根据广告监管的法律法规，对广告活动主体的广告违法行为予以认定，并追究其违法责任，从而及时有效地制止和惩处广告违法行为，维护广告市场秩序。

（三）广告管理的意义

在配合市场经济良性发展，努力营造公平竞争、诚信有序的广告市场环境方面，广告管理具有重要的意义。

1. 能够发挥广告的积极作用，促进广告市场经济的发展

广告有积极的和消极的两方面作用。积极的一面能够促进市场经济的发展，使其完成由商品到货币或由货币到商品的顺利转化，完成马克思所称的"惊险的跳跃"①。消极的一面则有可能限制市场经济的发展，比如虚假广告直接违背了价值规律的要求，企图使商品交换以不等价的形式完成，破坏商品交换的正常运行，最终会导致社会资源的浪费。为了发挥广告的积极作用，必须最大限度地遏制广告的消极作用。如果没有管理部门依法对广告进行监督管理，广告的积极作用就不会得以充分发挥，消极作用就不会受到有力遏制。

---

① 《马克思恩格斯文集》第五卷，人民出版社 2009 年版，第 127 页。

2. 保护合法的广告宣传，维护经济秩序

广告监督管理对社会主义经济秩序的维护，既表现为对合法广告经营的保护和扶持，又表现为对非法广告宣传的取缔和处罚。秩序的维护是规范与处罚相结合的表现，如国家市场监督管理总局和地方各级市场监督管理局历年对全国广告业进行整顿，不仅查处了大量的违法广告，而且促使许多广告经营单位建立广告发布制度，极大地促进了我国广告业的健康发展。

3. 能够保障消费者的利益，维护社会稳定

市场经济是以消费者为中心的经济，市场经济中的广告行为与消费者有密切联系。广告传递商品信息，指导消费，必须真实地介绍商品或服务，不允许有欺骗和误导消费者的行为，不能为了牟取暴利而损害消费者的利益。如果广告的真实性被破坏，虚假广告泛滥，不仅会侵害消费者的权益，损害人们的身心健康，更会对社会秩序的安定造成威胁。

4. 促使广告更好地为社会主义精神文明建设服务

广告在传递经济信息和促进物质文明建设方面发挥着重要的作用，同时对精神文明建设也起到重要的推动作用。广告推销商品会借助一定的艺术形式，而艺术能美化人们的生活，陶冶人们的情操。广告向人们传播和提供的商品信息，代表一定的生活方式，引导人们的审美观、道德观和生活风气。广告管理的一项重要任务，就是对水平低劣的广告提出批评，对思想意识不健康的广告予以取缔，对有碍市容的广告责令清除。广告传播活动需要以社会主义核心价值观为引领，通过消费者喜爱的广告作品，在传播商品信息的同时弘扬社会主义先进文化，使广告真正为精神文明建设服务。

二、我国广告法与广告法规的建设

广告法规是广告管理机关依法开展广告管理活动和行使管理职权的依据，也是广告主、广告经营者和广告发布者从事广告活动需遵循的基本准则。随着社会经济、政治、文化等方面的发展，我国广告法规的建设经历了一个从简单粗放到逐步走上规范化的过程。

从中华人民共和国成立后到改革开放初期，广告业在商业发展比较快的城市，如天津、上海有了一定的发展，从社会管理的角度，对广告内容、广告活动形成了依法规范的要求。这些商业发展较快的城市对其他城市的广告管理法规建设起到了积极的带动作用。各个城市广告监督管理机关相继根据国家有关部门的指示对广告法规作了一致性的修改、补充和完善，并意识到商业广告的积极作用及其与非商业广告管理上的区别，广告媒体的范围有所放宽，从而促进了我国广告业的繁荣和发展。此阶段还未形成全国性的广告法律规章。

1978年12月，党的十一届三中全会胜利召开，标志着我国进入一个以经济建设为中心的新的历史时期，广告业也随着社会主义市场经济的确立而在经济建设中发挥着越来越重要的作用。市场经济是法治经济，广告管理法规的健全程度可以视为广告发展与广告监督管理水平的一个标志。党的十一届三中全会以来，随着广告业的恢复和不断发展，广告管理法规日益健全，我国广告监督管理水平不断提高。

（一）广告法规建设阶段（1979—1994年）

1979年11月中宣部发布了《关于报刊、广播、电视台刊登和播放外国商品广告的通知》（以下简称《通知》）。《通知》提出“广告宣传要着重介绍四化建设中可借鉴参考的生产资料，消费品除烟酒外，也可以刊登”，并要求“调动各方面的积极因素，更好地开展外商广告业务”。《通知》确定了广告的积极作用，允许在我国刊登国外商业广告，这对恢复和发展报纸、杂志、广播、电视广告起到了重要作用。中央人民广播电台于1980年1月起开办广告节目，中央电视台于1981年12月首次播出美国威斯汀豪斯电器公司的广告。

1982年2月6日，国务院发布我国第一部全国性、综合性的广告法规《广告管理暂行条例》（以下简称《暂行条例》），这标志着我国的广告管理工作进入一个新时期。同年6月，国家工商行政管理总局为贯彻该条例，制定了《广告管理暂行条例实施细则》，对《暂行条例》的内容作出详细、具体的规定，有力保证了《暂行条例》的实施。依据以上两部法规，各地广告监督管理机关对广告业进行了一次清理整顿，有效治理了广告业在恢复发展初期出现的一些混乱现象。

《广告管理暂行条例》是我国第一部全国性的广告监督管理法规，在我国广告发展史上具有重要地位，有力促进了我国广告事业的健康发展。它明确提出广告管理机关是国家工商行政管理总局和地方各级工商行政管理局。

随着广告业的发展，《广告管理暂行条例》中某些规定已不适应形势的要求。在总结经验的基础上，吸收广告管理单行法规的有关内容，借鉴国外广告管理的有益经验，国务院于1987年10月26日发布了《广告管理条例》。该条例是较为全面、完整的关于广告监督管理的行政法规，共22条。其主要内容有：确定广告管理的范围，即凡通过报刊、广播、电视、电影、路牌、橱窗、印刷品、霓虹灯等媒介或形式，在中华人民共和国境内刊播、设置、张贴广告，均属《广告管理条例》的管理范围；规定广告宣传的原则，确定广告发布管理机关和《广告管理条例》解释机关；规定广告发布标准和广告活动制度；规定任何公民、法人和其他经济组织经营广告业务必须向工商行政管理机关登记，明确广告违法行为应当承担的法律责任；等等。

《广告管理条例》的出台，使我国广告管理法规得到进一步发展和完善。它不仅为广告管理提供了更为全面、具体的法律依据，而且用行政法规的形式把广告宣传和广告经营的行为规范确立下来，为广告事业的健康发展提供了法律保障。与《广告管理暂行条例》相比，它鲜明地体现了“宏观管住、微观搞活”的指导思想和管理原则。在加强宏观管理方面，《广告管理条例》扩大了广告管理的范围，把通过各种媒介形式在中华人民共和国境内发布的广告均纳入管理范围；突出了对虚假广告和非法经营广告的监督管理；增加了对广告违禁行为和违禁内容的规定；确立了更为明确具体的广告证明制度；严格了广告违法行为的法律责任，还规定了广告行政复议制度。在微观搞活方面，它放开了对广告时间、版面的限制，将广告费用纳入市场调节的范围，取消了过去不允许个体户经营广告的限制，等等。《广告管理条例》对于规范广告市场行为，制止不正当竞争等具有重要意义。

为了进一步贯彻执行《广告管理条例》，国家工商总局于 1988 年 1 月发布《广告管理条例施行细则》。该行政规章是根据《广告管理条例》作出的具体规定，使《广告管理条例》更具操作性。其主要内容是：具体规定了广告监督管理的范围，规定了各类广告经营者的资质标准，明确了申请经营广告业务的程序，制定了广告代理费标准及收费办法，规定了各类广告证明的出具机关，规定了对各种广告违法行为的具体行政处罚标准和幅度等。

这一时期我国的广告法制建设，由部门、地方的行政规定上升到全国性行政法规，广告监督管理工作在全国范围内有了统一、明确的规范；初步形成与主体法规相配套的行政规章体系，内容涉及对广告经营资格的管理，对进出口广告和中外合资、合作企业立项的管理，对广告费支出的管理，对广告代理收费标准的管理，对烟酒等特殊商品广告的管理等方面；在政府职能分工上，明确了工商行政管理机关是广告行政执法机关以及它所承担的广告管理职能。这一切为之后专门的广告法律的制定奠定了必要的理论和实践基础。

（二）广告法律建设阶段（1995—2014 年）

20 世纪 90 年代初期，社会主义市场经济体制下的广告业迅猛发展。但由于广告业在我国发展时间不长，发展不均衡，此时期的广告业出现了一些明显的新问题：广告主法律意识淡薄，对虚假和其他违法广告的危害认识不足，片面追求经济效益，无视广告的社会责任；广告业内不正当竞争情况较多，伤害消费者权益的事件时有发生。同时，广告主、广告经营者和广告发布者各自的分工不尽合理，法律责任不甚明确，经营运作不够规范，缺乏相应的制约和促进机制，执法力度不强。广告业中出现的这些新问题，已难以用过去的法规进行监督管理，亟须制定和颁布一部专门的广告行业法律。

《中华人民共和国广告法》（以下简称《广告法》）从 1990 年开始酝酿，1991

年起草，1994 年 10 月 27 日由第八届全国人民代表大会常务委员会第十次会议通过并于同日公布，自 1995 年 2 月 1 日起正式施行。《广告法》主要有六个方面的特点。

第一，对广告主、广告经营者、广告发布者的社会职能作出明确界定，为在广告业中形成科学合理的经营机制指明了方向。第二，进一步明确了广告必须履行的社会法律责任。第三，充分体现保护消费者合法权益的原则。第四，对广告市场准入与广告经营做了明确规范。第五，加大了广告违法行为的处罚力度。第六，《广告法》同与其不相抵触的广告法规构成了完整的广告法律体系。

《广告法》是中华人民共和国成立以来所制定、颁布的第一部系统、完整且具有最高法律效力的广告法律，标志着我国广告法制建设进入了一个新的历史时期，填补了我国这一领域立法的空白。《广告法》颁布、实施以后，国家工商总局于 1998 年对《广告管理条例施行细则》进行了修订，并会同有关行政部门制定发布了大量广告监督管理的行政规章和规范性文件，范围涉及广告经营资格、广告审查标准、审查办法、印刷品广告、店堂广告、户外广告管理以及酒类、烟草、加工承揽、房地产、食品、药品等特殊商品和服务广告的监督管理等多方面内容，各地省级人大、政府也制定了地方性广告监督管理法规、规章 20 多项。这些法规、规章具有很强的针对性和操作性，为《广告法》的贯彻实施起到保障作用，成为我国广告法制体系的重要组成部分。

此阶段有涉及广告监督管理的法律、行政法规、规章 30 余项，规范性文件近百个，基本形成了一个以《广告法》为核心的，系统、配套的广告监督管理法律体系，为有关部门实施广告法规管理提供了强有力的法律依据和保障，使我国广告业的发展更能适应建设社会主义市场经济的需要。

（三）广告法规的修订与完善阶段（2015 年至今）

《广告法》自 1994 年 10 月 27 日公布，1995 年 2 月 1 日实施以来，在规范广告经营行为、保护消费者合法权益等方面发挥了重要作用，是我国规范广告活动的重要法律，围绕一些特殊商品、针对某些运作环节制定的相关广告管理办法和规则，在很大程度上保证、促进了整个广告行业的规范运作和健康发展。但是，历经近二十年发展，随着经济全球化和数字广告市场的蓬勃发展，《广告法》对广告业出现的新问题、新情况难以进行有效规范。2015 年 4 月 24 日，第十二届全国人大常委会第十四次会议表决通过了新修订的《广告法》，于 2015 年 9 月 1 日起正式施行。2018 年和 2021 年，针对国家现实情况的变化，《广告法》又进行了先后两次修订。其中，2018 年，随着《国务院机构改革方案》的实施，对《广告法》中相关管理机构的名称进行了调整，如“工商行政管理部门”修改为“市场监督管理部门”，“新闻出版广电部门”修改为“新闻出版、广播电视主管部门”。2021

年，配合“放管服”改革的推进，《广告法》中有关“办理广告发布登记”“吊销广告发布登记证件”等内容被删除。2021 年最后一次修订的《广告法》（以下简称新《广告法》）与 1995 年的《广告法》相比，修改幅度较大，从原来的 49 条变为 74 条，涉及面广，对原来的很多内容和规定进行了扩充和细化。主要有以下特色：

拓展资料

新《广告法》

1. 充实和细化广告内容准则。新《广告法》完善了保健食品、药品、医疗、医疗器械、教育培训、招商投资、房地产、农作物种子等广告的准则。增补了与人民群众的消费、生活、健康密切相关的问题。

2. 明确虚假广告的定义和典型形态。虚假的宣传、引人误解的内容，均属于虚假广告，对于虚假广告的惩处更为严厉。

3. 新增广告代言人的法律义务和责任的规定。在广告当中出现的明星、专家、社会知名人物做某产品的推荐和代言，曾经没有法律规制。新《广告法》对代言做了法律责任规定，只要代言的是虚假广告，代言人同样负有连带责任。

4. 严控烟草广告发布。新《广告法》对烟草广告做了更加严格的规定，禁止在一切大众媒体和公共场所发布烟草广告，禁止变相发布违法广告。

5. 新增关于未成年人广告管理的规定。例如，在学校、幼儿园及少年儿童经常活动的场所不能做广告（公益广告除外），特别是在教材里面不能做广告，为未成年人打造健康的成长环境。

6. 新增关于互联网广告的规定。新《广告法》规定任何单位或者个人未经当事人同意或者请求，不得向其住宅、交通工具等发送广告，也不得以电子信息方式向其发送广告。在互联网页面以弹出等形式发布的广告，应显著标明关闭标志，确保一键关闭。违者将被处以 5 000 元以上 3 万元以下罚款。互联网的广告形态很多，技术比较复杂，还需专门出台互联网广告管理办法。

7. 强化了对大众传播媒介广告发布行为的监管力度。媒体是广告到达消费者的最后一道把关主体，媒体在发布广告时也承担重要责任。新《广告法》规定，新闻出版、广播电视主管部门以及其他有关部门对有广告违法行为的广播电台、电视台、报刊音像出版单位，不依法予以处理的，对负有责任的主管人员和直接责任人员，依法给予处分。

8. 增加公益广告内容。扩大《广告法》调整范围，媒体应当承担发布公益广告的责任。

9. 明确和强化市场监督管理部门及有关部门对广告市场监管的职责职权。例如，要求市场监督管理部门接到投诉以后七天以内应予以处理。如果市场监督管理部门发现违法广告查处不力的，使违法广告长久发布没有得到处罚的，要对负有责任的主管人员和直接责任人员问责。情节严重的，如收受好处、渎职失职的要追究刑事责任。可见，新《广告法》对市场监督管理部门执法监管的要求更高，对执法部门负责人首次提出了“问责”要求。

10. 进一步提高法律责任的震慑力。罚款力度进一步提高，如过去对媒体发布广告、对广告主发布的广告，根据广告费用处罚款 1~5 倍，改为 3~10 倍，广告费用难以计算的，最高可以罚到 200 万元。

此外，移动互联网广告已经成为互联网广告的重要组成部分。我国第一部规范移动互联网广告的行业标准《中国移动互联网广告标准》于 2015 年 3 月 15 日起正式实施。该标准由《互联网数字广告基础标准》《移动互联网广告监测标准》《移动系统对接标准》三部分构成。该标准以移动广告端为基础，覆盖部分 PC 系统和数字视频、App 系统。该标准的制定和发布，旨在为移动互联网广告监管提供统一的技术接口和监管标准，使从事移动互联网广告相关产业的公司有可遵循的行业标准和参照，保证了移动互联网广告运作模式的规范性。

拓展资料

《互联网数字广告基础标准》

在互联网广告的经营额不断增长的同时，互联网广告中的违法现象屡屡发生。2016 年 7 月 8 日，国家工商行政管理总局发布了《互联网广告管理暂行办法》（以下简称《暂行办法》），自 2016 年 9 月 1 日起施行。旨在规范互联网广告活动，保护消费者的合法权益，促进互联网广告业的健康发展。《暂行办法》界定了互联网广告的概念，明确了推销商品或者服务的付费搜索属于商业广告范畴；明确了在互联网上发布医疗、药品、特殊医学用途配方食品、医疗器械、农药、兽药、保健食品广告等特殊商品或者服务的广告，应当按照有关法律、行政法规规定，在发布前由广告审查机关对广告内容进行审查；针对互联网广告的特性，明确了广告监管部门的管辖权限；等等。

拓展资料

《互联网广告管理办法》

随着客观环境的变化以及互联网广告形式和经营模式等的新发展，国家市场监督管理总局组织开展了对《暂行办法》的修订工作，于 2023 年 2 月正式发布《互联网广告管理办法》（以下简称《管理办法》），自 2023 年 5 月 1 日起施行。《管理办法》主要对以下内容进行了修订和完善：在广告主体方面，进一步明确和细化了广告主、互联网广告经营者、互联网广告发布者和互联网信息服务提供者的主体责任，并明确了互联网平台经营者的责任和义务；在广告内容和形式方面，对广告中可能出现的误导、欺骗、侵扰等现象作了更为明确的要求，如对弹出广告的“一键关闭”功能，对“软文广告”、分享或测评类广告、利用智能设备发布广告等行为作出明确规范；在广告监管的适用范围方面，针对我国互联网广告发展的新业态，明确将通过互联网直播方式推销商品或服务的商业广告、直播营销人员代言广告纳入广告监管范围。此外，《管理办法》还细化了利用算法推荐方式发布广告、竞价排名广告、变相发布须经审查的广告等重点领域的广告监管规则。总的来说，《管理办法》在实施层面更具有针对性和可操作性，为营造良好的互联网广告市场环境，促进广告业的健康发展提供了制度保障。

为了进一步提高广告管理的规范化和精细化水平，我国市场监督管理部门以新《广告法》等现有法规的基本要求为核心，不断补充具有针对性的专项规章。如先后发布了《房地产广告发布规定》《兽药广告审查发布规定》《农药广告审查发布规定》《药品、医疗器械、保健食品、特殊医学用途配方食品广告审查管理暂行办法》等具体实施规则。

此外，为解决广告市场中出现的一些新现象、新问题，相关管理部门还相继出台一些具体的指导意见，作为现有广告监管体系的重要补充。如针对近年来明星、网红代言过程中出现的不规范现象，2022 年 10 月，国家市场监督管理总局、中央网信办、文化和旅游部、广电总局等七个部门联合印发《关于进一步规范明星广告代言活动的指导意见》，加强对艺人、明星、网络红人等在代言活动中的内容审核力度，对代言行为作出进一步规范。强调代言活动应坚持正确导向，明星自身应做好事前把关，在充分了解和使用商品的基础上依法诚信代言；同时对企业选用明星以及明星代言广告发布方面都提出具体要求。

由于互联网广告具有较大的特殊性，其中涉及数据安全、技术应用规范等问题，加之近年来互联网广告活动中隐私侵犯、数据造假等现象日渐突出，因此，一些相关管理部门颁布的法律法规对互联网广告也形成较好的约束作用。如 2021 年 9 月 1 日开始施行的《中华人民共和国数据安全法》；2021 年 11 月 1 日开始施行的《中华人民共和国个人信息保护法》；由国家互联网信息办公室、工业和信息化部等四个部门联合发布，2022 年 3 月 1 日起施行的《互联网信息服务算法推荐管理规定》；由国家互联网信息办公室、工业和信息化部、国家市场监督管理总局联合发布，2022 年 9 月 30 日起施行的《互联网弹窗信息推送服务管理规定》等，都是互联网广告传播活动中应遵守的底层法律法规。这些法律法规的颁布，为广告市场的规范化运行提供了更全面的保障。

三、我国广告监管体系

广告法律法规和管理体制的逐渐完善，需要有与之相配套的广告监管体系，以进一步规范广告市场秩序，增强全社会的广告法治意识，提高广告行业的诚信度。为了进一步完善广告管理体制，目前我国正在完善与国情相适应的“政府监管、行业自律、社会监督”的广告监管模式。以下将着重讨论政府监管和社会监督在广告监管体系中的重要作用。

（一）政府监管下的广告市场监督管理

所谓广告市场监督管理，又称广告行政执法管理，是指广告管理机关依照相关广告管理的法律、法规和有关政策规定，或者通过一定的行政干预手段，对广告行业及广告活动进行监督、检查和指导，它是一种运用有关行政法规、命令、指示、规定和政策对广告进行管理的方法和手段。

1. 广告市场监督管理机构

1980年，国务院批示广告经营活动由国家工商行政管理总局（现为国家市场监督管理总局）管理。为此，国家工商行政管理总局于1981年成立广告管理处，1982年改为广告司（现为广告监管司）。2018年3月政府机构进行改革，对相关机构作了调整。由我国市场监督管理部门代表国家行使广告监督管理的职能，形成较完善的广告监督管理机构体系，其机构设置如下：

国家市场监督管理总局下设广告监管司，是市场监督管理部门广告监督管理的最高机关；各省、自治区、直辖市的市场监督管理局设广告监管处；地区级市场监督管理局设广告监管科；县、自治县、自治州、市、省辖市属区市场监督管理局设广告监管股（在许多地方亦用科的称谓）。如图10-3所示。

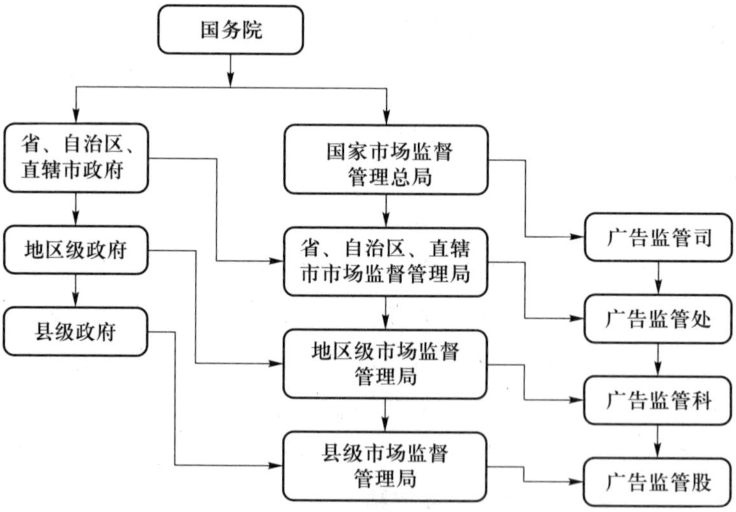

图10-3 广告监督管理机构设置图

此外，在广告管理过程中，也涉及其他相关部门的职能，如国家广播电视总局、国家药品监督管理局、住房和城乡建设部、中央网信办等政府部门。它们根据法律法规的规定，承担相应的管理职责，如药品监督管理部门负责药品、医疗器械、保健食品等广告发布前的出证、审查，农牧行政管理部门负责农药、兽药广告发布前的审查，对户外广告的管理还涉及县级以上人民政府的城市建设、环境保护、公安等有关部门。

广告监督管理机关的主要工作内容，就是拟订广告业发展规划、政策措施并组织实施，拟订广告监督管理的具体措施、办法，组织监督管理广告活动，组织监测各类媒介广告发布情况，查处虚假广告等违法行为，指导广告审查机构和广告行业组织等。作为广告经营活动的监管主体，各级市场监督管理单位广告监管部门的主要职责还包括以下内容：

（1）研究拟订广告经营资质标准及规范广告市场交易行为、广告发布标准、广告发布管理的规章制度及具体措施、办法，并监督实施。

（2）审批管辖范围内的广告经营单位、临时性广告经营活动和特殊广告媒体（形式）的登记监督管理。

（3）组织、指导广告经营活动，查处违法案件和虚假广告。

（4）指导广告审查机构和广告协会工作。

2. 广告审查的内容

为了保证广告的真实性、合法性，维护正常的广告市场秩序和广告经营秩序，我国建立了较为完善的广告审查制度。我国的广告审查由广告审查机关审查和广告经营者、广告发布者审查两种方式双轨运行。根据《广告法》的规定，“发布医疗、药品、医疗器械、农药、兽药和保健食品广告”等特殊商品的广告应在发布前由广告审查机关对广告内容进行审查。这类广告主申请广告审查时，“应当依照法律、行政法规向广告审查机关提交有关证明文件”。而普通商品或服务广告一般由广告经营者和广告发布者根据相关规定进行审查和登记。

在广告审查内容方面，具体包括对广告主主体资格审查和对广告内容及其表现形式的审查。

首先是对广告主的主体资格的审查。广告审查机关首先要求广告主提交营业执照和其他生产、经营资格的证明文件。这也是审查广告主是否是合法组织，是否具有与其广告活动相关的权利能力和行为能力。广告是否合法必须以广告主的合法资格为前提条件，只有当广告主出示了经国家市场监督管理部门核准登记的营业执照，并能够提供自己发布的广告与营业执照上核定的生产、经营范围相一致的证明，广告主才具有合法的主体资格。

其次是对广告内容及其表现形式的审查。主要是审查广告内容与客观事实是否相符，有无随意虚构和隐瞒真相，尤其是对一些涉及质量标准和一时难以证明广告内容真实性的商业广告，还要求出示由质量检验机构对广告中有关商品质量内容开具的证明文件以及确认广告内容真实性的其他证明文件。除了对广告内容的真实性进行审查之外，还要对广告内容中的语言文字、画面、声音等表现形式进行审查，以确保符合《广告法》的相关要求。对于特殊商品，广告内容和表现形式还需要符合相关专门性法规的要求，如《兽药广告审查发布规定》《农药广告审查发布规定》《药品、医疗器械、保健食品、特殊医学用途配方食品广告审查管理暂行办法》等法规，对不同类别特殊商品的广告内容审查要求作出更为细化的规定。

3. 广告审查的程序

我国的广告监管制度，坚持事前指导、事中监控、事后惩处相结合的全程监管模式。

广告审查主管机关对广告内容的审查程序，主要包括申请、审查、审查决定三个阶段。首先，广告主或广告主委托的广告经营者向广告审查机关提请广告审查，广告主对广告的真实性、合法性负有提供证明的义务。随后，广告审查主管机关依照有关法律、行政法规，对广告主的申请进行审查，作出审查决定。广告审查主管机关对待发布的特殊商品广告进行事前审查，保证消费者实际看到、听到、读到的广告与审查后的广告相一致。

广告经营者和广告发布者是广告活动中的两个重要行为主体，对于有效遏制和杜绝违法广告负有极为重要的责任。对于非特殊商品广告，广告经营者、广告发布者首先要进行承接登记；然后依法查验广告主身份、行政许可内容等证明文件，核对广告内容，确保广告内容真实、合法；此外，还要做好广告承接和发布过程中的档案管理工作。在互联网的程序化购买广告活动中，广告需求方平台作为整合广告主需求的平台，其经营者属于互联网广告发布者、广告经营者，要承担主要的广告审查责任，履行法定审查程序。同时，广告需求方平台经营者、媒介方平台经营者、广告信息交换平台经营者以及媒介方平台成员彼此之间开展广告合作时，也要查验对方证明文件，并建立可定期核实、更新的登记档案。

在广告发布之后，广告监督管理机关还应对广告进行事后监督，以确保广告发布的质量，维护社会经济秩序，保护消费者的合法权益。广告监督管理机关的事后监督包括设置专职人员和机构对各类广告进行监测、定期外出巡查和专项广告大检查三种类型。

（二）对广告市场的社会监督

广告社会监督是指新闻媒体、社会组织和公民个人等依法对广告进行日常监督，对违法广告向广告行政管理机关进行举报与投诉，并向相关立法部门提出立法请求与建议。

我国广告社会监督的实施和程序分为三个层次：广告受众对广告的多方位监督、广告社会监督组织的保障和新闻媒体的舆论监督。

1. 广告受众对广告的多方位监督

每一位能够接触到广告的社会成员，都有权对广告进行监督。消费者一旦发现广告内容不符合广告法规或者与商品、服务的实际情况不符，可及时反馈给广告主、广告经营者和广告发布者，也可以向广告监督管理机关反映和投诉，以便相关部门对广告的内容和形式进行规范和调整，使之符合广告法规和社会公德的要求。

2. 广告社会监督组织的保障

消费者对广告的监督通常是由代表消费者利益的社会监督组织来实现的，广告社会监督组织对商品或服务进行社会监督，对消费者的合法权益进行保护。在我国，广告社会监督组织主要是中国消费者协会和各地的消费者协会。广告社会监督组织一是要对商品或者服务的广告进行社会监督，二是要保护广告受众接受真实广告信息的权利。为此，广告社会监督组织要积极宣传，动员一切可以动员的力量对广告进行多方位的监督；广告社会监督组织有责任与义务向新闻媒体通报违法广告的相关情况，促使新闻媒体对这些广告进行曝光。

3. 新闻媒体的舆论监督

一般情况下，广告社会监督组织借助广告监督管理机关、人民法院和新闻媒体对违反广告法规和社会公德的广告及其责任人进行曝光、查禁和查处。新闻媒体的曝光与监督便构成广告社会监督机制实施的第三个层次。新闻媒体可以借助社会舆论的力量防止违法广告与虚假广告出现和进一步蔓延。

四、广告业自律与主要自律组织

（一）广告行业自律

广告行业自律，是指广告主、广告经营者和广告发布者等广告从业者，以行业内部普遍认可的制度、准则等成文或不成文的规范为标准，对自身的广告活动进行约束和管理，使广告活动符合国家法律法规、职业道德和社会公德的行为。广告行业自律组织，就是广告业进行自我规范、自我管理、自我教育的自律性组织。广告行业的自律性组织通过制定、实施为其成员所普遍认可、共同遵守的行业内部规章制度等规定，实现行业的自律。

1. 广告行业自律的重要性

广告行业自律组织在我国的广告管理体制中扮演着越来越重要的角色，对广告监督管理起到重要的补充作用。首先，广告行业自律是避免广告纠纷的有效途径。通过督促广告经营者加强自律，使其正确、科学地运用广告，恰当地进行广告操作，杜绝广告中的不正当竞争。出现广告行业纠纷时，广告行业组织也能发挥调解功能。其次，广告行业自律是广告事业健康发展的保障。当前，广告经营者和广告从业人员的资质良莠不齐，虚假广告屡禁不绝，损害了广告行业的整体声誉。行业自律既是广告行业组织义不容辞的责任，也是广告业健康发展的内在要求。再次，广告行业自律是广告法律环境的组成部分。我国的广告法律环境由政府行政机关对广告的监管，广告行业自律，消费者权益维护，广告监管法律法规与行政规章四个方面组成，这四个方面相辅相成，缺一不可。最后，广告行业自律是国家广告监督管理的重要补充。

2. 广告行业自律与广告监管的关系

广告行业自律与广告监督管理是事关广告业发展的两个不同的侧面。没有广告行业自律的广告监督管理有可能出现“法难责众”的局面，没有广告监督管理的广告行业自律则是“无源之水”。二者都是广告事业健康有序运行的必要保障，共同促进我国广告事业的发展。首先，行业自律必须在法律、法规允许的范围内进行，违反法律、法规规定的广告要取消。政府广告监督管理是行政执法行为，行业自律不能与政府管理相抵触。广告法律、法规是广告行业自律的依据和保障。其次，广告行业自律与政府广告监督管理的目的不同，广告行业自律的直接目的是维护广告行业在社会经济生活中的地位，维护同行业者的合法权益；而政府广告监督管理的直接目的是建立与整个社会经济生活相协调的秩序，更侧重于广告业对社会秩序所产生的影响。再次，行业自律的形式和途径是建立自律规则和行业规范，调整的范围只限于自愿加入行业组织、自愿接受规约者；而政府广告监督管理通过立法和执法来实现，调整的范围是社会全体公民或组织。最后，行业自律组织是民间行业组织，它可以利用行规和舆论来制裁违约者，违约者会因此而失去信誉，但它没有行政和司法权力；而政府广告监督管理则是以强制力为保证，违法者要承担法律责任。

广告行业自律是广告业发展到一定阶段的必然产物，对于提高广告行业自身的服务水平，维护广告活动秩序有着不可替代的作用。西方发达国家广告管理体制非常重视广告审查、广告行业自律和广告社会监督几个环节，相对而言，政府的行政管理在广告管理中并不占有主导地位，这在一定程度上体现了市场经济国家“小政府，大社会”的理念。“国外广告监管体制的特点是以广告行业自律为主、政府行政管理为辅，以司法机关的民事赔偿、刑事制裁为保障手段。在广告业比较发达的西方国家，广告界力争通过自我约束的途径和方法，加强行业自律，最大限度地避免政府就广告管理出台法律规范和相关政策措施，尽可能减少政府或者司法机关对广告行业的干预。同广告行业自律相比，政府对广告行业的监督管理在政府对经济活动的管理中所占的分量相对较小，在机构设置方面，基本上没有单独设置一个专门的政府机构负责广告的管理工作。国外对广告的行政管理工作一般由公平竞争和消费者保护的部门负责，主要是从维护公平竞争和消费者保护的角度，对误导、虚假等违法广告进行监督管理；也有一些国家的广告管理工作由政府行业管理部门管理或者完全由广告行业的民间组织进行规范和监督；少数国家完全依靠行业自律监督广告活动。”① 我国设置市场监督管理部门进行广告监管就是在探讨“小政府”的主导作用，同时依靠社会和广告行业自律组织积极推进“大社会”的主体作用。

（二）我国主要广告行业自律组织

1. 中国广告协会

中国广告协会（简称“中广协”）成立于1983年12月，作为全国性的广告行业自律组织，其功能是加强与地方各级广告协会和相关社会团体的合作，组织广告自律规则的制定和督促实施，并接受国家市场监督管理总局的领导。“中广协”以“为行业建设与发展提供服务”为宗旨，履行“提供服务、反映诉求、规范行为”的基本职责。其主要职能就是加强行业自律，大力推动行业诚信建设，规范会员行为，加强自我监管。在行业自律上，“中广协”制定专门的自律规章制度，如近年来先后制定了《广告行业抵制庸俗低俗、奢靡之风广告自律公约》《广告主自律宣言》《广告自律宣言》等自律规章，要求广告主、广告经营者、广告发布者及其他参与广告活动的单位和个人诚实守信，增强自律意识，遵守自律规则的要求，承担社会责任和社会义务。在广告内容上，“中广协”要求广告内容严格遵守《广告法》的规定，真实、准确、客观，尊重消费者的知情权和他人的知识产权，正确引导大众消费等。在广告行为上，鼓励公平竞争，不能利用广告进行不正当的市场营销，或干扰、损害他人合法的广告活动。对于违反自律规则的会员，依次通过劝诫、通报批评、取消会员资格、报请政府有关部门处理等方式进行管理。

目前，“中广协”举办了“中国国际广告节”“中国广告论坛”等重要展会，并加强学术研究，为提高广告从业人员专业素质和理论研究水平搭建平台。

2. 中国商务广告协会

中国商务广告协会原为对外经济贸易广告协会，成立于1981年8月，是中华人民共和国成立后最早的广告行业组织。2005年，该协会更名为中国商务广告协会。协会职能任务是，围绕商务部的工作，团结引导全国商务广告界，在提高素质、加强自律的基础上，不断提升商务广告对我国对外经济贸易的服务功能，为促进我国经济社会的健康发展发挥应有的作用。加强对创意产业的研究，促进自主品牌，包括广告自主品牌的建设，以及加强对会员单位的服务，是中国商务广告协会工作的三条主线。

---

① 刘凡：《中国广告业监管与发展研究》，中国工商出版社2007年版，第92—93页。

另外，中国商务广告协会综合代理专业委员会（简称“中国 4A”）于 2006 年 3 月成立，在借鉴国外经验的基础上，组织了一批实力相对较强、信誉好、服务水平高的本土广告公司和较为成功的合资广告公司，组成具有中国特色的广告高端组织，为这些公司相互学习、相互交流、共同提高、共同发展，提供了一个理想的平台。“中国 4A”依据自身优势，组织广告界和企业界联手，共同打造中国自主品牌，提高自主品牌的竞争力。“中国 4A”从成立初期的 28 家，发展到目前的 110 多家会员单位，几乎包揽了所有在国内运作的大型国际广告公司以及本土实力最强的综合广告代理商。

3. 中国广告主协会

中国广告主协会成立于 2005 年 11 月 27 日，是经国务院批准，民政部注册登记的全国性协会，业务主管部门为国务院国有资产监督管理委员会。协会以“面向广告主、为广告主服务”为宗旨，以为广告主“维权、自律、服务”为基本职能。协会致力于推动建立有利于广告投资的社会环境和相关法律法规的完善；加强行业自律，反对不正当竞争，逐步建立广告主、媒体、广告商三方合作制约机制，推动我国广告产业健康有序发展；维护广告主的合法权益，不断提升广告主的市场竞争能力。

思考题

1. 你认为还有哪些影响中国广告业发展的因素？
2. 请从个人角度阐述你对国家广告战略的认识。
3. 一则网络广告在用户看到它之前，一般会经过哪些广告监督管理程序？
4. 你认为我国现行的《广告法》还有哪些改进空间？

► 本章即测即评

第十一章　广告从业人员的素养

广告兼具经济和文化的双重属性，广告业的发展水平已经成为衡量一个国家或地区市场经济发展程度、科技进步水平、综合经济实力和社会文化品质的重要标志。

广告业是知识密集、技术密集、人才密集型产业，只有具备一定专业素养的人，才能适应这一行业的需求。专业素养是广告从业人员的核心竞争力，也是进入这一行业的门槛。广告从业人员的专业素养，决定着行业发展水平和社会地位。具体来说，这种素养包括知识素养、技能素养和思想道德素养等。

第一节　广告从业人员的知识素养

广告行业是一个充满挑战的行业。从业人员经常要接触新领域，面对新课题，并在规定时限内制订和实施具有创新性的解决方案。没有一定的知识素养，在工作中就很难做到得心应手。这种素养既包括基本知识素养，也包括专业知识素养。

一、广告从业人员的基本知识素养

（一）文学知识

“腹有诗书气自华”，良好的文学素养，不仅体现在一个人的气质、谈吐等方面，也体现在语言、文字表达能力等方面。

广告常常讲述一个有关产品或服务的故事。调动受众理智或情感的参与，引发他们的共鸣，离不开高超的表现技巧。较高的文学素养，是练就这种技巧的基础。

很多文学表现技巧都可以为广告所用。古今中外浩如烟海的文学作品，也为广告创作提供了取之不尽的题材。

广告与文学又有着本质的区别。前者更注重品牌信息的传递，后者则致力于个人观念或情感的表达。例如，范仲淹在《岳阳楼记》中这样描述岳阳楼的景观：“衔远山，吞长江，浩浩汤汤，横无际涯；朝晖夕阴，气象万千。”对于作者来说，“写景”只是铺垫，抒发“先天下之忧而忧，后天下之乐而乐”的情怀才是其最终目的。如果将此用于旅游广告，目的则变成吸引游人观光，也许还要加上交通、服务等相关信息。

此外，经典的文学作品，对人的本性和动机都有透彻的洞察，可以为广告从业人员进行消费者研究提供参考。

目前，广告的边界正在向内容营销拓展，从业人员的文学素养尤为重要。

（二）艺术知识

关于广告是科学还是艺术的争论，持续了半个多世纪。到20世纪末，广告是科学与艺术结合的观点，已经为多数学者和业内人士所认可。广告活动是在科学的市场调查和消费者研究基础上，把经过艺术加工的品牌信息，通过科学的媒介投放，传达给目标消费者的过程。广告能否引起受众的注意、兴趣、记忆，进而产生购买欲望，关键在于创意与表现。

广告创意与表现的过程和艺术创作有异曲同工之处。美术、音乐、舞蹈、戏剧、摄影、建筑、雕塑等众多的艺术门类，不仅为广告提供了丰富的表现手段，也提供了取之不尽、用之不竭的灵感。

广告也是一种文化现象，潜移默化地发挥着文化传播的功能。品位高雅的广告作品在传达企业和品牌信息的同时，也能带给受众美的享受，提升受众的文化品位。

为此，广告从业人员应该对各种艺术形式都有所涉猎，培养自己的艺术素养，提高自己的艺术鉴赏和表现能力。

（三）经济知识

广告是经济发展到一定阶段的产物。经济环境是广告业赖以生存的外部系统之一。经济发展水平决定着广告业的兴衰，同时对大众的消费心理和行为也产生重要的影响。广告经营与管理，是一项资源选择与合理配置的工作。只有把握好宏观经济走向、产业发展趋势和消费动向，才能制定正确的营销战略和广告策略。因此，对于广告从业人员来说，经济知识不可或缺。

（四）法律知识

在现代社会中，知法、懂法、守法，是一个公民的基本素养，广告从业人员更应了解涉及商业活动的法律知识。

广告是一种营销传播活动。出于商业利益的考虑，在广告策划和实施过程中，难免会遇到与现行法律、法规条文不一致，甚至相冲突的情况。从业人员法律素养不高，就容易出现违法行为。例如：缺乏关于虚假广告方面的法律知识，就可能把握不好事实和夸张之间的分寸；缺乏关于比较广告方面的法律知识，就可能创作出贬低竞争品牌的广告；缺乏关于名人代言方面的法律知识，就可能对消费者产生误导。

法律是行为的底线，对于个人如此，对于一个组织也不例外。只有依法从事经营活动，才能保证广告行业健康、可持续发展。

（五）心理学知识

从本质上来说，广告从业人员的工作以影响人的心理为目的。

人们对产品或服务的态度及行为往往有着深层的心理原因，只有具备较高的心理学素养，熟知人格类型、需求层次、社会遵从、集体行为等原理，才能深入洞察消费者。

在广告设计和文案写作中，经常会用到感知特性、记忆规律、印象形成等原理。如果能自觉运用心理学的知识，就更容易使创意表现达成引起注意、调动兴趣、唤起欲望、激发行动等目标。

随着品牌体验越来越引起营销者的重视，能否创造一种让消费者深度参与的体验，也考验着广告人的心理学功底。

（六）社会学知识

社会学是一门试图用科学思维逻辑来讨论人类社会和社会生活的学科。①

在现实生活中，每个消费者都不是孤立的，都在社会中扮演着一定的角色。消费者的思维、话语、行动等，都会受到周围社会环境的影响。

社会分层、角色、群体、家庭、文化等，都会对消费心理和行为产生影响。社会现实构成广告活动的场景，社会发展又带动广告行业的变迁。因此，合格的广告从业人员应该具备一定的社会学方面的知识。

（七）新闻学知识

广告与新闻传播同属于大众传播，在流程上有诸多相通之处。构成新闻价值的新鲜性、接近性、趣味性、重要性等要素，在广告活动中也同等重要。

广告的作用常常是通过重复来实现的，但重复地刊播很容易使受众感到麻木、厌倦，甚至产生逆反心理。为此，成功的广告都会持续地提供具有新闻性的内容。当前所流行的引发话题效果的广告，就是利用了新闻传播“议程设置”的原理，在一段时间内将广告及其宣传的产品或服务打造成舆论热点。

随着社会化媒体的普及、原生广告的出现，以及事件营销重要性的凸显，新闻写作的技巧将会被更多地运用到广告中。

（八）公共关系学知识

公共关系是一种管理功能。它建立并维护一个组织和决定其成败的各类公众之间的互惠互利关系。②

在营销传播中，公共关系具有协助新产品上市、协助成熟期产品再定位、建立对某一类产品的兴趣、影响特定的目标群体、保护已出现公众问题的产品、建立有利于表现产品特点的公司形象等作用。

目前，在数字媒体平台上，广告和公关也出现融合的趋势。例如，广告主在官方微博、微信公众号上所发布的信息，很难简单地归为广告或公关软文。随着

---

① 邱泽奇：《社会学是什么》，北京大学出版社 2020 年版，第 72—73 页。

② ［美］格伦·布鲁姆、艾伦·森特、斯科特·卡特里普：《有效的公共关系》（第八版），明安香译，华夏出版社 2002 年版，第 8 页。

品牌建设的重心从单纯的营销推广转向品牌和利益相关者的关系管理，公关的作用会愈加重要。为此，广告从业人员也应该学习公关知识。

二、广告从业人员的专业知识素养

（一）广告学知识

作为营销传播的主要工具，广告（尤其是大众媒体广告）在经济有效地到达广大市场、控制信息内容和时间、为品牌增加价值、与利益相关者沟通、支援企业的其他活动等方面具有独特的优势。

广告学知识主要包括广告环境分析、目标受众研究、广告目标设定、广告创意与表现、广告制作、广告媒体发布、广告效果调查等运作流程方面的知识，以及广告行业的产业链构成、广告行政管理与法规、职业道德与行业自律等方面的知识。

（二）营销学知识

广告活动不是孤立的环节，是企业或其他商业机构营销活动的一部分。在市场营销组合的4P（产品、价格、渠道、促销）要素中，广告和公共关系、销售促进、人员推销等手段一样，属于促销的环节。这就决定了广告活动要服从广告主的整体营销战略。因此，营销学知识是广告从业人员必备的基本专业素养。

只有熟练掌握营销学的知识，广告从业人员才能在市场环境分析、消费者分析、竞争对手分析、传播内容与渠道分析、整合营销传播实施等环节中，把握正确的方向，才能使广告活动取得预期的效果。

（三）传播学知识

广告活动是一种传播行为，传播的是产品、服务或观念的信息。因此，广告活动总会涉及传播流程中的传播者、信息、传播媒介、受众、反馈、噪声等因素。

广告活动又与一般的大众传播不同，它属于营销传播的范畴，传播是为营销服务的。

一般来说，营销传播的工具主要包括广告、销售促进、赞助和事件营销、公共关系、直接与互动营销、人员推销等。无论是一种工具的单独使用，还是工具间的整合与协同，都会运用到传播学的基本原理，如使用满足、信息处理、态度改变、议程设置、创新扩散、社会营销等。广告从业人员只有具备扎实的传播学理论基础，才能在实际工作中得心应手。

（四）数据科学与大数据知识

数据科学很早就存在，是一个比较传统的学科。近年来，随着数字技术的飞速发展及其在互联网、电信、金融、经贸等众多领域的广泛应用，数据科学和大数据技术相结合，已成为新的知识领域。这一交叉学科主要研究数据获取与预处理、数据存储管理、数据分析建模、数据可视化等内容，主要涉及数据挖掘、算法设计与分析、人工智能、云计算与大数据平台、神经网络与深度学习、计算机视觉等知识。

党的二十大报告提出加快建设网络强国、数字中国；加快发展数字经济，促进数字经济和实体经济深度融合；发展数字贸易，加快建设贸易强国等目标，作为现代服务业的广告业也应与时俱进，这就要求广告从业人员努力学习数据科学与大数据方面的知识。

第二节　广告从业人员的技能素养

广告是一门专业。这就意味着只有经过专业训练和具备专业知识的人，才能在广告这一行业游刃有余、得心应手。为此，广告从业人员必须具备一些基本技能和专业技能。

一、广告从业人员的基本技能

（一）文字表达能力

广告是一种传播活动，而文字和语言是传播流程中的核心要素。

“借由正确的字眼，能传播强有力且吸引人的伟大创意，将市场的注意力集中到你的品牌上，这种属于品牌的创意，有助于建立领导品牌形象以及随之而来的知名度。而这种传达出惊人创意的正确字眼，也可以给予品牌生命活力与新生，并在广告活动结束之后依然延绵不绝。”① 广告中的一句话，还可能成为社会的流行语，影响人们的生活方式，甚至带动社会文化的变迁。

除了创意和文案写作，广告运作的其他环节也离不开文字表达。例如，一份消费者研究报告、广告策划书、媒体投放计划、广告效果监测报告，都需要语言流畅、逻辑清晰。在碎片化的网络语言日益流行的今天，写作能力对于广告从业人员来说更为重要。

（二）人际沟通能力

广告业是与人打交道的行业。开发和服务客户、推销提案、争取媒体时段与版面、洽谈广告预算、调动广告公司的内部（不同部门）和外部资源（例如代理公司）等，都需要相关人员具备较强的人际沟通能力。

社会化媒体的普及，使品牌的全方位传播成为可能。除了发布广告，广告从

① ［美］乔治·路易斯等：《蔚蓝诡计》，刘家驯译，海南出版社 1996 年版，第 66 页。

业人员还可以帮助客户通过微博、微信等社会化媒体平台与消费者和其他利益相关者沟通。这种沟通，实质上是一种虚拟的人际沟通，如何做到卓有成效，考验着广告人的人际沟通能力。

（三）观察力

广告活动涉及方方面面的知识。这就要求从业人员对大千世界有浓厚的好奇心和敏锐的观察力，从生活中学习。

许多杰出的广告人都会随身携带一个笔记本。无论什么时候，不管是听到一句印象深刻的话，还是看到一个令他们感动的生活片段，或者脑海中突然跳出一个独特的想法，都会马上记下来，并及时进行分类整理。这些积累，常常成为广告创意和策划的宝贵素材和灵感源泉。

广告人还应具备新闻敏感，密切关注时事及流行趋势，以便发现创造性营销传播的机会。

二、广告从业人员的专业技能

（一）消费者洞察能力

消费者洞察能力，是一种能发现消费者真实的需求和偏好，从而明察秋毫地锁定机会的能力。消费者洞察力的培养，需要具备社会学、心理学、经济学等方面的知识，更需要分析、思考和体验。

随着数字技术的进步，信息传播的新设备、新产品和新服务层出不穷。数字媒体为消费者提供了便捷的沟通渠道。消费者从被动的信息接收者变为主动搜集信息、传播信息、表达意见的主体。与此同时，多项调查表明，消费者对品牌的忠诚度正在日益降低。在这样的背景下，广告从业人员如何深入了解消费者的心理和行为，就成为营销传播成功的关键因素。

例如，京东快递通过消费者洞察发现，虽然收发快递已经成为大学生生活的一部分，但毕业时给自己寄快递对大学生来说却是一种难忘的经历和体验。这可能是他们第一次给自己寄快递，寄件时是学生，收件时是社会新人，毕业寄件代表的不只是地址的变化，更象征着身份的转变。

拓展资料

“寄给下一个自己”活动图片

基于这一洞察，京东快递发起了“寄给下一个自己”的整合营销传播活动。项目采用全国高校渗透、校园周边渗透和校园外泛传播等战术，精准触达毕业生。其中的校园场景海报直抵毕业生内心深处，如“记得把跟兄弟一起拼搏的战衣打包，寄给下一个自己”；“记得把独处时暖心陪伴的耳机打包，寄给下一个自己”；“记得把四年来柔软却给你力量的抱枕打包，寄给下一个自己”。

这次活动的品牌总曝光量达到4.3亿次，视频播放量为516.5万次，用户互动量为4.62万次，服务高校1819所，服务大学生50.7万，活动的页面访问量同比增长7倍，业务转化效果比2021年增长102%。这个案例也获得了2022年第29届中国国际广告节长城奖金奖。

（二）创造力

广告业是文化创意产业的一部分，创造力则是广告从业人员的核心竞争力之一。

随着广告、公关、直接营销、销售促进等营销传播方式在互联网、手机等数字媒体平台上的融合，广告的外延在不断拓宽，广告公司的业务领域不断扩展，对创意的品质和适用范围的要求也不断提高。研究证明，创造力是可以培养的。创意思维训练、想象力训练、“头脑风暴”训练、表达力训练等，都是有效的途径。

此外，广告从业人员还要不断学习新技术，只有了解技术所能提供的可能和空间，才能更好地发挥自己的创造力，实现创意与技术的结合，从而使广告活动更有成效。

（三）策略性思考能力

当前，广告业的人才结构正在发生变化，除了精通创意、设计、媒介、市场调查等业务的专才外，行业还需要大量能够进行策略性思考的通才。

这就要求广告从业人员树立全局意识，熟悉营销传播的各个环节。只有这样，才能敏锐发现市场机会，提出整合不同营销传播手段、跨越不同媒体平台的创造性方案。

近年来，以埃森哲、IBM为代表的咨询公司纷纷进军广告和营销界，凭借在技术和转型服务方面的专长，深度介入传统广告公司的业务领域。为了应对这种挑战，广告公司也在不断强化提供咨询服务的能力，这也对广告从业人员提出了更高的要求。

（四）数据分析与解读能力

随着数字技术的发展，用户在互联网、手机等数字平台上的兴趣、需求、偏好、购买、行为等，都可以被跟踪。基于云的大数据可以实时为广告从业人员的策略性思考及企业的营销传播提供更有价值的决策依据。

当大数据可以通过搜集和购买得到时，如何将其有效地运用于营销传播，就成为每一个企业和广告人不得不面对的挑战。为此，广告从业人员只有具备一定的数据分析和解读能力，才能真正发挥大数据的价值，为品牌的营销传播活动提供预测和指导。

（五）整合资源的能力

任何一个组织或个人都不是全能的，都有其专长和短板。为了提供整体解决方案，广告公司经常要同公共关系、直接营销、销售促进、互动营销等领域的营销传播公司合作，有时也要整合客户和本公司的内部资源。因此，广告从业人员要熟悉广告公司、客户和其他营销传播公司的业务流程，了解诸如广告、公共关系等每一项营销传播工具的优缺点，企划与执行的大概费用、所需时间，以及最擅长这一领域的专家和机构。

只有具备较强的组织协调能力，才能做到资源的最优配置，实现营销传播效果的最大化。

（六）跨文化沟通能力

随着自身实力的增强、产能的扩大，以及新的市场机会的涌现，越来越多的中国企业开始在海外建厂，实现人才的本地化、运营的本地化和管理的本地化。但是，不同的国家和地区有不同的语言、文化、宗教信仰和习俗，这给中国企业在海外进行品牌建设带来新的挑战。为了助力中国企业"出海"，推动中国产品向中国品牌转变，广告从业人员必须强化自己的跨文化沟通能力。

第三节 广告从业人员的思想道德素养

广告不仅是营销传播的工具，也是一种文化产品。广告作为市场经济的润滑剂，在实现商业价值的同时，也对社会文化具有一定的影响。广告从业人员必须具备较高的思想道德素养，具体来说，应该做到以下几点。

一、执着追求专业理想

理想是一个人的奋斗目标。对专业的热爱和对专业理想的执着追求，是广告人在这个行业恪尽职守、不断进取的动力。没有专业理想，就可能把所从事的工作仅仅视为谋生手段而不是一项事业，既不会有责任心，也不会有成就感。

专业，是行业存在的理由，也是赢得社会地位的根本。世界各国广告行业协会的宗旨，都是为了促使广告主、代理公司和广告媒介秉承专业理念，提升专业化服务水平。

在西方发达国家，相比金融、法律、IT 等行业，广告业的平均收入并不高。许多优秀的年轻人选择进入广告业，就是因为这个行业充满挑战，能够给他们提供展示才华的舞台和实现自我价值的成就感。

在我国，广告业的社会地位仍然不高，社会价值取向中的浮躁、功利也不可避免地会对从业人员产生一定的影响。在这样的背景下，专业理想更显得弥足珍贵。2022 年 7 月，国家发展和改革委员会、工业和信息化部、商务部等七部门联合印发了《关于新时代推进品牌建设的指导意见》（以下简称《指导意见》）。《指导意见》提出培育产业和区域品牌，支持企业实施品牌战略，扩大品牌影响力，夯实品牌建设基础等方针。2023 年 2 月，中共中央、国务院印发了《质量强国建设纲要》，强调要实施中国品牌建设工程，增强企业质量和品牌发展能力，争创国内国际知名品牌。党和政府对品牌建设的日益重视，为广告从业人员实现专业理想，彰显自身价值提供了广阔的舞台。面对这样的机遇，广告从业人员更应该为追求专业理想不懈努力，使广告业实现经济效益与社会效益的统一。

二、自觉恪守职业道德

在伦理道德体系中，职业道德是不可缺少的组成部分。职业道德，是指特定行业内部的职业活动道德规范。

职业道德水平越高，其作用越显著，职业群体自身的组织也就越稳定、越合理。

广告活动是一个参与主体多元的复杂流程。每一位广告从业人员都会遇到个人与他人、个人与集体、局部与整体、眼前与长远等各种利益冲突。

职业道德可以通过评价、教育、警示、激励、沟通、自省等多种方式，规范广告人的行为，在广告与社会、广告与消费者、广告与其他经济活动、广告从业人员与所在机构之间找到解决矛盾的平衡点。

具体来说，广告职业道德主要包括真实、准确、客观、公平竞争，尊重知识产权，尊重妇女、儿童等弱势群体，尊重良好道德传统，弘扬健康的民族文化等内容。

不可否认，在广告活动中，违反职业道德的现象仍然存在，主要表现为夸大失实、低俗色情、价值观的误导、创意抄袭、算法偏向、数据造假、侵犯用户隐私权等。广告从业人员的价值观存在误区，是导致这种情况的直接原因。这些误区如下：

第一，认为商业利益高于一切。明知客户提供的关于产品或服务的信息是虚假的，却不提出质疑，仍与其合作。

第二，由“是”推衍到“应当”。既然大家都是这样做的，那么自己的行为也无可非议。

第三，认为“无争议，不营销”。为了吸引受众的眼球，在创意方面挑战社会道德底线，而不考虑广告活动的社会效果。

为此，广告行业要强化职业伦理教育，实现伦理规范的自觉内化。在高校广告专业教育中应建立思考和讨论的教学制度，行业内部应形成对话和自我反思的氛围，社会团体与研究机构应对广告传播活动的伦理问题进行监督。

三、积极履行社会责任

广告传播活动具有很强的社会性，其影响力与义务是相互联系、不可分割的。

广告对社会的影响很大，广告具有支配媒体、创造流行的巨大力量。在这一意义上，广告是能调控社会的少数几种形式之一。

自现代广告诞生之日起，其对社会的负面影响就引起批评家们的指责。这些指责主要针对广告对妇女、儿童等弱势群体的侵犯，广告对道德规范的毁损，广告对价值观念的误导等。

早在 20 世纪 40 年代，美国广告界的有识之士就开始倡导广告的社会责任。他们呼吁，广告应该成为让人们增进共识、化解分歧的公关宣传工具，广告应该满足国家需要而多做益事，广告还应该传播音乐、文学和艺术。在中国，1983 年中国广告协会第一次代表大会的决议提出，广告必须为建设高度的社会主义精神文明服务，这已成为中国广告业发展的指导性方针。2016 年 2 月 19 日，习近平在党的新闻舆论工作座谈会上强调，广告宣传也要讲导向。国内外的实践证明，成功的广告活动可以在实现商业目标的同时，彰显企业的社会责任。近年来，在国内外广告界主要赛事中，关注社会议题的广告与公益传播活动在获奖作品中占到相当的比例。“听见‘听不见’的音乐”公益传播活动就是一个典型案例。

中国有近 3000 万的听障群体，其中中高频听力损失儿童及青少年的数量约有 45 万。受到中高频听力损失的困扰，他们只能感受到音乐中低频部分断断续续的声响，再美妙的音乐对他们而言也只是刺激耳朵的噪声。

为此，QQ 音乐项目团队与多位公益伙伴携手，举办了“听见‘听不见’的音乐”公益传播活动。活动目标是：首先，让听障儿童也能感受到普通人耳中那些动人的音符，享受音乐的美好。其次，借助品牌影响力，为少数群体发声，让更多的人了解听障群体，并愿意伸出援手帮助他们。

> **拓展资料**
>
> 《听见“听不见”的音乐》（视频）

阶段一：利用先进音频技术赋能公益

QQ 音乐与多位公益召集人联合，采用业界领先的音频技术，在不破坏、不改编原版歌曲旋律的同时，将歌曲处理成听障儿童可以听见的低频版本。

阶段二：官方平台发布低频公益专辑

在 2021 年“99 公益日”当天，QQ 音乐平台发布国内首张低频公益专辑——《听见“听不见”的音乐》，让听障人士第一次有了自己专属的音乐，同时呼吁更多人了解并参与到本次公益活动中。

阶段三：线上 H5 互动，提高用户参与感

同步上线的 H5 将轻动画与互动小游戏结合，把听障儿童耳中破碎的音乐比作小怪兽，引导用户帮助他们驱逐小怪兽，让他们耳朵中的声音重焕光彩。在互动小游戏环节，用户可以用听障儿童亲手绘制的元素，动动手指为这张公益专辑 DIY 一张封面。

阶段四：线下联合公益组织，举办小型“听见”音乐会

与“爱的分贝”听障群体公益组织联合发声，为听障儿童们举办一场“听见”音乐会，记录下孩子们第一次听到低频音乐的真切感受，传递他们对美好音乐的渴望，从而吸引更多的人关注听障群体。

这次公益传播活动获得了包括《人民日报》在内的众多媒体及中国残疾人联合会等事业团体微信公众号的关注和传播，得到了网友们的广泛支持。低频公益专辑上线一年时间，播放量已超过 7000 万次。

这个案例获得了包括第 29 届中国国际广告节长城奖品牌营销类金奖在内的多个奖项。

党的二十大报告提出，要广泛践行社会主义核心价值观，提高全社会文明程度，增强中华文明传播力影响力，推进健康中国建设，推动绿色发展。这些都可以与企业的品牌传播战略相结合。

积极创作和发布公益广告，也是广告人维护主流价值观、倡导正能量、践行社会责任的有效途径。

在我国，党和政府十分重视公益广告。2016 年 1 月，国家工商行政管理总局、国家互联网信息办公室、工业和信息化部、住房和城乡建设部、交通运输部、国家新闻出版广电总局联合颁布《公益广告促进和管理暂行办法》，自 2016 年 3 月 1 日起施行。这一法规明确提出：国家鼓励、支持开展公益广告活动，鼓励、支持、引导单位和个人以提供资金、技术、劳动力、智力成果、媒介资源等方式参与公益广告宣传。在《“十四五”广告产业发展规划》中，专门设置了“公益广告振兴行动”专栏，具体措施包括：修订完善《公益广告促进和管理暂行办法》，建立面向社会的综合性公益广告服务平台，实施“数字化+公益广告”行动，实施“中华优秀文化+公益广告”行动等。《广播电视和网络视听“十四五”发展规划》也提出，要实施“公益广告创作生产能力提升工程”。

在政府倡导和广告业自觉的双重力量影响下，近年来我国的公益广告事业取得长足的进展，出现一批有广泛社会影响力的公益广告作品。这些优秀作品通过在国际互联网平台上的传播，打造文化品牌，在讲好中国故事，传播好中国声音，展现可信、可爱、可敬的中国形象方面做出了较大贡献。

广告从业人员的社会责任感不是在真空状态下形成的，而是行业的不同参与

主体间共同努力的结果。为此，广告教育机构要强化道德情操方面的教育，广告经营单位要重视企业文化的建设，加大对社会问题的关注度。只有这样，才能真正实现广告活动商业效益和社会效益的统一。

思考题

1. 当代广告人应该具备什么样的知识素养？
2. 广告人应该具备什么样的专业技能？
3. 如何实现广告活动的社会效益和商业效益的统一？

▶ 本章即测即评

阅读文献

■ 马克思：《关于费尔巴哈的提纲》，《马克思恩格斯文集》第一卷，人民出版社2009年版。

■ 马克思、恩格斯：《德意志意识形态》（节选），《马克思恩格斯文集》第一卷，人民出版社2009年版。

■ 马克思：《〈政治经济学批判〉导言》，《马克思恩格斯选集》第二卷，人民出版社2012年版。

■ 马克思：《资本论》（节选），《马克思恩格斯选集》第二卷，人民出版社2012年版。

■ 金定海、郑欢：《广告创意学》，高等教育出版社2008年版。

■ 陈培爱：《中外广告史新编》，高等教育出版社2009年版。

■ 黄合水、陈素白：《广告调研技巧》（第五版），厦门大学出版社2016年版。

■ 丁俊杰、康瑾：《现代广告通论》（第四版），中国传媒大学出版社2019年版。

■［德］马克斯·韦伯：《社会科学研究方法》，杨富斌译，华夏出版社1999年版。

■［美］唐·E. 舒尔茨等：《整合行销传播》，吴怡国等译，中国物价出版社2002年版。

■［美］贝纳德·格塞雷、罗伯·埃伯格：《广告创意解码》，沈吕百、黄振家编译，中国物价出版社2003年版。

■［美］杰克逊·李尔斯：《丰裕的寓言：美国广告文化史》，任海龙译，上海人民出版社2005年版。

■［美］大卫·奥格威：《一个广告人的自白》，林桦译，中信出版社2008年版。

■［美］凯文·莱恩·凯勒：《战略品牌管理》，卢泰宏、吴水龙译，中国人民大学出版社2009年版。

■［美］菲利普·科特勒、［印度尼西亚］何麻温·卡塔加雅、伊万·塞蒂亚万：

《营销革命 4.0：从传统到数字》，王赛译，机械工业出版社 2021 年版。

■［美］威廉·阿伦斯、迈克尔·维戈尔德：《当代广告学与整合营销传播》（第 16 版），林升栋、顾明毅、黄玉波、康瑾、张慧子、周雨译，中国人民大学出版社 2023 年版。

专业术语译名对照表

奥美	Ogilvy & Mather
艾耶父子广告	N. W. Ayer & Son
《波士顿新闻信》	*Boston Newsletter*
产品生命周期	Product Life Cycle, PLC
程序化购买	Programmatic Buying
程序化广告	Programmatic Advertising
到达率	Reach
点击率	Click Through Rate, CTR
独特的销售主张	Unique Selling Proposition, USP
定位服务	Location Based Services, LBS
电子公告牌系统	Bulletin Board System, BBS
非同质化通证	Non-Fungible Token
广告策划	Advertising Planning
广告交易平台	Advertising Exchange, ADX
广告诉求	Advertising Appeal
广告网络	Advertising Network, ADN
供应方平台	Supply Side Platform, SSP
合约广告	Guaranteed Delivery
接触频次	Frequency
即时通信	Instant Message, IM
跨媒介沟通	Cross Switch
理念识别	Mind Identity
目标市场	Target Market
目标受众	Target Audience
美国报业联合会	Newspaper Association of America
美国互动广告局	Interactive Advertising Bureau, IAB
美国交通审计局	Traffic Audit Bureau, TAB
美国营销协会定义委员会	The Committe on Definitions of the American Marketing Association
美国直复营销协会	American Direct Marketing Association, ADMA
毛评点	Gross Rating Point

马斯洛需求层次理论	Maslow's Hierarchy of Needs
品牌形象	Brand Image
企业识别系统	Corporate Identity System, CIS
日本电通公司	Dentsu Group
日记法	Dairy
市场细分	Market Segmentation
数据管理平台	Data Management Platform, DMP
世界贸易组织	The World Trade Organization, WTO
视觉识别	Visual Identity, VI
射频识别	Radio Frequency Identification, RFID
实时竞价	Real Time Bidding, RTB
私有交易市场	Private Marketplace, PMP
推送式广告	Push Advertising
投资回报率	Return on Investment, ROI
物联网	Internet of Things, IoT
细分市场	Segmenting
虚拟现实	Virtual Reality, VR
需求方平台	Demand Side Platform, DSP
信息流	Feeds
行为识别	Behavior Identity
阅读率调查	Readership Research
页面浏览量	Page View, PV
原生广告	Native Advertising
营销传播	Marketing Communication
中国互联网数据中心	Data Center of China Internet, DCCI
中国商务广告协会综合代理专业委员会	The Association of Accredited Advertising Agencies of China
整合营销传播	Integrated Marketing Communication, IMC
增强现实	Augmented Reality, AR
植入广告	Product Placement
智威汤逊	J. Walter Thompson, JWT
直邮	Direct Mail, DM

人名译名对照表

[美]	阿克，戴维·A	David A. Aake
[美]	奥格威，大卫·麦肯齐	David Mackenzie Ogilvy
[美]	艾耶，弗兰西斯	Francis Ayer
[美]	鲍德里亚，让	Jean Baudrilland
[美]	伯恩巴克，威廉	William Bernbach
[美]	贝纳，李奥	Leo Burnett
[美]	戴，本杰明	Benjamin H. Day
[美]	弗农，雷蒙德	Raymond Vernon
[美]	盖尔，哈洛	Harlow Gale
[美]	盖洛普，乔治	George Gallup
[意]	葛兰西，安东尼奥	Anthonio Gramsci
[德]	哈贝马斯，尤尔根	Jürgen Habermas
[英]	哈顿，约翰·卡姆登	John Camden Hotten
[美]	霍普金斯，克劳德	Claude C. Hopkins
[美]	科利，拉塞尔	Russell. H. Colley
[美]	肯尼迪，约翰·F	John F. Kennedy
[美]	科特勒，菲利普	Philip Kotler
[美]	劳特朋，罗伯特	Robert F. Lauterborn
[美]	拉斯克尔，阿尔伯特	Albert D. Lasker
[美]	拉斯韦尔，哈罗德	Harold Lasswell
[荷]	拉乌德，杰卡波	Jacob Larwood
[美]	莱文森，保罗	Paul Levinson
[美]	里斯，艾	Al Ries
[美]	李维斯，艾尔莫	Elmo Lewis
[美]	罗西特，约翰·R	John R. Rossiter
[美]	马斯洛，亚伯拉罕·哈罗德	Abraham Harold Maslow
[英]	马歇尔，阿尔弗雷德	Alfred Marshall
[加拿大]	麦克卢汉，马歇尔	Marshall McLuhan
[美]	麦卡锡，杰罗姆	E. Jerome McCarthy
[美]	米勒，乔治	George Miller
[美]	珀西，拉里	Larry Percy

［美］	瑞夫斯，罗瑟	Rosser Reeves
［英］	萨博逊，亨利	Henry Sampson
［美］	斯科特，瓦尔特·迪尔	Walter Dill Scott
［美］	斯特恩，芭芭拉	Barbara Stern
［美］	史密斯，温德尔	Wendell R. Smith
［美］	舒尔茨，唐·E	Don E. Schultz
［法］	塔尔德，加布里埃尔	Gabriel Tarde
［美］	特劳特，杰克	Jack Trout
［美］	威廉斯，雷蒙德	Ramond Williams
［美］	沃森，约翰	John B. Watson
［美］	扬，詹姆斯·韦伯	James Webb Young

后　　记

《广告学概论》是马克思主义理论研究和建设工程重点教材，由教育部组织编写，经国家教材委员会审核通过。在编写过程中，得到了国家教材委员会高校哲学社会科学（马工程）专家委员会、思想政治审议专家委员会以及教育部原马工程重点教材审议委员会的指导。同时，广泛听取了高校教师和学生的意见建议。

本教材2018年出版，由丁俊杰主持编写，陈培爱、金定海任副主编。绪论，丁俊杰撰写；第一章，陈培爱撰写；第二章，杨海军撰写；第三章，程明撰写；第四章，金定海撰写；第五章、第九章，王晓华撰写；第六章，何建平撰写；第七章，郑欢撰写；第八章，王菲撰写；第十章，张树庭撰写；第十一章，初广志撰写；统筹与联络工作，康瑾负责。

为及时、深入贯彻党的理论创新成果和党的代表大会精神，扎实推动习近平新时代中国特色社会主义思想进教材、进课堂、进头脑，充分反映马克思主义中国化时代化最新成果、中国特色社会主义丰富实践和本学科领域最新进展，党的二十大召开后，教育部组建了修订组，组织了集中修订，形成了本教材第二版。

第二版由丁俊杰主持修订工作，陈培爱、金定海、杨海军、程明、王晓华、何建平、郑欢、王菲、张树庭、郑苏晖、初广志、康瑾参加了具体的修订工作。

2023年10月

读者意见反馈

为收集对教材的意见建议,进一步完善教材编写并做好服务工作,读者可将对本教材的意见建议通过如下渠道反馈至我社。

咨询电话　400-810-0598

反馈邮箱　gjdzfwb@pub.hep.cn

通信地址　北京市朝阳区惠新东街4号富盛大厦1座

　　　　　高等教育出版社总编辑办公室

邮政编码　100029